教育部人文社会科学研究规划基金项目（15YJAGJW003）

中国参与海上搜救
国际合作研究

史春林　史凯册◎著

China and International Maritime Search and Rescue Cooperation

时 事 出 版 社
北 京

图书在版编目（CIP）数据

中国参与海上搜救国际合作研究/史春林，史凯册著．—北京：时事出版社，2018．10

ISBN 978-7-5195-0222-5

Ⅰ．①中…　Ⅱ．①史…　②史　Ⅲ．①海上搜索—国际合作—研究—中国　Ⅳ．①U676．8

中国版本图书馆 CIP 数据核字（2018）第 088724 号

出 版 发 行：时事出版社
地　　　址：北京市海淀区万寿寺甲 2 号
邮　　　编：100081
发 行 热 线：（010）88547590　88547591
读者服务部：（010）88547595
传　　　真：（010）88547592
电 子 邮 箱：shishichubanshe@ sina. com
网　　　址：www. shishishe. com
印　　　刷：北京旺都印务有限公司

开本：787×1092　1/16　印张：19　字数：360 千字
2018 年 10 月第 1 版　2018 年 10 月第 1 次印刷
定价：118．00 元

目　录

绪 论

海上搜救直接关系到人的生命和财产安全以及生态环境保护和社会稳定，被称为海上安全的最后一道防线。中国作为《1979 年国际海上搜寻救助公约》的缔约国，郑重对外承诺：保证航行于中国管辖海域船舶和人员安全，因此中国政府历来高度重视海上搜救工作。同时由于海上搜救的复杂性、特殊性和艰巨性，为了全面提高中国管辖海域搜救的效率和成功率以及确保中国船舶及人员在海外的安全，近年来中国政府海上搜救主管部门及其他社会力量积极参与海上搜救国际合作并取得显著成绩。但由于受各种因素影响，中国在参与海上搜救国际合作过程中也面临一些问题，今后应根据中国海上搜救实际并借鉴国际上有益经验进一步采取切实有效措施来加以解决。

一、研究价值

当海上重特大险情的影响超越一国的国界或无法自救时，开展海上搜救国际合作（寻求或提供国际救助）就成为主权国家的不二选择。如在 2014 年马航事件中，由于 MH370 班机失联时间、地点和原因的不确定性以及马来西亚披露信息的不确定性，使得海上搜救的不确定性达到了史无前例的程度，从而使参与搜寻的国家数量一度达到 26 个，这充分证明开展国际合作是应对海上重特大险情的主要方式。因此近年来面对世界上一些重特大海上险情，中国政府都高度关注并积极参与搜救合作，如 2014 年 3 月 8 日马航班机失联后，习近平主席立即批示有关部门全力开展海上搜救，中国投入了各种力量与其他国家一道在南海、马六甲海峡、南印度洋参与了迄今为止最大规模的国际大搜救；2014 年 4 月 16 日韩国“岁月”（SEWOL）号客轮沉没造成大量人员伤亡和失踪，习近平主席两次致电韩国总统表示中方愿随时向韩方提供必要的支持和帮助；2014 年 12 月 28 日亚航班机 QZ8501 失事坠海后，中国政府派出了飞机和舰船参与了海上搜救；2018 年 1 月 6 日巴拿马籍油船“桑吉”（SANCHI）轮与香港籍散货船“长峰水晶”（CF CRYSTAL）轮在长江口以东洋面发生碰撞，导致“桑吉”轮失火爆炸沉没，造成伊朗与孟加拉国船员 3 人遇难、29 人失踪，事故发生后中国搜救主管机构主导了联合搜救工作，外国力量的选择、搜救方案的制定、责任区域的划分、停泊港口的协调、应急通讯方式的确定等都需要中国海上搜救主管机关来协商解决。因此中方与伊朗以及孟加拉国就搜救工作保持着畅通、有效的沟通，特别是为伊方参与搜救做出专门安排，同时还协调日韩等国力量共同参与了此次搜救行动。由此可见，中国政府高度重视海上搜救国际合作，同时也说明本书研究具有重要理论意义和实际应用价值。

一方面从研究的学术与理论意义来看：第一，目前学术界关于中国参与海上搜救国际合作问题的研究才刚刚起步，还没有一部专门的研究著作，只是在个别著作中零星提到一些，比较零散，专题论文也不是很多，大多是新闻报道与评论，缺乏一定的理论研究深度与高度，或者偏重从专业技术和工程项目管理角度出发、坚持工具理性优先来探索海上搜救效果与效益最大化问题。因此本书通过对中国参与海上搜救国际合作问题进行全面、深入、具体、系统研究，可在一定程度上弥补学术界在这方面研究的不足。第二，中国参与海上搜救国际合作是中国与有关国家携手共同应对重特大海上险情的一个重要手段，通过对大量案例与发展规律进行研究有助于树立互信合作的搜救理念，完善搜救联动协调机制，丰富应急搜救理论体系，为中国参与海上搜救国际合作提供制度性和原则性规范，这不仅有利于完善国家海上危机管理理论，而且有助于充实中国外交战略内容，丰富外交形式，拓宽外交视野，合理进行外交整体布局，为推动中国救灾外交与公共外交提供理论指导。第三，海上搜救作为非传统安全的重要组成部分，通过对近年来中国参与海上搜救国际合作的经验和教训进行科学总结，同时借鉴世界上其他发达国家和地区的有益做法，可提供一种新的研究视角，进一步完善中国应对海上非传统安全威胁的战略和策略，有利于验证与推动中国特色国际合作理论体系的发展，为中国参与更为广泛的国际合作提供理论支持。第四，海上搜救国际合作不是排他性的“零和博弈”（Zero – sum Game），而是互利共生义举，中国参与海上搜救国际合作充分体现了中国所倡导的合作安全、共同安全、综合安全、可持续安全等新安全观。因此对中国参与海上搜救国际合作进行研究，可为海上区域安全合作总体框架的确定和未来海上搜救新安全合作机制的建立明确宗旨、指明方向。

另一方面从研究的实践与应用价值来看：第一，通过对中国参与海上搜救国际合作进行研究并提出对策建议，有助于保障海运安全，防止海洋污染，促进区域内各国经贸安全发展。第二，通过对中国参与海上搜救国际合作进行研究，取长补短和相互借鉴，有助于增强自身搜救能力，提高海上搜救成功率，最大限度减少海上重特大险情所造成的损失，同时也有利于有效保护中国越来越广泛的海外利益，这是以实际行动诠释中国政府以人为本、尊重和保障人权的理念，同时也体现了中国勇于承担国际义务的诚意和人道主义的精神，有助于占领道德制高点和增加话语权，提升中国负责任大国的良好形象与国际地位。第三，海上搜救对被搜救对象实行无差别化原则，政治敏感度低，而且又有充分的国际公约作为法理基础，可跨界或在有争议海域进行联合搜救，因此通过对中国参与海上搜救国际合作进行研究并以此为契机开展交往活动，为地区设计海上安全公共产品，有助于加强区域互信与认同，营造良好的周边环境，改善或深化国际关系，推动彼此国民间好感度的上升，可为未来通过协调和沟通解决海洋权益争端和海上安全问题提供先导工具与良好的示范作用，走出一条共建、共享、共赢的海上安全之路。

二、研究现状

近年来中国学术界开始关注中国参与海上搜救国际合作问题，一方面从发表的相关文章来看，期刊文章主要研究了以下几方面的问题：第一，关于中国参与海上搜救国际合作总体研究，如耿相魁的《以国际交流提升我国海上搜救水平》（《海洋开发与管理》2008 年第 10 期）、夏子潮的《我国参与的海上防险救生国际合作现状和发展》（《科技展望》2015 年第 33 期）等。第二，关于中国参与海上搜救区域合作研究，如张明亮的《南海海难合作救助：经验与启示》（《新东方》2011 年第 1 期）、曲波的《南海区域搜救合作机制的构建》（《中国海商法研究》2015 年第 3 期）、朱坚真的《中国参与南海海上搜救合作机制问题探讨》（《中国渔业经济》2015 年第 5 期）等。第三，关于中国参与海上搜救多边合作研究，如李敏的《加强中国与东盟的搜救协作》（《中国水运》2009 年第 6 期）、郑怀宇的《“一带一路”战略背景下的海上搜救国际合作》（《中国海事》2017 年第 3 期）等。第四，关于中国参与海上搜救双边合作研究，如戴小杰的《应建立中越海上合作搜救机制》（《中国水运》2003 年第 5 期）等。而报纸文章大多是新闻评论报道，如王明峰的《中国积极参与海上国际搜救》（《人民日报海外版》2008 年 1 月 4 日）、贾远琨的《中国救捞成国际救援主力军》（《新华每日电讯》2011 年 8 月 24 日）、李红茹的《中美进一步加强海事搜救合作》(《中国交通报》2006 年 2 月 27 日)、郑怀宇的《中韩加强海上搜救合作》(《中国交通报》2010 年 10 月 22 日) 等。特别是 2014 年 3 月马航班机失联后，更是引发了有关报刊对中国参与海上搜救国际合作的关注，如游志斌的《马航事件中的国际应急救援合作剖析》(《行政管理改革》2014 年第 7 期)、范烨民的《从马航 MH370 事件看国际联合救援的问题与对策》(《新西部》2014 年第 9 期)、程明远的《强化国际救援协作机制，提高海上联合搜救效率——以马航失联飞机搜救为例》(《世界海运》2014 年第 11 期)、谢虞南的《多国联合参与国际救援的优势、困境与出路——以马来西亚航空事件为例》(《决策咨询》2014 年第 4 期)、卢芳华的《马航 370 失联与国际联合大搜救》(《思想政治课教学》2014 年第 4 期) 等。另一方面从出版的相关著作来看，目前有关海上搜救著作有 10 余本，其中吴晌的《救捞政策与法规》(大连海事大学出版社 2012 年版)、阎铁毅的《救捞应急管理》(大连海事大学出版社 2013 年版) 等有关著作涉及到一点中国参与海上搜救国际合作问题，但比较零星分散。

从国外研究现状来看，国外学术界主要研究了以下几个问题：第一，关于美国、日本、英国、法国、德国、挪威等发达国家海上搜救体系及其基本经验的研究，如 Udo Helge Fox 在 *Maritime Search and Rescue*: *Benefit or Burden for Society*: *German Maritime Search and Rescue Service* (WMU Journal of Maritime Affairs, Vol. 6, No. 1, 2007) 一文中对德国海上搜救服务问题进行了专门的研究。第二，关于国际海上搜救公约及各国搜救法规修改与发展情况的研究，如 Brice. G. 在 *Maritime Law Salvage* (London: Sweet and Mxawell, 1999) 一书中对海上救助的有关法律进行了介绍与研究。第三，关于世界部分地区如北极、地中海、黑海、波罗的海等开展海上搜救区域合作概况的研究，如 Yoshinobu Takei 在 *Agreement on Cooperation on Aeronautical and Maritime Search and Rescue in the Arctic*: *an assessment* (Aegean Review of the Law of the Sea and Maritime, Vol. 2, 2013) 一文提到了北极沿海国家进行海上搜救合作的现状和具体事项；Seline Trevisanut 在 *Search and Rescue Operations in the Mediterranean*: *Factor of Cooperation or Conflict* (The International Journal of Marine and Coastal Law, Vol. 25, 2010) 一文对地中海的海上搜救合作问题进行了探讨。第四，关于重特大海上险情搜救合作问题的研究，如 Carl Thayer 在 *Flight MH370 Shows Limits of ASEAN's Maritime Cooperation* (The Diplomat, March 18, 2014)、Ankit Panda 在 Malaysia Airlines Flight 370 Search and Rescue: Cooperation in the South China Sea (The

Diplomat, March 11, 2014）等文章针对 2014 年马航班机 MH370 失联后海上搜救国际合作及存在的问题进行了分析。而关于中国参与海上搜救国际合作问题的研究，总体来看尚缺少专门探讨。

上述国内外研究成果对本研究具有一定的启发作用，开阔了研究视野与思路。因此本书在前人研究的基础上，拟对中国参与海上搜救国际合作问题进行全面、深入、具体、系统研究。一方面从研究重点来看，主要包括以下几方面：其一，总结和概括近年来中国参与海上搜救国际合作的主要经验，为今后中国积极参与海上搜救国际合作提供前提和基础。其二，找出目前中国参与海上搜救国际合作面临的主要问题及其阻碍因素。其三，针对中国在参与海上搜救国际合作过程中所面临的问题与障碍，对症下药，提出具体解决对策。另一方面从研究难点来看，主要包括以下几方面：其一，对中国参与海上搜救国际合作的必要性和可行性进行论证，特别是对中国参与海上搜救国际合作的法理基础、海上搜救特点、跨界及在有争议海域联合搜救等问题进行科学分析。其二，对世界上一些发达国家和地区参与海上搜救国际合作做法和经验及对中国启示与借鉴进行总结和概括。其三，对中国参与海上搜救国际合作的长效机制进行总体设计，包括海上搜救信息沟通机制、海上搜救资源共享机制、海上搜救应急联合反应机制等进行构建，并对未来发展趋势进行科学预测。这样可进一步加深对相关问题的研究，同时可弥补学术界在某些方面研究的不足，具有重要的学术价值，推动中国参与海上搜救国际合作从实践经验上升到理论高度，为有关部门科学决策提供一定的借鉴和参考。

三、研究方法

本书在翔实资料的基础上，运用历史分析、对比分析、案例分析、专题分析、跨学科综合分析等多种研究方法，把理论研究与实践研究、宏观探索与微观探索、普遍性与特殊性、归纳与演绎相结合，体现了点线面层递、纵横交错、史论结合、时空变换等多视域、广角度的研究思路。

第一，宏观研究与微观研究相结合。目前有关中国参与海上搜救国际合作问题研究大都属于宏观、整体研究，而对中国参与海上搜救国际合作问题进行微观、个案研究还很少，而这方面研究则更具有实际针对性。

第二，定性研究与定量研究相结合。目前有关中国参与海上搜救国际合作问题的研究大都属于定性研究，主观评价较多，结论过于模糊。而对中国参与海上搜救国际合作问题进行量化分析则更具有科学准确性，因此本书运用了大量图表与数据来论证说明。

第三，纵向与横向研究相结合。一方面把近年来中国参与海上搜救国际合作所做的努力做纵向阐述；另一方面进行横向科学分析，借鉴国外有益经验，提出今后进一步加强中国参与海上搜救国际合作的对策建议。

第四，专门研究与综合研究相结合。对中国参与海上搜救国际合作问题进行研究是一项复杂的系统工程，涉及到海洋政治、经济、科技、军事、外交、法律、管理、地理、气象等诸多方面的问题，这就需要既要进行专门研究如通过典型案例分析总结中国参与海上搜救国际合作规律，又要运用有关学科的相关知识和理论成果进行跨学科综合研究，以便更好地全面认识和评价中国参与海上搜救国际合作问题。

第五，文献法与调查法相结合。一方面通过对中外有关著作、报刊、网络等文献资料进行收集和整理，建立资料数据库，全面了解中国参与海上搜救国际合作的现状。另一方面还要对中国有关海上搜救管理与执行机构进行走访调查，通过召开座谈会和发放调查问卷等方式，了解中国参与海上搜救国际合作的实际，以便提出的对策建议更具有科学性、针对性和实效性。

第一章

海上搜救及海上搜救国际合作

由于受各种主客观因素的影响，海上各种险情不可避免，因此及时有效开展应急搜救行动，最大限度减少海上人命和财产损失以及保护海洋生态环境一直是国际海事组织（IMO）和各国海上安全主管部门的一项重要工作。同时海上搜救是一项时间紧迫、任务重大、搜寻区域广阔、危险系数较高的工作，往往需要有关国家相互支持与协作，为此就要开展海上搜救国际合作。

第一节　海上搜救

海上搜救是海运支持保障系统中不可或缺的重要组成部分，既是一项专业性公益事业，也是国家突发公共事件总体应急反应体系的重要组成部分，具有重要作用，必须高度重视。

一、海上险情及海上搜救功能

海运作为历史悠久的运输手段和重要的运输方式之一，具有成本低、运量大等特点，因此国际海事组织称海运是世界贸易的载体。但同时海运又具有高风险特点，特别是随着国际经贸的发展，全球海运业发展迅速，各国来往船舶数量急剧增多，海上运输密度持续升高，通航范围不断扩大，而且海上船舶日益大型化、专业化和高速化，这些都增大了船舶发生海损事故的风险。同时海上油气资源开发、海产养殖与捕捞、海洋工程建设等各种涉海活动也在不断增多。再加上海员的适应性和船岸管理水平等诸多人为因素以及受气候异常变化等自然灾害因素的影响，使得海上通航环境和条件不断恶化，海上作业风险几乎与涉海活动同步增长。另外，随着世界航空业的快速发展，飞机失事坠海事故也时有发生。

国内外关于海上险情或海损事故有不同的定义，一方面从国际上来看，《2007 年内罗毕国际残骸清除公约》认为海上事故系指给船舶或其货物造成重大损失或重大损失紧迫威胁的船舶碰撞、搁浅或者其他航行事件或在船上或船外发生的其他情况。[①] 另一方面从国内来看，中国海事局认为海上突发事件是指船舶、设施在海上发生火灾、爆炸、碰撞、搁浅、沉没，油类物质或危险化学品泄漏以及民用航空器海上遇险造成或可能造成人员伤亡、财产损失的事件。[②]

第一，从海上险情形式来看，海上险情主要是指船舶遇险，包括船舶碰撞、触礁、搁浅、失控、倾斜、倾覆、漏水、溢油、失火、爆炸、灭失以及船舶遭遇海啸、冰灾或风暴等袭击、重要属具损坏、船体破裂及人员落水等。另外，近年来船舶被海盗或恐怖分子袭击等人为因素造成的险情也属于其遇险形式。除了船舶遇险外，航空器海面迫降或坠海也属于海上险情。

第二，从海上险情发展阶段来看，根据《1979 年国际海上搜寻救助公约》的规定，包括以下几个阶段：其一，不明阶段，即对船舶及船上人员的安全处于不明的情况；其二，戒备阶段，即对船舶及船上人员的安全产生令人忧虑的情况；其三，遇险阶段，即有理由确信船舶或人员有严重和紧急危险而需立即搜救的情况。[③]

第三，从海上险情级别来看，国内外根据具体情况关于海上险情或海损事故划分的等级不太一样。一方面从国际来看，国际海事组织将船舶事故划分为如下几类：其一，特别严重事故，即指事故致使船舶全损、人员死亡或者严重污染。其二，严重事故，即指事故性质不如特别严重事故程度严重，包括火灾、爆炸、碰撞、搁浅、触碰、恶劣天气损害、冰损、船体裂缝或船体有缺陷等并导致如下后果：主机无法启动；大范围舱容受损；船体结构受损如船体水下渗透等致使船舶不适航或造成污染（不论污染数量）；和/或发生的故障需要拖带或岸上援助。其三，较严重事故，即指事故性质不如特别严重事故或严重事故恶劣，也包括一般事故。另一方面从国内来看，根据中国的《国家海上搜救应急预案》海上突发事件险情的分级并结合海上突发事件的可控性、严重程度、影响范围和发展趋势，中国海上搜救中心把海上险情分为特大险情、重大险情、较大险情、一般险情四级，见表 1—1。

---

① Nairobi International Convention on the Removal of Wrecks, 2007 (WRC 2007).

② 中华人民共和国海事局：《事故与应急》，人民交通出版社 2006 年版，第 2 页。

③ International Convention on Maritime Search and Rescue, 1979 (SAR 1979).

表1—1 中国海上搜救中心关于海上险情分级

级别	险情名称	特征和表现
1级	特大险情	(1) 30人以上死亡(含失踪)或危及30人以上人命安全;(2)客船、化学品船严重危及船舶或人员生命安全;(3)载员30人以上民用航空器在海上发生突发事件;(4) 10000总吨(含)以上船舶发生碰撞、触礁、火灾等对船舶及人员生命安全造成威胁;(5)急需国务院协调有关地区、部门或军队共同组织救援;(6)其他可能造成特别重大危害、社会影响的突发事件
2级	重大险情	(1) 10人以上30人以下死亡(失踪)或危及10人以上30人以下人命安全;(2)载员30人以下民用航空器在海上发生突发事件;(3) 3000(含)—10000总吨(不含)非客船、非危险化学品船发生碰撞、触礁、火灾等对船舶及人员生命安全造成威胁;(4)其他可能造成严重危害、社会和国际影响的海上突发事件
3级	较大险情	(1) 3人以上10人以下死亡(失踪)或危及3人以上10人以下人命安全;(2) 500(含)—3000总吨(不含)以下非客船、非危险化学品船发生碰撞、触礁、火灾等对船舶及人员生命安全造成威胁;(3)中国籍海船或有中国籍船员的外轮失踪;(4)其他造成或可能造成较大社会影响的险情
4级	一般险情	(1) 3人以下死亡(含失踪)或危及3人以下人命安全;(2) 500总吨(不含)以下非客船、非危险化学品船发生碰撞、触礁、火灾等对船舶及人员生命安全构成威胁;(3)其他造成或可能造成一般危害后果的其他海上突发公共事件

资料来源:中国海上搜救中心:《国家海上搜救手册》,大连海事大学出版社2011年版,第33页。

2002年10月1日起中国开始施行的《水上交通事故统计办法》[交通部第5号令]规定,水上交通事故按照人员伤亡和直接经济损失情况,分为小事故、一般事故、大事故、重大事故和特大事故并在其附件中对小事故、一般事故、大事故和重大事故各等级进行了划分(见表1—2),而特大事故则按照国务院1989年3月29日发布的《特别重大事故调查程序暂行规定》[国务院令第34号]为准。就海上交通事故而言,特大事故系指一次死亡50人及其以上或者一次造成直接经济损失1000万元以上的事故。

表 1—2　《水上交通事故统计办法》关于水上交通事故分级

船舶种类	重大事故		大事故		一般事故		小事故
	人员伤亡	直接经济损失	人员伤亡	直接经济损失	人员伤亡	直接经济损失	损失
GT≥3000 或 M/E≥3000KW	死亡 3 人以上	500 万元	死亡 1—2 人	500 万元以下 300 万元以上	人员有重伤	300 万元以下 50 万元以上	未达到一般事故等级的事故
3000 > GT≥500 或 3000 > M/E≥1500	死亡 3 人以上	300 万元以上	死亡 1—2 人	300 万元以下 50 万元以上	人员有重伤	50 万元以下 20 万元以上	未达到一般事故等级的事故
GT < 500 或 M/E < 1500KW	死亡 3 人以上	50 万元以上	死亡 1—2 人	50 万元以下 20 万元以上	人员有重伤	20 万元以下 10 万元以上	未达到一般事故等级的事故

注：凡符合表内标准之一即达到相应事故等级；表中的“以上”包括本数或本级，“以下”不包括本数或本级。

资料来源：中华人民共和国海事局：《事故与应急》，人民交通出版社 2006 年版，第 7 页。

由此可见，海上险情具有极大危害性。《2007 年内罗毕国际残骸清除公约》认为“危害”系指对航行构成威胁或妨碍的任何情况或威胁；或有合理预期会对海上环境造成重大有害影响，或是损害一国或多国的海岸线或相关利益的任何情况或威胁。① 因此提高船舶和海员自救和脱险能力以及组织外部力量及时有效开展海上搜救行动，从而避免或减少人命和财产损失以及环境污染，一直是国际海事组织和各国海上安全主管部门一项重要工作和社会职能。

国际海事组织编写的《国际航空和海上搜寻救助手册》指出：国家开展搜救工作除了减少人员伤亡和痛苦外，还可带来其他许多方面益处：第一，为航空和海上相关产业、商业、娱乐业、旅游业提供更安全更有保障的环境。因为更高的安全性可促使人类更多利用航空和海运资源并从中获

① Nairobi International Convention on the Removal of Wrecks, 2007（WRC 2007）.

得更多乐趣，还可推动旅游业和经济发展，尤其是当海上搜救系统与防止和减少灾难所带来影响的项目相关时（有时称为“预防性搜救”）更是如此。第二，搜救资源的利用通常可在自然或人为灾难的初期为人命救助提供至关重要的最初反应和救援能力，因此搜救服务有时被确定为当地、国家或地区应急管理系统的组成部分。第三，搜救行动的良好表现可赢得积极的公众形象，反之会造成不良影响，但对重大事故或灾难的应急反应不及时或没采取有效措施也可能会引起举世关注并给诸如旅游业、交通运输业等这些敏感产业带来负面影响。第四，由于搜救是相对没有争议的人道主义行为，所以它为加强国与国之间、组织与组织之间在当地、本国和国际各个层次上的合作与沟通都提供了极好的手段。在该领域的合作将推动其他领域的合作，所以可将搜救作为推进良好合作的先导工具。第五，搜救行动所挽救的财产价值可能很高，这更加证明搜救服务的必要性。①

因此，随着有关国际海事公约尤其是《1979 年国际海上搜寻救助公约》以及全球海上遇险与安全系统（GMDSS）的制定和实施，世界范围内的海上搜救工作逐步走向规范化和系统化，各国普遍加强了海上搜救力量及相关设施的建设，国际间的搜救交流与合作也迅速开展，海上搜救水平与能力有了显著提高。

二、海上搜救内涵与外延

海上搜救是海上搜寻与救助（Search and Rescue at Sea，SAR）的简称，国内外相关机构及法规从不同角度对其内涵与外延进行了解释。一方面从国际上来看，国际海事组织主要从以下三个方面对海上搜救进行了界定：第一，政府使用各方面的资源履行遇险监测、通信的职责；第二，政府使用公共或私有的资源履行协调和搜救的职能；第三，政府组织提供医疗援助或移送责任。另外，近年来国际海事组织还赋予海上搜救机构协调船舶开展防范海盗和武装劫船的职责。《1979 年国际海上搜寻救助公约》1998 年修正案对海上搜寻和救助分别做出界定：搜寻是指通常由救助协调中心或救助分中心协调的，利用现有的人员和设施以确定遇险人员位置的行动；救助则是指拯救遇险人员，为其提供初步的医疗或其他所需的服务并将其转移到安全地点的行动。美国交通部关于搜寻与救助的定义更为简洁，表达了二者的不同：在救援人员不知道事故船舶、航空器等及遇险人

---

① IMO/ICAO, *International Aeronautical and Maritime Search and Rescue Manual* (*Iamsar Manual*), Vol. I, Organization and Management, London/Montreal, 1998.

员的具体位置时，开展的工作为搜寻；而在具体位置确定的情况下，开展的工作为救助。另一方面从国内来看，中国海上搜救中心组织编写的《国家海上搜救手册》指出，海上搜救是指船舶、设施、民用航空在海上遇险造成或可能造成人员伤亡时，海上搜救中心组织、协调、指挥有关单位和人员确定遇险船舶、设施、民用航空器和遇险人员位置，救助遇险人员并将遇险人员转移至安全地点的行动。[①] 由此可见，由于海上搜寻与救助在工作时间和内容上具有连续性，因此通常将这两项工作合并称为海上搜救。但搜救并不是搜寻与救助这两项内容简单叠加，而是随着科技发展及新情况不断出现而逐渐丰富和演变的一个更全面的概念，从平面到立体，从时间到空间，从简单搜寻目标并进行救助到综合运用现有技术和资源搜寻并寻求全方位多部门的合作进行救助，从单纯的救助人命到综合救助人命、财产和环境，搜救概念随着搜救实践而不断丰富和完善。

海上搜寻只是前提条件，救助才是根本目的。因此有些国际公约又专门对救助的内涵进行了定义，如《1989 年国际救助公约》第 1 条规定：救助作业系指在可航水域或其他任何水域中援救处于危险中的船舶或任何其他财产的行为或活动。[②] 海上救助必须具备四个要件：第一，被救物必须是法律所承认的；第二，被救物处于危险之中；第三，救助行为是自愿行为；第四，救助行为必须有效果。传统海上救助有广义与狭义之分，广义海上救助是指所有救助海上船舶、货物、其他财产和人命的行为。狭义海上救助是指救助人无任何法规与契约义务的情形下按“无效果—无报酬”（No Cure，No Pay）原则而进行的财产救助。在实践中海难救助的范围则远超传统狭义的财产救助范畴，特别是《1989 年国际救助公约》生效后，虽然救助没有成功，但救助方从事的救助作业防止或减轻了环境损害也有权获得特别补偿。因此现代海上救助在传统的广义和狭义划分的基础上，出现了突破狭义的“无效果—无报酬”原则的海难救助概念。

三、海上搜救义务

海上搜救义务主要体现在对人命的救助上。对来自海上的遇险信号做出及时反应既是古老的世界传统，又是国际公约及各国法规所要求的义务。正如《国际航空和海上搜寻救助手册》所说：援助遇险的任何航空

---

① 中国海上搜救中心：《国家海上搜救手册》，大连海事大学出版社 2011 年版，第 1 页。

② International Convention on Salvage, 1989 (SALVAGE 1989).

器/船舶/潜水器或人员符合国家的利益，这是在传统的人道主义义务基础上所公认的国际惯例，同时也是国际法所确定的。[①]

一方面从有关国际公约来看，《1910 年统一海上救助若干法律规则的国际公约》是最早涉及海上搜救义务的国际公约。该公约规定：每位船长都必须，只要不会对本船、船员及旅客造成严重危险，就应向在海上发现的处于危险中的任何人提供救助，即使是敌人也是如此。[②]《1958 年日内瓦公海公约》规定：每个国家应责成悬挂该国国旗航行船舶的船长在不严重危害其船舶、船员或旅客安全的情况下，救助在海上发现的任何有生命危险的人；如果获悉有遇难船需要救助，在可以合理地期待其采取救助行动时尽力从速前去救助；在碰撞后对他船、其船员和旅客进行救助，并在可能情况下将自己船舶的名称、船籍港和停靠的最近港口通知他船。《1974 年国际海上人命安全公约》规定：海上船舶的船长在收到船舶、艇或救生筏遇险信号时必须全速驶向遇险者并提供救助，可能时应通知遇险者他自己正在前往。如果船长不能前往援助或因情况特殊，认为前往援助为不合理或不必要时，他必须将未能前往援助遇险人员的理由载入航海日志。后来的《1989 年国际救助公约》和《联合国海洋法公约》也都有类似上述的规定。

国际公约不仅对海上航行船舶的船长搜救义务做出明确规定，而且还对沿岸国政府的搜救义务做出了相应规定。如《1958 年日内瓦公海公约》规定：每个沿岸国应促进建立和维护与海上安全有关的足够和有效的搜救设施。[③]《1974 年国际海上人命安全公约》对沿海国政府应采取的搜救行动做出了如下基本要求：各缔约国政府必须及时颁布和修改一切必要的法律法规并积极采取一切必要的准备行动和设备措施，来匹配和承担确保海上人命安全的义务。为此，各缔约国政府应确保为其负责区域内的遇险通信和相互协调，以及为营救其海岸附近的海上遇险者做出必要的安排。考虑到海上交通的密度和航行障碍物的密度，这些安排应包括视为实际可行和必要的搜救设施的建立、运转和维护并应尽可能提供足够的寻找和营救

---

① IMO/ICAO, *International Aeronautical and Maritime Search and Rescue Manual* (*Iamsar Manual*), Vol. I, Organization and Management, London/Montreal, 1998.

② Convention for the Unification of Certain Rules of Law Relation to Assistance and Salvage at Sea, 1910.

③ Geneva Convention on the High Seas, 1958.

遇险人员的设备。[①]《1979 年国际海上搜寻救助公约》也有类似的规定。

另一方面从沿海国家国内法规来看，英国的《1995 年商船航运法》规定：在海上收到一个求救呼号或无论通过何种途径得到 1 艘或 1 架飞行器遇险的信息，船长必须全速前往救助遇险中的人员，除非他不能或在特定的情况下认为这样做不合理或不必要才能免责。如果船长违反人命救助的强制性规定，应承担下列责任：第一，在裁决中，被处以不超过 6 个月的监禁或不超过法定最高额的罚款或两者并罚。第二，在被起诉时，被判处不超过 2 年的监禁或罚款或两者并罚。[②] 另外，美国的《1912 年海上救助法》、俄罗斯的《联邦刑法典》、日本的《商法》等也都有类似的规定。中国的《海上交通安全法》规定：事故现场附近的船舶、设施收到求救信号或发现有人遭遇生命危险时，在不严重危及自身安全的情况下应尽力救助遇难人员并迅速向主管机关报告现场情况和本船、设施的名称、呼号和位置。《海商法》也规定：船长在不严重危及本船和船上人员安全的情况下，有义务尽力救助海上人命。船舶发生碰撞，当事船舶的船长在不严重危及本船和船上人员安全的情况下对于碰撞的船舶和船上人员必须尽力施救。由此可见，有关海上搜救义务的规定不断重复出现并相互呼应，逐渐形成并加强了这一法律义务。

四、海上搜救类型

根据不同的标准可对海上搜救进行不同的分类，具体来说主要有以下几种类别：

第一，根据搜救意愿的不同，可分为以下四类：其一，强制搜救。强制搜救是指有关法规所要求的搜救，包括海上人命搜救、碰撞后对对方船舶和船上财产搜救以及有关国际公约规定的国家主管机关或公共当局（Public Authorities）参与实施和控制的搜救。一般来说，强制搜救是救助人应尽的法定义务，不应获得救助补偿，但国家主管机关或公共当局施行的强制搜救是否应获得救助补偿呢？对此，《1989 年国际救助公约》规定：本公约不影响国内法或国际公约有关由公共当局从事或控制救助作业的任何规定，然而从事此种救助作业的救助人有权享有本公约所规定的权利和补偿，负责进行救助作业的公共当局所能享有的本公约规定的权利和补偿的范围应根据该当局所在国的法律确定。一般来说，公共当局若履行的是

---

① International Convention for the Safety of Life at Sea, 1974（SOLAS 1974）.

② 吴煦：《救捞政策与法规》，大连海事大学出版社 2012 年版，第 66—67 页。

其职责范围内的公务，产生的仅是日常行政监管性开支，则不得请求救助补偿，但如果该救助行为超出了其本身通常职责范围，则有权享受救助补偿。

其二，契约搜救。契约搜救是指在海上发生危险时，救助方和被救助方通过签订协议进行搜救。在这种救助中，救助人的报酬往往按照“无效果—无报酬”原则计算，这是当今最为普遍的一种形式并获得各国国内法规和国际公约的肯定。一方面从国内法规来看，中国的《海商法》规定：救助方对遇险船舶和其他财产的救助取得效果的，有权获得救助报酬；救助未取得效果的，则无权获得救助款项。另一方面从国际公约来看，《1989 年国际救助公约》规定：有效果的救助作业方有权获得报酬。除另有规定外，救助作业无效果则不应得到本公约规定的支付款项。报酬金额不包括应付的利息及可追偿的法律费用，不得超过获救船舶和其他财产的价值。①

其三，雇佣搜救。雇佣搜救是指在搜救合同中规定，救助方按照被救助方指挥进行搜救，不论这种救助成功与否，被救助方都应按照救助方使用的人力和设备按约定支付报酬。雇佣搜救一般适用于较为简单的救助活动，如雇佣拖船协助船舶脱浅、雇请他船对失去动力的船舶进行海上拖带等。由此可见，这种救助在性质上与一般海难救助有许多不同之处，更多体现了雇佣服务的性质，因此目前一般不再将其列为海难救助，而划为海上服务项目。②

其四，自愿搜救。自愿搜救是指船舶、货物等遇险后未请求外来搜救，完全由救助方自愿进行纯救助的行为。一方面是指遇险船未以任何方式发出任何求救请求，救助人若在其附近海域前往搜救且被救助人身处相当紧急的情况下，以致其无力也没有可能拒绝此项救助。另一方面是指救助人救助脱离被救助人控制之财产，如无人之弃船及脱离控制的抛弃物、漂浮物、投弃物等。它和契约搜救最大的不同在于双方没有达成救助合意，因此《1910 年统一海上救助若干法律规则的国际公约》规定：虽经被救助船一方明白与合理拒绝，但仍参与救助作业的人无权要求任何报酬。③

第二，根据搜救对象的不同，可分为以下三类：其一，人命搜救。人

---

① International Convention on Salvage, 1989 (SALVAGE 1989).

② 司玉琢：《海商法专论》，中国人民大学出版社 2007 年版，第 454 页。

③ Convention for the Unification of Certain Rules of Law Relation to Assistance and Salvage at Sea, 1910.

命搜救是指在有关人员遭受海上风险时，救助方基于法定的义务对其采取的搜寻措施及相应的救助行为，包括落水人员救助、转移遇险人员、翻扣船水下人命救助以及海空协同立体人命救助等。人命搜救具有如下特点：首先，法定义务性。依据有关国际公约和各国法规的规定，人命搜救是救助者履行人道主义和法律义务，不论在什么时候和什么地点都应不分国界、地域、人种、宗教、意识形态而竭尽全力实施救助。其次，无偿公益性。《1910 年统一海上救助若干法律规则的国际公约》和《1989 年国际救助公约》都明确规定，获救人无须支付报酬。最后，优先保障性。即当人命、财产、环境处于共同的险情之中时，人命搜救要优先于财产和环境搜救，如《江苏省水上搜寻救助条例》规定：水上搜寻救助坚持以人为本，优先救助人命，尽力控制、减轻危害。

其二，财产搜救。财产搜救是指对遭遇海难的船舶、货物等以外来力量对其进行的救助，属于商业行为，因此通常需要船东/经营人/保险人/船长的委托，否则属于侵权。首先，从构成要件来看，（1）被救物必须为法律所承认；（2）被救标的处于危险之中；（3）救助行为必须出于自愿；（4）救助效果是救助报酬取得与否以及大小的一个因素，一般以“无效果—无报酬”为原则。其次，从搜救方式来看，大多数依据救助合同实施。最后，从搜救过程来看，可分为现场勘测、方案制订、救助准备、救助实施、遇险船交接和完工报告等几个主要阶段。财产搜救虽属于商业行为，但也具有一定公益性，因为财产搜救与环境保护紧密相联。为防止海上事故造成环境污染，首先要把污染物控制在船内即首先要救助船舶，保全了船舶财产也就保护了环境，同样也就维护了社会公众的普遍利益。

其三，环境搜救。环境搜救是指对构成海洋环境污染损害的物质进行处置的行为，包括由于陆源、船舶、海洋石油勘探与开发、海岸工程、倾倒废物和大气污染等产生的对海洋环境污染进行的救助，又可分为水面与水下环境救助。具体来说，就是对水面、水下的原油、燃料油、润滑油、油泥、油渣和炼制品等不易挥发和难以降解的油料以及不溶或难溶于水的液态有毒化学品进行处置，以达到保护和改善海洋环境、保护海水资源、维护生态平衡、保障人体健康、促进经济和社会可持续发展。因此为激励救助人对救助环境的积极性，一方面在理论上出现了一种“责任救助论”，该理论认为救助人救助对环境构成损害威胁的船舶或货物，不管最终有没有船舶或货物获救，只要救助人的施救行为防止或减轻了环境污染损害的威胁，就在事实上防止或减轻了环境侵权人的责任，即救助该环境责任有效果，应得到相应救助报酬。另一方面在实践中最早对环境救助做出具体约定的是1980年英国劳氏救助合同（LOF1980）格式中的“安全网条款”（Safety Net Clause），即在救助油船时，只要救助方没有过失，即使救助不成功或只是部分成功，或救助方因受阻未能完成救助作业，油船所有人有义务单独向救助方支付为此而发生的合理费用和不超过该项费用的15%的附加费。而《1989年国际救助公约》则将救助方“防止或减轻对环境损害方面的技能和努力”作为确定其救助报酬的因素之一并提出了“特别补偿”（Special Compensation）条款，即一船或其船上货物对环境构成了损害威胁，救助人对其进行救助后有权从该船的船舶所有人处获得相当于其所花费用的特别补偿。[①] 由此可见，《1989年国际救助公约》开始确立激励环境救助的双层激励模式，即救助人在环境救助方面的努力可在财产救助报酬中得到相应的回报，再加上特别补偿，这样就可鼓励救助人在尽量减少或避免对环境污染的情况下进行施救。[②]

第三，根据搜救的主体不同，可分为以下两类：其一，自我搜救。自我搜救是指对遇难船舶本身负有义务的船员、旅客和引航员等进行的救助。在这种情况下，救助人的救助义务往往来源于法规或合同。一方面法规约束的救助主要有人命救助和船舶碰撞后的互救（Mutual Salvage/Reciprocal Salvage），另一方面合同约束的救助主要有遇险船的船员救本船及其船上旅客救本船，以及引航员在履行其职责范围内的救助和拖船正常履行拖航合同范围内进行的救助。（1）从互救来看，两船发生碰撞后根据有关法规涉事船舶均需对对方提供救助。如果双方均有过失造成的碰撞，救助船方无权要求救助报酬；如果仅有一方过失造成的碰撞，无过失方可向对方请求救助报酬；由于造成碰撞的原因和双方均无关系或无法查清，被救助方需对救助方进行补偿；如果故意碰撞他船的一方被对方救助，除了承担民事损害赔偿责任外还要对对方支付相应的救助报酬。（2）从船员救本船来看，海损事故发生后如果船舶所有人宣布弃船，但船员自愿将该船救回，显然超出了合同所赋予的义务，因此有权请求救助报酬。（3）从旅客救本船来看，根据与船舶所有人签订的海上旅客运输合同的规定，旅客在船期间应服从船长指挥，与船员一道维护船舶安全，因此一旦发生海损事故应尽力施救。（4）从引航员救助来看，引航员在引领船舶工作之外又额外参与了救助工作，有权请求救助报酬。（5）从拖轮救助来看，《1910年

---

① International Convention on Salvage, 1989 (SALVAGE 1989).

② 吴煦：《救捞政策与法规》，大连海事大学出版社2012年版，第122—123页。

统一海上救助若干法律规则的国际公约》规定：拖轮对于被拖船或该船所载货物的救助，无权要求报酬，除非它所提供的服务被认为是履行拖航合同之外的服务。（6）从姊妹船救助（Salvage by Sister - ship）来看，根据传统法律原则，同一船舶所有人的船舶之间进行的救助无权请求救助报酬，但后来海上保险业的发展对海难救助的影响以及姊妹船救助中的利害关系人不仅限于船舶所有人，有关国际公约和各国的国内法便做出了同一船舶所有人的船舶之间的救助也应支付救助报酬的特别规定，如《1910 年统一海上救助若干法律规则的国际公约》规定：救助服务由属于同一所有人的船舶提供或向属于同一所有人的船舶提供，报酬仍应支付。① 《1989 年国际救助公约》和中国的《海商法》也都做了类似的规定。

其二，他人搜救。他人搜救是指救助人没有法律规定或当事人约定的义务而进行的救助，包括公共当局搜救和狭义的他人搜救。一方面从公共当局的搜救来看，公共当局对本国公民的人命和财产具有保障义务，因此海损事故发生后其有义务予以搜救。这种救助虽不符合传统的海难救助自愿原则，但其仍有权获得救助报酬，如中国的《海商法》就规定：国家有关主管机关从事或者控制的救助作业，救助方有权享受补偿。另一方面从狭义的他人搜救来看，这种搜救是指第三方基于自愿的原则对遇险的海上人命或财产进行的救助，即其他船舶或专业救助公司对遇险的人命财产和环境损害进行的救助。对于这种救助，要注意把其和公益组织的救助区分开来。世界上有些民间公益组织如英国皇家救生艇协会（RNLI）也开展救助工作，其主要由民间捐资进行运作。对于公益组织的救助能否获得救助报酬，目前各国意见不一。一般来说，救助人只能就在无因管理中因管理事务而支出的合理费用、因管理事务负担的债务和管理人因管理事务所受的损失向被救助人请求补偿。

五、海上搜救与打捞清除

沉船沉物或残骸（Wrecks）打捞清除作为海难搜救的一部分或一种形式，它和海难搜救是相伴而生的。打捞清除单从字面上来看是两个概念，在中国的实践中一方面打捞又称整体打捞，是指在保持沉船沉物整体完整或基本完整的前提下，利用打捞浮筒和（或）浮吊将沉船沉物抬浮至水面的行为。另一方面清除又称解体清除，是指为消除妨碍船舶航行、污染海

---

① Convention for the Unification of Certain Rules of Law Relation to Assistance and Salvage at Sea, 1910.

洋环境、危害公共安全和利益的危险沉船沉物采取水下切割解体或水下爆破等方法，破坏其整体，消除其残骸，使之无害，如《2007年内罗毕国际残骸清除公约》中的“清除”系指对残骸所造成的危害进行任何形式的预防、减少或消除。[①] 而消除危害的方式既包括整体打捞、起浮，也包括清除、拆解、摧毁等，因此一般用“打捞清除”这一概念来精确表达打捞和清除的含义。[②] 根据不同的标准，打捞清除可分为以下几种类型：

第一，按照性质不同，可分为以下三类：其一，强制性打捞清除。强制性打捞清除是指沉没于航道、港口的沉船沉物对船舶航行安全、航道整治、港口作业构成障碍或是在具有潜在爆炸、水体污染等危险的情况下，由国家主管机关依法要求有关义务主体即沉船沉物所有人或经营人对危险残骸进行及时打捞清除。根据残骸对航行安全和海洋环境危害的程度不同，主管机关对残骸的强制打捞清除又包括主管机关要求义务人限期打捞清除和主管机关直接采取强制措施打捞清除两种情况。

其二，公益性打捞清除。公益性打捞清除是指对一些特殊沉船沉物目标的应急抢险打捞，如2002年大连“5·7”空难对黑匣子的打捞、2002年台湾“5·25”华航空难飞机残骸打捞以及“神舟”系列航天飞船海上应急保障任务等。

其三，商业性打捞清除。商业性打捞清除是指在沉船沉物本身没有对海上交通安全、环境保护以及公共利益等不具有危害性和潜在危险性以及国家主管机关也没要求船舶所有人进行强制打捞清除的情况下，由沉船沉物的所有人或经营人主动采取的打捞清除行为，目的是获取残骸本身或残值以及出于海事调查取证的需要或海损事故失踪人员家属的强烈要求，与打捞机构在协商一致的基础上签订打捞合同，由打捞机构对残骸进行打捞并由残骸所有人支付打捞费。

第二，按照对象不同，可分为以下三类：其一，沉船打捞清除。一方面对那些破坏不太严重尚有修复使用价值的沉船，可将其整体打捞上来再修复使用。另一方面如果受时间和打捞技术等条件限制，有时不得不将沉船在水下进行解体清除。其二，海洋石油钻井平台打捞清除。随着海洋石油的开发，钻井平台事故日益增多，因此这类打捞清除也逐渐成为一项重要任务。其三，货物打捞清除，即仅以沉船货物如掉在水里的集装箱等为打捞清除的对象。

---

① Nairobi International Convention on the Removal of Wrecks, 2007 (WRC 2007).

② 吴煦：《救捞政策与法规》，大连海事大学出版社2012年版，第3页。

第三，按照合同内容不同，可分为以下两类：其一，日租型打捞清除合同，即打捞清除作业所有的时间，按双方约定的打捞作业日费率计收打捞费的合同。其二，总承包型打捞清除合同，即打捞费为双方约定的一笔总包金额的合同。不过有的总承包打捞清除合同中同时也规定日费率，用于沉船船东所造成的工期延误或沉船的实际状态和船东提供的招标文件中的状态不符造成的工期延误而向打捞作业者支付损失赔偿金的计算标准。[①]

第四，按照目的不同，可分为以下五类：其一，政治目的。部分船舶沉没后可能会产生广泛的政治和社会影响，通过打捞沉船可减少或消除部分影响，挽回国家或企业声誉。如 2000 年 8 月 12 日俄罗斯“库尔斯克”号核潜艇爆炸沉没于巴伦支海，118 名官兵全部遇难，引起举世关注。一方面“库尔斯克”号核潜艇沉没后，俄罗斯民众对当局的信任度下降，特别是俄罗斯海军没有及时向其他国家寻求救助，封锁消息，掩盖事实，拖延了宝贵的营救时间，结果面临公众责难。因此成功打捞该潜艇可在相当程度上恢复俄罗斯当局的威信和民众对当局的信任，增强民族凝聚力。另一方面“库尔斯克”号核潜艇沉没后，一开始仅有 12 人的遗体被打捞出水。因此将其他官兵的遗体也都打捞出来并安葬则是对其他军人、死者亲属的最大安慰，也是对整个民心的抚慰。为此，由总部设在比利时的“库尔斯克”号基金会策划，在 2001 年 10 月俄罗斯耗费巨资由荷兰 MAMMOET 和 SMIT 公司合作打捞起该核潜艇。又如 2001 年 2 月 10 日日本“爱媛”（Ehime Maru）号渔业实习船在夏威夷附近海域被美国“格林维尔”号核潜艇撞沉，船上 9 人失踪。但肇事的美国核潜艇没有采取任何搜救行动，从而引起日本政府抗议和民众不满，强烈要求美国尽快打捞沉船并向日本说明事故原因。事后美国基于人道主义和美日关系的考虑，耗资 4000 余万美元打捞起沉船并找到 8 具遗体和大量私人物品。2014 年 4 月韩国“岁月”（SEWOL）号沉没，造成 295 人遇难，9 人失踪，震惊整个韩国社会。对此韩国《中央日报》评论称，“‘岁月’号不是我们社会应该忘却的惨祸，而是一场需要我们永远铭记的时代之殇。”《韩民族新闻》也评论称，打捞沉船、找到最后一具尸体、查明事故真相，这绝不仅仅是事故相关责任人的事。活生生的历史告诉我们，如果遇到这样的惨剧仍不能反省、从中领悟，惨剧仍会再次发生。[②] 因此为了查清事故真相，清算积弊，

① 王欣：《救捞国际标准合同》，大连海事大学出版社 2011 年版，第 86—87 页。

② 陈尚文：《为了悲剧不再重演——记韩国“岁月”号客轮沉没两周年》，《人民日报》2016 年 4 月 17 日。

改变麻木状态，改造安全体系，2015 年 8 月中国上海打捞局企业联合体与韩国海洋水产部签署打捞合同并在 2017 年 4 月将其整体打捞出水。

其二，军事目的。军用舰艇失事沉没后，如果船上有比较敏感的装备或技术，可通过打捞来获取或避免泄露军事机密。如 1968 年一艘苏联核潜艇在太平洋西北海域爆炸沉没，由于潜艇沉没地点离美国较近且载有军事机密，于是美国耗资 3.5 亿美元将其打捞出水。又如上面提到的“库尔斯克”号核潜艇，军事目的也是促使俄罗斯进行打捞的重要原因。一方面“库尔斯克”号核潜艇沉没的原因一开始无法查明，只有将其打捞上来才能彻底揭开失事之谜。如果查明是技术问题所导致的沉没，那么可对现有核潜艇进行技术改造，从而有助于提高核潜艇安全性能并为今后研制新型核潜艇提供技术依据。另一方面“库尔斯克”号核潜艇上配置的飞航导弹、高速鱼雷等武器装备都是俄罗斯先进武器，因此将其打捞出来可最大限度保障军事机密不被窃取。

其三，经济目的。通过打捞沉船来疏通港口和航道是目前绝大多数沉船打捞的主要目的，而在战时还具有较强的军事意义。如 2008 年 12 月“新民发 17”号集装箱船沉没在营口鲅鱼圈港外主航道上，2009 年 5 月营口海事局对其进行强制打捞，从而恢复了港口正常航运。又如 2007 年 9 月巴拿马籍“畅通”号散货船与德国“韩进·哥德堡”号集装箱船碰撞后沉没于烟台 2 号锚地附近海域，2009 年 10 月烟台打捞局将其打捞出水，彻底解除了沉船对航道通行安全和附近海域环境污染的威胁。

其四，生态目的。船舶沉没后，沉船内装载的污染物可能会对失事海区的环境造成严重危害，因此将沉船打捞出水可消除其对海洋环境的影响。如上面提到的“库尔斯克”号核潜艇装有两座核反应堆，就如同“不定时的炸弹”“装在瓶子里的魔鬼”，一旦发生核泄漏将会造成巨大的环境灾难。又如 2002 年 4 月 23 日“阿佐夫”号货船在福建平潭岛以东海域与他船发生碰撞后沉没，该船装有 100 多吨重油和一些轻油。为避免平潭岛海产养殖和旅游资源遭到破坏，有关部门在 6 月将其打捞出水，彻底消除了对环境污染的威胁。

其五，文化目的。部分沉船由于自身或装载货物具有较高的文化价值，将其打捞出水可达到展示、收藏和科研的目的。如“南海 1 号”为 20 世纪 80 年代发现于广东上川岛附近海域的宋代沉船，是迄今为止中国发现的海上沉船中年代最早、船体最大、保存最完整的远洋木质商船。该船满载着瓷器、金银、钱币等大量珍贵文物，蕴含着丰富的历史和考古信息。

为了给沉船内大量古文物发掘提供良好环境，同时也是对古文物的沉船进行妥善保护，2007 年 12 月广州打捞局将其整体打捞出水并放进“水晶宫”。[①]

从海上搜救与打捞清除的关系来看，两者有时很难进行严格区分，但在许多方面还是有区别的，具体来说主要体现在以下几方面：

第一，对标的物要求不同。海难救助的标的必须是法律所承认的海上特有财产，如《1989 年国际救助公约》规定的救助标的是船舶或其他海上财产，[②] 中国的《海商法》也有类似的规定，但对于打捞清除的标的，法律上一般没有特别的限制。

第二，标的物危险性质和状态不同。一方面从危险性质来看，海难救助的危险通常是指船舶及其财产本身处于危险之中，同时这种危险仅凭船舶自身难以消除，且这种危险是已经沉没的船舶或残骸所没有的。而打捞清除中的危险则更强调船舶及其他财产对外界如通航安全、环境保护和其他社会公共利益所带来的危害。另一方面从危险状态来看，海难救助中的危险通常是指该船及其财产本身持续处于危险之中，如果不及时救助，难船有进一步变坏或沉没的危险，因而具有很强的时间紧迫性。而对打捞清除的标的物而言，船舶及其财产本身所处的危险已过去，因而时间要求不是很高。

第三，意愿不同。海难救助一般来说属于自愿行为，而打捞清除则不一定是自愿行为，如在强制打捞清除的情况下就不适用自愿原则，必要时可由主管机关按照法定程序指定或委托打捞机构对残骸进行打捞清除。

第四，目的和报酬确定方式不同。一方面从目的来看，海难救助的目的主要是获得或保全船舶及其财产的价值，而打捞清除的标的有时是不值得救助的财产，其主要目的是消除残骸对航行、环境等方面的危害。另一方面从报酬确定方式来看，在海难救助中一般遵循“无效果—无报酬”原则来确定财产救助的报酬，而且除非双方另有协议外，救助报酬不得超过获救财产的价值。另外，海难救助报酬还具有船舶优先权。[③] 而打捞清除的报酬一般不受打捞财产本身价值限制，特别是在强制打捞情况下，沉船沉物所有人负有打捞的法定义务，该义务不因沉船沉物的价值低于打捞费用而减轻或免除。而商业性打捞清除的报酬一般是根据“按劳计酬”的原

---

① 刘汉明：《沉船打捞技术设计与分析》，中国海洋大学出版社 2011 年版，第 1—3 页。

② International Convention on Salvage, 1989 (SALVAGE 1989).

③ 王欣：《救捞国际标准合同》，大连海事大学出版社 2011 年版，第 87 页。

则由双方当事人协商确定，即使打捞清除最后没成功，打捞清除人仍可根据合同获取一定的报酬，但打捞费用不具有船舶优先权。

第五，对作业人要求不同。为鼓励海难救助，在一般情况下有关国际公约和各国法规对救助人的资质并没有任何要求和限制。而残骸打捞清除是一项技术复杂、专业性强的作业，因此世界各国一般都对打捞清除单位的资质做出明确限制，如1994年4月1日中国交通部颁布实施了《沉船沉物打捞单位资质管理规定》。

第六，合同签订背景和形式不同。一方面从合同签订背景来看，在海难救助工程中往往是由难船船长或船东代表与救助方的救助船长或代表在救助人或已启动救助作业的情况下先签救助合同，具体的合同内容再慢慢商定。而对于常规的沉船打捞工程，船东代表与打捞方都是在经过反复研究之后才签订合同的，打捞合同是一个相对成熟的合同。另一方面从合同形式来看，海难救助合同一般采用标准合同格式，如著名的英国"劳氏救助标准合同格式"（LOF）以及中国海事仲裁委员会救助合同标准格式等。而打捞清除合同尽管也有一些标准的合同可供参考，但往往是在双方当事人协商一致的前提下签订的。

第七，施工方案完善程度和程序管理不同。一方面从施工方案完善程度来看，在海难救助工程中，通常情况下救助方有关资源到达现场后便立即开展施工，因此救助方案一开始并不完善，而是在救助过程中边勘察边完善。而在沉船打捞工程中，正常情况下打捞方先要对沉船进行勘察，再根据勘察结果制订较为完善的打捞方案。[①] 另一方面从施工程序管理来看，在海难救助项目管理中，为节省救助时间，世界各国主管当局一般都建立了应急响应机制和程序，救助方在紧急情况下可"先斩后奏"，如工程船不必进行拖航检验，出海船舶也不必签证，而只是通过高频或电话与主管部门联系备案即可。但沉船打捞清除工程需按常规的海上作业项目管理的流程进行，在施工前期的准备工作中须到主管部门按正常模式办理手续及许可证。在通常情况下，沉船打捞工程方案须在沉船勘察（探摸）完成后根据得到的数据进行编制，然后报主管部门并经审批后才能实施打捞作业。[②]

---

① 马文琦：《救捞及海洋工程项目管理》，大连海事大学出版社2012年版，第9页。

② 吴煦：《救捞政策与法规》，大连海事大学出版社2012年版，第164—166页。

第二节　海上搜救国际合作

海上搜救特别是人命救助是一项社会公益性事业并具有国际性特征。根据《1979 年国际海上搜寻救助公约》和《1989 年国际救助公约》以及有关双边海运协定等，沿海国家在其搜救协调区内都有义务对任何海上遇险人员提供及时有效的救助服务，为此就要开展海上搜救国际合作。

一、海上搜救国际合作内涵与外延

合作是指个人与个人、群体与群体、国家与国家之间为达到共同目的，彼此相互配合的一种联合行动与方式。成功的合作需具备以下基本条件：第一，一致的目标。任何合作都要有共同的目标，至少是短期的共同目标。第二，统一的认知与规范。一方面合作者应对共同目标、实现途径和具体步骤等有基本一致的认知；另一方面在联合行动中合作者必须遵守共同认可的社会与群体规范。第三，相互信赖的合作气氛。创造相互理解、彼此信赖、互相支持的良好气氛是进行有效合作的重要条件。第四，具有合作赖以生存与发展的一定物质基础。

就海上搜救合作而言，学者付玉慧认为海上搜救合作是指根据有关国际公约、国家法规的规定或协议的约定，能够有效执行搜救行动的单位、设施在海上安全主管部门的协调和指挥下，参与抢救海上遇险人员、船舶和财产的行为。① 学者朱玉柱认为海上搜救合作是根据有关公约、国家法规或协议约定，有搜救资源的双方或多方之间，为海上搜救目的而相互配合的一种联合行动。② 而学者杜飞认为海上搜救合作是指两个或两个以上的搜救主管部门为了实现共同目标（共同利益）而自发结合在一起，通过相互间的配合和协调来实现共同目标（共同利益）的一种搜救活动。一般来说，海上搜救合作包括国家内部有关部门之间的合作、国家之间的国际合作、海上搜救指挥中心（RCC）与航空搜救组织之间的国际合作三种形式。其中，海上搜救国际合作具体是指国家间、地区间以及国家和地区间的搜救主管机关通过日常交流、搜救机制、搜救行动、资源共享等方面的

---

① 付玉慧：《水上安全监督管理》，大连海事大学出版社 2001 年版，第 142 页。

② 朱玉柱：《海上搜寻与救助》，大连海事大学出版社 2017 年版，第 92 页。

合作，以实现在规定的搜救责任海域，进行共同的海难救助的行为。[①] 由此可见，海上搜救国际合作是指有关国家根据相关搜救合作的规定在海上搜救责任区或公海进行统一安排和部署，建立海上搜救合作日常与应急机制，就人命、财产安全问题进行协调和指挥，共同搜救在海上遇险人员及物资，这是一种互利行为。一般来说，海上搜救国际合作涉及到合作依据、合作主体、合作目的、合作区域、合作方式与合作程度等方面的内容。

第一，从合作依据来看，主要是指有关海上搜救的国际公约、区域性多边协定和双边协议以及各国的国内法规。

第二，从合作主体来看，主要是指具有搜救权利和义务的国家或地区法律规定的搜救机构及搜救力量，具体来说包括世界各国海上与航空安全主管机构、海上搜救指挥中心及分中心、专业救助力量、军队或海岸警卫队、国家通信机构、海岸电台以及医疗单位等部门。

第三，从合作目的来看，主要是指对遇险人员和船舶物资以及海洋环境污染进行紧急联合处置。其一，遇险人员包括遇险船舶和设施上的人员、海上失事或迫降的航空器上的人员、被海盗和海上恐怖分子劫持的人员、海上紧急伤病员以及收到国家指令要求搜救的人员以及其他海上遇险人员。其二，遇险船舶包括国际贸易船舶、远洋游轮、渔船等。但在目前海洋开发热潮的新态势下，海上施工、油气资源开发等各类涉海活动在不断增加，有时也难免会发生险情，随之而来的是海上搜救范围也不断扩大。其三，海洋环境污染应急联合处置，这与沿海国在专属经济区内拥有的海洋环境的保护与保全的专属管辖权有密切联系，与船旗国防止船舶污染管辖权也息息相关，如对船舶和石油钻井平台溢油以及危化品运输船事故进行应急联合处置。总之，海上搜救国际合作的目的就是由各国相关搜救主体通过各种渠道获得遇险信息，利用现有科技手段确定遇险人员所在位置，并根据遇险具体情况进行分析，进而确定相应搜救方案，通知具体执行的搜救机构，并由其按照预定方案携带相关救助装备到先前探测到的遇险位置进行搜寻，一旦找到遇险人员或财产后，需对人员进行紧急医护并转移到安全地点，同时对财产和海洋环境进行妥善处理。

第四，从合作区域来看，主要是指领海、专属经济区、公海以及搜救责任区、事发现场等，但根据现代国际海洋法，不同海区在海上联合搜救

---

① 杜飞：《海上搜救合作程度的评价研究》，大连海事大学硕士学位论文，2017年，第1—24页。

行动中各相关国家的权利与义务是不同的，跨境搜救会受到一定制约，因此要尽量避免因区域不清所带来的搜救权利和义务争端。如领水内搜救纯粹是国家行使主权行为，公海中船旗国搜救本国遇险船和航空器是其实施船旗国管辖权的行为，其搜救的性质也较为单一。而专属经济区搜救不仅涉及到船旗国和难船国籍国的参与，还涉及到沿海国对专属经济区管辖权的行使，其搜救的性质比较复杂。同时专属经济区搜救的参与程序还具有特殊性，在一般情况下，如果没有双边或多边国际公约的规定或当事国的请求，他国不能进入一国的内水和领海进行搜救行动；进入沿海国专属经济区搜救也不能像公海搜救那样自由，而是要尊重沿海国主权和管辖权，需通知或经其同意并接受其监督来参与搜救。①

第五，从合作方式来看，一般应根据有关法规要求或协议约定及海上险情级别、海域条件等来选择确定合适的合作方式，如搜救管理经验与制度体系借鉴、人员与舰艇互访、搜救装备与技术共同研发、建立搜救联系热线、联合培训与演习、应急搜救合作等。

第六，从合作程度来看，搜救合作程度是评价海上搜救国际合作行为好坏的表征量，一般包括以下四个方面：其一，日常交流合作的密度，主要是指联合举办搜救演习与搜救会议，开展人员交流互访等。其二，搜救机制合作的广度，主要是指搜救责任区域、主管机关合作以及沟通交流所使用的工作语言等。其三，搜救行动合作的深度，主要是指搜救行动法律适用、搜救合作预案、应急联合搜救行动反应时间、现场协调员确定、事后共同总结评估等。其四，搜救资源共享的宽度，主要是指参与联合行动的搜救设备及人员、信息沟通与共享、通信网络覆盖范围、搜救值班等。

二、海上搜救国际合作特性与动因

海上搜救国际合作具有鲜明的特性，其形成与发展是由多种因素综合促成的结果。

从海上搜救国际合作的特性来看，海上搜救国际合作属于非传统安全合作，具有以下特点：

第一，时效紧迫性。海上搜救国际合作虽然在平时也可开展，如进行联合搜救演习、开展搜救人员与舰艇互访等，但其不具有显性影响，而应急联合搜救则更能体现出海上搜救国际合作的水平。但在海上险情发生

---

① 東腓：《专属经济区搜寻救助法律问题研究》，大连海事大学硕士学位论文，2015 年，第 4—5 页。

前，各国的海上搜救部门基本上无法预测哪艘船会在哪个航次、在何处发生何种海难。正是由于海上险情发生具有突发性、紧迫性、严重性等特征，这就为推动有关国家开展国际合作创造了机会，甚至为共同应对灾难有些国家还可能捐弃前嫌、超越阻碍来开展相关合作，正可谓与灾害有关的活动本质上是政治，这就为获取潜在救灾外交的积极成果打开了机会之窗。[①]

第二，范围广泛性。在经济全球化与区域一体化发展态势下，随着各国贸易的发展和技术的提高，对海洋资源的勘探开发也遍及世界各个角落，导致海上险情的发生地点会覆盖到全世界海域范围，分布广，种类多，同样海上搜救国际合作也会在全世界范围内进行。如2013年12月俄罗斯客船“绍卡利斯基院士”号受困南极浮冰区，中国“雪龙”号科考船、澳大利亚“南极光”号破冰船和法国“星盘”号破冰船接到求救信号后立即千里驰援，最后中国“雪龙”号科考船利用船上搭载的直升机将被困乘客转运至澳大利亚“南极光”号破冰船。俄罗斯“绍卡利斯基院士”号船长在给“雪龙”船发来的电子邮件中说，你们的努力是国际合作的典范，体现了人类航海互助和《南极条约》精神。但“雪龙”号科考船完成救助任务后又突遭浮冰围困，协调此次救助行动的澳大利亚海事局获悉“雪龙”号科考船受困后，立刻要求美国海岸警卫队“北极星”号破冰船前往协助救援遭受浮冰围困的中、俄两国船舶。对此，美国海岸警卫队太平洋区司令说，保证海上生命安全是我们最高任务，这就是为什么我们正协助为被困中俄船只开辟航道的原因。在这个地球上最遥远、自然环境最残酷的地方，我们随时准备施以援手。[②] 最终在2014年1月7日“雪龙”号科考船依靠自身力量成功突围，同一天俄罗斯客轮也顺利解困。至此，由中国、俄罗斯、澳大利亚、法国、美国联合演绎的极地大救援画上了圆满句号。

第三，法定约束性。相关国家在进行海上搜救合作时，各主体之间会形成相应的权利与义务关系，需遵守相关海上搜救国际公约及多边和双边协议并承担相应的法律后果。同时海上搜救合作的范围、联合搜救措施、应急联合搜救程序等也都有与之相对应的具体规定和要求。

---

① Ilan Kelman, *Disaster Diplomacy: Can Tragedy Help Build Bridges Among Countries?*, UCAR Quarterly, Fall 2007, p. 6.

② 王潇：《5国联手南极大救援，中国雪龙号救人自救赢赞誉》，《世界新闻报》2014年1月9日。

第四，无偿公益性。这主要体现在相关国家运用公权力联合进行海上公共安全产品与服务的提供，追求的是公众利益，旨在保护一切海上人员的生命财产安全。特别是在人命救助时主要是出于人道主义考虑，是对人性的关怀和对生命的尊重，体现了平等人类主体之间的相互扶持与协助，这是国际社会普遍的共识。由此可见，它不以追求利润为目的，而是为了人类共同的和谐与生存所进行的无私奉献，因此无论代价多大都必须竭尽全力与所能，被救助方不需支付费用或给予报酬，搜救费用一般由参与联合搜救的各国政府自行负担。

第五，协调配合性。在海上搜救国际合作时需由多个主体和领域参加，且它们之间需相互协调才能很好地完成共同任务。因为只有经过正确的协调与合作，海上搜救工作才能井然有序开展，最终实现预设目标。由于不同国家和部门的搜救人员的专业技能与水平各不相同、海上搜救过程中的分工不同以及各国实施海上搜救行动依据的程序标准不同等原因，在各国各地区开展海上搜救合作行动时，自然会因上述原因导致搜救配合不默契、搜救分工不明确和搜救资源浪费等现象的发生。因此在海上搜救国际合作中，需要相关部门进行统一协调与安排，使各参与主体在活动的不同环节之间能够相互协调与配合，具体包括海上报警求救信号的接收并确定搜救区域、信息核实并通知有管辖权的沿岸国、根据险情制定联合搜救计划并进行任务分配以及搜救过程中的国家之间、岸上当局之间或是搜救中心与现场指挥之间的协调等，这样才能保障搜救合作活动更有效进行，从而取得最佳搜救效果。①

第六，功能外溢性。一方面，海上搜救国际合作既可展示国家硬实力，又可展示软实力，树立良好的国家形象。另一方面，海上搜救国际合作的核心目标虽是以应对海上重特大险情为重点，围绕人道主义救援这个中心，以期实现把人员伤亡和财产损失降到最低的目的，但这不是唯一的目标，还可产生外溢（Spillover）效应，实现其他目标，取得更广泛外交合作的效果：一方面可缓解敏感区域复杂紧张局势，改善国家之间关系，增进各国民间交流，释放善意，弥合矛盾；另一方面也可推进战略部署或乘机渗透，如一些国际组织和国家政府为达到窃取机密、干预内政甚至控制某些国家或地区的目的，会以各种救助为名实施一些危害被援助国的行为，从而实现政治、经济、文化、军事等其他目标，扩大其作用和影响。

---

① 梁译文：《南海国家间搜救合作的法律问题研究》，大连海事大学硕士学位论文，2017 年，第 3—4 页。

从海上搜救国际合作的动因来看，主要有经济动因、技术动因、生态动因和政治动因。

第一，经济动因。马克思曾指出："追求利益是人类一切社会活动的动因"，天下熙熙皆为利来，天下攘攘皆为利往，利益决定行动。一方面，随着世界海运业的快速发展和其他各种涉海活动的增加，导致海上险情日益增多，造成人员和财产严重损失。如2000年6月29日印尼苏拉威西岛海域一艘客轮沉没，造成550多人遇难。2002年9月26日塞内加尔"乔拉号"客轮在冈比亚附近海域沉没，造成1800多人遇难。另外，飞机失事坠海所造成的损失也是相当巨大的，如2014年马航MH370客机失联造成巨大经济损失，239人至今下落不明。而对于这些重特大险情，单靠一国之力有时很难完成搜救任务，而通过海上搜救国际合作可最大限度减少生命和财产损失，促进海运业等相关产业健康和可持续发展。另一方面，海上搜救花费巨大，是一个非常耗费人力、物力和财力的复杂工程，需要巨大款项作为支撑。而通过海上搜救国际合作可做到资源共享，实现优势互补，分担经济压力，提高落后国家海上搜救水平和能力，减少有关国家搜救基础设施重复建设，降低搜救成本，提高经济收益。

第二，技术动因。海上搜救是一项操作技术、信息专递以及专业程度要求都很高的工作，单靠一国力量特别是发展中国家难以满足海上搜救行动中技术与信息的要求。尤其是对飞机失事坠海后的搜救，其艰难程度要远超陆地上的搜救，技术要求更高，这是因为空难的突发性和海洋的自然特征导致搜救极为艰巨。一方面，空难飞机坠海位置精确定位难。海洋纵深处的天空，当今仍是全球监视定位系统的最后盲区。民航班机一旦失事，空管机构一时无法准确定位飞机发生空难的精确位置，这就给海上搜救设置了障碍。而岸基地面雷达监测系统也对海上空难事故爱莫能助，虽然当今全球民航的航线上都有雷达全程覆盖、实时监控，但由于地球表面是弧形的，而雷达发射的电磁波不会拐弯，因此当民航客机在距岸基雷达站较远的大洋上空飞行时雷达监测会有一定困难，产生所谓的"雷达黑洞"现象。而且与陆地上的空难坠机相比，海上坠机通常缺乏目击者，而飞机坠海后在下沉的过程中，机上的通信系统和电子设备通常会瞬间失去功能，其黑匣子的信号强度也会大大下降甚至无法探测到，这些都会加大飞机定位与搜救难度。如2014年马航MH370事件中，搜救范围达到了768万平方千米，约相当于地球表面积的1.5%。如此巨大的工作量，没有相关国家分工合作几乎不可能完成，因此建立海上搜救联合行动机制无疑会提高效率。另一方面，海上空难事故的搜救难度大。如飞机在万米高空解体爆炸，机身残骸在海面上散落半径有可能会超过 50 千米甚至 70 千米，一些较大的残骸会随之沉入海底，而一些轻小的碎片则会随着海浪或者洋流散落到更远的地方。即使是整架飞机坠海，其相对于广袤的海洋来说也只是一个点，因此美国人将此形容为“柴堆中的一根针”。[①] 而要在持续变化、环境恶劣的海域中，靠卫星、轮船和航程有限的低空侦察机去捕捉难以确定形状的目标，难度很高，工作量极大。特别是要从高压、黑暗且远离陆地的深水中辨识和打捞已失去脉冲信号的黑匣子绝非易事。如 2009 年 6 月沉入大西洋的法航 447 班机，两年后才在 3000 多米深的崎岖海底发现黑匣子，数周后两个黑匣子才被打捞上来。如果发展中国家遇到飞机坠海事故，更需要其他国家的帮助。如 2002 年 5 月 7 日在大连湾海域发生了一起中国北方航空公司班机失事坠海的特大空难事故，造成 112 人遇难。“5·7”空难是新中国第一起客机坠海事故，海上搜救、打捞工作规模之大、难度之高、任务之重是建国以来首次。特别是在寻找飞机黑匣子的过程中，由于当时国内设备还不能满足定位需要，后在美国专家和专用设备的帮助下才找到。而 2014 年 3 月 8 日马航 MH370 失联后的搜寻工作难度之大更是前所未有：其一，航班失联后能够证实的准确信息少之又少，关键信息的缺失导致飞机去向判断不明。所有疑似海域仅是推测结果，都缺乏确凿的证据来确定真实的终结地点。其二，需搜寻的疑似区域面积十分辽阔，从最初的泰国湾、南海海域，到面积近 770 万平方千米的南北两条“走廊”，再到印度洋 300 多平方千米的核心区，在这么大地理范围内搜寻用“大海捞针”来比喻一点也不为过。此外，南印度洋被认为是客机最有可能终结的地点，但这里风大浪高，水深涌急，是全世界海况最恶劣的海域之一，也是人迹罕至的区域之一。据有关专家介绍，人们对南印度洋海底的了解尚不如对月球表面了解得多。因此当重点转入更大范围的海底搜寻后，其难度更大，任务更重，技术挑战更高，正如澳大利亚总理阿博特所说，这或许是人类历史上难度最大的搜寻。[②] 如印度洋中部水深 3000 多米，而黑匣子搜寻和打捞目前只有美、中、俄、法、日等国具有相关技术与装备能力。要想克服如此巨大的困难就必须加强协作，汇聚广泛的国际社会科技力量，整合各国搜救资源，加强搜救信息、技术与人员交流，建

---

① 《MH370 跨越半个地球的追踪》，《中国航空报》2014 年 3 月 18 日。

② 徐海静：《马来西亚称没隐瞒失踪飞机信息》，《新华每日电讯》2014 年 5 月 3 日。

立与完善海洋立体观测预报网络系统、船舶报告系统、海上搜救辅助决策系统等作为科技支撑，通过信息共享和交流机制及时向相关国家报告遇险信息，使得各国能够在最短的时间内做出应急搜救的合作计划，提高搜救险情的处置效率。同时还要加大在应急管理设施方面的投入，实现卫星、飞机、船舶等交通工具的全方位覆盖，形成立体联合搜救体系，共同应对挑战。

第三，生态动因。20 世纪 60 年代以来现代海运中的船舶和货物都发生了很大变化，给海洋环境带来前所未有的威胁。一方面随着人类社会和科技的进步，海上作业及货运品种日益复杂多样化，其中很多具有污染性。另一方面石油化工货物不断膨胀的运输需求刺激着大量巨型化、专业化船舶建造并投入运营。因此目前海上生态环境面临以下两方面压力：一方面从溢油来看，在油品的生产、提炼、装卸、储存、运输、使用和处置的过程中，由于意外事故或者操作失误，造成从作业现场或储油器里外泄溢油而流向海滩或海面，给海洋环境造成灾难性后果。另一方面从危险化学品来看，危化品具有毒害、腐蚀、爆炸、燃烧、助燃等性质，因此运输危化品的船舶一旦出事，将对人体、设施、环境造成难以估计的危害。而且上述险情对海洋环境的危害具有扩散性和持续性，如 1989 年 3 月 24 日美国埃克森公司“瓦迪兹”号油轮在美国威廉王子湾触礁，致使 1100 万加仑原油泄漏，覆盖 4000 多平方千米的海面，造成大量鱼类和野生动物消亡，直到 2007 年美国国家海洋及大气管理局发现威廉王子港海滩下仍有 2.5 万多加仑的原油残留。为此，埃克森公司花费 20 多亿美元来清理并支付了数以百万计的赔偿金额。又如 2010 年英国石油公司“深水地平线”钻井平台爆炸，造成近 500 万桶的石油泄漏到墨西哥湾。直到 2016 年 4 月，科学家还能在附近海域找到石油泄漏的证据，这起严重事故给海洋生物带来灾难性打击，英国石油公司总共为这起事故支付了 600 多亿美元的资金。正是由于各种溢油事故对海洋环境的污染损害越来越大，单靠海洋本身已不可能完成其自洁，需要人类力量的共同参与，各国逐渐加强了对海洋环境的保护，而开展溢油应急国际合作便成为最直接和迅速有效的海洋生态环境保护的手段。

第四，政治动因。海上搜救国际合作的背后或多或少都存在或掺杂了一定的政治目的，超越了单纯的人道主义范畴。其一，通过海上搜救国际合作可减少生命和财产损失以及保护环境，促进社会和谐稳定，因此海上搜救国际合作属于人道主义范畴，拥有道德制高点，可塑造国家以人为本的形象，增强相关国家人权意识。如 2014 年马航 MH370 失联后，有澳大利亚专家就指出，与大多数国家相比，中国面临更大压力，因为失事飞机上有 153 名中国公民，这就要求中国坚持搜寻，这个问题关系到中国的“政治面子”。[①] 其二，通过海上搜救国际合作可加深各国人民身份认同和地区归属感，形成共同理念，增进相关国家人民友谊，培植民意基础。其三，海上搜救国际合作不仅仅只局限于搜救这一单一领域的合作，由此可形成合作路径惯性，产生外溢效应，丰富有关国家合作内涵，促进其他领域合作，改善国际关系，包括开启传统安全领域的合作，特别是军队参与海上搜救国际合作可为传统安全领域合作打下一定基础，从而推动区域一体化进程。如 2014 年马航 MH370 航班失联后，前美国驻华大使洪博培（Jon Huntsman）表示，中美搜寻工作令两国恢复了某些领域的军事合作，从而可能拉近中美关系。遗憾的是，有时候需要发生灾难才能刺激两国进一步的军事合作，对失联航班的搜寻还可能促使搜救、信息共享以及反恐等主题摆上亚太经济合作组织和其他地区机构的议事日程。[②]

三、海上搜救国际合作类型与形式

根据不同的标准，海上搜救国际合作可分为以下几种基本类型：

第一，根据海上险情类别，可分为海啸搜救合作、溢油搜救合作、潜艇失事搜救合作、飞机失事坠海搜救合作等类型。其一，从海啸搜救合作来看，2004 年在印度洋海啸中，美军太平洋司令部迅速做出反应，向遭受海啸袭击的地区派出了大量部队提供大规模的紧急救助。中国救捞系统也派出国际救援队远赴泰国海啸灾区清理打捞，并得到当地政府的高度评价。其二，从溢油搜救合作来看，2007 年 12 月 7 日在韩国西海岸，一艘拖船将“河北精神”（HEBEI SPIRIT）号油轮撞损，造成 1 万多吨原油流入海中，中国海事系统立即派出国际救援队赴韩国参与溢油清除联合行动。其三，从潜艇失事搜救合作来看，如 2000 年 8 月俄罗斯“库尔斯克”号核潜艇爆炸沉没后，普京总统指示可接受任何国家提供的援助，[③] 为此

---

① *Who Will Pay for the SAR of MH370*, http://www.kekenet.com/read/201403/281819.shtml.

② *Cooperation on Flight Search Could Help Boost US – China Ties*, http://www.sino-us.com/34/11074980806.htm.

③ 《俄潜艇营救无进展：普京指示俄海军可接受任何国家援助》，《经济日报》2000 年 8 月 18 日。

俄罗斯正式请求英国和挪威等国家帮助营救。其四，从飞机失事坠海搜救合作来看，如 2014 年 12 月 28 日印尼亚航 QZ8501 客机在爪哇海域失事坠海后，印尼、新加坡、马来西亚、美国、澳大利亚、韩国、越南、中国等多国参与了联合搜救行动。

第二，根据海上险情所处海域，可分为沿岸国管辖海域搜救合作和公海搜救合作。一方面从沿岸国管辖海域搜救合作来看，当一国沿海发生重特大事故需要其他国家搜救力量参与联合搜救或事故涉及他国人员和财产时，往往会邀请或由他国申请进入沿岸国管辖海域进行跨境搜救合作。此时海上搜救合作会涉及事发海域周边国家、事故相关国家以及具有先进搜救能力的国家，在这种情况下，联合搜救工作一般由沿岸国搜救主管机构主导协调，其他国家搜救力量参与配合。另一方面从公海搜救合作来看，当重特大海上险情发生在非特定国家搜救责任区域的公海时，一般秉承“时间优先”与“就近方便”相结合原则，相关国家搜救机构在接到险情信号后应立即通知最近的国家或地区的搜救主管机构，并设法协调航经该区域的各国船舶参与搜救。当确切了解到遇险船舶及人员的国籍时，还应尽快通知有关当事国。当多国力量抵达现场后，应由相关利益方协商明确任务主导国和现场指挥权并及时相互通报信息，确保参与海上搜救行动的各方力量能够协调配合。

第三，根据海上搜救对象，可分为人命搜救合作、财产搜救合作、环境搜救合作和复合搜救合作等类型。其一，从人命搜救合作来看，如 1994 年 9 月 28 日航行在 Tallinn 与 Stoekholm 海域之间的客滚船“爱沙尼亚”号失去动力发生倾斜，报警后航行在附近的客货船以及来自芬兰、瑞典、爱沙尼亚、丹麦和俄罗斯的飞机共救起 137 人。其二，从财产搜救合作来看，如 2017 年 4 月 8 日正在亚丁湾海域执行护航任务的中国海军护航编队接到英国海上贸易组织通报：图瓦卢籍“OS35”号货船在亚丁湾索科特拉岛西北海域遭海盗劫持，中国海军“玉林”号导弹护卫舰及时赶到事发海域并成功解救货船。其三，从环境搜救合作来看，如 2010 年 4 月 20 日位于墨西哥湾的“深水地平线”钻井平台发生爆炸，造成大量原油泄漏。为有效控制环境污染，有 10 多个国家和国际组织向美国伸出援手，以避免这一地区生态环境遭到进一步破坏。其四，从复合搜救合作来看，是指前三种搜救合作的任意联合或全部，如一艘油轮发生火灾爆炸沉没，参与搜救的各国力量既要联合搜救船员（人命搜救合作）和油轮（财产搜救合作），又要联合控制溢油风险（环境搜救合作）。如 2018 年 1 月 6 日巴拿马籍“桑吉”号油轮和中国香港籍“长峰水晶”号货轮在长江口以东海域发生碰撞，导致油轮起火爆炸沉没，油轮上30名伊朗籍和2名孟加拉籍船员失踪。事发后中国海上搜救中心作为此次行动综合协调指挥机构负责调遣现场救援力量，同时中方也与其他有关方保持着密切联系，以最快的速度协助12名伊朗专业搜救人员抵达上海参与搜救行动，并积极协调日、韩、美等国力量参与搜救工作。中外搜救人员冒着巨大的生命危险全力做好人员搜救、消防灭火、污染防控等工作，最后“长峰水晶”号货船上的21名船员全部获救，“桑吉”号在沉没前找到3名船员尸体和船载航行数据记录仪。

第四，根据参与海上搜救力量性质，可分为专业搜救力量合作、军队力量搜救合作和民间力量搜救合作等类型。其一，专业搜救力量合作主要是各国海事、海警或海岸警卫队、救助、打捞等专业救助力量之间的合作，这是较为常见的海上搜救国际合作类型。其二，军队力量搜救合作主要是海军和空军参与搜救联合演习及应急联合搜救行动。其三，民间搜救力量合作主要是各国有关社会组织与团体、志愿者，特别是过往各国货轮及事故现场附近渔船等民间力量参与的合作。

第五，根据参与海上搜救行为体关系，可分为全球海上搜救合作、区域海上搜救合作、双边海上搜救合作等类型。其一，全球海上搜救合作一般是以国际海事组织等国际机构为平台建立的，但由于国家利益的多样性、各国需求的差异性、国家管辖权的限制性，决定了建立全球海上搜救合作机制及其切实有效发挥作用的困难性。其二，区域海上搜救合作建立的前提是区域内存在共同利益，如北极理事会成员国缔结《北极海空搜救合作协议》的一个原因就是意识到残酷的北极条件对搜救带来的挑战和承认搜救合作的重要性；黑海沿岸国签署《海上搜救合作协议》的原因也是承认黑海沿岸国家之间迫切需要建立双边/多边协议或安排来完成高效的搜救行动。① 其三，双边海上搜救合作大多通过缔结双边条约的方式来实现，可较好地实现缔约双方的利益，是目前一些国家采用较多的方式。但双边海上搜救合作机制也有其不足，即涉及主体范围小，要分别与不同国家签订搜救协议，协商谈判较为繁琐。双边海上搜救合作又可分为邻国海上搜救合作与非邻国海上搜救合作等类型。一方面从邻国海上搜救合作来看，海上邻国开展搜救合作具有得天独厚的地理优势，由于距离近，反应

---

① 曲波：《南海区域搜救合作机制的构建》，《中国海商法研究》2015年第3期，第61页。

快，时效强，便于建立长期稳定的海上搜救合作机制，而且邻国一般文化交融，民众交往紧密，相互认同度高，沟通较为便利，开展海上搜救合作更容易得到大众支持及对方接受，目前这种搜救合作较为普遍，如美国与加拿大、日本与韩国海上搜救合作等。另一方面从非邻国海上搜救合作来看，非邻国海上搜救合作虽受到距离远等不利条件的限制，但依然可通过有关国际组织甚至直接派遣人员参与搜救合作，如加拿大海岸警卫队就与英国等国家的海岸警卫队进行过国际联合搜救。

第六，根据参与海上搜救主体行动状态，可分为直接参与海上搜救合作和间接参与海上搜救合作等类型。一方面从直接参与海上搜救合作来看，即直接派出搜救队伍和设施参与海上应急搜救行动。如 2006 年 2 月 3 日一艘载有 1400 多人的埃及渡轮“萨拉姆 98”(Al Salam Boccaccio 98）号在红海沉没后，美国设在海湾地区的中央司令部应埃及政府的请求派出军舰和飞机协助搜寻幸存者，英国也派出军舰协助搜救，最后有 387 人获救。另一方面从间接参与海上搜救合作来看，即通过某种手段或途径如海上遇险报警信息的转接及传递等间接地为搜救行动提供服务。

第七，根据参与海上搜救合作时效性，可分为平时海上搜救合作和应急海上搜救合作。一方面从平时海上搜救合作来看，如开展海上搜救人员与舰艇互访及演习活动、举办海上搜救联合培训班和研讨会、进行海上搜救装备和技术研发、交流海上搜救资料和经验等，这些属于日常搜救合作内容。另一方面从应急海上搜救合作来看，即有关海上险情发生后有关国家积极参与、共同响应，这些国家包括沿海国、遇险船的船旗国、遇险人员的国籍国以及应邀参与搜救的第三方国家。如 2014 年搜救马航 MH370 失联航班是迄今为止最大规模的应急国际合作，有关国家将人道主义救援置于优先位置，不仅暂时搁置了域内地缘主义利益的冲突，而且还允许域外军事力量参与搜救任务。此次应急联合搜救行动最鲜明的特点是参与国家多、搜救规模大、投入力量强，既囊括了南海所有濒海国家，同时也吸引了美国、澳大利亚、日本等域外国家，但基本上属于临时搜救合作。

具体来说，海上搜救国际合作又包括以下多种形式：

第一，致电。海上重特大险情发生后，相关国家的首脑一般会致电表示慰问，如 2014 年马航班机失联、韩国“岁月”号沉没、亚航 QZ8501 航班失事坠海后，习近平主席都向有关国家的领导致电（见表 1—3）。如韩国“岁月”号客轮沉没后，4 月 17 日习近平主席第一时间向韩国总统朴槿惠致慰问电，指出中韩两国人民有着深厚友谊，表示中方愿随时向韩方提供必要的支持和帮助。① 4 月 23 日习近平在与朴槿惠通电话时再次表示慰问并表示中方将根据韩方要求向韩方提供救援设备，并尽快派往事故海域。②

表 1—3 习近平就海上险情及搜救合作致电

海上险情	慰问时间	致电对象及内容
2014 年 3 月 8 日马航 MH370 航班失联事件	2014 年 3 月 9 日	致电德国总理默克尔，表示中方正在同马来西亚等有关国家保持沟通，全力以赴进行搜救，不放弃拯救生命努力
	2014 年 3 月 10 日	致电美国总统奥巴马，表示对机上人员安危深感担忧，中方将同美方继续保持密切联系
	2014 年 3 月 20 日	致电澳大利亚总理阿博特，强调只要有一线希望就要做百分之百努力
2014 年 4 月 16 日韩国客轮“岁月”号沉没事件	2014 年 4 月 17 日	致电韩国总统朴槿惠表示慰问并表示愿提供支持和帮助
	2014 年 4 月 23 日	致电韩国总统朴槿惠表示慰问并将尽快提供救援设备
2014 年 12 月 28 日亚航班机 QZ8501 失事坠海事件	2014 年 12 月 30 日	致电印尼总统佐科表示慰问，代表中国政府和人民对这起不幸事件表示深切同情，对所有遇难者表示沉痛哀悼并对家属表示诚挚慰问

资料来源：笔者自制。

第二，开展对话交流活动。国际海事组织编写的《国际航空和海上搜寻救助手册》强调，通过交流培训方法和毗连救助协调中心之间的人员互访，可以使双方均受益。③ 定期进行人员交流互访可增加彼此了解，有效消除人员之间可能存在的认知障碍，增加主管机构之间的信任度，从而提高搜救合作质量。一方面是指国家领导人之间的对话交流，如 2013 年 7 月越南国家主席张晋创对美国进行访问，25 日张晋创在与奥巴马总统会晤时

① 《习近平向朴槿惠总统致慰问电》，《人民日报》2014 年 4 月 18 日。

② 《习近平同韩国总统朴槿惠通电话》，《人民日报》2014 年 4 月 24 日。

③ IMO/ICAO, *International Aeronautical and Maritime Search and Rescue Manual* (*Iamsar Manual*), Vol. II, Mission Co-ordination, London/Montreal, 1998.

强调双方将继续开展安全对话，在加强打击海盗和海上搜救等方面扩大互利合作，提升能力。[①] 另一方面是指有关主管部门领导之间的对话交流，如 2012 年 9 月在雅加达，印尼交通部长与来访的澳大利亚基础建设及交通运输部部长举行会谈，在海上搜救合作领域达成了一系列共识。两国部长同意在六个方面进行海上搜救合作并通过现存的印尼运输安全援助计划（ITSAP）来实现，如双方都同意在印尼国家救援中心（BASARNAS）和澳大利亚海事局（AMSA）之间进行人员交换，以促进知识和专业技能共享，加强船舶追踪信息的运用并提高印尼海洋卫星通信技术。此外还将进行更多的海上搜救演习，召开定期论坛交流海上搜救信息和演习经验，进一步发掘更迅速的入境方式，使澳大利亚飞机在与印尼进行搜救合作时易于在印尼领空作业并有合适的机场着陆补充燃料。澳大利亚政府还同意提供资金用来交流知识和专业技能，提高本区域搜救能力。[②]

第三，签署海上搜救协议。海上搜救协议一般包括以下两个方面：一方面签署双边海上搜救合作协议，如俄美海上搜救协议、日美海上搜救协议、日韩海难救助协议等。另一方面签署多边海上搜救合作协议，如黑海沿岸国签署了在黑海开展海上搜救区域合作的《安可拉协议》，波罗的海周边国家签署了在波罗的海开展海上搜救合作的协议，西北非沿海国家签署了西北非分区海上搜救中心特别多边协定、北极理事会成员国签署了在北冰洋开展海空搜救合作协议等。

第四，召开搜救会议。在通常情况下，讨论磋商搜救协议内容，关于搜救装备共享与技术研发，定期总结搜救合作情况，提出下一阶段搜救合作目标等都需要通过召开搜救会议来解决。一方面召开多边搜救会议，如从 1996 年开始到目前，中、日、韩、俄四国海上搜救部门每年都要举行海上搜救合作操作级别会议。另一方面召开双边搜救会议，如 2003 年交通部海事局与韩国海洋警察厅召开了有关海上搜救使用问题的双边会议。

第五，提供搜救装备与技术。提供搜救装备与技术可做到优势互补，这不仅可增强落后国家搜救能力，而且还可充分显示援助国的经济与科技实力，彰显其强大国力，因此在海上搜救国际合作中扮演着非常特殊的作用，特别是提供下列搜救装备技术十分重要：其一，卫星通讯导航技术，

---

① 于向东：《试析越美全面伙伴关系》，《和平与发展》2014 年第 5 期，第 45 页。

② *Australia, Indonesia Enhance Maritime, Defense Cooperation*, https://my.news.yahoo.com/australia－indonesia－enhance－maritime－defence－cooperation－092001010.html.

如中国在2014年马航失联飞机搜救中动用了21颗卫星，为搜寻MH370的有关国家提供卫星图片并为搜寻舰船提供导航服务。其二，深海搜救打捞装备与技术，如挪威在深海搜救打捞技术装备方面具有明显优势，使其2002年在俄罗斯“库尔斯克”号核潜艇海难事故救援中大显身手。其三，特定的运输工具，这主要是指以下两方面：一方面是指大型舰船包括航母、大型运输舰等，如在2004年印度洋海啸和2011年日本大地震海啸中美国都派出了航母参与搜救；2014在马航失联飞机搜救过程中，中国派出了大型两栖登陆舰等参与搜救。另一方面是指大型运输机与侦察机等，如2014年中国派出2架伊尔－76大型运输机、2架图－154侦察机和1架运－8飞机参与了马航失联航班的搜救工作。其四，医院救护船，如2013年中国派出“和平方舟”号医院船参与了菲律宾飓风灾害救助行动。

第六，举办海上搜救联合演习。国际海事组织编写的《国际航空和海上搜寻救助手册》指出，相邻的国家或搜救协议的当事国进行的联合演习是有价值的。[①] 因为海上搜救联合演习具有很强仿真性，是提高搜救部门执行力和合作协调性的最有效办法，不仅能提高搜救队伍应急反应的组织、协调、指挥能力，锻炼海上搜救力量，而且还可加强各方搜救力量的联动合作能力，缩短搜救联合协调的时间，积累应急处置经验，同时也是进行技术交流与学习的过程，这对于增强参与国家的协同配合效果，提升搜救合作实践水平具有非常重要的意义。海上搜救联合演习一般可分为以下两种类型：一是双边演习，如2007年6月韩日两国举行了第五次海上联合搜救演习；2013年6月印度与越南举行了海上联合搜救演习。二是多边演习，如2014年4月俄罗斯、印尼、日本、越南、澳大利亚和菲律宾等国军舰举行了“Comodo 2014”海上联合演习，实施了搜救等项目；2014年6月美国、澳大利亚、日本、越南等国进行了“太平洋伙伴关系2014”人道主义救援演习。

第七，参与海上应急搜救。这主要是指在具体海上险情发生后所采取的联合搜救行动，如搜救预案制订、接到报警后高效协调决策、搜救行动反应及其法律适用、现场协调、善后处置和总结评估等问题。如2009年6月1日一架法航班机在大西洋海域失事后，巴西、法国等有关国家展开了大规模紧急搜救行动，并向美国寻求卫星定位技术支援。2009年6月30日也门航空公司的一架班机在印度洋海域失事，法国总统萨科齐要求军方

---

① IMO/ICAO, *International Aeronautical and Maritime Search and Rescue Manual* (*Iamsar Manual*), Vol. I, Organization and Management, London/Montreal, 1998.

尽全力投入搜救工作，法方立即派遣了 2 艘海军舰船和 1 架运输机前往出事海域进行应急处置。

四、海上搜救国际合作协议与合同

海上搜救国际合作由于涉及面较广，各种关系复杂，需要制度进行规范作为协调依据，为此就要签订海上搜救国际合作协议与合同。

一方面从海上搜救国际合作协议来看，这是保证搜救工作顺利开展的制度基础，同时也为各国海上搜救指挥中心在紧急事件发生时迅速协调提供了方便。海上搜救国际合作协议就是对在实施联合搜救过程中可能遇到的问题进行明确要求，因此其内容应根据有关国际合作公约的规定以及合作部门的具体情况来确定，并应根据搜救效果进行不断修改。

根据《1979 年国际海上搜寻救助公约》有关条款的要求，国家之间海上搜救国际合作应确定法律框架，指定负责当局，组织现有资源、通信设施，协调和操作职能，改进服务方法，包括规划国际间的合作关系以及培训、演习等搜救服务的基本内容。具体来说，海上搜救国际合作协议应包括以下几方面内容：

第一，关于海上搜救合作主管机构的规定。主管机构是海上搜救合作的接触点，也是顺利进入并启动搜救程序的起始点，因此协议应首先明确所指定的主管机构，而且主管机构还应具备相应的专业能力，是搜救合作事务的实际协调或指挥者。

第二，关于海上搜救合作范围及设施的规定。包括能够提供搜救的范围以及搜救设施使用的种类和条件等。

第三，关于海上搜救合作区域的规定。由于海域管辖的敏感性，在一般情况下，有关国家都难以在各自全部的海域开展搜救合作，而只能将合作海域范围限定在某些特殊的海域。因此，当涉及到搜救区域时协议应明确所认可的海域，以便主动承担起各自的义务。

第四，关于海上搜救合作任务协调员的规定。即为保证海上搜救迅速开始行动，应向谁提出援助以保证求救来源无诈以及明确在联合行动中有关搜救设施通常由谁安排和联系方法等内容。

第五，关于海上搜救合作共同关注领域的规定。这是指今后准备共同开展的、对各方都有利的搜救事项，一方面当合作领域围绕提高搜救协调指挥效率时，应在协议中明确搜救信息交流、搜救协调程序、搜救指挥工作条件等事项；另一方面当选择提高搜救人员工作水平时，搜救人员的交流与培训则是合作领域的常见选项，为此就要确定交流沟通的联络方式，一般通过工作人员互访、定期或根据需要进行会晤等直接接触的方式和预设机制来完成，对此协议应予以明确。

第六，关于海上搜救合作跨境问题的规定。由于国家之间的海上搜救国际合作有时会涉及到搜救人员和设施相互进入或跨越领海或领土问题，因此有关国际法规涉及到对人命救助和国家主权的关注。当外国的搜救设施需要进入另一国的领水或领土时，相邻国家应寻求可行的办法来平衡相关问题。对此，《1979 年国际海上搜寻救助公约》要求各缔约国授权其救助协调中心在接到来自他国的救助请求时应及时向其提供援助，其中包括船舶、飞机、人员及设备。为此，海上搜救国际合作协议应允许当事国的搜救单位以寻找海难地点和救助遇险人员的目的立即进入或跨越其领海或领土，并对搜救力量确有必要进入的时机、条件、方式和必须遵守的程序等做出明确规定。一方面主管机关应向该国救助协调中心或有关主管机关提出申请，详细说明其任务及其必要性。另一方面接到这种申请的主管机关必须做到立即确认收到该申请并尽快表明执行这一任务的条件（如有这样的条件）。如中国的《海上交通安全法》规定：外国派遣船舶或飞机进入中华人民共和国领海或上空搜寻救助遇难的船舶或人员，必须经主管机关批准。根据上述《1979 年国际海上搜寻救助公约》的要求，如果为国家之间相互及时、便利地开展搜救行动而事先就执行任务的程序和条件达成协议的话，那么该协议至少应包括以下几方面的内容：其一，批准和便利合格和正式委派的民间或军事人员为搜救目的立即进入最可能的区域。其二，批准和便利属于他国的民间或军用航空器、船艇和其他设备，为搜救的目的立即和免税进入最可能的区域，而且如有可能还要允许这些设备进入未开放口岸。其三，批准和便利上述人员、救助船（艇）和设备立即进入（但属临时进入）最可能区域内的禁行区、限航区或危险区。如本国认为必须保留禁航区内的搜救独占权，则必须拥有确保控制该区域安全的足够手段和能力。

第七，关于海上搜救合作海空协调的规定。在海上搜救国际合作中有时会涉及到海空搜救协作的问题，对此《1979 年国际海上搜寻救助公约》规定：其一，各当事国须确保海上与航空服务间最密切、可行的协调，以保障在其搜救区域内或其上空提供最迅速与有效的搜救服务；其二，凡可行时每一当事国应建立为海上和航空两方面服务的联合救助协调中心和救助分中心，而当建立单独的海上和航空救助协调中心或救助分中心为同一区服务时有关缔约方须保证各中心或各分中心之间最密切可行的协作；其三，各当事国须尽可能确保为海上和航空目的而建立的搜救单位使用共同的程序。[①] 按照上述公约的有关要求，海上搜救协调中心与航空搜救组织之间海上搜救合作协议，应主要阐述建立海空联合救助协调中心和协作程序等内容。但如果由于法律、技术和经济条件等原因的限制，不能建立海空联合救助协调中心的话，那么海上与航空搜救中心或分中心应在责任区域设置上保持相同或尽可能覆盖并建立尽可能相同的程序以确保紧密联系和合作。另外，因为船舶与飞机在航行条件、通信手段等方面要求不同以及各自的主管机关在管理上的差异，船舶与飞机之间的协调性往往较差，所以合作协议还应包括有关国家海空联合演习的内容。

第八，关于海上搜救合作协议认可方式和法律地位的规定。合作协议的签署者一般是国家政府主管部门或海上安全主管部门的代表，双方的法律地位相等。[②]

根据上述内容，国际海事组织编写的《国际航空和海上搜寻救助手册》特地推荐了海上搜救国际合作协议的样本，具体包括以下几部分：

第一，引言。认识到搜寻救助合作和提供迅速高效的搜寻救助服务的重要性；希望支持《国际海事组织（IMO）国际海上搜寻救助公约》和/或《国际民用航空组织（ICAO）国际民用航空公约》的规定；力求制订一份针对搜寻救助协调、可用资源的使用、相互援助和努力改善搜寻救助服务的全面计划。

第二，援助范围。当事方同意在下列领域进行合作：（1）在各自搜寻救助区（SRR）行动时适当地共享搜寻救助设施以相互支援；（2）在各当事方指定的救助协调中心（RCC）或救助分中心（RSC）之间提出援助的请求，并在能力允许的情况下对请求做出反应；（3）建立程序和通信，以适应对同一遇险事件做出反应的当事方设施间的协调和各方救助协调中心或救助分中心间的协调；（4）通常应用《国际航空和海上搜寻救助手册》中关于搜寻救助操作程序和通信的指导；（5）致力于建立关于各种类型的搜寻救助设施仅为搜寻或救助而进入对方领土的约定程序，以平衡主权和人命救助问题。（6）介入其他的合作性搜寻救助工作，包括：双方搜寻救助人员互访；联合培训或演习；合作开发搜寻救助程序、技术、设备或设施；交换有关的搜寻救助或通信信息；建立一个或多个搜寻救助委员会，

---

① International Convention on Maritime Search and Rescue, 1979（SAR 1979）.

② 朱玉柱：《海上搜寻与救助》，大连海事大学出版社 2017 年版，第 95—97 页。

为正在进行的合作提供改进其搜寻救助效能的方法。

第三，搜寻救助区。建立搜寻救助区的目的仅仅在于使双方就协调或提供搜寻救助服务而同意承担的主要责任达成谅解。

第四，协议条款。当事方将：（1）保持任何搜寻救助设施或履行本协议所需的其他资源的有效信息随时可用；（2）将彼此感兴趣或可能用到对方设施的所有搜寻救助行动尽快完整地相互通知对方；（3）授权其救助协调中心通过对方救助协调中心请求援助，并提供关于遇险情况和所需援助的范围的所有相关信息；（4）授权其救助协调中心迅速对对方救助协调中心的援助要求做出反应；（5）当对方因形势所迫需要加油、医疗或其他适当有用的行动支援时，或在响应对方救助协调中心为其进入本国领土的设施请求援助等情况下，授权其救助协调中心会同其他国家主管机关迅速安排或预先安排好对方搜寻救助设施进入其领土（包括搜寻救助航空器飞越或着陆及陆上或水上搜寻救助单元的类似设施）。（6）通常各自承担有关本协议的活动费用，除非当事各方已预先安排好，并且在任何情况下，都不允许因费用补偿问题延误对遇险人员做出反应。[①]

另一方面从海上搜救国际合作合同来看，除人命搜救外，其他海难救助均须订立合同来明确各方的法律地位，特别是要确定救助方与被救助方的权利及义务作为解决双方争议的依据，这对于保障救助活动各当事方的利益十分重要，因此目前国际上救助作业几乎离不开搜救合同。在一般情况下，搜救作业是在救助合同签订后才开始的。但在紧急情况下，搜救方也可能先开始搜救作业，在搜救过程中双方再正式签订合同。

海难搜救合同主要分为雇佣救助和“无效果—无报酬”救助两种合同形式。第一，从雇佣救助合同来看，它是指救助人与被救助人约定由救助人对遇险的船舶或其他财产进行救助，由被救助人依据救助人所付出的人力及设备等支付一定的救助费用的协议。因此无论救助人的救助是否成功，被救助人均须支付约定的费用。由于救助人收取救助费用的风险小于“无效果—无报酬”的救助，所以雇佣救助所能获得的救助费用也远低于“无效果—无报酬”救助所能取得的救助报酬。在有的雇佣救助合同中，双方当事人还会约定：如救助成功或在约定期限内成功，则按比例增加若干救助费。该规定虽然使救助报酬和救助效果有了一定的联系，但由于其

---

① IMO/ICAO, *International Aeronautical and Maritime Search and Rescue Manual* (*Iamsar Manual*), Vol. I, Organization and Management, London/Montreal, 1998.

只是在实际费用基础上的奖金，因此一般不认定为其具有混合合同的性质。①

第二，从“无效果—无报酬”救助合同来看，它一般采用救助标准合同格式。这是因为海上搜救一般发生在情势比较紧急的情况下，为避免救助人与被救助人为了救助报酬、双方的权利义务、争议的解决等问题争论不休而延误救助，给双方带来不应有的经济损失，在实践中当事方订立救助合同多是采用格式合同（又称标准合同），因其主要条款为格式条款而得名。其中世界上最著名和使用最广泛的是英国劳氏救助合同格式（LOF标准合同），该格式以“无效果—无报酬”为原则（但对救助油轮做了例外规定），主要注重保护救助人的权利，在国际上已得到普遍认可和使用。LOF合同格式最初是由英国律师威廉·沃尔顿（William Walton）在1891年设计的，原本是为了某一次特定的救助个案制定的，但很快就成为国际上通用的救助合同标准格式。到1908年出版了首个劳氏标准格式“无效果—无报酬”救助合同并得到伦敦保险市场的推广，至今共进行了10次修订，最近修订是在2000年9月即“LOF2000”版本，具有形式简明、内容明确、方便实用等特点。LOF2000的内容可分为三个部分：第一部分为表格，共分九栏，用以填写双方通常在救助开始前即应确定的合同内容。第二部分包括A至L共12个条款，主要对救助方和被救方权利与义务、船东互保协会特别补偿条款（SCOPIC条款）的地位以及争议解决方式和准据法等内容做出规定。第三部分包括并入LOF2000的劳合社标准救助和仲裁条款（LSSA条款）、劳合社程序规则和可以并入的SCOPIC条款等内容。具体来说，LOF合同主要对以下问题做了明确规定：其一，各方与救助服务履行有关的义务。其二，被救方向救助方提供担保，保障救助方报酬请求权的实现。其三，以仲裁方式确定救助报酬或其他款项的金额。其四，以仲裁方式解决与救助有关的纠纷及仲裁的具体程序。由此可见，上述规定较好地平衡了救助方和被救方的利益，具有很强的可操作性，对于救助作业的顺利进行，公平维护救助各方利益具有重要作用。因此100多年来LOF合同一直在海难救助领域备受推崇、充满活力并对各国海事立法产生了广泛和重要影响，因此可以说它具有国际惯例的地位或者说它在一定程度上对于海难救助法具有“准公约”的地位。②

除了英国劳氏标准格式救助合同外，有关国家的航运组织也都制定

① 吴煦：《救捞政策与法规》，大连海事大学出版社2012年版，第62—63页。
② 胡正良：《海事法》，法律出版社2009年版，第121页。

了各自的救助合同格式，主要包括：第一，德国救助格式（Conditions of Deutsches Seeschiedsgericht），即汉堡标准格式，其与 LOF 格式极为相似。第二，日本的 JSE 标准救助合同即日本航运交易所救助协议（Japan Shipping Exchange Inc. Salvage Agreement），主要是站在对船东比较有力的立场上，因此在远东地区深受船东喜爱。JSE 格式与 LOF 格式的最大不同是在确定救助报酬的基础上，LOF 是以获救财产的价值为主，其余因素为辅。而日本的 JSE 格式则是以救助人投入救助成本为主，其余因素为辅。第三，法国海难救助协议（French Form of Maritime Salvage Agreement）。第四，俄罗斯商会海事仲裁委员会救助协议（Maritime Arbitration Commission at the Chamber of Commerce，Moscow，Salvage Agreement）。第五，土耳其海事组织救助和协助协议（The Turkish Maritime Organization Salvage and Assistance Agreement）。第六，美国海军救助协议（United States Navy Salvage Agreement）。

从中国来看，主要是中国海事仲裁委员会标准救助格式，简称北京救助格式。中国国际贸易促进会海事仲裁委员会于 20 世纪 60 年代就公布了北京救助合同格式，该救助合同和英国劳合社 1910 年救助合同类似。1994 年又借鉴 LOF1990 版本进行过唯一的一次修订，修改后的救助合同格式即 1994 年中国海事仲裁委员会救助合同标准格式（CMAC1994），简称“北京格式 1994”（Beijing Form 1994）。“北京格式 1994”条款可分为两部分：第 1 部分主要填写救助双方的相关情况；第 2 部分主要规定了救助方和被救方在救助合同下的权利义务、救助报酬和特别补偿的确定、争议解决方式等。[①] “北京格式 1994”有关条款使用至今海难救助法律和实务都发生了较大变化，其在实践应用中出现了一些不足，因此应参考借鉴 LOF 合同的成功经验和其他国家的有益做法对北京救助合同适时进行修订，这对促进和保证其在中国海难救助活动中继续发挥积极作用将具有重要意义。

---

① 王欣：《救捞国际标准合同》，大连海事大学出版社 2011 年版，第 83 页。

第二章

全球海上搜救系统与中国海上搜救体系

海上搜救事关人命、财产、环境安全以及社会稳定和国家对外形象。因此，国际有关组织和世界各国政府都高度重视海上搜救问题，致力于建设全球海上搜救系统以保障海上安全。同样中国作为世界海运大国和国际海事组织（IMO）的A类理事国，为了履行有关国际公约和促进国际贸易可持续发展，也必须建设完整的海上搜救保障体系，以提供快速有效海上安全公共服务。

第一节　全球海上搜救系统

国际海事组织秘书长曾指出：《1979年国际海上搜寻救助公约》制定的目的是提供全球搜救系统，为此就要开展区域计划，将海洋划分成搜救区，然后再分割成各个国家所承担责任的海区。这样在1999年以前实现了覆盖全世界海洋的临时性搜救方案。1999年2月1日随着全球海上遇险通信系统（GMDSS）的全面实施，现在有了能够减少海上人员死亡的真实的全球搜救系统，即不论在海上何处发生事故，该反应机制都将同样起作用。① 全球海上搜救系统具有接收、确认和转发遇险信息，协调和开展搜救行动，提供初步医疗移送的基本职能。为履行其职能，搜救系统具有不同分工的组成部分，这些组成部分相互配合支持和共同工作，以全面实现设立全球海上搜救系统的目标。

一、全球及国家和地区海上搜救系统形成

国际海事组织和国际民用航空组织（ICAO）有关搜救方面的公约旨在建立一个全球性海上搜救系统，但从操作上来看，全球海上搜救系统依赖于各国政府建立本国的搜救系统并将各国所提供的搜救服务同其他国家结合成一体，从而实现覆盖全球的海上搜救服务。

---

① 海讯：《IMO秘书长奥尼尔在第21届大会上的开幕词摘要》，《航海科技动态》2000年第2期，第17页。

一方面从全球海上搜救系统形成来看，国际海事组织编写的《国际航空和海上搜寻救助手册》指出：险情在任何地方任何时候都可能发生，一架航空器可能在远距离飞行中突然发生紧急情况；同样一个人在海上遇险也可能漂流相当远的距离。在上述两个事件中，发生紧急事件的位置可能会穿越一个或几个搜救区，而全球海上搜救基本的、实际的和人道主义的特征使各国没必要因其公民旅行到哪里就要到哪里提供搜救服务。因此全球被划分为若干个搜救区，在搜救区内全球海上搜救系统的建立是要确保任何人遇险时，不管他们的国籍或环境如何，无论在哪儿都能得到救助。各个国家为搜救服务所采取的措施应视为全球安全系统的一部分。为此，一是每个国家都应对其责任和要求进行评估，而后对其作为国家和地区搜救服务提供者的能力进行评价，这种评估为系统的改进提供了事实依据。二是涉及到某一特定海域的国家应当互相合作，以便运用所有的可用资源对遇险人员进行救助。①

由于每个国家都认识到人命救助的极大重要性和国家直接参与为遇险人员提供搜救服务的必要性，因此每个国家的努力是全球海上搜救系统不可或缺的组成部分，为此每个国家都将建立、提供和改进海上搜救服务。同时由国际民航组织和国际海事组织在全球范围内协调各成员国的力量，提供有效海上搜救服务，使人们不论是航行或飞行到何处，只要有需要就能得到海上搜救服务。而在世界大多数地区达到这个目标最快、最有效和最实际的方法就是建立每个大洋和大陆的地区性系统。这不同于那种每个国家独自建立一个完全孤立的海上搜救系统，各自承担一块地理区域内的被邻国所认可的安全义务，而所有这些区域性的海上搜救系统的集合就构成了全球海上搜救系统。但地区性的方案确实需要与大洋或陆地区域相关联的国家配合、协作来发展和运行这种地区性系统。

另一方面从国家和地区海上搜救系统形成来看，作为《1974 年国际海上人命安全公约》《1979 年国际海上搜寻救助公约》和《国际民用航空公约》的缔约国，应当在其领土、领海和公海内履行提供空中及海上的搜救协调和服务的义务且应是全天候的。要履行这些义务，成员国应建立一个国家搜救机构或联合一个或多个成员国来建立一个地区性搜救机构。在某些地区，实现这一目标切实有效的方法就是在主要洋区或大陆建立一个地区性搜救系统。

---

① IMO/ICAO, *International Aeronautical and Maritime Search and Rescue Manual* (*Iamsar Manual*), Vol. I, Organization and Management, London/Montreal, 1998.

由此可见，海上搜救区域系统是指相邻的国家创建了一个区域性的搜救系统，以在特定的地理区域共同开展搜救服务。而国家系统是指一个国家单独建立了搜救系统且其履行职责的搜救区域范围得到了邻国的同意。而事实上海上搜救服务很可能需要跨越国界，在这种情况下国家通常通过双边或多边协议做出合作的安排。因此国家或地区海上搜救系统普遍是建立在多边国家或区域计划、协议等基础上的，以适合有关国家的意愿和需要。这些文件通常包括以下几方面内容：第一，讨论救助分中心的设立；第二，替代设立搜救区的对等安排；第三，有效利用所有可用搜救资源；第四，搜救区的划分；第五，成员国之间的关系；第六，讨论如何实施和支持更高级别的公约、计划和协议等。

海上搜救系统可在国家或地区层次上建立，也可在两个层次上都建立。如南非选择了区域系统，其他国家则建立了自己的搜救系统，但同时又通过签订双边或多边协议的方式开展海上搜救国际合作，如瑞典就与芬兰、俄罗斯、拉脱维亚、立陶宛、波兰、德国和挪威等国家签署了海空搜救的双边协议；法国也与美国、加拿大、爱尔兰、冰岛、挪威、丹麦、德国、英国、西班牙和葡萄牙等国家签订了搜救合作协议或备忘录。无论采用哪种方式，每个国家都形成了这样的共识，即搜救不能仅限于本土范围，在搜救组织体系中要对国际合作做出安排。而且不管哪种方案都要划分一个或多个搜救区，每个搜救区通过救助协调中心都要具有接收报警、协调和实施搜救行动的能力。因此每个搜救区都需要一个救助协调中心，但如果一个救助协调中心可支持和服务不止一个国家，那就没必要每个国家都有一个搜救区，在大洋地区尤其如此。在这种情况下，每个国家可设一个救助分中心，并根据实际需要合理划分各救助分中心的搜救区。

由此可见，两种方式各有千秋，但为了建立全球海上搜救系统，相比较国家系统而言，《国际航空和海上搜寻救助手册》更支持区域系统的做法，因为区域系统能够降低成本，促进报警信息传播和搜救服务开展以及通信平台和设施整合，同时在区域基础上的培训能够更为广泛和经济地开展。正如《国际航空和海上搜寻救助手册》所说，地区性方案可节约费用，提高遇险报警的分发、覆盖和服务水平。如一个区域内的几个国家共同使用和支持地面和卫星通信的设施及支持搜救的注册通信数据库常常会减少操作上的复杂性，从而更经济和更有效。国家之间有时可在利用搜救单元方面互相支持，从而减少所需的覆盖和值守所需的单元总量，同样搜救培训和其他种类的资源也可共享。当然区域系统也不是最好的方法，因为每个搜救区域都有自己的交通、气候、地形和地理特点，这会给搜救运作带来一系列问题，而且这一系统也存在着诸如政治纠葛、文化差异以及复杂的管理等问题。①

二、全球海上搜救系统建立要求和组成及职能

《1979 年国际海上搜寻救助公约》特别是《国际航空和海上搜寻救助手册》详细规定了全球海上搜救系统建立要求和组成及其职能。

第一，关于全球海上搜救系统建立要求。建立一个快速有效的全球海上搜救系统应遵循以下基本要求：其一，搜救服务的立法；其二，对所有可用资源使用的规定和其他必要的规定；其三，确定与救助协调中心和救助协调分中心相对应的地理责任区；其四，为管理和运作系统所需要的人员配备、培训和其他人员方面的支持；其五，足够、有效的通信能力；其六，为达到目标和明确工作关系的协议、计划和相关文件。

第二，关于全球海上搜救系统组成。全球海上搜救系统与其他任何系统一样都具有其各自的组成部分，这些组成部分必须共同工作，才能提供全面的搜救服务。全球海上搜救系统主要组成部分包括以下几方面：其一，搜救区内的通信和外部搜救服务之间的通信。其二，一个协调搜救服务的救助协调中心，必要时还包括一个或多个在本搜救区内支持救助协调中心的救助分中心。其三，搜救设施，包括拥有专门设备和人员的搜救单元，也包括可执行搜救行动的其他资源。其四，必要时需要指定一个现场协调人（OSC），协调所有现场参与搜救活动的设施。其五，为支持搜救行动提供服务的支持设施。②

在上述全球海上搜救系统组成中，最重要的是要有搜救资源的支持。搜救资源包括以下几方面：其一，搜救机构及其设施。搜救机构的主要资源是由各个主管部门提供的各种工作设施，一方面搜救组织包括所有执行遇险监视、通信、协调及反应行动职能的各个机关，如果需要的话还应包括提供和安排医疗指导、初始医疗援助、医疗转移等单位。另一方面搜救设施是指包括参加协作的航空器、船舶和其他搜救协调中心协调下的航行器和设施在内的所有公共和私有设施。另外，在协调一项特定搜救任务

① 陈小虎：《世界各国搜救组织架构的共同趋势探析》，《中国水运》2010 年第 5 期，第 24—25 页。

② IMO/ICAO, *International Aeronautical and Maritime Search and Rescue Manual* (*Iamsar Manual*), Vol. II, Mission Co - ordination, London/Montreal, 1998.

时，救助协调中心还可利用一些国际搜救资源，如船舶报告系统、全球海上遇险和安全系统等。其二，搜救资金。在国际惯例和实践中都是由国家出资提供航空和海上搜救服务，即使所提供的援助是应另一个实体的请求，如应另外一个国家的救助协调中心的请求，因此一般不向请求服务或接受服务的国家提出补偿要求，因此海上搜救系统必须有与国家搜救目标相适应的资金支持。在这种情况下，充分利用一切可用资源可将所需资金减少到最低程度，但仍有一些搜救的特殊需求如培训、专用设备等需要资金支持。其三，搜救人员配备。搜救人员配备的目标是用合格的人才担任搜救机构中的各种职务，为此就要对所需的人员进行招收、挑选、安排岗位、评估业绩、晋级、给予报酬和培训，因此配备人员必须和分配任务与安排工作紧密联系。其四，立法支持。一方面每一个国家都应有适当的法令和相关规定并与所认可的国际法原则接轨，作为建立搜救机构及其资源、政策和程序的法律基础。另一方面搜救管理人员应对国内法和国际法如何适合搜救政策和程序进行法律咨询。①

第三，关于全球海上搜救系统职能。全球海上搜救系统应能实现以下基本职能：其一，接收、确认和转发遇险信息；其二，协调搜救反应；其三，开展搜救行动，这不仅包括找到遇险人员并使他们脱离危险，而且包括提供初步的医疗和其他需要并把幸存者转移到安全地方。②

三、全球海上搜救系统管理和决策支持及协调

全球海上搜救系统的顺畅和高效运行，离不开系统管理和决策支持以及多层次协调。

第一，从海上搜救系统科学管理来看，如果没有科学管理，海上搜救系统就无法保证有条不紊和行之有效运转，为此就必须做到以下几点：其一，搜救系统的管理人员要了解其所管理系统的基本原理、自身的基本职责、搜救计划主要类型和计划过程以及怎样利用现有资源开始工作并经济地改进系统。其二，参与搜救行动的各方必须保证利用现有条件提供最大可能的服务，并由国家立法来保障。其三，可指定某些机构或人员为搜救协调人并在国家搜救组织范围内确定其总体管理职责。其四，各国可自主

---

① 中华人民共和国海事局：《事故与应急》，人民交通出版社 2006 年版，第 172—175 页。

② IMO/ICAO, *International Aeronautical and Maritime Search and Rescue Manual* (*Iamsar Manual*), Vol. I, Organization and Management, London/Montreal, 1998.

选择分配搜救责任，如一些国家指定负责海上或航空安全或者负责履行国际海事组织和国际民用航空组织公约的部委为搜救协调人。替代的方案可包括指定全权负责航空和海上安全的运输部长为搜救协调人或为这些领域分别指定搜救协调人。当几个国家合作构成一个区域性的搜救系统时，每个国家都希望指定一个搜救协调人负责搜救系统中属于自己的那一部分。由多个机构参与搜救服务的国家可有几个履行搜救协调人职责的机构。其五，搜救协调人不可能调动所有可用于搜救行动的资源，因此其应安排与军方或其他机构或组织就搜救资源使用达成协议。同时各种民用组织和军方机构的紧密合作是非常必要的，处理这一问题的途径之一就是通过国家搜救协调委员会。其六，在搜救系统及其运作过程中，需要有关部门收集实施数据进行整理和分析并提出改进的建议。其七，各个国家和组织支持搜救系统的承诺一般以文件形式在计划、协议、备忘录中规定，这些文件是在当地、本国和地区各层次上经过长时间逐渐形成的，因此必须高度重视这些文件的起草工作并应与更高一级的法规和国际法保持一致。其八，几乎每个国家都能通过使用所有可利用的资源来尽可能满足经济合理的搜救需求，而不单单依靠专用的资源，因此搜救管理人员要主动为政府、企业和民间组织实现对搜救机构的支持做出安排。其九，预先的规划、培训和一些专用设施通常能非常经济地提高现有资源开展搜救服务的质量，对一些国家来说可减少或取消对特别指派搜救单元的需求。其十，必要时应在一个搜救区设立一个救助协调中心，在一个或多个搜救分区设一个救助分中心（RSC），所有的救助协调中心和救助分中心的配备必须满足一定的最低要求。

第二，从海上搜救系统决策支持来看，在处理任何紧急事件时作为一种管理工具的“事故指挥系统”（ICS）发挥了国际性的作用。当紧急情况出现时，它能提供组织人员、设施、装备及通信程序，并能将多个组织凝聚成一股强大的力量以应对任何类型、任何级别的紧急事件。ICS 管理范围很广，可涉及多辖区和多机构的紧急事件。当实施 ICS 系统时，搜救设施会在其指挥下与其他搜救人员同时行动。为此就要做到以下几点：其一，机构和组织间的管理系统标准化。其二，简单和复杂紧急情况的控制。其三，对参加整个应急反应行动资源的调配。其四，高效指挥。其五，划清管辖界限，即在 ICS 实施其功能时救助协调中心及分中心应清楚

ICS 的适用范围。[①]

第三，从海上搜救系统多层协调来看，涉及到搜救协调人（SC）、搜救任务协调员（SMC）和现场协调人（OSC）三个层次的协调，见表2—1。

表 2—1　海上搜救协调结构

总体层次	总体作用
搜救协调	管理
搜救任务协调	任务规划
搜救现场协调	行动中的监管

资料来源：IMO/ICAO, *International Aeronautical and Maritime Search and Rescue Manual*（*Iamsar Manual*）, Vol. I, Organization and Management, London/Montreal, 1998。

其一，海上搜救协调人。海上搜救协调人是最高搜救管理层，用于强调除搜救系统协调中心及现场各方之外管理层次上协调的重要性。一个国家通常会有一个或多个适合该指定名称的人员或上级机关，一般不参与具体的搜救行动的实施，主要负责对搜救系统的设置、配员、装备和管理，具体来说包括以下几方面：（1）提供有关法律和基金支持；（2）设立救助协调中心和分中心；（3）提供或安排搜救设施；（4）组织搜救协调训练及完善制度。

其二，海上搜救任务协调员。每一次具体的海上搜救行动应指定一个搜救任务协调员来负责指导，这是一项临时性职能，通常由救助协调中心负责人或专门指派的人员担任，并有足够的人员来协助。而对于复杂或历时较长的任务，搜救任务协调员通常由一个辅助小组来协助。指定搜救任务协调员的人数要考虑以下几方面因素：（1）救助协调中心以外的地方可能需要协调的行动和帮助，如来自现有通信设施的要求；（2）搜救事件预期发生的频率，包括同时发生超过一起事故的可能性；（3）搜救区域大小和当时的环境，如气候和地形等；（4）可能允许的休假、培训、疾病、换班和旅行等。海上搜救任务协调员通常不参加搜救行动的执行，救助协调中心的实施计划应给予海上搜救任务协调员使用任何装备、要求增加人员以及接受或反对在行动期间提出的任何建议的自由。因此搜救任务协调员

① IMO/ICAO, *International Aeronautical and Maritime Search and Rescue Manual*（*Iamsar Manual*）, Vol. II, Mission Co－ordination, London/Montreal, 1998.

应受过所有搜救程序的良好训练，完全熟悉所采用的搜救计划，充分收集有关险情信息，制定精确且行之有效的应对计划并派遣和协调执行搜救任务的力量。[①] 具体来说，海上搜救任务协调员的职责主要包括以下几方面：（1）获取并评估所有紧急情况下的信息；（2）查明失踪或遇险船舶/航空器所配备的应急设备的类型；（3）保持对即时环境条件的了解；（4）查清船舶的动态和位置，提醒可能进入搜救区的船舶进行瞭望或在相应频道上值守以便与搜救设施进行联系；（5）标出主要搜寻的区域并确定所采用的方法和使用的设施；（6）制定搜救行动计划，划分搜寻区，指定现场协调人，派遣搜救设施，确定现场通信频率；（7）通知搜寻行动计划的救助协调中心负责人，与就近的救助协调中心协调行动，向搜救人员下达任务及听取任务执行情况的汇报；（8）评估所有信息来源报告，如有无必要修改搜寻行动计划；（9）安排延长搜寻和为航空器加油及其搜救人员的住所以及幸存者补给的运送；（10）按时间排序用标绘的方法保持最新精确记录；（11）公布进展报告并向救助协调中心负责人建议放弃或暂停搜寻，当不需要救助时，遣散各搜救设施并通知事故调查机关以及根据已定安排通知航空器登记国，并准备一份搜救结果最终报告。

其三，海上搜救现场协调人。当两个或多个以上搜救单元参加同一海上搜救行动时，就要指定现场协调人来协调所有参加搜救的单元。现场协调人由搜救任务协调员指定，是负责搜寻中的一个搜救单元，一般是参加搜寻的船舶或航空器或是在另一附近设施上执行现场搜救任务的人。在通常情况下，现场协调人由首先抵达现场的搜救设施担任。假如现场协调人直接意识到险情，却无法与救助协调中心建立通信联系，现场协调人还应担任搜救任务协调员并根据实际情况实施搜救。综合考虑搜救训练、通信能力及现场协调人所在单元现场停留时间等因素，现场协调人应是现场最有能力的一位，因此在一般情况下应避免频繁更换现场协调人。根据需要和资格条件，搜救任务协调员可向现场协调人布置下列任务：（1）协调现场搜救设施的行动；（2）接收来自搜救任务协调员的搜寻行动计划并实施搜寻行动计划，同时根据当前环境条件修改搜寻行动计划并告知搜救任务协调员所做的变化，在需要时可自行制订并实施救助计划；（3）向其他搜救设施提供有关信息并监视其他参与搜寻单元执行情况，同时还要协调搜

---

① IMO/ICAO, *International Aeronautical and Maritime Search and Rescue Manual* (*Iamsar Manual*), Vol. I, Organization and Management, London/Montreal, 1998.

救航空器的飞行并保证安全；（4）向搜救任务协调员反馈详细的情况报告。[①]

总之，一方面从建立全球海上搜救系统的历程来看，首先是要建立国家搜救系统，然后再将它们联合起来成为一个整体。建立国家搜救系统的途径之一就是将搜救系统的职责指定给一个机构并期望其依靠自有的各种资源取得成功，而采取更加全球化、区域化或多机构联合的途径是一种更好且更具成本效益的选择。另一方面从建立全球海上搜救系统的目的来看，就是要确保任何人遇险时不管他们的国籍或环境如何，无论在哪儿都能得到救助。

第二节　全球海上搜救区域

建立一个搜救系统一般包括设立一个或多个搜救区，每个搜救区都具有接收报警、进行协调以及提供搜救服务的能力，同时每个搜救区都对应一个救助协调中心。[②] 当海上紧急事件发生后，所在海区的海上安全主管机关会根据事件的紧急程度、遇险性质、气象条件等因素开展搜救行动。但由于海上遇险信息可能同时被多方获悉，因此为了明确紧急事件的主管机关，搜救组织建立后应明确划定搜救区域，以便在紧急事件发生时根据其位置确定相应负责的国家或单位。由此可见，设立海上搜救区域的目的是针对世界上每一区域的遇险情况，明确承担协调反应责任的主要搜救方且该搜救方能及时有效地将报警信息传达到相应的救助协调中心，为向全世界范围内的任何海域的搜救服务提供保证。《1979 年国际海上搜寻救助公约》中所说的“搜救区域”（Search and Rescue Regions，SRR）是指一个提供搜救服务的限定区域，该公约 1998 年修正案将该定义修改为与一个救助协调中心相联的提供搜救服务的限定区域，在搜救区域内缔约方有义务通过救助协调中心提供搜救服务。该公约 2004 年修正案又进一步规定缔约方在其搜救区域，对协调配合搜救船舶使被救人员登船负有首要责任。

---

① 中华人民共和国海事局：《事故与应急》，人民交通出版社 2006 年版，第 203—210 页。

② IMO/ICAO, *International Aeronautical and Maritime Search and Rescue Manual* (*Iamsar Manual*), Vol. II, Mission Co-ordination, London/Montreal, 1998.

一、全球海上搜救区域划分原则和方法

船舶或飞机等海上失事通常会涉及到失事国、沿海国等多个国家，一般来说搜救范围较为广阔，因此需要相关国家共同承担搜救责任。如果在大规模的海上搜救行动中没有既定的原则作为参照和规范，大家一拥而上或相互推诿势必会造成混乱，无心的不想管，有心的不能管。根据《1979年国际海上搜寻救助公约》和《国际航空和海上搜寻救助手册》的规定，海上搜救区域的划分一般遵循以下原则和方法：

第一，海上搜救区域界限的划定与任何国家的边界无关，同时也不损害边界的划定。设立搜救区域的目的是对世界上每一区域的遇险情况，明确规定谁对协调反应来负主要责任并且能够及时地将遇险报警转送到合适的救助协调中心。因此《1979 年国际海上搜寻救助公约》明确规定：搜救区域的划分不涉及并不得损害国家之间边界的划分。① 这一规定说明海上搜救区域的划分是个技术问题，而海上边界的划分则是法律问题，不能因为技术以外的问题而妨碍搜救行动的开展。对于国家而言，所谓技术问题是指搜救区域的大小是根据国家海上搜救力量和安全管理水平并考虑该国经济实力、地理特征和其他原因来确定的，以便使救助力量的分布更趋合理，防止由于力量不足而造成危险事件得不到及时救助，同时也防止由于搜救力量过于集中而浪费有限资源。如果过多考虑海上边界主权而造成某些海域搜救力量薄弱，其实是对海上人命安全的忽视。② 由此可见，搜救区域的设立仅仅是为了保证在该地理区域内的搜救协调工作由某个国家来承担。搜救区域的界限不应成为对遇险人员提供救助的障碍，无论险情发生在何时何地，搜救机构的任何设施都应对所有的险情做出力所能及的反应。在这一点上，国与国、救助协调中心之间及搜救服务机构之间应尽可能密切合作。③ 因此为了提高搜救服务的效率，各当事国应单独或与其他国家合作在每一海区建立足够的搜救区域，相邻国家应在其搜救区域界限上寻求一致以加强协调和避免重复。同时为便于操作，如有可能，搜救区域的界限应是直线并按已确定好的地理位置从南到北或从东到西划定，这

---

① International Convention on Maritime Search and Rescue, 1979 (SAR 1979).

② 付玉慧：《水上安全监督管理》，大连海事大学出版社 2001 年版，第 153—154 页。

③ 吴煦：《救捞政策与法规》，大连海事大学出版社 2012 年版，第 222 页。

样的区域应连续且尽可能不重叠。[①]

由此可见，只有明确各国的搜救责任区域，才能使海上搜救合作井然有序地开展。因此搜救区域在性质上来说属于功能区域，是专门为提供搜救服务而创建和管理的责任区域，目的在于相关国家能够保证此区域的搜救服务并承担成本，同时还要加强不同国家搜救合作与信息交换，是一个纯粹的搜救功能区，不应带有领土扩张的标识，因此最理想的划分是要由相关国家同意且不能重叠以便更好地满足搜救的需要，否则会引发争端与纠纷。如在 2009 年国际海事组织第 86 届海上安全委员会会议上，塞浦路斯、希腊和土耳其代表团认为重叠的搜救区域可能会加剧现有的领土争端。如当时土耳其用于搜救的远程识别数据系统的监测范围扩展到了 90 海里，涵盖了希腊部分领海和有争议的地区。为此，希腊抗议土耳其无视现有国际海洋法框架下的管辖权，导致沿海国家相应权利区域的混乱。希腊认为领海不同于搜救区域这类功能性区域，可行使主权权利，但在搜救区域内不能行使监测数据等权利。[②]

虽然《1979 年国际海上搜寻救助公约》等规定搜救区域与国家主权之间并不具有相对应的确定关系，但一国在其搜救区域内行使职权的行为很有可能作为其将来划分主权重叠海域的佐证。而且功能性管辖权的行使有可能会强化主权的行使，根据有关国际原则的规定，一国的责任与权利是相伴相生、相辅相成的，因此并不排除有的国家在搜救区域的基础上提出本国主权的可能性，如地中海沿海各国由于存在海域划分争端，一些国家把搜救区域的划分跟领土主权混为一谈，导致地中海搜救区域的划分较为困难。又如 2011 年 5 月北极理事会（AC）八个成员国签订的《北极航空和海上搜寻救助合作协议》，是第一个对缔约国搜救区域范围做出详细界线划分的区域性搜救合作协议。虽然条文中声称本协议对搜救区域划分与分配并不影响国家主权划界，但北极理事会八国对北极点附近的海域进行了搜救区域的完全划分，并在协议第 8 条中规定一国进入他国搜救区域需征得该国主管机构的同意，非缔约国只有经过该国请求才能在此区域以观

---

① IMO/ICAO, *International Aeronautical and Maritime Search and Rescue Manual* (*Iamsar Manual*), Vol. I, Organization and Management, London/Montreal, 1998.

② 文亚军：《论闭海半闭海国家海上搜救合作的法律机制》，华南理工大学硕士学位论文，2015 年，第 35 页。

察员身份开展搜救行动,[①] 这其实隐含了北极理事会八国对北极附近海域瓜分的意图并共同排除了八国之外的其他国家对此的权利主张。特别是亚洲国家由于历史、文化等原因均把海上人命搜救的责任区划分与领土主权挂钩，导致西北太平洋地区成为世界上唯一没有划定清晰搜救责任区的区域且纷争不断。[②] 因此中国可与周边有关国家根据国际公约来协商议定搜救区域，这一方面可排除周边国家的顾虑和阻碍；另一方面也可明确周边国家的搜救义务，强化其配合意识。

第二，遵循地域和就近原则划分搜救区域。一方面从地域原则来看，是指搜救海域划分首先要考虑相关海域最近沿岸国的责任。如2014年马航失联客机一开始推定的最后位置是位于越南航空管制区，根据飞行轨迹预测越南领海极有可能是失事海域，所以越南有责任参与马航搜救工作，越方也着实开放了领海履行了义务。而后来又推测失联海域可能扩大到了泰国、新加坡、菲律宾等国的责任海域，因此这些国家也参与到搜救行动。但由于某些国家或海上安全主管机关所负责的搜救区域较大，该国可能无法满足海上搜救的实际需求，便应由另一国参加海上搜救以加强该海域的救助力量。另一方面从就近原则来看，是指在具体险情中相关海域主要由某一国家来负责，即根据船舶遇险的地方的责任区域来决定搜救行动的操作执行方。如果遇险位置不确定，那么以收到求救报警信息的一方为主。但当时如果第三国搜救力量更接近事故现场和能更迅速抵达，那么该第三国可即刻实施搜救工作。而在搜救指挥方面，可结合“时间优先与就近方便”原则，考虑到应急搜救的特殊性，更应强调时间的紧迫性，在没有原则冲突的情况下首先考虑搜救的时效性。当然对搜救区域各国之间的具体划分并不是对搜救行动进行分割，当某一国搜救力量由于各种原因，无法继续开展有效搜救行动时，其完全可请求他国协助，协助国有义务考虑接受并积极开展搜救合作，甚至有可能代替责任方在原本并非本国划定的责任区域内开展搜救活动，履行本地区共同的搜救义务。

第三，建立或变更一个海上搜救区域应考虑的影响因素。当建立或变更一个搜救区域时各国应首先考虑到每个搜救区域是全球海上搜救系统的一部分，要尽可能建立一个最有效的系统，为此就要考虑以下影响因素：

---

① Agreement on Cooperation on Aeronautical and Maritime Search and Rescue in the Arctic.

② 郑怀宇：《“一带一路”战略背景下的海上搜救国际合作》，《中国海事》2017年第3期，第39页。

其一，搜救区域的大小与形状；其二，空中和海上交通的密度和模式；其三，搜救资源的可用性、分布情况、适用状况和机动性；其四，通信网络的可靠性；其五，哪个国家具有充分的能力、资格并且愿意承担义务。

第四，海上搜救区域划分与更改办法。《1979 年国际海上搜寻救助公约》规定：每一搜救区域都必须通过有关缔约方之间的协议来建立。如有关缔约方在搜救区域的具体范围上不能达成协议时，这些缔约方须尽他们的最大努力在该区域内提供搜救服务的等效全面协调的相应安排上达成协议。当缔约方收到在其提供搜救工作的全面协调的区域内的海上遇险的情报时，该缔约方的负责当局须采取紧急步骤提供可取得的最适当的救援。[1]这不仅有利于扩大搜救合作的覆盖面，而且有助于共同开发争议地区，使冲突纠纷得到缓解。《国际航空和海上搜寻救助手册》也强调搜救区域根据国家之间的协议来设立，当设立或更改搜救区域边界能提供更有效的搜救服务时，各国应提出设立或更改的建议。相关国家根据它们之间正式或非正式的协议划分它们的搜救区域界限，然后根据这些搜救区域是航空还是海事方面的责任区，分别通知国际海事组织或相应的国际民用航空组织的地区办事处。履行必要的程序后，这些信息就会在《国际海事组织搜寻救助计划》或相应的国际民用航空组织地区空中导航计划（RANPS）中公布。有时搜救区域界限也会在国际海事组织的搜救工作组会议或国际民用航空组织的地区空中导航会议上临时决定，待日后再正式批准。

第五，海上搜救区域的划分应充分考虑国际民航组织划定的搜救区域。设立相同的海上和航空搜救区域是船舶和飞机合作的主要内容，因此出于航空安全方面的考虑，海上搜救区域通常与飞行情报区（FIR）相一致，这主要有以下几点理由：其一，为飞行情报区提供飞行信息服务的空中交通服务（ATS）是收集和传送有关航空器遇险信息的中心点并协调搜救航空器以及其他的空中交通业务。其二，便于海上救助协调中心和空中交通服务单位之间进行简明的通告、协调和联络。其三，可共享海上救助协调中心和空中交通服务的职员、设备和通信网络以节省费用。但高空飞行情报区（UIR）一般不用于确定航空搜救区域，其有时会超出一个飞行情报区系统，这是因为一方面搜寻一般在低空进行，必须与飞行情报区内的其他交通设施进行协调，因此当地机构就搜救行动管辖区域的划分一般应与飞行情报区的划分相同。另一方面用于搜救的空中交通服务通信设施

---

① International Convention on Maritime Search and Rescue, 1979 (SAR 1979).

特别是空地设施，不适合高空飞行情报区。

国际民用航空组织的地区空中导航计划规定了世界上大多数地区的航空搜救区域，很多成员国被分配到一个责任区，通常该区域就是空中搜救责任区，各国同意对由一个或多个航空搜救责任区组成的区域承担搜救义务。海上搜救区域公布在“国际海事组织搜救计划”中，其可能与航空搜救责任区相同，也可能不同，一个国家可能拥有分开的航空和海上搜救区域或者分开的位于不同大洋/海区的搜救区域。但经验表明在大多数地区协调航空和海上搜救区域具有操作上的优势，这样做会减少由于不知该把在某一地理位置或其上空发生的险情报警发到哪个部门而产生的困惑。①

当然，即使遵循上述搜救区域划分原则与方法，也并不能完全消除有关纠纷，相关国家在重叠的搜救区域可能会逃避责任并互相指责。根据《1979 年国际海上搜寻救助公约》的有关规定，缔约国应在与邻国协商一致的前提下达成协议来规范各自的搜救区域。如在地中海一些国家虽已划分了各自搜救区域，但到目前有关国家还没有达成细致区分相交而不重叠的搜救区域的合作协议，从而导致纠纷。如 2009 年 4 月土耳其的“Pinar”号商船在意大利兰佩杜萨岛海岸所属的马耳他搜救区域救助了 153 名人员并试图将获救人员运送上岸，但被意大利当局拒绝，意大利声称马耳他才是负责接收获救人员的国家，而马耳他则认为应在人员获救的最近港口上岸，而不管他们是否在哪一国家的搜救区域，因此也同样拒绝获救人员入境。② 造成这种状况的原因是提供搜救区域服务的周边国家缺乏国际合作，因为马耳他的搜救区域包括了地中海中部的一部分并将其扩展成为马耳他空中管制区，但马耳他并没有与邻国达成一致，而是单方面选择了这一区域，结果造成马耳他的搜救区域相当于其领土的 750 倍且与意大利部分搜救区域重合。③ 另外，搜救行动并不能排除提供其他帮助责任，如将获救人员送达安全地方。《1979 年国际海上搜寻救助公约》2004 年修正案就确定有关救助方在海上运送获救人员抵达安全地方的义务。2006 年 7 月 1 日国际海事组织海上安全委员会（MSC）通过的两项决议也强调，确定搜救

---

① IMO/ICAO, *International Aeronautical and Maritime Search and Rescue Manual* (*Iamsar Manual*), Vol. I, Organization and Management, London/Montreal, 1998.

② *The Italy Accepts* 140 *African Migrants at Sea*, http: //english. chosun. com/site/data/html_ dir/2009/04/21/2009042100918. html.

③ 文亚军：《论闭海半闭海国家海上搜救合作的法律机制》，华南理工大学硕士学位论文，2015 年，第 10—12 页。

行动只有在保证获救人员到达安全的路上才能被视为完成，因此负责搜救区域的国家有义务提供和确保至少一个安全的地方，这并不需要授权搜救船进入港口，相关国家政府可和邻国达成接收获救人员的协议。但马耳他由于尚未批准上述两项决议，导致多次拒绝搜救区域操作后的入境义务，因此马耳他与意大利在搜救区域救助人命后在送至一个安全的地方这个方面，仍旧需要达成一个新的协议来安排有效合理可行的入境手续。

二、全球海上搜救协调区及信息收集国

《1979 年国际海上搜寻救助公约》1998 年修正案要求各当事国单独或与其他国家合作，在每一海区建立足够的搜救区域并且该区域是相邻接和尽可能不重复。目前沿海国家大都划定了各自海上搜救区域并上报了国际海事组织，各国海上搜救责任区信息公布在《国际海事组织搜寻救助计划》中。同时为保证有关险情与搜救信息能够及时交流，1985 年国际海事组织第 25 届海上安全委员会会议又决定将全球海洋划分成 13 个搜救协调区（见表 2—2），每个区由一个或几个国家充当信息搜集国。

表 2—2　全球海上搜救协调区

区号	区名	信息收集国
1	北大西洋	美国
2	北海	英国
3	波罗的海	瑞典
4	东南大西洋	—
5	西南大西洋	阿根廷和巴西
6	东北太平洋	美国
7	西北太平洋	中国和日本
8	东南太平洋	智利
9	西南太平洋	新西兰
10	印度洋	澳大利亚
11	加勒比海	—
12A	地中海	法国
12B	黑海	—
13	北极	挪威

资料来源：朱玉柱：《海上搜寻与救助》，大连海事大学出版社 2017 年版，第 30 页。

除了以国家为单位对全球海域进行了搜救区域划分外，每个国家还对自己负责的搜救区域也都做了更为详细的划分。由于每个搜救区域有各自独特的交通运输、气候、地形和自然等方面的特征，这些因素给每个搜救区域的搜救会带来一系列不同的问题，影响搜救对服务、设施、设备和人员等方面的选择和构成。[①] 因此随着海上搜救力量的发展和搜救技术的进步，海上搜救区域的划分有的已经不尽合理，应及时进行适当调整。

中国海上搜救行动涉及的地域范围较为广泛。一方面，中国搜救行动包括管辖水域及所承担的海上搜救责任区内突发事件的应急反应行动。按照国际海事组织划定的搜救责任区，对发生在北纬 10°以北、东经 124°以西的南海搜救责任区和西北太平洋共管搜救责任区内的海上险情给予人道主义救助。另外，中国与新加坡还共同分担南海地区北纬 10°—12°的搜救责任。另一方面，中国搜救行动还包括发生在管辖水域及搜救责任区以外，涉及中国籍船舶、船员遇险或可能对中国造成重大影响或损害的海上突发事件的应急反应行动。由此可见，中国管辖海域和搜救责任区的概念有所不同，因此《国家海上搜救应急预案》用“搜救责任区和管辖水域”来表述。随着中国海运贸易的发展，中国船舶在国外海域发生海上突发事件越来越多，本着早介入、早处置的原则，《国家海上搜救应急预案》规定了中国籍船舶、船员在中国搜救责任区以外遇险以及非中国籍船舶在中国搜救责任区以外发生海上险情但可能对中国造成重大影响或损害的情况，规定适用于《国家海上搜救应急预案》。具体来说，中国管辖水域和承担的海上搜救责任区为：第一，渤海全部。第二，黄海 124°E 以西和东海 126°E 以西为中、日、韩、朝四国共管海域，未划定具体的搜救责任区。第三，南海 120°E 以西、10°N 以北的除其他国家领海之外的海域由中国内地及中国香港负责，即南海的海上搜救责任无可争议地属于中国，这在国际海事组织 1998 年计划定稿中（Provisional Search and Rescue Plans）得到了确认。这样，中国负责的搜救区域总面积约为 300 万平方千米，另外中国搜救力量还负责在外国管辖海域开展的与中国船舶及船员有关的搜救活动，即在中国管辖水域及所承担的海上搜救责任区以外，由中国政府组织的搜救活动或派出搜救力量参与的以及涉及中国籍船舶、船员遇险的搜救活动。

---

① IMO/ICAO, *International Aeronautical and Maritime Search and Rescue Manual* (*Iamsar Manual*), Vol. II, Mission Co－ordination, London/Montreal, 1998.

第三节　中国海上搜救管理体制演变

提供海上搜救服务是政府的职能之一，是国家应急救援体系的重要组成部分。海上搜救需要协调一切政府和其他社会资源进行遇险接警、定位以及组织各种力量进行搜救并将遇险人员转移到安全地点。中国政府历来对海上搜救工作十分重视，将其作为一项重要的社会公益事业。1949 年以来海上搜救管理体制从无到有、逐步发展、日益完善，有效履行了人民生命财产安全和环境保护的责任。

一、1951—1973 年为起步初创阶段

1949 年后，为了尽快完成沿海各港口沉船清航打捞的工作，经第二届全国航务会议研究并报政务院批准，1951 年 8 月 24 日交通部组建的新中国第一家国营打捞机构——中国人民打捞公司在上海成立，标志着国家专业搜救队伍的诞生。1951 年 12 月 3 日又在广州成立了中国人民打捞公司华南分公司。1953 年 1 月 22 日中国人民打捞公司改称交通部航务工程总局打捞公司，并将其原华南分公司更名为华南工程队。1956 年 1 月 1 日打捞公司又改称交通部航务工程总局打捞工程局，并由企业单位改为事业单位，实行国家统收统支。1956 年 10 月将名称确定为上海打捞工程局，另外 1957 年又成立了广东省打捞公司。与此同时，1953 年经政务院批准，在交通部下设中华人民共和国港务监督局，其重要职责之一就是组织海难救助，如安全值守、信息传递、应急处置等。

1958 年 7 月 23 日交通部王首道部长批示，将海难搜救与沉船打捞工作合并。因此自当年的 9 月 16 日起，从温州至鸭绿江口中国沿海的海难搜救工作都划归上海打捞工程局负责，这样上海打捞工程局就成为捞救合一的国家事业单位，并在烟台、上海和温州设立了三个救助站。1959 年下半年交通部航务工程总局提出了“救捞并重，捞服从救”的工作方针，1960 年又增加了拆船业务，这样工作方针随之变为“捞救并举，捞服从救，捞拆并重，以拆为主”。[①] 1963 年 5 月 8 日上海打捞工程局更名为上海海难救助打捞局（简称“上海救捞局”），并正式确定了“救捞并举、以救为主，清除航道障碍，按需捞拆”的工作方针。1963 年 12 月 15 日经国务院批

---

① 吴煦：《救捞政策与法规》，大连海事大学出版社 2012 年版，第 8 页。

准，上海救捞局在天津、烟台、青岛和上海等地设立了救助站。另外，1963 年 5 月中国自行建造的第一艘万吨轮“跃进”号在首航日本途中触礁沉没，在事故调查的过程中深感潜水员的缺乏，后经周恩来总理批准，在全国招收 300 名潜水员成立了潜水打捞队伍并在上海建立了培训基地。1964 年上海救捞局制定了《救助待命实施办法》，实行一、二级待命制。

1973 年 10 月 9 日希腊籍货船“波罗的海克列夫”号在厦门港外遭遇台风向中国求救，但当时厦门港只有 1 艘小型拖轮和 1 艘木质救助船，没能力给予救援。结果难船在风浪中挣扎达 10 个小时后因船舱进水而沉没，船上 20 名船员有 6 人被路过的新加坡籍商船救起，其余 14 人失踪，在国内外造成极为不良的影响，严重损害了中国的声誉。该事件暴露了中国海上救助力量尤其是在救助装备方面长期存在的问题，引起党中央的高度重视。为保证航行于中国沿海船舶的人命和财产安全并防止船舶污染海域，特别是为履行国际义务对遇险的外轮实施救助以维护中国良好的国际形象，进一步促进中国对外贸易的增长，周恩来总理指示要加快发展海上救捞队伍，尽快改变中国救捞工作的落后状况。① 另外，当时的李先念副总理和叶剑英元帅也都就此做了重要指示。据此，1973 年 12 月 28 日国务院和中央军委发出了《关于成立海上安全指挥部的通知》（国发［1973］187 号），要求在国务院和中央军委的领导下，由交通部、总参、海军、空军、外贸部、农林部、国家海洋局、气象局成立“全国海上安全指挥部”（简称“海安指”）作为国务院和中央军委的非常设机构，由交通部领导任指挥，总参、海军领导任副指挥，外贸部、农林部等单位领导任成员。其职责为负责全国海难救助以及船舶防台风和防止船舶污染工作，办公室设在交通部，值班人员由有关部门抽调必要人员组成。同时沿海各个省、直辖市、自治区也都成立了相应的由地方政府和当地驻军参加的省级“海上安全指挥部”，由沿海各省、直辖市、自治区的主管副省长、副市长、副区主任任主任，负责当地的相关工作。因此当时的海上安全指挥部组织协调海难救助行动主要由两级负责：一般的海难事故由省、自治区和直辖市的海上安全指挥部负责组织指挥搜救行动，各成员单位和部门密切配合。而较大的海难事故以及需要邻近的省、自治区和直辖市协调或需中央有关部门支援的海上搜救行动，则报请全国海上安全指挥部统一负责组织协调指挥。至此，中国海上搜救管理体制初步形成。尽管当时由于社会条件所

---

① 宋家慧：《实现新跨越，再铸新辉煌——写在中国救捞诞生 55 周年暨救捞体制改革 3 周年前夕》，《航海》2006 年第 4 期，第 8 页。

限，加上对海上搜救工作的认识不足，海上安全指挥部仅作为非常设议事机构存在和运作，但其为保障海上人命财产安全、保持社会稳定发挥了重要的作用。

二、1974—2002 年为巩固发展阶段

全国海上安全指挥部成立后，中国的海上搜救事业得到国家和各有关部门的高度重视以及社会各界的大力支持而得到较快发展。1974 年 5 月国家计委发出《关于建立和健全海上救助打捞工作的通知》，同意交通部提出的建立上海、广州、烟台三个救捞局的报告。除上海救捞局在 1963 年早已成立外，广州救捞局于 1974 年 7 月成立，烟台救捞局于同年 9 月成立，这样就组成了全国性的搜救机构。

1975 年 6 月国务院和中央军委明确全国海上安全指挥部是在国务院和中央军委领导下，由地方和军队有关部门联合组成的主管海上搜救工作的常设机构，其工作人员由交通、外贸、水产、海洋、气象、民航、总参、海军和空军成员单位派出，承担中国沿海防台风、防船舶污染、防冻破冰和海难救助任务（“三防一救”）。这样，中国初步形成了由专业搜救队伍和部队以及港航单位、渔政渔业部门共同组成的海上联合搜救体系，由海上安全指挥部统一指挥和组织协调海上搜救力量并得到有关部门的大力支持，这在当时的情况下基本上能够顺利完成海上人命财产的救助任务。

1978 年 4 月国家为了加强对搜救工作的统一领导，正式成立了专门的主管机构——交通部海难救助打捞局（简称交通部救捞局）。这样就形成了以交通部救捞局为中心，下辖烟台、上海、广州三个救捞局的搜救体系。至 1980 年在全国沿海的 14 个主要港口都建立了救助站，17 个港口布置了专业救助船进行 24 小时值班待命，中国海上搜救网络体系基本形成。

1982 年为弥补救助经费不足的问题，交通部党组提出了“保证救助、广开门路、多种经营”的救捞工作十二字方针。[①] 这样救捞系统利用自身优势和先进设备开拓了拖航运输、大件装运、水工建筑以及海洋石油服务等业务领域，形成了以经营养救助的局面，在某种程度上调动了广大职工的积极性，保存、稳定和壮大了搜救队伍。同时为强化意识，提高效率，1985 年交通部救助打捞局又重新明确规定了常年值班点和季节性加强救助点，并在 1988 年向各局下达了《深化改革，强化救助职能的十项措施》。

---

① 徐华：《救捞文化》，人民交通出版社 2009 年版，第 43—46 页。

由此可见，在上述十二字方针的指导下，中国在保证救助和发展打捞经济两方面都取得了一定的成绩。在当时国家财力还比较困难以及在搜救方面投入还不是很多的情况下，适应了计划经济条件或由计划经济向市场经济过渡时期的情况，可以说是基本符合当时中国国情的一种灵活举措。但也绝不能回避这样一个现实，即“多种经营、广开门路”并没有很好地实现“保证救助”的愿望和目标。“以经营养救助”的方针存在着经济利益与公益救助之间的矛盾，因为海上救助是人道主义行为，必须无条件实施，特别是人命搜救不收任何费用；而打捞则更多体现的是商业行为，与救助有着本质区别，发达国家的救助和打捞这两部分都是分开的。虽然通过“以经营养救助”这种形式保证了搜救队伍的稳定，但无疑会影响到它的主要职能，因为在缺乏国家足够投入的情况下，仅靠救捞单位开展多种经营所获得的收入无法有效保证救助。长此以往，搜救事业将难以为继，而且随着中国经济和社会的不断发展，其弊端日益严重。

与此同时，中国搜救管理体制开始与国际接轨。1985 年为更好地履行国际义务，中国加入了《1979 年国际海上搜寻救助公约》。该公约明确要求各沿岸国要采取措施开展国家搜救服务、建立救助协调中心及分中心。[①] 为切实做好履约工作，1989 年国务院和中央军委在《关于交通部建立中国海上搜救中心的批复》（国函［1989］50 号）中要求将原全国海上安全指挥部改名为中国海上搜救中心作为交通部的常设机构，负责全国海上搜救工作的统一组织和协调，日常工作由设在原交通部安全监督局内的中国海上搜救中心办公室承担，不再另增编制。同时沿海各省、自治区、直辖市的海上安全指挥部也都相应更名为海上搜救中心，有关省、自治区、直辖市还成立了若干个分中心，这样中国初步形成了较为完善的海上搜救机构和网络。至此，中国海上搜救事业进入新的发展阶段，搜救机构专业化、专门化、专职化的特点更加突出。

1995 年中国搜救系统进行体制改革，对内加强行业管理，对外加强国际交流与合作。1998 年 12 月根据国务院批准的《交通部职能配置、内设机构和人员编制规定》（国办发［1998］67 号），将原交通部安全监督局和交通部船检局合并组成交通部海事局，对外称中华人民共和国海事局（简称中国海事局），中国海上搜救中心的机构、名称、职责和业务得到保留并自然过渡到中国海事局，其办公室日常业务由交通部海事局承担。同

---

① International Convention on Maritime Search and Rescue, 1979 (SAR 1979).

时沿海各省、自治区、直辖市搜救中心办公室也都移交到交通部直属海事系统。

1999 年 11 月 24 日“大舜”号客滚船在烟台牟平海域沉没，造成 280 人遇难，这一重大人命财产损失震惊党中央和国务院。尽管“大舜”轮遇险后，有关方面派遣了 17 艘船舶参与搜救，但由于当时海况和气候条件十分恶劣，搜救船特别是专业设备和手段落后，科技含量低，船舶老化，机动能力差，抗风能力弱，同时又无直升机，参加救助的各方力量都无法对其实施有效救助。由此可见，虽然这一重特大海难事故的责任并不在搜救，但却暴露出搜救管理体制的不完善以及国家对搜救系统的投入严重不足，直接导致了搜救装备陈旧落后，救助手段单一、效率低下、能力薄弱等严重问题。如当时烟台救捞局承担着北方海域的搜救工作，是中国北方唯一的一支专业队伍，但其指挥中心形同虚设，能够值班待命的搜救船只有 1 艘，不能满足海上救助的实际需要。造成这种状况的原因：一方面国家投入不够，没有专业训练建制；另一方面这支队伍为弥补经费不足，常以经营养救助，实行员工外派、船舶远洋拖航以及经营客滚船运输，使搜救队伍企业化。这说明中国搜救装备力量和以经营养救助的运行管理体制及发展方式与国家快速发展的海运事业新形势已不相适应，明显滞后，严重影响到了中国作为海运大国的形象，迫切需要通过体制改革和加大国家投入来改变弊端。为此，与国际接轨，深化救捞管理体制改革，分清搜救与打捞职责，增加救助手段，提高保障能力被提上国家重要议事日程。

然而搜救管理体制如何改革，当时国家有关各部委却出现了两种不同的意见：一种意见是应当实行“事、事分开”，即救助、打捞单位均保留事业单位性质；另一种意见是“事、企分开”，即救助单位保留事业单位性质，打捞单位则改革为企业。正当这两种意见争论不休之时，2002 年 5 月 7 日中国北方航空公司一架飞机在大连失事坠海。事发后广大救捞职工在极其艰苦的条件下打捞起飞机的两个黑匣子、大部分残骸和遇难者遗体，为事故原因的调查和善后处理做出了重要贡献。对这次事故的处置使党中央和各部委领导认识到救捞单位在应急管理工作中的重要性，这成为“事、事分开”救捞管理体制改革方案最终出台的重要动因。2002 年 8 月国务院正式批准了交通部《关于改革我国海上救助打捞体制的请示》。

三、2003 年至今为完善创新阶段

根据国务院的批复精神，2003 年 2 月 28 日交通部、国家发展计划委

员会、国家经济贸易委员会、财政部、劳动和社会保障部、中央机构编制委员会办公室六部委共同制定并联合下发了《救助打捞体制改革实施方案》文件，批复同意组建三个救助局、三个打捞局，中国搜救管理体制改革正式启动。此次改革主要内容是实行救助与打捞分开管理，明确以海上人命救助为目的的公益性职责由国家承担。2003 年 6 月 28 日组建了交通部救助打捞局，统一垂直领导“中国救助”和“中国打捞”两支国家专业队伍。同时交通部下发了《关于交通部救助打捞局等单位主要职责内设机构和人员编制的通知》（交人劳发［2003］97 号）：一方面要努力建立一支政令畅通、行动迅速、装备精良、人员精干、技术过硬、作风顽强的国家专业海上救助队伍，实行全天候海上待命值班制度，建立快速应急反应和紧急救助机制，切实履行好国际义务和国家职责。另一方面要努力建立一支装备先进、技术精湛、吃苦耐劳、不畏艰险的国家专业海上打捞队伍，承担公益性抢险打捞职责。[①] 为此将当时交通部烟台、上海、广州救捞局直接用于海上搜救值班和人命救助的资产和人员划分出来，分别组建了交通部北海救助局、东海救助局和南海救助局，下设救助基地，对中国沿海救助实行分区负责，完全由国家提供经济支持。而原来的三个救捞局则更名为交通部烟台打捞局、上海打捞局和广州打捞局，仍为事业单位，但实行企业化运作：一方面主要承担公益性抢险打捞职责，国家对打捞继续给予政策支持，各打捞局主要装备和设施等固定资产投资由交通部解决。另一方面为社会提供商业打捞及相关服务作为主要经济来源，实行自收自支，即以海上生产经营活动来养打捞。之后又建立了交通部东海第一救助飞行队、北海第一救助飞行队、东海第二救助飞行队和南海第一救助飞行队。在北起鸭绿江口、南至西沙海域建立了 21 个救助基地、7 个飞行救助基地，这样就在中国沿海初步形成了海空立体救助体系。

2004 年 7 月温家宝总理考察交通工作时做出重要指示：要完善海上搜救体制改革。[②] 为此，2004 年 10 月 8 日交通部专门召开专题办公会议，提出按照“五个统一，一个口子”的工作原则完善制度，大胆管理，提升搜救管理水平。“五个统一”是指由交通部救捞局对各救助局、打捞局和飞行队实行统一领导、统一管理、统一规划、统一核算、统一考核。“一个口子”是指对上对下只开一个口子，即由交通部救捞局一个口子对上对

---

① 徐华：《救捞文化》，人民交通出版社 2009 年版，第 48 页。

② 翟久刚：《沧海横流，力挽狂澜——我国海上搜救工作发展记略》，《现代职业安全》2009 年第 2 期，第 72 页。

下，部有关司局只能通过部救捞局一个口子进行双向工作联系。[①]

2005 年根据国务院关于继续完善海上搜救体制改革的要求和中编办《关于完善海上搜救应急反应机制有关问题的函》（中央编办函［2004］57 号）、《关于交通部中国海上搜救中心主要职责和人员编制有关问题的批复》（中央编办复字［2004］103 号）的精神，交通部下发了《关于中国海上搜救中心主要职责机构设置和人员编制的通知》（交人劳发［2005］76 号），对中国海上搜救中心的主要职责、机构设置和人员编制等重新予以了明确。同时为加强对全国海上搜救和船舶污染事故应急反应工作的组织领导，增进国务院各相关部委和军队在海上搜救工作上的协调配合，2005 年 5 月国务院在《关于同意建立国家海上搜救部际联席会议制度的批复》（国函［2005］42 号）中，决定由交通部牵头设立国家海上搜救部际联席会议，为各成员单位加强联系和沟通以及协作提供了平台，提高了海上应急能力。联席会议由 13 个部门和单位组成，这样中国海上搜救工作由过去交通部一家值守变为多部委集体协商、全社会共同承担的局面。根据部际联席会议制度的规定，中国海上搜救中心是联席会议的办事机构，负责联席会议的日常工作。中国海上搜救中心作为交通部的内设机构设置，日常行政工作由交通部管理，业务委托交通部海事局管理，撤销中国海上搜救中心办公室，成立中国海上搜救中心总值班室，承担中国海上搜救中心的各项工作。2005 年 12 月 21 日中国海上搜救中心总值班室正式成立并有效运转。中国海上搜救中心调整后，地方海上搜救中心设置、职责等不变，在业务上仍接受中国海上搜救中心的领导。另外，2005 年国务院还批准了《国家海上搜救应急预案》，从而规范了中国海上搜救行为，为有关部门迅速、有序、高效组织海上突发事件的应急反应行动提供了制度保障。2011 年 5 月交通运输部应急办公室与中国海上搜救中心、中国海上溢油应急中心合署办公，统一承担应急日常工作及总值班工作。

搜救管理体制改革后，到目前中国逐步形成了救助队伍、打捞队伍、飞行队伍“三位一体”的队伍建制，承担人命救助、财产救助、环境救助“三位一体”的岗位职责，有关搜救设施不断增加，力量不断增强，水平不断提高，社会影响不断扩大，具备了空中立体救助、水面快速反应、水下潜水打捞“三位一体”的综合功能，走上了一条符合自身实际与具有中国特色的发展之路。

---

① 阎铁毅：《救捞应急管理》，大连海事大学出版社 2013 年版，第 254 页。

第四节　中国海上搜救管理机构分工

经过国家多年的建设和投入，到目前中国已建立了由政府统一领导、搜救机构归口协调指挥的一整套比较完整的国家、省、市三级海上搜救组织体系与格局。

一、中国海上搜救领导与专家咨询机构

为建立国家海上搜救应急反应机制，迅速、有序、高效地组织海上突发事件的应急反应行动，履行中国缔结或参加的有关双边和多边条约，中国建立了国家海上搜救部际联席会议制度。国家海上搜救部际联席会议是中国海上搜救工作的领导机构，主要负责研究和议定海上搜救的重要事宜，指导全国海上搜救应急反应工作。另外，地方上相邻的省、自治区、直辖市或市级人民政府之间也根据实际需要建立了区域性的海上搜救合作机制，共同提高海上人命救助效率。

第一，国家海上搜救部际联席会议成员组成及其关系。国家海上搜救部际联席会议的成员单位由交通运输部、公安部、民政部、工业和信息化部以及海军和空军等部门和单位组成，交通运输部为牵头单位。交通运输部部长担任联席会议召集人，各成员单位有关负责领导为联席会议成员。联席会议因工作变动需要调整的，由所在单位提出，报联席会议备案。中国海上搜救中心是联席会议的办事机构，负责联席会议的日常工作。联席会议设联络员工作组，由联席会议成员单位的有关司局负责人担任联络员，中国海上搜救中心负责召集联络员工作组会议。国家海上搜救部际联席会议各成员单位要积极参加联席会议并根据各自职责分工主动研究涉及海上搜救和船舶污染的有关问题，认真落实联席会议布置的工作任务，并结合海上险情实际情况发挥相应作用，承担海上搜救应急反应、抢险救灾、支持保障、善后处理等工作。同时各成员单位还要互通信息，相互配合与支持，形成合力，从而更好地充分发挥联席会议的作用。

第二，国家海上搜救部际联席会议主要职责。国家海上搜救部际联席会议主要职责包括以下几方面：其一，在国务院领导下，统筹研究全国海上搜救和船舶污染的应急反应工作并提出有关政策建议。其二，讨论解决海上搜救和船舶污染处理中的重大问题。其三，组织协调重大海上搜救和船舶污染应急反应行动并指导和监督有关省、自治区、直辖市海上搜救应

急反应工作。其四，研究确定联席会议成员单位在搜救活动中的职责，其中联席会议联络员工作组职责非常重要，具体包括以下几项：（1）负责分析全国海上搜救和船舶污染应急反应工作形势和存在的突出问题；（2）通报各成员单位工作开展情况；（3）向联席会议提出做好海上搜救和船舶污染应急反应工作的对策建议；（4）完成联席会议交办的事项。

第三，国家海上搜救部际联席会议工作规则。国家海上搜救部际联席会议每年要召开一次例会，研究解决重大问题时可请国务院领导主持召开会议。根据党中央和国务院领导指示或因工作需要，可临时召开全体或部分成员单位联席会议。联席会议一般以会议纪要形式明确议定事项，经与会单位同意后印发有关方面同时报抄国务院，各成员单位按职责分工负责落实。联络员工作组每半年召开一次例会，如果需要或应成员单位要求，经联席会议召集人同意，可临时召开联络员工作组会议。联络员工作组会议一般也是以会议纪要的形式明确所议定的事项并印发有关单位落实。

另外，根据《国家海上搜救应急预案》，国家海上搜救专家组作为咨询机构主要由航运、海事、航空、消防、医疗卫生、环保、石油化工、海洋工程、海洋地质、气象、安全管理等行业专家及专业人员组成，负责提供海上搜救技术咨询。国家海上搜救专家组的主要职责有：一是提供海上应急行动的技术咨询和建议；二是参与相关海上应急救援体系建设的研究工作；三是提供搜救法制和体系建设以及发展规划咨询。

二、中国海上搜救行业与运行管理机构

中国海上搜救行业与运行管理机构主要是交通运输部救助打捞局和中国海上搜救中心。一方面，从交通运输部救助打捞局来看，其承担全国海上搜救行业管理工作，主要职责有：第一，拟订救助打捞行业有关政策、法规、标准、规范并监督实施；组织行业发展战略研究；组织编制救助打捞系统中长期发展规划和有关计划。第二，负责航行在中国沿海的国内外船舶、海上设施和遇险的国内外航空器及其他方面的人命救助和海上消防工作；负责船舶和海上设施财产救助、沉船沉物打捞、港口及航道清障、沉船存油和难船溢油的应急清除；提供水上、水下工程作业服务。第三，承担国家指定的特殊政治、军事、救灾等抢险救助和打捞任务；负责救助打捞系统战备组织协调工作。第四，负责统一部署救助船舶、飞机等救助值班待命力量，承担实施有关救助指挥调度和协调工作。第五，履行有关国际公约和双边海运协定等国际义务；负责管理与海上救助和打捞有关的

涉外事宜；组织开展对外业务合作与技术交流。第六，负责打捞、潜水机构资质审核；管理潜水员及与救助打捞相关的其他特殊工种的考核发证工作。第七，指导行业信息化建设；负责救助打捞行业统计和行风建设工作。

另一方面，从中国海上搜救中心来看，其承担全国海上搜救运行管理工作，在国务院和中央军委领导下负责对全国重大海上搜救行动进行组织、协调和指挥以及海上搜救情况的掌握与上报。该中心设在交通运输部作为其内设机构，业务委托交通运输部海事局管理，日常工作由中国海上搜救中心总值班室承担。另外，沿海各省、自治区、直辖市人民政府设置省级海上搜救中心，由有关政府及当地驻军组成，在省级人民政府的领导下和中国海上搜救中心的指导下具体负责本搜救责任区内搜救行动的组织协调工作。各省级海上搜救中心设在所在地国家海事管理机构，由当地海事管理机构具体负责日常工作，目前中国已建立了 13 个省级海上搜救中心。沿海各地市人民政府和省级搜救中心可根据需要在所辖地、市设置市级海上搜救中心，由有关政府部门及当地驻军组成，在市级人民政府领导下具体负责本搜救责任区内搜救行动的组织协调工作。各市级海上搜救中心一般设在所在地国家海事管理机构，由当地海事管理机构具体负责日常工作。

由此可见，中国海上搜救运行管理机构分为三级，即中国海上搜救中心、省级海上搜救中心和市级海上搜救中心。中国海上搜救中心对省、市级海上搜救中心的搜救行动进行业务指导。省级海上搜救中心可根据险情等级指定市级海上搜救中心进行组织、协调和指挥，并具体领导市级海上搜救中心的搜救行动。海上搜救行动由海上搜救责任区域内的市级海上搜救中心负责组织、协调和指挥，但市级海上搜救中心如果认为险情重大或搜救行动需要由省级海上搜救中心指挥时，应及时报请省级海上搜救中心进行协调和指挥。必要时上级海上搜救中心可直接对下级海上搜救责任区域内搜救行动进行组织、协调和指挥。对于重特大险情或可能造成重大影响的搜救行动，中国海上搜救中心认为必要时可直接进行组织、协调和指挥。

总的来看，中国各级海上搜救运行管理机构的主要职责包括以下几方面：第一，按照险情的级别通知有关人员进入指挥位置。第二，在已掌握情况的基础上确定搜救区域，明确实施搜救工作任务与具体搜救措施。第三，根据已制定的应急预案，调动搜救力量执行搜救任务。第四，通过船舶报告系统调动事发附近海域船舶前往实施搜救。第五，建立搜救通信机制。第六，指定现场指挥。第七，需动用航空器实施搜救的，应及时通报空管机构。第八，搜救现场需实施海上交通管制的，应及时由责任区海事管理机构发布航行通（警）告并组织实施管制行动。第九，根据搜救情况，及时调整搜救措施。

三、中国海上搜救应急指挥体系

海上突发事件应急处置涉及众多部门和多种力量之间的协调配合，为避免现场因行动紊乱而造成不必要的损失，就要确定应急指挥。海上搜救应急指挥体系在能否成功处置海上险情中的作用极其重要，一个高效的海上搜救应急指挥体系是突发事件应急处置取得成功的关键保障。在一般情况下，海上搜救应急指挥体系包括以下几方面：

第一，海上搜救应急指挥中心。应急指挥中心是整个系统的核心，由各级政府领导人和各有关部门负责人组成。负责指挥协调事故应急期间的各个应急组织和机构的运作，统筹安排整个应急行动。

第二，海上搜救应急反应领导小组。应急反应领导小组通常由地方政府领导人或其指定的人员担任，组长一般为救助局长，副组长为分管救助的副局长，组员包括救助处、安监处、救助船队、飞行队、应急反应队、后勤保障部、各救助基地等部门负责人。应急反应领导小组职责主要有：其一，对所辖海域发生的突发事件进行评估；其二，审核批准抢险救灾、救助打捞方案；其三，根据海上险情的具体情况决定启动和停止应急预案；其四，协调其他相关部门为海上抢险救灾和打捞提供支援。

第三，海上搜救现场应急指挥。海上搜救现场应急指挥负责进行应急任务合理分配和人员调度，有效利用一切可能的应急资源，保证在最短的时间内完成现场的应急行动。海上搜救现场应急指挥一般由第一艘抵达事故现场的船舶担任，专业救助船抵达后则由其负责现场指挥，必要时由海上搜救中心指定现场指挥。海上搜救现场的船舶和民用航空器等应服从现场指挥的组织与协调。如无救助单位（包括军舰）担任现场指挥，而是由若干商船或其他船舶参加搜救工作时，应通过相互协商指定其中一艘为搜救协调船，而且这艘协调船应尽早最好是在到达规定的搜救区域前予以确定。

搜救现场指挥主要职责包括：其一，执行海上搜救中心各项指令，在无法获得指令时制定搜救行动计划。其二，统一协调、指挥现场所有搜救力量并开展搜救行动。其三，确定现场通信方式，负责现场信息的采集和传递。其四，及时向海上搜救中心报告搜救行动进展情况和结果。其五，做好现场搜救行动记录，包括现场搜救力量和设备情况、事故或险情情况、搜救情况等。其六，根据现场情况及其变化提出增加或减少搜救力量的建议，对海上搜救中心制定的搜救方案提出参考意见以及对结束、中止或继续搜救行动等提出建议。

第四，海上搜救应急专家组。重特大海难事故应急搜救专业性和技术性较强，需建立一个高质量的专家组。为此，应由航运、海事、消防、医疗卫生、环保、石油化工、气象、海洋安全管理等方面的专家和技术人员组成专家组，对事故的危害和发展情况等进行分析预测，及时为应急搜救科学决策提供依据和救援方案。

第五，海上搜救应急行动小组。目前中国重特大海难事故的应急搜救主要依靠专业队伍，因此可根据事故的特点和队伍的特长，将应急队伍分成应急抢险组、预警监测组、交通管制组、搜寻救助组、污染清除组、人员疏散组、医疗急救组和后勤保障组等若干个行动小组。

第五节　中国海上搜救力量构成

国家海上搜救部际联席会议各成员单位、海上各类企事业单位、社会团体和个人拥有的资源构成了中国的海上搜救力量，这些搜救力量可分为专业搜救力量和非专业搜救力量两大部分，其中以专业搜救力量为主。

一、中国海上搜救专业力量

从海上搜救专业力量来看，主要有海事部门执法船舶和交通运输部救助打捞局所属的专业救助和打捞船舶、救助航空器及其他设施。近年来中国按照“人命、财产、环境救助并举，救助、打捞、抢险救灾兼顾，远洋、沿海、内陆并进，空中立体救援、海面人命救助、水下潜水打捞结合，大、中、小并用，远、中、近配套，建设多兵种、多功能、多手段、多元化发展的、世界一流的、具有中国特色的、精干实用的国家专业救捞队伍”的发展目标，[①] 在北海、东海、南海三个海区建成了比较完整的海空立体救助打捞体系。

---

① 吴煦：《救捞政策与法规》，大连海事大学出版社2012年版，第11页。

一方面从交通运输部海事局及其管辖机构所属搜救力量来看，海事局一个重要职责就是组织、协调和指导海上搜救任务，并负责中国海上搜救中心的日常工作，因此其拥有的海事执法船是海难救助的重要力量。近年来建造的3000吨和1500吨级以及60米、45米、35米级海事执法船，特别是“海巡11”“海巡21”“海巡31”等大型海上巡视船的投入使用，基本形成了覆盖中国管辖海域的海事执法和救助船队。

另一方面从交通运输部救助打捞局所属搜救力量来看，目前其统一垂直领导和管理救助局、打捞局和飞行队三支专业力量。第一，救助局所属专业搜救力量。救助局是以海上人命救助为目的的社会公益机构，目前包括北海救助局、东海救助局和南海救助局三个交通运输部直属一级事业单位。第二，打捞局所属专业搜救力量。打捞局是海上、港口和航道应急与抢险的骨干队伍，目前设有烟台打捞局、上海打捞局、广州打捞局等三个打捞局。第三，救助飞行队所属专业搜救力量。救助飞行队主要负责海上遇险人员、船舶等搜救以及配合救助、打捞船舶实施海上救助、打捞和清除污染等工作，同时负责运送应急抢险救灾物资、器材和人员等其他特殊飞行任务，目前设有北海第一救助飞行队、东海第一和第二救助飞行队以及南海第一救助飞行队等四个救助飞行队。

总之，中国专业搜救力量具有以下四个特色优势：第一，工作任务唯一性和抢险救灾针对性决定的技术优势；第二，人员、装备和技术高度统一和集中的专业优势；第三，常备不懈专业队伍反应快速的优势；第四，海陆空力量互补联动，救助手段多元化的优势。因此在恶劣海况下和复杂海区中能够冲得上去、救得下来、潜得下去、捞得起来，[①] 是海上应急搜救的真正主力军，在关键时刻能起到关键作用。

二、中国海上搜救非专业力量

从海上搜救非专业力量来看，海上搜救仅靠专业队伍是不现实的，为缓解现有国家海上搜救专业力量的不足，就要充分发挥社会各界潜能，调动一切可以调动的力量。海上搜救非专业力量是指军队、海警、武警搜救力量，交通运输部以外的其他政府部门的公务船、航空器，企事业单位、社会团体、个人所属船舶、航空器以及航行于中国沿海的大量商船和渔船，这些海上搜救非专业力量可分为海上搜救社会力量和民间力量两

① 阎铁毅：《救捞应急管理》，大连海事大学出版社2013年版，第255页。

部分。

一方面从海上搜救社会力量来看，中国海域面积广阔，海岸线漫长，目前单靠海上搜救专业力量还无法完全满足及时有效实施应急行动的需要，因此建立社会力量参与海上搜救应急行动机制是对中国现有海上搜救体系的必要补充。[①] 从2006年开始，中国海上搜救中心建立了海上搜救社会力量统计制度，初步建立了海上搜救社会力量数据库，将具有海上搜救能力的社会单位、船舶等纳入其中，有效扩展了海上搜救资源，提高了应急指挥效率，取得了良好的效果。

另一方面从海上搜救民间力量来看，主要包括商船和渔船的互救以及志愿者的救助。在一般情况下，海上险情发生地点附近的过往船舶往往能更早地赶到现场并及时投入到应急行动中，发挥着重要作用。特别是渔船之间的互救具有时效快、成本低、效果好的特点。如2004年11月16日"辽海"号客滚船在大连港附近海域发生火灾后340人被全部救起，无一人失踪遇难，这其中一个重要原因是得益于大量渔船广泛参与救助。当时"辽海"号遇险海域靠近海岸，在其附近作业的大量渔船在第一时间就发现了火灾险情，旅客、船员弃船后立即得到周围渔船及时救助，再加上渔船机动灵活的特点，比较适宜群体遇险人员救助。

除此之外，近年来海上搜救志愿者队伍开始成长和壮大。按照国务院的相关要求，交通运输部将组建海上搜救志愿者队伍作为重点工作之一，有计划在浙江、深圳等地进行调研和试点，研究和探讨能够体现中国国情和理念的海上搜救志愿者队伍的建设机制，使海上搜救志愿者能够长期接受教育、培训和管理，增强社会责任和危机处理意识。在这种背景下，2008年9月8日全国首支海上搜救志愿者队伍在浙江温州苍南成立，150名常年在海上作业、具有丰富航行与救助经验的渔民成为首批志愿者。之后浙江海上搜救中心又采用多种办法在宁波石浦、舟山岱山和嵊泗、台州温岭等地组建和扩充了海上搜救志愿者队伍，基本上实现了辖区海上搜救志愿者队伍的全覆盖。2012年5月15日山东省沿海七市首批100艘海上搜救志愿船授牌仪式暨培训班在威海举行，这100艘志愿船包括大马力港作拖船、高速引航艇、渔业船、旅游船等类型船舶，能够根据需要参与各类险情应急行动。这些船舶的日常作业区基本上覆盖了山东省的全部海岸线和中远距离的海区，能够有效发挥就近、快速优势，最大限度提升搜救

---

① 中国海上搜救中心：《国家海上搜救手册》，大连海事大学出版社2011年版，第3—12页。

效能。另外，其他地区海上搜救志愿者队伍也纷纷涌现，如南海救助局组建了海上救助志愿分队以及广州、三亚、深圳、汕头基地海上救助志愿分队，北海救助局组建了海上救助志愿者队伍以及秦皇岛救助基地救助志愿者服务队，东海救助局组建了上海基地海上救助志愿者分队等。海上搜救志愿队伍建立后，由于其覆盖海域面广，船舶机动性大，可最大限度地突破环境条件和区域的限制，尤其是在较浅和养殖物较多的近海以及远海渔场可有效覆盖专业救助力量无法及时到达的海域，实现快速有效搜救。

中国海上搜救力量坚持专业力量与社会救助力量结合、军民结合、自救与互救结合的原则就近就快组织搜救，在保证搜救及时有效的基础上注意经济效益和节约救助力量，因而取得良好的社会效果。

第三章

中国参与海上搜救国际合作的必要性和可行性

中国参与海上搜救国际合作有利于创造良好的海上安全环境，提高海上搜救效率与成功率，这直接关系到人命、财产安全和海洋生态环境的保护以及社会的和谐稳定，不但会促进中国海洋经济健康与可持续发展，为"21世纪海上丝绸之路"倡议的实施与海洋强国建设战略的实现提供安全保障，而且还有利于维护其他相关沿海国家的共同利益，促进周边各国海运贸易安全发展。

第一节 中国参与海上搜救国际合作的必要性

海上搜救能力是综合国力的体现，代表着中国在全球海事界的地位。中国海上搜救责任区范围广阔，同时近年来中国在海外的利益增长迅速，为了能够及时、快速、高效应对各种海上险情，一方面要不断增强中国自身的搜救能力，另一方面还要积极参与海上搜救国际合作，努力实现全天候运行与全范围覆盖的目标。因此，中国参与海上搜救国际合作不仅十分必要，而且具有重大意义，符合中国与有关国家人民的共同利益。

一、适应海上搜救特点需要

海上险情及搜救具有鲜明特点，为了适应与满足这些特点，中国必须参与海上搜救国际合作，才能更好地达到保护海上人命与财产安全以及海洋生态环境的目的。

第一，海上搜救最大特点是实行无国界救助。海上搜救对施救对象没有特定限制，实行无差别对待，这是沿海国家政府履行其公共服务职能的一种体现。对海上遇险的任何人，有关国家、机构和船舶、设施如无危及自身安全的特殊情况都应予以救助，必须超越国界、种族、民族、身份、性别、经济状况、政治倾向、意识形态、宗教信仰以及敌对状态等对责任区域内遇险人员实施及时与有效救助，而不应以任何理由排斥。为此，有关国家应寻求国际合作，互相支持。

第二，海上搜救遵循就近原则以保证时间优先。海上险情发生具有突发性、紧迫性、流动性、关联性和不确定性，其影响范围并不受行政管辖区和边界的限制，因此海上搜救一般遵循地域原则与就近原则，但是当地域原则与就近原则出现冲突时应以就近原则优先，这样才能保证时间优先。特别是海上险情发生的地点比较特殊，如正好他国对事故救援距离更近或更便利时，可请求他国进行救助。这种搜救请求应由请求国发出，可同时向各国海上搜救中心和事故附近船舶发出，使得被请求援助国能迅速做出反应并及时赶赴事故现场进行搜救行动，因此近年来海上应急搜救跨区域、跨国界合作已成为应对海上突发险情的发展趋势。如 2006 年 1 月 12 日中国“浙岭渔 23538”号渔船上一渔民受重伤，情况危险。当时出事地点距离浙江温岭 700 多海里，而离韩国济洲岛仅 80 海里。于是中国海上搜救部门联系韩国警方提供紧急救援，将渔民运送到济州岛和顺港进行抢救，最终使该渔民脱离危险。2007 年元旦福建远洋渔业公司所属的“福远渔 068”号渔船在关岛西南海域触礁进水，中国海上搜救中心接到报警后立即与事故附近的美国火努鲁鲁海上搜救中心联系，请其施救。火努鲁鲁海上搜救中心随即通知美国关岛海岸警卫队派船将 18 名中国渔民救起。

第三，海上搜救具有综合性和系统性。近年来面对重特大海上险情，参与海上搜救的主体日益多元化，国际化程度日益提高，如在 2014 年马航 MH370 搜寻行动中几乎整合了世界上顶尖的搜寻机构及最先进的科技和专家资源，除 20 多个主权国家外，政府间的国际组织、跨国公司、新闻媒体、国际警察、科技专家等非政府间的国际组织和其他主体也参与了搜寻行动，这就需要国与国之间、海陆空之间、军队与民众之间相互协调配合。特别是在经济全球化和区域一体化发展大趋势下，海上贸易跨地区、跨国家甚至跨大洋运输日益频繁，一国的海上公共危机已不再是本国的事情，这就大大增加了单个国家或地区进行海难搜救的难度，因而海上搜救合作一体化的趋势越来越明显，相互间搜救义务也逐步从事故发生地的过往船舶延伸至沿岸国家搜救主管部门，积极寻求与其他国家特别是相邻国家间的搜救合作。

第四，海上搜救具有复杂性与艰巨性。海上险情发生具有不可预知性和突发性，发展趋势具有多变性和不确定性。在这种情况下，海洋事务和海洋活动具有天然的国际性，因此其固有的风险也便具有天然性，要解决这些风险就需要国际合作。[①] 其一，由于海上搜救时间紧迫，需要寻找的区域大、任务重、救助难，危害性与危险性高，尤其是在气候恶劣情况下发生的重特大海难事故需要雄厚的信息、技术、资源和人员等做保障，单靠一个国家的搜救力量或仅仅依靠单一的技术装备往往会显得脆弱和力不从心，很难在短时间内独立完成搜救工作，因此往往需要多个国家的搜救力量与单位共同参与，相互沟通、支持与协作，才能更好地完成全球化、区域化、多样化的海上搜救任务。在这种情况下，国际和地区之间的搜救交流与合作就成为一种必然，也是一种优化选择，因为在合作中有利于信息共享和互相支援，不但可提高搜救效率和成功率，而且还可降低搜救成本。其二，国家之间海上搜救力量有限及其水平不同，一旦海上险情超出了一国搜救力量的辐射范围而无法有效实施搜救的情形下，另一国有义务对其进行协助或代替无法搜救方实施搜救行为。即便一个国家具备了强大的搜救技术与能力，有时也难以独自承担突发性搜救任务，仍需要多个国家的参与和配合，特别是在应对重特大海上险情而开展的大规模救援行动（Mass Rescue Operations，MROs）中更需要有关国家进行相互协调与合作，动员国际社会的力量共同施救。其三，海上搜救成本昂贵，需要投入大量的设备、物资、人员等，有时仅凭一国政府财力很难承担这种高投入。再加上一国政府可能存在海上搜救经验、物资设备、专业人员不足等问题。为此，就需要集合多个主体的搜救力量，这样资源与技术优势等都能最大限度地得到发挥，以最强大的力量和最有效的方式面对海上险情。

一方面，可充分发挥海上搜救资源优势。如 2007 年 5 月 12 日韩国籍“金玫瑰”轮与圣文森特籍“金盛”轮在渤海湾海域发生碰撞，造成“金玫瑰”轮沉没，船上 16 名韩国船员下落不明。事发后国务委员华建敏批示调动一切力量全力做好搜救工作。[②] 交通部部长李盛霖以及交通部海上搜救中心主任徐祖远立即赶到交通部海上搜救中心总值班室指挥搜救行动。交通部和山东海事局派出三艘专业救助船和三架专业救助飞机并紧急协调 115 艘次过往船舶在事发海域展开大规模立体搜救行动。5 月 15 日中方又同意韩国海洋警察厅派出四艘船舶在中国海上搜救中心统一指挥下参

① Noussia K.，*Environmental Pollution Liability and Insurance Law Ramification in Light of the Deepwater Horizon Oil Spill*，http：//www. rokas. com/uploads/EnvironmentalPollution_ Liability_ and_ Insurance_ Law. pdf.

② 刘布阳：《全力搜寻韩籍船舶 16 名失踪船员》，《中国交通报》2007 年 5 月 15 日。

与搜救。经中韩两国合力搜救，“金玫瑰”轮所配三只救生筏全部找到并从沉船内打捞起六具船员尸体。至6月21日联合搜救行动结束，整个搜救行动历时40天，搜寻面积达4400平方海里，搜救持续时间之长、规模之大在中国海上搜救合作史上都是空前的。2014年3月马航MH370航班失联后，马来西亚、中国、越南、美国、新加坡等14个国家立即派出专业搜救力量赶往疑似失踪海域开展搜救工作，后来增加到26个国家。仅飞机失踪后第二天，各国就累计出动各类搜救船超过50艘，各类飞机超过40架，后来又持续增派搜救力量。如此之多的搜救资源联合是某一个国家所根本无法企及的，由此可见资源优势为海上搜救国际合作提供了量的优势。

另一方面，可充分发挥搜救技术优势。多国参与海上联合搜救使先进的技术和装备能得以充分整合和利用，尤其是大国的技术优势对于海上搜救国际合作大有益处。如马航MH370航班失联后，中国紧急调动海洋、风云、高分、遥感等四个型号共21颗卫星为海面搜救行动提供技术支持，同时加强对疑似失联区域的气象、通信、导航、目标搜寻等方面的全方位监控，这就为中国搜救力量快速准确搜救和扩大搜救范围提供了强劲的动力。而美国海军的“蓝鳍金枪鱼”水下无人潜航器和澳大利亚海军的水下自动潜航器等投入使用则给深海搜救提供了坚实的技术支持。

由此可见，任何一个国家即便具备了强大的技术能力与经济实力，在大洋深处仍旧难以独自承担搜救任务，需要多个国家的参与和配合。因此中国应积极与有关国家进行协调与合作，才能更好地完成海上重特大事故的搜救任务。

二、保障航运安全发展需要

目前中国周边海域海损事故较多，海上搜救责任重大、任务艰巨。一方面，从东北亚方向来看，东北亚海域气象、海况多变，通航环境复杂，特别是地震引发的海啸破坏力极大，这些都会对船舶航行安全产生较大影响。第一，易受台风影响。如2006年10月23日俄罗斯木材船“M/V Sinegorye”号在韩国Uleung岛附近海域因大风使船舱进水沉没，造成5人死亡，2人失踪。第二，易受海浪影响。伴随大风还会发生范围广阔的强大波浪，如潮岬素有日本“好望角”之称，风大浪高。中韩两国共处海域也有两个大浪区，分别位于山东成山头以东海区和济州岛附近海域。如2013年10月15日中国浙江一艘货船在韩国浦项受风浪影响撞上防波堤后沉没，造成10名船员遇难，1人失踪。如果波浪裹挟流冰的话，对船舶造成的危害会更大。如2015年4月2日俄罗斯“远东”号渔船在鄂霍次克海与流冰相撞后沉没，造成56名船员死亡，15名船员失踪。第三，易受冰冻和暴雪影响。东北亚海域位于北方地区，冬季寒潮大风、冰冻和暴雪等灾害性天气较多。如俄罗斯在东北亚的重要港口符拉迪沃斯托克每年的11月就开始结冰，到第二年的2月中旬冰区可扩展到日本海中部，直至5月结冰才会完全融化，这会给船舶航行造成严重障碍。另外，东北亚大部分时间海上表层水温较低，人员落水后海水温度对其生存时间影响极大（见表3—1）。根据国际海事组织的统计，人员落水后死亡的平均临界时间仅为2小时。因此一旦发生海难，如果搜救不及时，极易造成重大人身伤亡。第四，易受浓雾影响。中日之间海域春秋季节会经常出现浓雾，能见度较差。如2005年7月22日在日本千叶县以南海域，由于大雾导致日本“开神丸”与马耳他籍货船“威航9”号货船相撞，导致后者沉没和4名中国船员死亡以及燃料泄漏。第五，易受海啸影响。如日本地处地震频发地带，容易引发海啸。另外，韩国南部沿岸地处太平洋边缘，也容易受到海啸侵袭。第六，易受岛礁浅滩影响。中日航线上有些海域暗礁较多，特别是韩国济州岛一带岛礁林立，容易发生触礁事故。由此可见，东北亚海域船舶触礁、搁浅、破损、进水、翻扣、沉没等各种海损事故频发，而且有的事故发生后还容易引发次生灾害，如木材船发生翻沉事故会导致大量原木在水上漂流，这会给其他船舶特别是小型船和游艇等带来极大威胁，而中国与东北亚国家开展海上搜救国际合作可有效保障海上运输安全。

表3—1　没有专用保护服的人员在水中生存时间

温度（℃）	预计生存时间	温度（℃）	预计生存时间
低于2	少于3/4h	10—15	少于6h
2—4	少于1.5h	15—20	少于12h
4—10	少于3h	高于20	不定（视疲劳程度而定）

资料来源：IMO/ICAO, *International Aeronautical and Maritime Search and Rescue Manual* (*Iamsar Manual*), Vol. III, Mobile Facilities, London/Montreal, 1998。

除了受不良天气和海况影响之外，东北亚海域相对狭窄，航线却相当繁忙，船舶交通流量大、密度高，也容易发生海损事故。东北亚地区目前是世界上经贸最活跃的地区之一，区域内中国、日本、韩国、俄罗斯等国家之间的经贸和人员往来活跃。第一，从中日来看，中日航线素有“黄金航线”美称。早在1964年6—7月中国自行建造的5000吨级货轮“燎原”

号就从青岛港出发先后抵达日本门司港、神户、东京等地，中日间海上货运航线正式开通。1972 年中日恢复邦交正常化后，两国友好往来迅速增多。1974 年“日本丸”旅游船从日本载着首批 300 多名游客光临天津港，中日客轮航线开通。特别是 1978 年后随着中国改革开放的深入发展，带来了中日两国间更为广泛和频繁的交流。从日本进口的家电等货物开始成倍增长，同时中国学生赴日留学、日本来华观光旅游的人员快速增加。1985 年 6 月中日国际轮渡有限公司开辟了首条上海—神户—大阪的中日客货班轮航线。目前中国已成为日本最大贸易伙伴、最大出口市场、对外投资首选地，日本则是中国第三大贸易伙伴、第二大外资来源国。随着中日贸易量的逐年增大，往来船舶数量不断增多。但因门槛低，目前活跃在中日航线上的船舶以中小型船居多，船型以散杂货和集装箱运输为主。同时由于航程较短，近岸航行甚至内海航行较多，各航运公司投入的船舶状况都不是很好，尤其是那些散杂货船更是令人担忧。船龄较长、设备简陋、船体老化，使之抵御风浪的能力较差，加上安全管理上的漏洞，致使海难事故时有发生。第二，从中韩来看，早在 1988 年 6 月天津海运与韩国航运企业合作就首开天津—釜山集装箱航线。1990 年 9 月中韩第一条国际客货班轮航线威海—仁川航线开通。特别是 1992 年中韩建交后，客运和货运航线在中韩之间分布迅速扩展，干线和支线客货班轮航线更是高密度覆盖了釜山、仁川、群山、上海、天津、大连、丹东、烟台、威海等两国各主要港口。第三，从中俄来看，近年来随着中国振兴东北老工业基地的战略部署与俄罗斯远东大开发计划的实施以及双方合作的开展，极大拉动了煤炭、建筑材料等大宗货物的运输需求。因此自 1992 年中俄签署《外贸货物运输协议》以来，两国在东北亚海域无论是各自海运量还是双方之间的海运量都有了较大幅度的增长。另外，中国、日本、韩国、俄罗斯与区域外的东南亚、北美、南美、欧洲、大洋洲等国家的海上贸易和能源运输也不断增加。而且随着全球气候变暖，在不久的将来北极航线将会全年全线贯通，届时东北亚海域将会更加繁忙。在这样的情况下，由于各种木材船、煤炭船、矿石船、油料船、粮食船、集装箱船、滚装船、客船、渔船等密集在狭窄的水域内很容易发生海损事故，造成人员和财产损失，并对海洋环境构成严重威胁。如 2008 年 4 月 5 日中国“浙普渔 368”号渔船在韩国马罗岛附近海域与韩国籍货轮“BRIGHT ACE”号相撞后沉没，造成 5 名船员失踪。

另一方面从南海方向来看，南海辽阔的海区、众多的船舶、恶劣的气候和海况等因素都决定了海上搜救责任重大、任务艰巨。第一，南海海域范围广阔，连接周边很多国家与地区。南海长约3000千米，宽约1700千米，面积约359万平方千米。南海周围的国家有中国、越南、印尼、泰国、文莱、菲律宾、新加坡、柬埔寨与马来西亚。在如此广阔的海域内仅靠某个国家或搜救单位来保障海上安全是很难做到的，因此必须寻求与南海周边国家和地区开展搜救协调与合作，才能更好完成搜救任务。

第二，南海航海气象与海况条件会对船舶航行造成一定影响。一方面南海部分海域岛礁众多，暗礁星罗棋布，素有“危险地带”（Dangerous Ground）之称。① 另一方面南海又是世界有名的台风区和季风区（见表3—2）。在这种情况下海上事故频发，因此中国参与南海搜救区域合作可有效保证南海航运安全。

表3—2　热带气旋等级划分表

等级	风力	中心最大风速
超强台风	16级以上	51m/s以上
强台风	14—15级	41.5—50.9m/s
台风	12—13级	32.7—41.4m/s
强热带风暴	10—11级	24.5—32.6m/s
热带风暴	8—9级	17.2—24.4m/s
热带低压	6—7级	10.8—17.1m/s

资料来源：中国气象局：《关于实施热带气旋等级国家标准》（GBT19201—2006）。

第三，南海航线也相当繁忙，船舶密度较大。其一，近年来随着中国与东盟自贸区的建立，中国与东盟各国间的经济合作日益活跃，贸易额一直在高速增长。在这些贸易总量中，绝大多数货物需通过海运来进行，来往于中国与东盟各国港口的商船数量不断增多。同时南海又是远东—东南亚航线必经之路，特别是中东石油输入东南亚与东北亚的必经之路，众多巨型油轮在此穿梭往返，需提前对大规模船舶溢油事件做出充分准备，这绝不仅是某个单一国家所能独立应对处置的潜在危险。其二，近年来航经

① United States Defense Mapping Agency, *Sailing Directions* (*Enroute*) *for the South China Sea and Gulf of Thailand*, Washington D. C.: Hydrographic/Topographic Center Pub., 2002, p. 9.

南海的船舶不仅数量增长快，而且船舶种类日益多样化，船舶吨位逐步大型化，船舶速度呈现高速化，使南海海运面临更加严峻的安全考验，同时危险货物运输量的增加还会对海洋环境带来巨大威胁。其三，南海周边各国大都属于发展中国家，航运企业管理水平和船员素质参差不齐。而且随着“21 世纪海上丝绸之路”倡议的实施将会有更多的南亚和西亚以及非洲的老旧船进入南海海域，这些船缺陷会更加明显，事故发生率会更高，处理难度会更大，造成的后果也更严重，这是中国和南海周边各国必须直视和考虑的安全问题。

第四，南海还是重要的渔场，渔船众多，渔汛期间会有数以千计的各国渔船集中在此捕捞作业。但渔船多以小型船为主，船况和技术条件以及通信导航设备较差，再加上由于渔民安全意识、航行知识和驾驶能力不足，导致渔船与商船之间碰撞事故也经常发生。

第五，南海周边海盗与海上恐怖主义比较猖獗。南海海盗主要出没在巽他海峡、马六甲海峡等海上交通要道附近，[①] 并有向柬埔寨、越南以及北部湾蔓延之势，其中“HLH”即中国香港、海南岛和菲律宾吕宋之间海域被称为“恐怖三角”。另外，泰国、印尼、菲律宾、马来西亚等国还是海上恐怖主义的受害者，成为国际社会关注的焦点。[②] 特别是马六甲海峡及周边海域与东南亚许多恐怖分子或武装集团的活动区距离相当近，[③] 被“基地”组织视为袭击过往船舶甚至是军舰的最佳地点，因此国际海事局（IMB）普坦加尔·穆孔丹（Pootengal Mukundan）局长曾指出，商船、特别像油轮那样易受袭击的船舶都是恐怖分子的目标。[④] 如 2004 年 2 月菲律宾“阿布沙耶夫集团”（ASG）在马尼拉对超级渡轮发动恐怖主义袭击被

---

① Robert C. Beckman, *Combating Piracy and Armed Robbery Against Ships in Southeast Asia: The Way Forward*, Ocean Development & International Law, Vol. 33, No. 3 – 4, 2002, pp. 317 – 318.

② Yann – Huei Song, *The Overall Situation in the South China Sea in the New Millennium: Before and After the September 11 Terrorist Attacks*, Ocean Development & International Law, Vol. 26, No. 1, 2004, p. 248.

③ Barrett Bingley, *Security Interests of the Influencing States: The Complexity of Malacca Straits*, The Indonesian Quarterly, Vol. 32, No. 4, 2004, pp. 357 – 358.

④ Joshua P. Rowan, *The U. S. – Japan Security Alliance, ASEAN, and the South China Sea Dispute*, Asian Survey, Vol. 65, No. 3, 2005, p. 417.

视为最恶劣的海上灾难之一，造成了大量人员伤亡和失踪。[①] 而且近年来南海海盗还开始与海上恐怖主义相互勾结，使问题日益复杂难解。

因此中国应积极参与东北亚以及加强与南海周边国家和地区海上搜救方面的国际合作，保证海运安全和防止海洋污染是中国及周边各国经济发展的迫切需要。

三、提升搜救能力和塑造良好形象需要

国际海事组织编写的《国际航空和海上搜寻救助手册》强调：毗邻国家可通过双边或多边的谅解（例如规划和协议），在某一特定的地理区域内共同开展搜救服务。这种提供搜救服务的地区性方案，无论是对于搜救服务的受益人还是对于提供搜救服务的国家，都有很多益处。多方协作使人力、物力、资源、信息能够高效率地调动协调，这不仅可避免人力和物力的浪费，还可以在整个地区提供更统一的服务。如果采取一种地区性的解决方案来开展和改善搜救服务，即使在那些资源有限的国家提供熟练的搜救服务也是可能的。因此开展海上搜救国际合作具有以下优点：第一，当一个救助协调中心由一个以上国家支持时，救助协调中心的数目可得到精简，从而全面提高熟练程度，节约成本，并且能够简化遇险报警的发送程序。第二，可合并海上搜救通讯数据库和通信设施，使一套通信设施便可以服务于多个国家和更大的区域。而且这些措施的实施更便于其他救助协调中心使用数据，更便于用户登记设备，同时也更便于各国提供必要的通信支持。第三，以地区为基础，培训会更广泛、更可行。总之，开展海上搜救国际合作尽管有关管理更复杂一些，但事半功倍的优势使这种方法十分值得采纳。[②]

一方面从提升搜救能力来看，中国海上搜救要想与国际接轨实现跨越式的发展，最有效的途径就是加强国际合作，在引进国外领先管理、装备、技术、经验等方面的同时强化自身建设。正如原交通部救捞局宋家慧局长所说，中国救捞行业要与国际接轨，把国际上重大成果吸收运用进来，加强与国际同行的交流合作，增强人命救助和打捞的能力，不断提高中国参与国际事务和应对海上突发事件的能力，增强在国际中的地位，扩

---

① Kwa Chong Guan, *Maritime Security in Southeast Asia*, London & New York: Routledge, 2007, pp. 79 – 80.

② IMO/ICAO, *International Aeronautical and Maritime Search and Rescue Manual* (*Iamsar Manual*), Vol. I, Organization and Management, London/Montreal, 1998.

大国际影响。[①] 由于海难搜救牵扯的利益方、船舶、人员、设备等方面较多，而且在大多数情况下作业海况恶劣，这就需要搜救人员不仅能够提供专业的救助设备和技术水平，而且在项目管理方面也要求极高。同时由于受政治、经济、社会、科技等因素的影响，各国搜救力量差异较大，搜救基础各不相同，应对海上险情有不同的处理经验和技术水平，中国与其他国家在海上搜救能力方面都有其各自的优势，同时也有其各自的短板。通过开展海上搜救国际合作可取长补短，实现资源共享，共同增强海上搜救的整体能力，这是中国与有关国家的共同意愿。

第一，通过搜救管理机构相互学习与借鉴可提升应对海上危机管理水平。海上联合搜救是处理公共危机的一种手段，在海上险情发生越来越频繁的今天，一个国家要想减少险情的发生，降低事故的损失，提高政府应对危机的效率，必须建立系统的危机管理机制。同时一个国家加强与别国在危机管理方面的合作，有利于学习别国先进的管理经验，提高自身的危机管理水平和应对能力。如 2012 年 9 月美国海岸警卫队第十四海岸巡防区司令在欢迎中国“海巡 31”轮访问夏威夷时曾说，此次访问有助于增强两国在海上搜救能力、保护海洋环境、保障航行安全等方面的协调，使我们在共同感兴趣的领域加强合作，而我们的合作本身便是一个实际成果。中国海事访美代表团团长梁建伟也表示，“海巡 31”轮访美最主要的就是深化了中美两国在海事管理专业技术领域的交流合作，推进了两国海事管理部门交流机制的建设，共同提高了海上安全服务管理能力和水平。[②]

第二，通过搜救培训与演习双向互动可增强搜救人员综合素质。通过联合培训和演习有助于各国搜救队伍知己知彼，达成共同的搜救操作程序与一致流程并增强协调配合能力，掌握国际上先进的搜救技术与技能，积累实战经验，提高应急能力。

第三，通过搜救装备和技术共同研发及共享可提高搜救效率。通过搜救装备与技术共享，有助于彼此学习先进的搜救技术和改进搜救设备，提高搜救资源水平。如 2005 年中国救捞局与英国皇家救生艇协会（RNLI）签订了五年双边合作协议，引进八艘救生艇，英国皇家救生艇协会还派出专家到上海对中国搜救人员进行轮训。又如在 2014 年马航 MH370 事件中，

---

① 崔燕：《中国救捞：凸现海洋强国之势》，《中国船检》2006 年第 10 期，第 49 页。

② 梁宗盛：《“海盾文化”领航“海巡 31”远洋跨越》，《珠江水运》2013 年第 4 期，第 37—38 页。

参与搜寻失联客机的国内外遥感卫星有数十颗，之所以调用这么多卫星，除因每个国家的卫星各有特色、可以相互取长补短外，还有一个重要原因就是每颗卫星在经过搜寻区域上空时都有一定的周期，目前还无法做到实时、连续、高精度地获取搜寻区域的所有资料，因此需要多颗卫星进行接力工作。

第四，通过搜救经验彼此交流与分享可弥补自身不足。中国专业搜救力量通过探寻国际同行在搜救方面的有效方法与成功经验，并从其先进的管理经验和搜救装备中获得启发，再结合中国特色，可创造性地利用从外部获取的各种资源与信息，有助于促进搜救工作的开展，为中国搜救事业的发展提供强有力的支持。如在 2014 年马航 MH370 航班搜寻过程中，中方搜救编队是第一次在远洋深海参与国际联合海空立体搜寻，时间之长、规模之大都是首次，无模式可鉴，无预案可循。中国搜救力量凭着责任和专业得到了搜寻主导方澳大利亚搜寻联合中心的肯定，以自己的能力和实绩赢得了尊敬。同时在与澳方水下搜寻工作组以及多国舰船之间的沟通与交流过程中获得了宝贵的经验，这就为中国搜救加强对外交流合作提供了有益参考。一方面在参与此次长距离搜寻任务后，中国搜救部门对国外现阶段的搜寻设备和方式有了感性的认识，积累了在高海况远洋深海搜寻的经验，提升了指挥协调大型国际联合深海搜寻的能力，增强了自信。另一方面中国在与有关国家合作与交流的过程中也发现了自身不足，特别是与发达国家先进的搜救技术和装备还存在着较大的差距，在技术全面性和装备多样性方面仍有很大的提升空间。如“海巡 01”轮作为中国海事最先进的大型巡航救助船，在面对南印度洋平均 3800 米的水深以及巨大的风浪和涌浪时，船舶的吨位及其在该水域的耐波性与适航性能都有所欠缺，特别是在深海探测装备方面基本还处于空白。因此建设大吨位、多功能的大型巡航救助船以有效应对远洋深海重大应急事件已是迫在眉睫，在此基础上还需配备一定数量的船载扫测设备用于黑匣子搜寻、沉船扫测等紧急搜救工作。

另一方面从塑造良好国际形象来看，中国参与海上搜救国际合作，积极为国际社会提供更多海上安全公共产品与服务，对提升中国国际形象具有以下几方面作用：

第一，这是以实际行动诠释中国政府尊重生命、以人为本的理念。中国参与海上搜救国际合作不仅能减少生命与财产损失，保护海洋环境，促进社会和谐稳定，而且还有利于更有效保护中国越来越广泛的海外利益。

正如2014年3月马航MH370航班失联后李克强总理所说，“我们正千方百计进行搜救，党和政府不仅要保障国内公民的生命财产安全，也要成为走出国门公民的坚强后盾”,① 这正是中国政府执政为民、高度关注民生的真实写照，凸显了中国政府对包括海外华侨华人在内的所有中国人生命价值的珍视和尊重。

第二，可充分展示中国海上搜救实力与水平。一方面，可充分显示中国搜救实力与管理水平以及中国政府处置突发事件的行政能力。近年来中国专业救助能力不断增强，如2014年马航MH370航班失联后的海上大搜救引发全球高度关注，并为大国展示综合实力提供了舞台。中国作为世界第二大经济体和重要海运大国积极参与此次海上搜救国际合作，充分发挥了与其国际地位相称的作用。特别是随着中国海军越来越多地执行海上搜救国际合作任务，使中国海军执行人道主义援助和灾难救援的能力不断跃升，展示了中国军队威武之师、文明之师的形象，为中国和平发展树立了范本。另一方面，可充分体现中国忠实履行国际公约的使命，勇于承担国际义务的诚意和国际人道主义的救援精神等软实力，提升中国作为负责任大国的良好形象和声誉。如2006年5月17日受台风影响，越南几十艘渔船和数百名渔民在东沙附近海域遇险，情况十分危急。5月19日越南政府紧急照会中国驻越南使馆，请求中国政府帮助搜救。获知越方照会后，交通部代表中国政府对越南遇险渔船与渔民实施了大规模救助。在此次海上搜救行动中，交通部共派出1艘大型海事执法船、4艘专业救助船以及专业救助直升机2架次，协调中国香港特区政府飞机服务队和中国台湾当局派出专业救助飞机10架次，同时还协调20多艘中外路过商船和附近大量渔船对南海北部海域进行了持续16天、搜寻面积达20多万平方千米的海、空联合搜救行动。现场搜救力量共对15艘越南渔船和330名渔民提供了生活及医疗救援；发现越南沉船3艘；打捞遇难者遗体1具和各类沉船漂浮物11件，搜救工作取得巨大成功。此次跨国搜救行动是中国救助外国渔民人数最多、规模最大的一次。对此越南媒体连续刊登有关中国搜救报道并给予高度评价，充分肯定了中国政府的实力和效率。此次搜救行动还得到了包括国际海事组织在内的国际社会的广泛关注与一致好评，产生了积极和良好的世界影响。如国际海事组织秘书长认为此次救助越南渔民的行动完全符合《1979年国际海上搜寻救助公约》的宗旨，充分体现了国际人道

---

① 《中国需要在亚洲地区提供更多安全公共品》，《21世纪经济报道》2014年3月11日。

主义救援精神的内涵，是一次非常成功的海上船舶和人命救助行动。国际救生联盟秘书长也表示，此次行动展现了专业的救助能力，是在寻求海上国际人道主义救援共识下一次伟大胜利，并有可能成为近代史上最重要的一次海上群体人命救助。因此交通部李盛霖部长批示说：这次救助充分体现了国际主义精神，体现了我国作为负责任的大国形象。① 交通部救助打捞局宋家慧局长更是自豪地表示，中国救捞用维护生命、维护人权的实际行动向世人展示：我们的国家是负责任的国家，我们的政府是负责任的政府，我们的行业是负责任的行业。② 2007 年 11 月 22 日受台风影响，中国、菲律宾、越南几十艘渔船和千余名渔民被困西沙和南沙海域。接到报警后，中国海上搜救中心立即启动国家海上搜救应急预案，派出专业救助船和直升机前往救援，并协调中远、中海集团等航运公司航经该海域的船舶积极参与搜救。另外，农业部、总参也分别派出渔政船和海军舰艇前往救援，气象、海洋部门为救助行动提供了重要的技术支持。至 11 月 30 日共有 52 艘渔船和 1022 名中外渔民得到救助，这是继 2006 年成功搜救越南渔民后又一次大规模搜救行动，对此 12 月 1 日国务院总理温家宝就成功救援西沙、南沙被困中外渔民做出重要批示：交通部门多次成功实施海上救助，保护了国内外渔民的安全，受到普遍赞誉。希望继续发扬优良传统，再接再厉，更加有效地应对海上突发事件。交通部副部长黄先耀表示，这次救援体现了我国政府以人为本的执政理念，在国际上展示了我国负责任大国的良好形象。③

第三，有助于获得国际社会和受灾国家民众的认同，营造和平稳定、合作共赢的周边环境，从而证明中国是国际海上秩序的坚定维护者与践行者，是维护地区与世界和平稳定的重要力量，这有助于扩大中国在国际海洋事务中的发言权和主导权，发挥国际和地区影响力。如 2013 年 12 月 25 日俄罗斯“绍卡利斯基院士”号客船在南极被浮冰围困，正在此执行科考任务的中国“雪龙”号科考船收到报警消息后立即全速前往营救，最后在 2014 年 1 月 2 日将被困乘客救出，博得国际社会一片好评。南极科考有非

① 浦士达：《狂风巨浪无所惧，国际救援情撼世——2006 年海上紧急救援越南遇险渔民追记》，《航海》2006 年第 5 期，第 13—16 页。

② 宋家慧：《实现新跨越，再铸新辉煌——写在中国救捞诞生 55 周年暨救捞体制改革 3 周年前夕》，《航海》2006 年第 4 期，第 11 页。

③ 王明峰：《中国积极参与海上国际搜救》，《人民日报》（海外版）2008 年 1 月 4 日。

常强的时间要求，科考窗口期一旦错过就要第二年再来。在这种情况下，中国能把宝贵的科考时间用在救援上，足以说明中国的人道主义精神与合作态度，提升了中国的国际影响力，因为一个国家在国际合作中投入越大，往往话语权和影响力就会越大，赢得的尊重也会越多。这种互助良性循环的形成，有助于推动更多国家进行搜救合作，也让中国在这种国际合作中更有号召力。

四、增进战略互信和解决海洋争端需要

近年来中国实行睦邻友好和构建新型大国关系政策，总体上中国与周边国家以及美国等大国关系良好，但由于受各种因素的影响也存在一定的问题。第一，从中日关系来看，近年来两国由于历史问题、钓鱼岛争端等因素导致政治互信下降，双边关系出现长时间低谷。第二，从中韩关系来看，两国建交以来虽在经贸和文化以及人员往来等方面得到了迅速发展并建立了战略合作伙伴关系，但由于政治制度和价值观差异以及在海洋权益方面的争议，尤其是韩美同盟的强化，[①] 特别是“萨德”部署等问题，说明中韩两国尚缺乏在政治和安全领域的战略互信，因而在安全合作方面远远滞后于经贸关系的发展。第三，从中俄关系来看，近年来两国关系虽然总体上发展势头良好，但由于受各种因素影响特别是美日等国从中挑拨离间，在俄罗斯的远东地区所谓“中国移民威胁论”也时有发生。第四，从中国与东盟关系来看，由于受南海问题等因素的影响，中国与东盟海上安全合作机制滞后于政治与经济合作机制。第五，从中美关系来看，目前两国由于受各种因素特别是结构性矛盾的影响，政治和军事互信不足，双边关系时而出现起伏，特别是近年来在海上尤其是在南海摩擦增多。

由于人道救援是一件各方都能接受也会积极参与的事项，中国参与海上搜救国际合作有助于增进与有关国家的战略互信和从低敏感度领域解决海洋争端。同时海上搜救作为非传统安全的一项重要内容，中国与有关国家开展海上搜救国际合作可充实战略合作伙伴关系内涵，有效发挥其外溢功能。

第一，有助于增强中国与有关国家在政治和安全方面的互信，从而推动和扩大在传统安全领域的合作。开展海上搜救国际交流与合作是实现海洋利益双赢或多赢的一种必然选择。通过双边和多边海上联合搜救乃至其

---

① Bureau of East Asian and Pacific Affairs of U. S. Department of State, *U. S. Relations With South Korea*, http://www.state.gov/r/pa/ei/bgn/2800.htm.

他非传统安全领域的合作，这不仅是从自身利益最大化角度入手，也是实现集体理性，传递正能量，促使中国与有关国家形成共同的认知和共同的身份，萌生共同解决问题的意愿，努力寻求和扩大共同的利益，以非传统安全来推动在传统安全领域的互信与合作，改善中国与有关国家在传统安全领域合作滞后的局面，从而会在一定程度上改变国家之间“零和博弈”的态势，更好地促进区域合作，加快一体化的统合进程，进而形成全方位稳定的安全合作应对机制。正如有的学者在评价马航 MH370 航班搜救合作时所说，如果撇开领土争端等传统安全因素，非传统安全领域各方其实有更多的合作空间，有更多的共同命运。希望中国与东盟国家能够拓展这些领域的合作，建立真正的命运共同体。① 特别是中国与有关国家的军队在搜救领域的合作更能有利于增进双方相互了解，提高军事透明度，减少相互猜疑，避免误解和误判，防止战略对立。如 2006 年 11 月中美海军在南海举行了搜救联合演习，对此中国军事专家评论道，在目前情况下中美两军还很难进行传统安全领域大规模的军事演习，因此选择非传统安全领域的海上联合搜救作为演习课题反映了两军合作更加务实的特征，先在“低端政治”领域搜救演习取得突破，才能为下一步更深层次的合作与交流打下基础，才可能一步步上升到“高端政治”领域的武器装备技术合作、传统安全领域军事演习。② 又如在 2014 年“环太平洋军演”（RIMPAC）中，中国海军舰艇编队首次参加了由美国主导的有关搜救科目的联合演习，对此美国“皇家港”号导弹巡洋舰舰长坦言，通过此次军演交流与合作，他对中国海军的认识从不了解变为由衷赞叹，中国海军非常专业，在各种演习科目中反应迅速、准确、高效。③ 这有助于弥合中美两国有关海上分歧，减少海上安全困境，在客观上对缓和其他方面关系也有所帮助，从而推动双边良性互动，营造和平稳定、合作共赢的海上环境。

第二，有助于改善中国与有关国家外交的关系以及加强地区性非传统安全合作，通过增进传统友谊和民间感情，为中国与有关国家进一步推动其他非传统安全领域的合作奠定深厚的民意基础。如 2004 年 5 月 29 日越

---

① 张涵：《外交部牵头中方联席会议，马方主导现场搜救体系》，《21 世纪经济报道》2014 年 3 月 11 日。

② 李宣良：《中美海上搜救演习今日在南海举行》，《新华每日电讯》2006 年 11 月 19 日。

③ 白光炜：《展示负责任大国形象——中国海军首次参加环太平洋联合军演》，《两岸关系》2014 年第 9 期，第 12 页。

南货轮“ND1298”号在从越南开往广西防城港时遇风浪沉没，5 名船员落水。防城港海事局接到险情后立即组织施救，将 5 名船员全部救起。这次救助行动进一步加深了中越两国人民友谊之情，事后被救的越南船员特地向防城港海事局赠送了一面绣有“中越友谊长，危难见真情”的锦旗，对中国救助行动表示衷心感谢。又如上述 2006 年 5 月在南海东沙附近海域搜救越南渔民的大规模行动对促进两国有关业务部门沟通和交流以及增进人民友谊都起到了非常重要的作用。5 月 22 日当救助行动取得阶段性成效时，越南国家主席陈德良特意致电胡锦涛主席，向中方无私和及时有效救助遇险的越南渔民表示感谢，越方对中国政府和人民的深厚情谊和高尚义举深为感动，生动体现了越中两国人民同志加兄弟和患难与共的密切关系。24 日胡锦涛也向陈德良发了慰问电并表示，中越两国是友好邻邦，两国人民有着深厚友谊。越南运输部陶庭平部长致信中国交通部李盛霖部长表示感谢，称这次救援行动必将密切两部间的良好关系，并深信两部间的合作将得到进一步加强和推进。[①] 由此可见，此次联合搜救越南渔民的行动对发展中越关系具有重要的政治意义，行动本身既是国际人道主义之举，也是中国人民对越南人民友情的真实体现，对促进新世纪中越友谊产生了积极的作用。当时越南军报发表评论说，此次救援行动使越南人民想起了中国援越抗法、抗美的美好历史，称中国总是在最危难的时刻伸出援助之手。中国政府以最现代的手段开展了一场前所未有的大规模海上救助行动，对遭遇台风袭击的越南渔民开展及时、高效的搜救行动充分体现了越中两国同志加兄弟的友好情谊。[②] 由此可见，此次救援行动为密切两国关系做出了重要贡献，也为中国今后应对此类海上险情、开展救援外交积累了一定的经验。

第三，有助于从低敏感度领域化解海洋权益争端。国际海事组织编写的《国际航空和海上搜寻救助手册》认为海上搜救的人道主义和非政治性质具有鼓励其他各方参与合作的内在优势。[③] 一方面由于海上搜救政治敏感度较低，而且又有充分和明确的国际公约作为依据，因此中国与有关国家开展海上搜救国际合作，在敏感海域做出迅速反应，在关键时刻展示中国海上搜救力量和动员能力，以和平与人道的方式宣示主权，可强化中国

---

① 潘永德：《南海，国际人道大救援》，《珠江水运》2006 年第 6 期，第 5 页。

② 徐华：《救捞文化》，人民交通出版社 2009 年版，第 124 页。

③ IMO/ICAO, *International Aeronautical and Maritime Search and Rescue Manual* (*Iamsar Manual*), Vol. I, Organization and Management, London/Montreal, 1998.

在争议海域的存在感及影响力，维护国家海洋权益，并为将来中国与有关国家进一步加强海上安全合作、协商谈判解决分歧做好铺垫。因为中国作为有关海域利益的相关方，如果不在必要的时候展示自己的存在，那么就很难在海上安全事务中获得更多的发言权与主导权。

另一方面在海上搜救这样低敏感度领域合作主要是出于公益目的和人道主义，有助于化解或淡化有关海洋权益争端的敏感度，并可能为相关国家在搁置争议、共同开发的理念下探索国际合作来解决争端找到新的出路。如 2014 年 3 月马航班机失联后多国打破地缘主义的利益冲突、传统的主权观以及意识形态的隔膜与偏见，迅速做出反应，将分歧和争端放到一边，共同加入到搜寻飞机的国际合作中。[①] 对此，有日本记者指出，东亚及东南亚许多国家之间都存在领土争端问题，而 MH370 的搜救工作为这些国家合作提供了宝贵机会。近年来中国南海区域几乎成了领土争端的代名词，因此这次由马来西亚牵头的搜救行动堪称这一区域稀有又宝贵的合作范例。[②] 韩国专家也指出，这与过去几年这些国家相互间激烈言辞形成可喜对照，并可能使这一地区的国家产生足够的善意，重新考虑如何使用自己的海上安全力量为解决海上矛盾和冲突找到新方法铺平了道路。打破他们不愿合作的僵持状态，这些竞争对手已撇开他们的争端，显然这次悲剧有利于他们进行真诚的海上合作。因此这次合作提供了建立相互信任的机会，从而使未来不必要的海上冲突减少了发生几率。通过这一崭新的开端，减轻了困扰亚太地区安全问题许久的广泛不信任，这场悲剧应有助于确保海上和平和良好秩序。[③] 由此可见，在这场突发灾难和悲剧事件中，不但中国积极参与了多国在南海的联合搜救行动，而且相关国家纷纷开放领海和领空，为他国舰船与飞机搜寻提供便利，这种全方位人道主义联合搜救行动令人感佩，展现了“人的安全”观、“社会安全”观和“全球安全”观的融合与发展，可以说这是在争议海域多国摒弃地缘争端开展联合

---

① Vijay Sakhuja, *Search And Rescue At Sea: Maritime Challenges And Chinese Capabilities*, http: //www. ipcs. org/article/china/search – and – rescue – at – sea – challenges – and – chinese – capabilities – 4374. html.

② Shannon Tiezzi, *Japan Joining the Search Provides a Rare Opportunity for Positive, Interactions with China*, http: //thediplomat. com/2014/03/japan – joins – search – for – malaysia – airlines – flight – 370/.

③ S. Rajaratnam, *MH370 and Maritime Security: A Fresh Start for Cooperation?*, http: //www. fairobserver. com/article/mh370 – maritime – security – fresh – start – cooperation – 63461.

搜救的典范，即存在争端的国家在紧急情况下仍可搁置争端，把合作放在第一位，体现出高尚的人道主义精神，这就为未来通过协调和沟通解决海洋权益争端和海上安全困境提供了样板。

第二节　中国参与海上搜救国际合作的可行性

中国参与海上搜救国际合作不仅具有必要性，为有关合作的产生与发展提供了强劲的动力，而且还具有可行性，既有法理依据，又有理论基础，还有认知共识，这就为海上搜救国际合作的产生与进行提供了操作条件。

一、法理依据

法规是开展海上联合搜救行动的制度保障。海上搜救不仅是一个国家自己的事情，在结构安排方面还要考虑与相关国家的合作关系，如早在《1958 年日内瓦公海公约》就鼓励每个沿岸国与邻国就促进建立和维护足够和有效的搜救设施开展相互的区域性合作。[①] 为使海上搜救国际合作能够顺利有效地开展，有关国家应在共同利益的基础之上遵守相关国际法，凭借现有的法规对搜救合作行为进行规制。有关国际公约、区域性多边协议等都对海上搜救国际合作做出了相应的规定，这就为中国参与海上搜救国际合作提供了充分的法理依据。

第一，国际公约有关海上搜救国际合作规定。《1974 年国际海上人命安全公约》《1979 年国际海上搜寻救助公约》《联合国海洋法公约》等都对海上搜救国际合作做出了相应的规定，而且中国是这些公约的缔约国（见表 3—3），有履行国际公约的责任与义务。

表 3—3　中国加入的有关海上搜救国际公约

序号	公约名称	公约内容	中国加入/生效时间
1	1974 年《国际海上人命安全公约》	缔约国共同制定统一原则和有关规则，增进海上人命安全及其合作	1980 年 1 月 7 日/1980 年 5 月 25 日

① Geneva Convention on the High Seas, 1958.

续表

序号	公约名称	公约内容	中国加入/生效时间
2	1979 年《国际海上搜寻救助公约》	鼓励缔约国与邻国签订海上应急搜救协定等，建立搜救合作关系	1985 年 6 月 24 日/1985 年 7 月 24 日
3	1982 年《联合国海洋法公约》	缔约国本着互相谅解与合作精神解决与海洋法有关的一切问题	1996 年 5 月 15 日批准
4	1989 年《国际救助公约》	缔约国可为拯救处于危险中的生命或财产等开展合作	1994 年 3 月 30 日/1996 年 7 月 14 日
5	《国际民用航空公约》	有关国际民用航空在政治、经济、技术、搜救等方面及其合作问题	1974 年 2 月 15 日承认

资料来源：笔者自制。

其一，从《1974 年国际海上人命安全公约》来看，1974 年 10—11 月国际海事组织在伦敦召开的安全公约外交大会上通过了《1974 年国际海上人命安全公约》，其最新版本是 2013 年修正案并于 2015 年 1 月 1 日生效。关于海上搜救国际合作问题，该公约强调不论遇险人员的国籍或状况，各缔约国都有对其提供救助的义务，并强制要求政府间进行相互协调和合作以协助将遇险人员转移到安全地带。为此，该公约做出以下规定：（1）船长在收到遇险信号时必须以全速驶向遇险者并提供援助。（2）缔约国应允许遇难船进港。（3）各缔约政府间应建立搜救信息共享多边协议，以便提供各自现有救助设施及计划信息用于交换。①

其二，从《1979 年国际海上搜寻救助公约》来看，1979 年 4 月 27 日国际海上搜救会议在德国汉堡召开，会议签署了《1979 年国际海上搜寻救助公约》，这是首个针对海上搜救操作及其国际合作最全面的专门公约。该公约旨在创建一个用以保证搜救行动效率和安全性的国际协调系统，其主要目的是通过制订一个国际搜救计划使搜救程序标准化，以便利各缔约国政府及其搜救机构间直接联络，保证参加搜救的所有单位能有效开展合作。因此该公约一开始就强调：认识到在若干政府间组织中对海上及海空安全进行协作活动的需要；期望通过制定适应海运中救助海上遇险人员需

① International Convention for the Safety of Life at Sea, 1974 (SOLAS 1974).

要的国际海上搜救规划来发展和促进这些活动；希望增进全世界搜救组织间和参加海上搜救活动者之间的合作。为此目的，首先缔约国应确保安排足够的搜救服务用以保证自己所负责的沿海水域的安全，再鼓励各缔约国积极与邻国订立专门性搜救合作协议，更深入地构建特别搜救合作区域，建立共同的搜救程序，以达到设施分享与培训联络等协作，保证海面与空中单位之间有效开展搜救合作，从而极大便利各国之间、各区域甚至世界搜救合作共同接轨。

具体来说，《1979 年国际海上搜寻救助公约》第二章就缔约国信息披露建立了相应的机制，以便于有关报警能在相关国家间迅捷传递，这样救助协调中心就能及时整合周边搜救资源。为此，该公约第 2. 1. 2 条规定：各缔约方须向秘书长提供其有关搜救组织及以后重要变动的情况，包括：（1）全国性的海上搜救服务部门；（2）已建立的救助协调中心的地点及其电话及电传号码和所负责的区域；（3）由它们指挥的主要救助单位。第 2. 1. 3 条规定：秘书长须用适当的方式将第 2. 1. 2 条中所述的情况转达给各缔约方。这样，缔约国就可获知有关国家的搜救信息。

《1979 年国际海上搜寻救助公约》第三章“合作”中的 3. 1 条款对“国家之间的合作”做出了以下规定：（1）各缔约方须协调其搜救组织，在必要时其搜救工作应与邻国相配合。（2）除有关国家之间另有协议外，缔约方在其适用的国家法律、规章制度的约束下，应批准其他缔约方的救助单位只是为了搜寻发生海难的地点和救助该海难中遇险人员的目的，立即进入或越过其领海或领土。在这种情况下，只要可行，搜救工作须由批准进入的缔约方的相应救助协调中心或该缔约方指定的其他当局加以协调。（3）除有关国家之间另有协议外，缔约方当局只是为了搜寻发生海难的地点和救助该海难中遇险人员的目的，希望其救助单位进入或越过另一缔约方领海或领土者，须向该另一缔约方的救助协调中心或经该缔约方指定的其他当局发出请求，详细说明所计划的任务及其必要性。（4）缔约方的主管当局须立即告知已收到此项请求，如对执行其计划任务有条件须尽快说明。（5）各缔约方应与邻近的国家签订协议，载明救助单位相互进入或越过其本国领海或领土的条件。这些协议还应规定以最简化的手续使该救助单位迅速进入。（6）每一缔约方都应授权其救助协调中心：向其他救助协调中心请求协助，包括可能需要的船舶、航空器、人员设备；对于此类船舶、航空器、人员或设备进入或越过其领海或领土给予必要的批准；为加快此项进入，与相应的海关、移民或其他当局做出必要的安排。

(7) 每一缔约方都应授权其救助协调中心在遇有请求时，向其他救助协调中心提供协助，包括船舶、航空器、人员或设备等方式的协助。(8) 各缔约方应与邻国就合办设施、建立共同程序、进行联合训练及演习、定期检查国家间的通信电路、救助协调中心人员的联络访问和交换有关搜救情报等事项签订搜救方面协议。由此可见，该公约上述规定推动了全世界参加海上搜救活动者之间的合作。①

其三，从《1989 年国际救助公约》来看，1989 年 4 月 28 日国际海事组织通过的《1989 年国际救助公约》强调，在对诸如允许遇难船舶进港或向救助人提供便利等有关救助作业的事项做出规定或决定时，缔约国应考虑救助人、其他利益方同当局之间合作的需要，以保证为拯救处于危险中的生命或财产及为防止对总体环境造成损害而进行的救助作业得以有效、成功地实施。②

其四，从《联合国海洋法公约》来看，1982 年联合国第三次海洋法会议通过的《联合国海洋法公约》是有关海洋方面最权威的立法，相当于世界的海洋宪章。该公约关于海上搜救国际合作做出如下规定：(1) 各缔约方必须保证提供在其海岸附近的海上遇险人员以及适当的搜救所需的必要安排，确保对每一个海上遇险人员提供救助，不论遇险人员具有何种国籍和地位，也不论其被发现时处于何种状况。(2) 每个沿海国应促进有关海上和上空安全的足敷应用和有效的搜救服务的建立、经营和维持，并应在情况需要时为此目的通过相互的区域性安排与邻国合作。(3) 为救助遇险或遇难人员的船只可在他国领海停船或下锚。(4) 对海域的划分不影响沿岸国进行纯人命的搜救行动。③ 上述这些规定体现了《联合国海洋法公约》鼓励海上搜救国际合作的价值基调。

其五，从《国际民用航空公约》来看，国际民用航空组织高度重视飞机失事搜救工作，1944 年制定的《国际民用航空公约》(又称《芝加哥公约》) 第 25 条明确规定：各缔约国搜寻失踪的航空器时有义务随时按照公约建议的各种协同措施进行合作。为此，专门制定了《搜寻与救助》作为该公约的附件 12，并于 1951 年 3 月 1 日起开始执行。关于搜救国际合作问题，附件 12 第 3 章规定：在开展搜救工作的过程中各缔约国之间需要密切合作、缔约国各部门之间应相互配合、搜救协调中心及分中心之间也应做

① International Convention on Maritime Search and Rescue, 1979 (SAR 1979).

② International Convention on Salvage, 1989 (SALVAGE 1989).

③ United Nations Convention on the Law of the Sea (UNCLOS).

到信息共享，从而使参与搜救工作的各方力量能得到最大限度的发挥与利用，提高搜救工作效率。具体来说应做到以下几点：（1）要求缔约国应在其领土之内和公海上设立、维持和运作搜救服务。（2）要求缔约国公布和散发所有必要资料，并对核对和公布搜救服务所需资料的要求做了规定，以便使其他国家的搜救单位能迅速进入其领土。（3）建议从事航空器事故调查的合格人员陪同搜救单位以便利事故调查。（4）航空器遇险后需按照事先确定的一套程序通知航空器经营人、登记国、有关的空中交通服务单位、毗邻的救助协调中心（RCC）和有关的事故调查当局，并制定开展搜救工作的计划并协调其实施。（5）规定了涉及两个或两个以上 RCC、现场当局和终止或暂停搜救工作的程序。[①] 上述规定为缔约国更有效参与到有关海上搜救行动中进而构建搜救区域合作机制奠定了法律基础，如 2014 年 3 月 8 日马航客机 MH370 失联后，有关国家就是以附件 12 为依据积极开展搜救合作。马航客机搜寻的第一阶段主要位于马来西亚和越南重叠海域，根据附件 12 的规定，缔约国在其领土范围内应提供昼夜 24 小时的搜救服务。事故发生地国在其他缔约国为搜寻航空器事故现场并救助事故幸存者之目的提出申请进入其领土内时必须准许，据此来自中国、越南、新加坡、印尼、菲律宾、泰国、美国以及澳大利亚的团队在此展开了联合搜寻工作。第二阶段的搜寻工作主要在南印度洋，由于疑似出事地点离澳大利亚较近，因此主要由澳大利亚主导并在其珀斯建立了救助协调中心来协调各国搜寻行动，这些做法为今后航空器失联后的联合搜救工作提供了宝贵的经验。

第二，《国际航空和海上搜寻救助手册》有关海上搜救国际合作规定。为促进各缔约国履行《1974 年国际海上人命安全公约》《1979 年国际海上搜寻救助公约》以及《国际民用航空公约》，1998 年 2 月国际海事组织和国际民航组织联合工作组在国际海事组织无线电通信与搜救分委会第三次会议上推出了《国际航空和海上搜寻救助手册》并获得通过。《国际航空和海上搜寻救助手册》作为组织和开展通用航空和海上搜救服务的指南，鼓励当事国发展和改进其搜救服务并与邻国开展合作，将本国的搜救服务视为全球系统的一部分。《国际航空和海上搜寻救助手册》强调：搜救主管当局的一个主要职责是与毗邻国家合作。为此应做到以下几点：其一，地区性的搜救计划提供了指导国家搜救主管当局达到这种合作的框架。一

---

① Convention on International Civil Aviation（Chicago Convention）.

旦建立了一个地区性的搜救计划，国家间高层次的承诺可通过签署协议或多边谅解备忘录来实现。一个多边协议可为遇险事件提供一致的、协调的和快速的反应做出规定。一个地区性的搜救计划开始生效后，签署国应保证制定适当的支持性计划（需要通过立法或法规来实施），以确保合作进行。其二，同其他国家的搜救机构和人员合作和建立集体工作关系。其三，与介入紧急服务的其他国家和国际机构接触。[①]《国际航空和海上搜寻救助手册》虽然在性质上属于软法，并不具有强制约束力，仅产生一定的法律效果，但对中国开展海上搜救国际合作具有倡导与指导意义。

第三，区域性多边协议关于海上搜救国际合作规定。早在 1972 年 4 月东盟就与国际民航组织达成协议，同意为遇险飞机提供搜寻并对幸存者提供救援。1975 年东盟还针对事故船舶制定了一份搜救便利性协议。2009 年东盟发表了一个专门性的政策声明，建议采取联合行动以促进海上搜救合作，但该建议仅限制在信息共享、技术合作和机构互访方面。2010 年 10 月 27 日在越南河内召开的第 17 届东盟首脑会议上，东盟外长会议公布了《东盟关于南海海上搜救遇难船舶和人员的合作宣言》。该宣言鼓励成员国建立国家搜救协调中心以及建立共享信息、协助搜救的直接沟通渠道，同时进一步鼓励成员国加强海上搜救合作能力建设并促进东盟对话伙伴的所有国家搜救协调中心保持一个目标。[②] 为此，该宣言呼吁发展加强区域搜救协调，为确保迅速有效应对危急情况做准备。具体来说主要有以下几方面内容：（1）鼓励各成员国指定有关部门成立救助指挥中心或相应机构，以配合其他成员国的相应机构，保证及时救助遭遇海难的船舶和人员。（2）鼓励各成员国的救助指挥中心（RCC）及相应机构之间开通直通热线或其他各种正式通讯渠道，及时分享相关信息及救难活动的经验。（3）敦促各成员国迅速响应其他成员国救助指挥中心或相应机构的要求，尽可能根据自己救助能力，提供各种适合海上搜救活动的设备。在一成员国的领海或群岛内发生海难，当遇难方求救时，救援国一方要取得遇难方所属国家的同意。（4）鼓励各东盟代表机构给那些在未与之设立外交关系的第三国的海域上遇难的成员国船舶提供帮助。（5）促进各成员国救助指挥中心

---

① IMO/ICAO, *International Aeronautical and Maritime Search and Rescue Manual* (*Iamsar Manual*), Vol. I, Organization and Management, London/Montreal, 1998.

② Carl Thayer, *Flight MH370 Shows Limits of ASEAN' Maritime Cooperation*, http://thediplomat.com/2014/03/flight-mh370-shows-limits-of-aseans-maritime-cooperation/.

或相应机构加强合作，以提高海上搜救能力。（6）促进东盟与对话国以及有关国际海事组织的合作以及信息共享，加强东盟海上搜救能力。（7）强化并发展相互配合的区域紧密合作观念，确立地区政策，完善活动机制，健全通信系统，随时准备迅速有效地实施搜救活动。（8）东盟秘书处负责把各成员国救助指挥中心或相应机构的名单颁布给各成员国。当然，这一宣言并不损害和违背东盟成员国在符合国际法时所行使的本国权力和法律。

2014年8月10日在缅甸内比都（Naypyitaw）发表了《东盟地区论坛关于加强海空搜救协调与合作声明》，该声明重申了海上人道主义搜救无国界的原则，提出所有国家的搜救协调中心应当目标一致，加强海上搜救合作能力，推动建立信任进程，使中国—东盟关于南海海上搜救合作的制度性安排得以进一步发展。该声明一开始就强调：鉴于2014年马来西亚航班MH370的失联和4月韩国“岁月”号客轮遇难的教训，认识到海空事故给地区人民生命和财产安全所带来的风险，忆及论坛在推动各成员加强搜救协调与合作方面所做出的努力，认可有关国际公约关于国际海空搜救规定的重要性，认识到地区国家搜救能力以及搜救合作的有效性和效率需要进一步加强，主张地区国家进一步加强双边和多边层面的搜救协调与合作，包括在东盟地区论坛框架内加强对话和协作，论坛各成员方重申在地区海空搜救协调与合作中应遵循以下原则：其一，以救助生命为宗旨，应以快捷和适宜的方式提供搜救服务；其二，对海上遇险人员实施无差别对待，不论人员国籍和身份及其被发现时的处境；其三，除另有安排，各成员应自行承担参与搜救行动的费用；其四，在《1979年国际海上搜寻救助公约》和《国际民用航空公约》框架下规定的海空搜救合作应促进加强地区国家的能力建设和推进建立信任进程并推动地区救灾合作。为此，论坛各成员应努力采取以下措施加强地区搜救合作：其一，鼓励各成员积极参与地区重大海空搜救行动；其二，在相关国家请求或同意的情况下，根据国际法并在尊重相关国家国内法的基础上为开展有效搜救行动提供协助；其三，共同推动加强各成员搜救能力，在信息共享、经验交流、能力建设、先进理念和技术设备交流等方面加强交流与合作；其四，鼓励召开搜救合作研讨会和会商，开展地区联合搜救桌面推演和实兵演练；其五，根据相关公约和机制中有关合作条款采取适当措施加强各成员国家搜救中心之间的交流与协调；其六，鼓励各成员在包括国际民航组织、国际海事组织等机制下，探讨在国家和地区两个层面上加强信息共享、开展搜救行动等方面的军民协作；其七，深化地区国家对包括《国际民用航空公约》和《1979年国际海上搜寻救助公约》等在内的现有国际机制的认知，更好利用地区现有的搜救协调中心，探讨建立更有效、快捷的亚太搜救合作协调模式；其八，支持根据《国际民用航空公约》及其关于搜救的第12附件和《1979年国际海上搜寻救助公约》的规定，不断完善《国际航空及海上搜寻救助手册》及其在地区搜救行动中的实践；其九，考虑视情在必要情况下采取进一步措施，加强对《国际海上避碰规则》和其他相关国际文件的贯彻落实，遵循良好船艺，避免搜救行动中的碰撞事件。①

第四，国内关于中国参与海上搜救国际合作规定。从国内相关法规来看，《中国海上搜救中心水上险情应急反应程序》与《国家海上搜救应急预案》等对中国参与海上搜救国际合作做出了相应的规定。

其一，自2002年8月27日起开始执行的《中国海上搜救中心水上险情应急反应程序》对海上报警信息的核实和任务分配方面的国际合作做出如下专门规定：(1) 当报警船舶为外国籍船舶时，值班员应与报警船舶所属国搜救部门联系核实遇险情况。(2) 报警位置不在中国海上搜救责任区内时，应立即通知该搜救责任区所属国家或地区的搜救部门并核实遇险情况，及时掌握搜救进展情况。(3) 当中国籍船舶、飞机在中国海上搜救责任区之外发出遇险报警时，值班人员应及时与船舶所有人进行联系以便确定船舶遇险情况，并负责帮助船舶所有人与负责该搜救责任区的搜救中心建立联系，掌握救助进展情况。

其二，2009年3月9日由国务院办公厅发布的《国家海上搜救应急预案》（国办函［2009］32号）对中国参与海上搜救国际合作做出如下规定：(1) 关于遇险信息的处置，海上突发事件发生地不在中国海上搜救责任区的，中国海上搜救中心应通报有关国家的海上搜救机构。有中国籍船舶、船员遇险的，中国海上搜救中心还应及时与有关国家的海上搜救机构或我驻外使领馆联系，通报信息，协助救助，掌握救助进展情况，并与外交部互通信息。(2) 关于后期处置，一方面关于获救人员的处置，港澳台或外籍人员，由当地政府港澳台办或外事办负责安置；外籍人员由公安部门或外交部门负责遣返。另一方面关于死亡人员的处置，港澳台或外籍死亡人员，由当地政府港澳台办或外事办负责处置。(3) 关于演习，中国海上搜救中心不定期与周边国家、地区海上搜救机构举行海上突发事件应急

① The ASEAN Regional Forum Statement on Strengthening Coordination and Cooperation on Maritime and Aeronautical Search and Rescue.

处置联合演习。(4) 关于国际协作，收到周边国家或地区请求对在其搜救责任区开展的海上突发事件应急反应给予救援时，视情提供包括船舶、航空器、人员和设备的援助；在其他国家的搜救机构提出外籍船舶或航空器为搜寻救助海难人员的目的进入或越过中国领海或领空的申请时，要及时与国家有关主管部门联系，并将是否准许情况回复给提出请求的搜救机构；与周边国家共同搜救区内的海上突发事件应急反应，需协调相关国家派出搜救力量，提供必要的援助；与周边国家搜救机构一起做出搜救合作和协调的行动计划和安排；为搜寻海上突发事件发生地点和救助海上突发事件遇险人员，救助力量需进入或越过其他国家领海或领空，由中国海上搜救中心与相关国家或地区海上搜救机构联系，并说明详细计划和必要性。

二、理论基础

中国参与海上搜救国际合作不仅具有充分法理依据，而且还有一定理论基础提供指导。

第一，海洋安全治理论。海洋目前已成为世界各国经济、社会、政治、文化等方面进行交流与联系的纽带：一方面海洋可促使生产要素在全球范围内自由快速流通，另一方面通过海洋可向全球投送兵力。但海洋的开放性和流动性也会导致其安全的脆弱性和复杂性，如海盗和海上恐怖主义袭击、大规模杀伤性武器海上扩散、海上走私、贩毒和非法移民等犯罪活动以及各种自然灾害和人为因素所造成的海损事故和环境污染等加剧了海洋的不确定性和风险性就使得其面临严峻挑战，因此海洋成为当前和未来国际安全与稳定的一个重要的博弈空间。[1] 在这种情况下，就需要沿海国家通力合作来维护海洋安全，加强海洋治理，这代表着有关国家汇聚利益共识、塑造共享价值的新方向。同时海洋治理具有复杂性和艰巨性，但目前各沿岸国家社会经济、科技发展和人才培养等方面不均衡、总体水平较低，导致海洋治理能力有限，差距较大。在这种情况下，海洋治理是沿岸国家开展安全合作的根本保障和坚实基础，同时也必然成为沿岸各国安全合作的重要平台与沟通渠道，可为沿岸各国进行安全合作提供更为广泛的由政府主管部门、港航企业、货主、保险公司以及利益相关者的参与机会，合纵连横，交互联动，形成海洋安全治理的网络，提升海洋安全协调

---

① Dick Bedford, *Securing the Global Commons*, The RUSI Journal, Vol. 155, No. 5, 2010, pp. 18 – 23.

和危机管理能力，有助于实现区域内非传统安全，促进人海和谐，这是沿岸国家共同面临的利益要求。

具体到海上交通安全治理来看，海洋不论是其流动着的物理属性还是其面积无边的空间分布，都使其对人类贸易有着不可估量的作用，[①]即利用海洋的运输与载体功能与外界进行贸易沟通。而人类要想享受海洋带来的便利与利益，就必须以保障海上交通行为的安全为前提条件，没有海运安全也就无所谓海洋自由。因此维护海上交通安全、保障海洋自由对全人类来说具有重要意义，这是具有公益性与公利性特点的事业。对于从事国际航运的船舶来说，通航环境是船舶赖以安全航行、停泊、作业的客观存在的外部条件，而目前影响海运安全的因素较多，如船舶安全与否、非传统安全因素以及各种突发性事件等都对海运安全有着巨大的影响，因此保障海运安全是沿岸各国共同的责任和义务。沿岸国作为保障海运安全的主体，有义务站在公共安全的角度行使其公共治理职能、提供安全保障服务，共同维护公共利益和社会秩序，对危害航行安全的个人或组织采取相应行动。而国家间搜救合作是维护海运安全的重要方式之一，因为没有任何单个国家能够独立承担搜救遇险人员、保障海运安全的职能，而且海上搜救国际合作具有非零和博弈、互助互利导向和绝对收益关注倾向等基本属性，因此各国应开展合作行动为保障海运安全而共同努力。

从中国来看，随着自身海洋力量的增强和现实需求的增加，中国已到了从被动接受海洋安全公共服务到主动提供的转折点。2014 年 3 月 10 日菲律宾驻华大使表示，菲律宾尊重中国的崛起并承认中国不但是地区强国更是全球强国，希望中国能承担更多国际责任。一个国家在国际合作中投入越大，往往话语权和影响力就会越大，赢得的尊重才会越多，行动才有号召力。中国作为世界上第二大经济体、联合国常任理事国以及国际海事组织 A 类理事国，近年来国际地位和作用不断提高，国际交往和地区事务影响日益扩大，海洋利益扩展与延伸越来越广泛。在这种情况下，中国应把经济优势转化为政治、安全优势，不仅要为本国公民在全球范围内提供安全，而且还要顺应地区愿望，向区域公共安全产品与服务等领域转移，积极发挥和履行与自身国力及国际地位相适应的区域性大国的义务和责任，为国际社会做出更大贡献，这不仅符合中国利

---

① ［荷］格劳秀斯著，马忠法译：《论海洋自由》，上海人民出版社 2013 年版，第 27 页。

益，而且也符合国际社会和接受国的利益。对此，习近平曾明确表示，中国愿意为周边国家“提供共同发展的机遇和空间，欢迎大家搭乘中国发展的列车，搭快车也好，搭便车也好，我们都欢迎”。由于公共物品具有消费的非竞争性和收益的非排他性特征，因此中国主动向国际社会和周边地区提供稀缺的公共安全产品与服务，这是回应“中国责任论”一个重要途径，也是中国走向成熟的全球和地区性大国的标志，更是增信释疑，有力推回与反击“中国威胁论”的有效方式。因为这可向中国周边国家乃至世界彰显中国追求地区和平、稳定、发展、进步的诚意，展示中国的实力、地位和影响力，增强中国对地区事务的主导权与主动权。同时有助于化解周边国家疑虑与戒备心理，获得其他国家凝聚力和向心力，为各国创造相互信任、合作共赢的局面，从而为最终妥善解决海洋争端创造合适的条件与氛围。①

从海上搜救来看，目前中国周边各国有关事故搜救、环境保护、航道安全等问题上的国际合作还较为缺乏。在这种情况下，中国需要积极承担海上搜救工作，为相关海域国内外船舶提供安全与搜救公共服务。如 2014 年 3 月马航 MH370 事件也提醒我们，多方的搜救责任与搜救能力之间还存在差距。对此，有学者指出，马航事件可以看出地区性的安全协调机制愈发重要，中国应在南海投入更多公共产品、提供日常的搜救演习等才能更好地保证中国及地区其他国家的安全。因此中国应积极与周边国家开展海上搜救合作，共同构建包括人道救援与打击海盗等有效机制，为相关国家提供搜救等方面的民事公共产品，将有利于满足这方面的区域性需求。

第二，海上安全共同体构建论。国际上早在 1952 年理查德·瓦根伦（Richard W. Van Wagenen）就提出了“安全共同体”（Security Community）这一概念，后来卡尔·德伊奇（Kal W. Deutsch）等人认为安全共同体是实现一体化的集团。② 伊曼纽·阿德勒（Emanuel Adler）等人则强调安全共同体是成员国之间拥有共同制度、共同价值观、共同体感。③ 而亚历山

---

① 张良福：《南海地区公共安全产品与服务领域合作战略初探》，《亚太安全与海洋研究》2016 年第 2 期，第 58 页。

② Kal W. Deutsch, *Political Community and the North Atlantic Areas: International Organization in the Light of Historical Experience*, Princeton: Princeton University Press, 1957, pp. 5 – 6.

③ Emanuel Adler, *Security Communities*, Cambridge: Cambridge University Press, 1998, pp. 6 – 7.

大·温特（Alexander Wendt）明确指出，安全共同体集体身份构建的主要因素是相互依存、共同命运、同质性和自我约束。[①] 由此可见，安全共同体的本质是合作主体的一致赞同与共同契约，合作主体的行为是一种理性和利益最大化的行为。中国与周边国家构建海事安全共同体是面对共同海运风险所采取的理性选择，符合各方共同利益。如冷战后的东盟安全观以“综合安全”“合作安全”为要件和特征，致力于建立一个和平、安全和稳定的地区共同体以及一个外向的共同体，深化与外方的合作。早在2003年10月第9次东盟首脑会议上就提出在2020年建成东盟共同体（ASEAN Community），包括东盟安全共同体（ASC）、东盟经济共同体（AEC）和东盟社会—文化共同体（ASCC）三大支柱。此后，东盟在《东盟安全共同体行动计划》《东盟政治安全共同体蓝图》等文件中又具体提出安全共同体建设的目标、重点以及路线图和时间表。2015年11月22日第27届东盟峰会通过的《2015年建成东盟共同体的吉隆坡宣言》宣布东盟共同体成立。2016年3月东盟秘书处发表的《东盟政治安全共同体蓝图2025》对东盟政治安全共同体长远建设提出了新的战略目标。在东盟安全共同体建设过程中，强调要以东盟框架下的系列规范为原则，通过各方共同合作来应对区域内安全问题。在南海安全方面，东盟主张以建立安全共同体为契机，沿岸国应致力于寻找一种便于实现真正合作的机制来共同面对挑战，以保障海上航行自由的实现。如在《东盟南海宣言》中就主张在不损害该地区有直接利益国家主权与管辖权的前提下，探索在南海开展海上航行与交通安全、保护海洋环境不受污染、搜救行动协调、打击海盗和武装劫船等方面合作的可能性。[②] 在《东盟第二协调一致宣言》中指出，鉴于海洋问题的跨界性质，将以地区整体性与一体化的综合方式去处理，东盟成员国之间的海洋合作将有助于安全共同体发展。[③] 在《东盟政治安全共同体蓝图2025》中更是强调要通过加强东盟主导的机制和采取国际上接受的海上惯例和原则，促进东盟地区内外海上安全和海上合作来综合处理海

① 赵铁：《中国—东盟命运共同体的共同体诠释》，《广西民族研究》2016年第1期，第151页。

② *ASEAN Declaration on the South China Sea*, www. cil. nus. edu. sg/rp/pdf/1992ASEANDeclarationontheSouth.

③ *Declaration of ASEAN Concord II*, http: //www. asean. org/news/item/declaration – of – asean – concord – ii – bali – concord – ii.

洋问题，维持南海成为和平、繁荣与合作之海，[1] 并具体提出了加强海上安全合作的建议，如打击海上恐怖主义、货物走私、海盗、武装劫船等方面的合作。为此，在《东盟共同体发展蓝图（2009—2015）》和《东盟政治安全共同体》两份文件中寻求建立“东盟海事论坛”（ASEAN Maritime Forum，AMF），以推动在海事安全方面开展更多合作。这样，2010 年成立的东盟海事论坛反映了海事安全合作在东盟安全议程和地区主义发展中的重要地位，[2] 希望通过对话、协商和联合行动来培养海事安全合作，解决海事纠纷。在此基础上，东盟还积极推动东盟海事论坛扩大化，以便吸收更多域外国家参加这一论坛。2012 年开始定期召开的东盟海事论坛扩大会议为东盟与中国在海事安全方面的合作与对话建立了一个机制化的平台。

1993 年 3 月中国在东盟地区论坛会议上正式提出了“新安全观”，其核心是：“互信、互利、平等、合作”。其实质是“超越单方面安全范畴，以互利合作寻求共同安全”。新一届政府更是大力倡导共同、综合、合作与可持续的亚洲安全观，搭建了地区安全共同体的新架构。如 2014 年 4 月 15 日习近平在国家安全委员会第一次会议上就强调，既重视自身安全，又重视共同安全，打造命运共同体，推动各方朝着互利互惠、共同安全的目标相向而行。在海上安全方面，2013 年 10 月 3 日习近平在印尼国会演讲时表示，中国不但要支持东盟共同体的建设，而且提出要建设更加紧密的中国—东盟命运共同体，强调中国愿同东盟国家加强海上合作，发展好海洋合作伙伴关系，深化在防灾救灾、打击跨国犯罪、联合执法等方面的合作。[3] 2015 年 3 月 28 日习近平在博鳌亚洲论坛年会上演讲时又提出要构建亚洲命运共同体，推进亚洲海洋合作机制建设，促进海洋环保、灾害管理等各领域合作，使海洋成为连接亚洲国家的和平、友好、合作之海。为中国新安全观注入了新的内容，并将其推向一个新的高度。[4] 与此同时，2014 年 11 月 13 日，李克强在缅甸出席第 17 次中国—东盟（10 +1）领导人会议上就打造更为紧密的中国—东盟命运共同体提出六点建议，强调要

---

① *ASEAN Political - Security Community Blueprint* 2025，http：//www. asean. org/wp - content/uploads/2012/05/ASEAN - APSC - Blueprint - 2025. pdf.

② Anushree Bhattacharyya，*Understanding Security in Regionalism Framework*：*ASEAN Maritime Security in Perspective*，Maritime Affairs：Journal of the National Maritime Foundation of India，Vol. 6，2010，pp. 72 - 89.

③ 习近平：《携手建设中国—东盟命运共同体》，《人民日报》2013 年 10 月 4 日。

④ 习近平：《迈向命运共同体，开创亚洲新未来》，《人民日报》2015 年 3 月 29 日。

精心营造海上合作新亮点，将 2015 年确定为“中国—东盟海洋合作年”以进一步加强海上执法机构间对话合作，成立海洋合作中心，共同实施好中国—东盟海上合作基金项目。2015 年 9 月 18 日张高丽副总理在第 12 届中国—东盟博览会开幕式上致辞，强调中国与东盟要进一步开展海上合作，构建海洋合作伙伴关系。双方应以举办“中国—东盟海洋合作年”为契机，加强在海洋科研环保、海上安全等领域务实合作，着力把海上合作打造成为中国—东盟关系发展的新亮点、新动力。① 由此可见，中国与东盟在安全观方面具有高度的相似性、重合性与一致性，为构建海上安全共同体奠定了一定的理论基础。

第三，人权与主权关系论。人权是人类应当享有的基本权利之一，主权是指国家能够独立自主地处理内外事务的最高权力。人权与主权的价值理念不完全相同，长期以来人权一直处于主权范围之内，即人权对于主权具有依附性。但经历两次世界大战后，人们意识到人权的重要性。《联合国宪章》的第 1 条就明确规定：不分种族、性别、语言或宗教，增进并激励对于全体人类之人权及基本自由之尊重。特别是《世界人权宣言》的通过标志着人权从国内领域走向国际领域，实现了对人权和主权的共同保护，反映出人权与主权并重的思想态势。

在海洋活动中因涉及到私人主体，所以必然涉及到对人权的保护问题，《联合国海洋法公约》在序言中提到的“建立一种海洋秩序”“保护海洋环境”“人类的利益”等实质就是将人权保护问题纳入了公约中，特别是有关人命救助的规定更体现了对生命权的保护。但在海上搜救过程中，一国搜救力量能否进入他国主权管辖的海域进行搜救，对搜救能否成功影响很大，这便涉及到人权与主权的冲突与协调问题。一方面搜救行动的目的在于挽救人命，这是人道主义公益行为，各国应当在保证一国主权安全的前提下认可人命高于一切的超越管辖，即把搜救力度控制在合理的范围内，在不侵犯他国主权和不干涉内政的前提下开展搜救行动，以此来平衡政治与人道搜救因素彼此间的影响。另一方面，主权国家可对人权的实现创造条件。充分实现人权是全人类共同追求的目标和理想，但是主权作为配置资源最核心、最重要的一种权力机制，适合承担起保护人权的首要责任。国家之间的关系层面取决于国家的态度，由主权者保护人权是当前国际关系形势下的必然选择，即各国在搜救合作行动中，需协调好国家

---

① 张高丽：《和平合作，开放包容，互利共赢，携手建设更为紧密的中国—东盟命运共同体》，《人民日报》2015 年 9 月 19 日。

在搜救合作中人权与主权的关系问题。[①] 特别是当生命权与其他权利冲突时，生命权应优先。

三、认知共识

中国与周边国家以及美国等海洋大国在海运安全领域有许多共同的利益诉求、政策取向和目标意愿，因而存在广泛交流与合作的空间，特别是在面临共同的海洋安全威胁时都强调要加强海上合作。目前中国与有关国家在海上搜救方面已达成了合作互信的基本共识，各方都认为有必要将搜救合作作为推动国家之间其他领域合作的先导工具，并朝着建立国际海上搜救合作的框架性机制的方向发展。

第一，从中国来看，2003 年中国救捞体制改革后提出四个转变，其中一个转变就是要着力改变对外合作方式，大力实施“走出去”发展战略，中国开始对海上搜救国际合作高度重视。

一方面从党和国家领导人层面来看，党和国家领导人在不同的场合多次表达了中国与有关国家及国际组织开展合作的意愿与决心。如 2006 年 6 月 22 日国务委员华建敏在大连参加“2006 年海上联合搜救演习”后发表重要讲话，强调中国要进一步加强国际交流与合作，建立健全互助机制，提高我船舶和公民在国际海域的安全保障能力。2011 年 8 月 24 日世界海上人命救助大会在上海召开，时任国务院副总理张德江在致辞中强调中国要加强国际交流合作，携手应对风险挑战，不断提高人命救助能力和水平，切实保障海上人命安全，实现海洋平安和谐，为世界繁荣进步和人类共同利益做出新的更大的贡献。张德江副总理指出，实现海洋平安和谐是全人类的共同愿望。中国政府始终坚持把人的生命安全放在第一位，深入贯彻落实科学发展观，高度重视海上人命安全，全面加强应急管理和救援能力建设，严格履行国际海洋公约，广泛参与国际合作，积极援助发展中国家，海上救助等各项工作取得显著进展。[②] 2013 年 10 月李克强总理在第 16 次中国—东盟领导人会议上提出中国与东盟稳步推进海上合作的思路，重点落实海上互联互通、环保、搜救等方面合作。2014 年马航航班 MH370 失联后，3 月 17 日李克强在与马来西亚总理纳吉布通电话时表示，这是一

---

① 梁译文：《南海国家间搜救合作的法律问题研究》，大连海事大学硕士学位论文，2017 年，第 9 页。

② 张德江：《加强国际应急救助合作，保障海上人命安全》，《中国应急管理》2011 年第 9 期，第 6 页。

场国际大搜救，有诸多国家参与了搜救，我们也要求有关方面加强协调。4 月 9 日李克强在海南三亚同澳大利亚总理阿博特举行中澳总理年度定期会晤，表示澳方为搜寻付出了巨大努力，也为中方参与搜寻提供了协助和便利，中方表示高度赞赏。此次搜寻失联客机的国际合作表明，地区国家完全有能力携手应对挑战。①

另一方面从相关部门层面来看，中国有关主管部门更是高度重视海上搜救国际合作问题，提出了一系列积极推进海上搜救国际合作的方针政策。如 2007 年 12 月 14 日交通部李盛霖部长在全国海上搜救电视电话会议上指出，中国海上搜救工作的基本经验之一就是坚持国际交流合作，用新思路、新经验、新技术推进海上搜救工作，不断提升中国海上搜救水平和保障能力，始终做到瞄准世界先进水平，紧跟国际海上搜救的发展潮流。2014 年 1 月 13 日交通运输部杨传堂部长在主持召开国家海上搜救和重大海上溢油应急处置部际联席会议上强调中国要强化合作交流，推进搜救理念视野国际化，因为合作交流是做好海上搜救应急处置工作的有效途径。为此应做到以下几点：其一，要按照国家外事工作总体布局，发挥海上搜救低敏感度的优势，积极参与国际搜救事务，继续加强与有关国际组织的合作，学习和借鉴国外成功经验，拓展国际化视野。其二，要继续加强中美、中澳、中韩、中日、中国—东盟海上双边合作交流及中日俄韩四国合作机制等多边交流，扩展海上搜救应急联合行动的广度和深度。其三，要在《南海各方行为宣言》和东盟论坛框架内，重点做好中国—东盟海上搜救热线、联合沙盘演习等合作项目。② 2014 年 3 月 29 日在厦门举行的南洋论坛上，中方正式提出了建立海上搜救合作机制的倡议，南海周边国家有必要行动起来，尽快商讨建立区域海上搜救联合行动机制，增强有关能力建设。2015 年 1 月 23 日交通运输部杨传堂部长主持召开国家海上搜救和重大海上溢油应急处置部际联席会议，强调要强化学习交流和海上合作，坚持“走出去、请进来”，组织互动学习，加强走访交流，服务国家外交大局。③

第二，从其他有关国家来看，东盟以及俄罗斯和美国等大国也都非常

① 《中澳总理会晤谈失联客机搜寻工作》，《新华每日电讯》2014 年 4 月 10 日。

② 杨传堂：《推进海上搜救和溢油应急“五化”建设，助力“海洋强国”“美丽中国”》，《中国海事》2014 年第 3 期，第 28 页。

③ 杨传堂：《为涉海战略推进提供可靠的海上应急保障》，《交通建设与管理》2015 年第 Z1 期，第 18 页。

重视海上搜救国际合作。其一，从东盟来看，2010 年 7 月作为《东盟政治安全共同体蓝图》的一项重要举措，第一届东盟海事论坛在印尼东爪哇召开，议题包括互联互通、海事安全、人员和船舶搜救等。[①] 2011 年 8 月第二届东盟海事论坛在泰国召开，强调随着海上安全成为发展区域海上互联互通的基本要素，区域搜救合作变得很有必要。因此必须协调搜救数据信息交流、区域或地区应急预案、标准合作工作流程和搜救人员联合培训及演习。为此，马来西亚和越南都认为东盟宣言将进一步加强海上搜救和建立成员国之间的相互信任。印尼提到东盟国家已批准海上遇险人员协议，该协议为其今后进一步发展塑造了雏形。[②] 2013 年 6 月越南主办了中国—东盟南海遇险人员及船舶搜救研讨会，会上越南外交部副部长范光荣指出，东盟和中国曾多次交流和研讨如何加强相互理解以及进行未来合作。双方讨论了如何建立相互信任、增强相互理解以及如何一步步合作。通过共同努力，中国和东盟在多项举措上达成一致，如同意列出本地区主要的搜救组织名单，以英语为通用语言，建立热线及网站用来更新中国—东盟搜救信息，增强渔民安全意识和参与度并利用其他民间力量如油田设施进行海上搜救。范光荣强调在海上搜救及合作中坚持原则才能保证工作效率：首先，搜救工作必须是出于人道主义目的。海上遇险人员和船舶是无辜的，所以一切搜救行动都要出于人道主义目的。其次，参与搜救各方需要共享其相关政策，以便利之后的协调工作。再次，主要搜救组织能联络到本地区的每个国家都必须为搜救工作提供支持。最后，需要在本地区内形成合作机制。[③] 2013 年 10 月第 23 届东盟峰会后发表的主席声明称，东盟领导人期待发展建设交流热线计划，以进一步加强信任、增强信心，应对海上紧急事件和地区遇险船舶搜救合作。2014 年 8 月第五届东盟海事论坛和第三届扩大会议讨论了应对自然灾害、海洋搜救以及各方执行国际协定的机制。[④]

---

① Sabtu, *First ASEAN Maritime Forum Held in Suyabaya*, http://www.antaranews.com/en/news/1280584402/first－asean－maritime－forum－held－in－surabaya.

② *Conference Report*, Australian Journal of Maritime & Ocean Affairs, Vol. 3, No. 4, 2011, pp. 140－143.

③ *Enhanced Search and Rescue Cooperation in East Sea*, http://www.talkvietnam.com/2013/07/enhanced－search－and－rescue－cooperation－in－east－sea/.

④ *Expanded ASEAN Maritime Forum Discusses Maritime Security and Navigation Freedom*, http://www.talkvietnam.com/2014/08/expanded－asean－maritime－forum－discusses－maritime－security－and－navigation－freedom/.

其二，从俄罗斯来看，在新世纪俄罗斯提出的一系列海洋安全战略及相关倡议都强调加强国际合作，特别是要加强与中国的合作。如2001年7月普京总统签发的《2020年前俄联邦海洋学说》强调在太平洋地区要加强与亚太国家在保障海上航行安全、打击海盗、救援遇难船舶、实施海上救生等方面的合作。就海上搜救及国际合作而言，早在1998年8月《俄罗斯在“世界洋”的军事战略利益》的子纲要中就规定，俄罗斯海军的主要任务之一就是要参与提供搜救保障，确保海上航行安全。2008年制定的《2030年前俄联邦交通战略》则提出要开发一体化的岸基航海安全保障系统，建造足够数量的现代化海上救援船。2015年新版《俄联邦海洋学说》更是强调要采取与海上环境特点及其他自然和人为状况相关的一系列有效安全措施，以保障航行安全、海上人员搜救和保护海洋环境。为此，就要完善当前海上人员搜救系统，统一海上灾难救援勤务的体系标准，恢复和更新救援船队特别是要建立破冰救援等专业船队和研发配备新型救援设施，开展国际合作。

其三，从美国来看，美国近年来特别强调必须具备与时代发展相适应的海上安全和人道主义援助/灾难应对这两种新能力，希望通过这种无形的国家力量的运用对外增加对他国的吸引力和影响力，正如美军马伦（Mike Mullen）上将所说，人道主义援助这样的善举在传达“和平繁荣”等方面所起的作用远远超过巡航导弹。美国学者更是明确强调中美两国至少可以在海上搜救、灾难救援等方面的行动中进行合作，中美海上搜救合作还应拓宽范围，不仅在地理上而且在服务方面。[①] 这种人道主义救援与灾难救助等领域可为中美双方合作提供机会，增进双方战略互信，降低海上竞争的消极影响。[②] 2014年3月马航MH370航班失联后，前美国驻华大使洪博培（Jon Huntsman）表示，在紧急搜救方面，中美两国之间的合作十分缺乏。如果中美两国在这方面成功开展有效合作，这种搜救活动可逐渐成为中国和美国的强项，因为两国都有这个能力。[③] 2014年8月4—8日国际民航组织在香港召开的亚太地区空中航行规划和实施小组第二次会议

---

① Lyle J. Goldstein, *Resetting the US – China Security Relationship*, Survival: Global Politics and Strategy, Vol. 53, No. 2, 2011, p. 92.

② Peter Dutton, *Twenty – First Century Sea power: Cooperation and Conflict at Sea*, London & New York: Routledge, 2012, p. 246.

③ *Cooperation on Flight Search Could Help Boost US – China Ties*, http://www.sino-us.com/34/11074980806.htm.

（ATM/SG/2）上美国提出了搜救协作提案，强调要通过解决国内和国际间搜救的协作问题来大幅度提高跨国和跨地区边界的搜救效力，尤其是马航事件的特殊性也给予搜救组织合作新的思考。

第三，从中国与有关国家共同发表的宣言与声明来看，近年来中国与有关国家通过协商会谈发表了一系列决议、声明、宣言、备忘录等，对加强海上搜救国际合作达成了基本共识。

其一，从中国与东盟来看，早在 1991 年 7 月中国有关政府官员和专家学者就出席了在印尼万隆召开的处理南海潜在冲突研讨会，会上发表的《处理南海潜在冲突研讨会联合声明》强调在不损害领土与管辖权声称的前提下探索在南海合作的领域，其中一个重要合作领域就是搜救协作。2002 年 11 月在中国—东盟会议上签订了《南海各方行为宣言》，其中明确提到在海上搜救问题上各国应展开合作。为此，2004 年 12 月成立了一个联合工作组，其主要任务之一就是执行搜救合作活动。2005 年 12 月中国—东盟海事磋商机制第一次会议在广州召开，会议决定中国海事局与东盟各国海事主管当局就有关海上交通安全、海上保安、海洋环境保护、海上搜救以及海损事故调查处理等问题进行共同研讨和协商。2007 年 9 月在青岛举行的中国—东盟海事磋商机制第三次会议，中国海事局与东盟各国海事主管当局就海上应急反应和搜救等问题进行了协商与会谈，并就《中国—东盟海事磋商机制概念文件》和《中国—东盟交通合作备忘录》中“海上搜救中的进一步合作”问题交换了意见。会议支持建立中国—东盟搜救联络点（POC）的动议，包括更新东盟海上搜救通讯录和中国的加入问题。中国重申与东盟成员国在海上搜救方面密切合作的承诺并将在下一次会议上就合作行动提出建议以分享经验和教训，确定能力建设的时机。[①] 2010 年 2 月在越南河内召开的中国—东盟领导人会议上签署的《落实中国—东盟面向和平与繁荣的战略伙伴关系联合宣言的行动计划》（2011—2015）强调，双方要在海上航行和交通安全、海上搜救、海上遇险人员的人道待遇等领域加强对话与合作。2011 年 7 月在印尼巴厘岛举行的落实《南海各方行为宣言》高官会上，中国提出成立关于保证航行安全搜救专门技术委员会的倡议，得到与会国家的纷纷响应。2012 年 1 月落实《南海各方行为宣言》第四次高官会在北京召开，会上各方就上次会议的中方倡议进行了具体研究，探讨了成立航行安全与搜救专门技术委员会的具体程

---

① 许艳：《中国与东盟加强海事合作》，《中国海事》2007 年第 9 期，第 62 页。

序和方案，是维护南海和平与稳定的良好开端。2012 年 10 月在广东珠海举行的中国—东盟海事磋商机制第八次会议，中国和东盟都强调在海上搜救合作方面加强对话与交流，密切协作，共同提高海上搜救能力。2013 年 9 月在苏州召开的落实《南海各方行为宣言》第六次高官会上中国提出了设立“海上紧急帮助热线”和联合海上搜救沙盘演习的建议，得到了与会各国的积极支持。2013 年 10 月第 16 次中国—东盟领导人会议发表的《纪念中国—东盟建立战略伙伴关系 10 周年联合声明》表示，要支持发展中国—东盟海洋合作伙伴关系，加强双方在海洋环境保护、航行安全、海上搜救等领域合作。2015 年 3 月亚洲博鳌论坛启动了中国—东盟海洋合作年的系列项目，包括建设中国—东盟海上紧急救助热线、加强中国—东盟海上执法机构对话合作机制等，以增强互动的实效性（见表 3—4）。

表 3—4　中国与东盟关于海上搜救合作共识

序号	会议名称	召开时间/地点	基本内容
1	处理南海潜在冲突研讨会	1991 年 7 月/印尼万隆	发表《处理南海潜在冲突研讨会联合声明》，强调海上搜救协作
2	中国—东盟会议	2002 年 11 月/柬埔寨金边	签订《南海各方行为宣言》，强调在海上搜救问题上展开合作
3	中国—东盟海事磋商机制第一次会议	2005 年 12 月/广州	同意就海上搜救等问题进行共同研讨和协商
4	中国—东盟海事磋商机制第三次会议	2007 年 9 月/青岛	就海上搜救等问题进行协商，交换意见，支持建立中国—东盟搜救联络点动议
5	中国—东盟领导人会议	2012 年 2 月/越南河内	签署《落实中国—东盟面向和平与繁荣的战略伙伴关系联合宣言的行动计划》，强调在海上搜救等领域加强对话与合作
6	落实《南海各方行为宣言》高官会	2011 年 7 月/印尼巴厘岛	就成立关于保证航行安全与搜救专门技术委员会倡议达成一致
7	落实《南海各方行为宣言》高官会	2012 年 1 月/北京	探讨了成立航行安全与搜救专门技术委员会具体程序和方案
8	中国—东盟海事磋商机制第八次会议	2012 年 10 月/珠海	强调在海上搜救合作方面加强对话与交流，密切协作，共同提高海上搜救能力

续表

序号	会议名称	召开时间/地点	基本内容
9	落实《南海各方行为宣言》高官会	2013 年 9 月/苏州	提出设立海上紧急帮助热线和联合海上搜救沙盘演习建议
10	中国—东盟领导人会议	2013 年 10 月/文莱斯里巴加湾市	发表《纪念中国—东盟建立战略伙伴关系 10 周年联合声明》，加强在海上搜救等领域合作
11	亚洲博鳌论坛	2015 年 3 月/海南博鳌	启动建设中国—东盟海上紧急救助热线

资料来源：笔者自制。

另外，除了上述中国与东盟多边海上搜救合作达成共识外，中国与东盟成员国双边海上搜救合作也取得共识。（1）从中越海上搜救合作来看，2011 年 10 月中越签署了《关于指导解决中国和越南海上问题基本原则协议》，双方强调要积极推进海上低敏感领域合作，包括海洋环保、海上搜救、减灾防灾等领域合作。2012 年中越两国政府边界谈判代表团举行团长会晤，双方同意成立中越海上低敏感领域合作专家工作组，就推进海上搜救、减灾防灾等领域合作进行商谈。2013 年 10 月发表的《新时期深化中越全面战略合作的联合声明》同意双方继续推进在海上搜救等领域合作。（2）从中菲海上搜救合作来看，1996 年中菲发表的联合新闻公报指出，双方同意建立磋商机制，尤其在增强信任方面具体列出了搜救行动、打击海盗等方面的合作。2004 年 9 月阿罗约总统对中国进行国事访问，双方就海上搜救、救灾减灾以及人员交流培训等领域的合作达成一致。[①] 2005 年 4 月中国交通部与菲律宾交通及通信部签订了《海事合作谅解备忘录》，这就为进一步促进双方海事安全领域交流与合作，共同提高海上遇险应急反应能力提供了有力保障。（3）从中马海上搜救合作来看，早在 1987 年中国与马来西亚就签署了《海运协定》，并在 2012 年签订了新的《海运协定》，规定缔约任何一方船舶在缔约另一方的领水或附近水域发生海难或遇险时，另一方对船舶、船员、旅客和货物应给予一切可能的援助和保护，并应尽速通知对方主管当局。（4）从中印尼海上搜救合作来看，2012 年 3 月 22 日中国与印尼签订了《海上合作谅解备忘录》，双方承诺继续加

---

① Renato Cruz De Castro, *The Philippines' Attempt in Equi - balancing*, Pacific Focus, Vol. XXV, No. 3, 2010, p. 363.

强在海上搜救等领域的合作以及在国际海事组织等国际场合的协调与配合。

其二，从中国与东北亚各国来看，2010 年中俄总理定期会晤委员会运输合作分委会第 14 次会议将海事合作备忘录列入会议纪要，并在 2011 年第 15 次分委会签署生效，将中俄海事与搜救合作上升到国家层面。2011 年 5 月 22 日在日本东京发表的《第四次中日韩领导人会议宣言》强调为保障海上安全，应加强三国在海上搜救领域合作。2012 年 5 月 14 日在北京发表的《第五次中日韩领导人会议关于提升全方位合作伙伴关系的联合宣言》中再次重申，要加强三国海上搜救合作以确保海事安全。2013 年 9 月在中俄总理定期会晤委员会运输合作分委会第 17 次会议期间，中国交通运输部与俄联邦运输部在北京签署了《关于海上航行安全和保护海洋环境合作谅解备忘录》，这是中国与周边邻国交通运输部门签署的第一份关于海上安全和防污染的全面战略合作文件，标志着中俄两国在海上航行安全与搜救以及海洋环境保护领域的合作进入了全新阶段。2015 年 1 月 22 日在中日海洋事务高级别磋商第三轮磋商中双方在加强海上搜救合作等领域达成一致，并希望这些共识能尽快化为实际行动。

其三，从中国与美国来看，早在 1998 年 1 月 19 日中美两国国防部长就在北京签署了《中美关于建立加强海上军事安全磋商机制协定》（MMCA），其中规定了中美舰队相互联系、搜寻和救助行动的程序等。[①] 根据这一规定，到目前双方已举行了 30 余次有关会议就海上人道主义搜救等共同关心的话题深入交换了意见。1998 年 6 月克林顿总统访华期间，双方就海上人道主义救援开展合作达成了协议，并根据协议在 1999 年举行了人道主义救援沙盘研讨作业。2004 年 4 月 21 日生效的《中美海运协定》规定双方船舶如果在对方海域发生海难事故，对方应及时予以援助并尽快通知当事方。2009 年中美海事管理机构签署了《海上合作谅解备忘录》，旨在加强海运安全和保安、海上人命救助、海上环保等方面的交流、协商和合作，共同构筑安全、高效、环保的海运环境。2013 年 8 月中国国务委员兼国防部长常万全访美，双方同意进一步加强在人道主义救援减灾等领域的交流与合作。2014 年 7 月在北京举行的第六轮中美战略与经济对话期间，双方强调将致力于深化在海上搜救、人道主义援助、减灾等涉及双方共同利益领域的交流合作。2015 年 6 月在美国华盛顿举行的第七轮中美战

---

① John Pomfret, *Cohen Hails Achievements in China Visit*: *Halt in Missile Sa1es to Iran*, *Closer Military Ties Cited*, Washington Post, January 20, 1998.

略与经济对话期间，双方同意美国海岸警卫队和中国海事局合作推进在航行安全、有毒有害物质事故应急和搜救等领域的人员及专业交流项目，并计划制定中长期的海事安全双边行动计划。[①]

① 《第七轮中美战略与经济对话框架下战略对话具体成果清单》，《人民日报》2015 年 6 月 26 日。

第四章

中国参与海上搜救国际合作现状评估

近年来随着世界经济全球化和区域一体化的发展以及国内“21 世纪海上丝绸之路”倡议与海洋强国战略的实施，中国近海和远洋航线日益繁忙，海洋资源开发以及其他各种涉海活动也日益增多，海上险情特别是涉外重特大险情日益增加。由于海上搜救是人命与财产安全以及环境保护的最后一道防线，因此中国政府高度重视海上搜救国际合作，取得了举世瞩目的成就，但同时也存在一些问题。对这些问题产生的原因进行剖析，找出问题症结所在，以便进一步改进，将有助于中国全面加强海上搜救国际合作，更好维护海上安全与良好秩序。

第一节　中国参与海上搜救国际合作的主要表现

2011 年 8 月 24 日世界海上人命救助大会在上海召开，时任国务院副总理的张德江在致辞中强调，中国要加强国际交流合作，携手应对风险挑战，不断提高人命救助能力和水平，切实保障海上人命安全，实现海洋平安和谐，为世界繁荣进步和人类共同利益做出新的更大的贡献。[①] 近年来中国高度重视并积极参与海上搜救国际合作，与有关国家不断进行协调和沟通，加强情报共享和信息交换，到目前已经建立了各种合作关系并开展了形式多样的合作活动，特别是海上搜救区域合作得到了很大的发展和加强，这不仅全方位提升了中国海上搜救的专业技能，而且奠定了各方在非传统安全领域的合作基础，对保障海上航行安全与生态环境起到了重要的作用。对此，2008 年 3 月国际海上人命救助联盟（IMRF）第三届董事会第三次会议高度肯定了中国海上搜救在亚太地区一系列筹资、会员招募、

---

① 张德江：《加强国际应急救助合作，保障海上人命安全》，《中国应急管理》2011 年第 9 期，第 6 页。

区域合作等方面所做的工作，赞扬中国搜救为联盟在亚太地区的发展做出了重大贡献，体现了中国政府对国际海上人命救助事业的重视与支持。[①]

一、中国参与东北亚海上搜救国际合作表现

中国参与东北亚海上搜救国际合作时间较早，如1956年6月中、朝、苏三国就在莫斯科召开了海上救助会议并签订了《三国救助协定》。中国政府认真履行该协定，把海上搜救国际合作提到了相当重要的位置。近年来中国有关部门更是高度重视与东北亚各国开展海上搜救国际合作，特别是中、日、韩三国由于隔海相望，开展海上搜救国际合作有着便利的地缘优势，取得了显著成绩与效果。

第一，中国主办或参加有关东北亚海上搜救国际会议。通过召开会议进行对话和磋商是中国与东北亚各国实现海上搜救合作行之有效的方式。从1996年开始到目前，中、日、韩、俄四国海上搜救部门每年都要举行海上搜救合作操作级别会议，会议地点采取对等原则，由四国轮流举办，并围绕搜救合作态势、搜救设备共享、搜救合作范围等具体事项积极开展讨论，发现问题、总结经验并改进海上搜救合作的具体内容，旨在加强东北亚海上搜救区域合作。如2004年11月在青岛举行了第九届中、日、韩、俄四国搜救工作会议，强调四国海上搜救机构之间在进一步加强区域合作中将相互邀请参加双边或多边海上联合搜救演习，提高四国在国际区域海上搜救工作中合作、协同、配合的能力。2006年11月在韩国仁川召开了第11届中、日、韩、俄四国搜救合作操作级别会议，会议期间中国与韩国代表团就尽快签订两国搜救合作协议取得共识，与日、韩代表团就加强双边搜救合作进行了商讨，三方都表示要深化搜救合作的愿望。2008年10月第13届中、日、韩、俄四国搜救操作级别会议在烟台举行，就加强四国在西北太平洋地区海上搜救合作进行了讨论并取得了一致的意见。大家普遍认为，四国海上搜救操作级别会议作为西北太平洋地区海上搜救机构间重要的交流平台，对促进地区海上搜救合作发挥了重要作用，希望这种合作交流进一步提升，为四国在海上搜救合作领域取得更好的成绩做出贡献。2012年10月第17届中、日、韩、俄四国海上搜救操作级别会议在山东济南召开，会议回顾了四国过去海上搜救案例及其合作情况，探讨了未来搜救协调与联合演习的运行机制，并对渔业船舶的航行安全与搜救问

---

① 蔡立：《参与国际合作，尽显负责任政府部门形象》，《中国水运报》2008年6月25日。

题、大型客滚船搜救技术等事项进行了讨论。期间四国代表还分别进行了双边商讨，并就进一步加强海上搜救合作达成了共识。

总之，上述一系列会议有力推动了四国搜救机构密切合作的关系，并在操作级别人员之间建立了紧密的人际关系工作网络。同时为加强西北太平洋地区四国间的搜救合作建立了良好平台，也为加强双边或多边搜救合作打下了良好的基础，基本上达到了加强四国搜救机构联系和沟通的初期目的。

第二，中国与东北亚各国签署有关海上搜救合作协议。《1979 年国际海上搜寻救助公约》鼓励国家间订立有关搜救合作的协议和条约。① 为此，早在 20 世纪 90 年代，中国就开始与东北亚各国就搜救海域的使用等问题进行了沟通并达成了相应的协议，为在相邻水域发生的海上险情进行快速有效联合搜救提供了可靠的制度保障。

其一，中日关于海上搜救合作协议。早在 2008 年 10 月举行的第 13 届中、日、韩、俄四国海上搜救操作级别会议上，中日两国就通过协商谈判签署了《中日双边海上搜救合作框架协议》。之后双方就该框架协议具体实施问题多次举行了会谈，如 2010 年 5 月温家宝总理在访问日本期间，同日本首相鸠山由纪夫举行了会谈，双方同意尽快商签海上搜救协议。2011 年 12 月日本首相野田佳彦对中国进行了国事访问，其在与温家宝总理会谈时倡议应建立中日海事高层磋商会，并就海上搜救协议的文本达成了一致，明确提出要加强海上搜救合作，包括完善联络体制、进行联合训练等内容，但后因钓鱼岛等问题被搁置起来。2012 年 5 月 13 日在北京举行的第五次中日韩领导人会议上，中国和日本再次就海上搜救协议问题达成了原则共识。2016 年 9 月在广岛举行了中日海洋事务高级别磋商，其中签署海上搜救协议是重要议题之一。2016 年 10 月日本确立方针，寻求尽快与中国签署海上搜救协议。该协议将以东海为重点，在人员救助方面构建合作态势。中国虽对早日签署海上搜救合作协议表示理解，但由于各种原因到目前双方还没有正式签订。

其二，中韩关于海上搜救合作协议。到目前为止，中韩签署的海上搜救合作协议较为全面且运行成功。2005 年 11 月胡锦涛主席访韩期间发表了《中韩联合公报》，双方同意尽快签署《海上搜救协定》，以确保海上人员及财产的安全。② 据此，中韩两国海上搜救主管部门历时两年就海上搜

① International Convention on Maritime Search and Rescue, 1979 (SAR 1979).

② 《中韩联合公报》，《国务院公报》2006 年第 1 期，第 43 页。

救合作水域、遇险人员和船舶避险以及搜救力量进入对方水域等关键性问题达成了一致。2007 年 4 月温家宝总理访韩，中国交通部李盛霖部长和韩国外交通商部宋旻淳长官分别代表两国政府正式签署了《中华人民共和国政府与大韩民国政府海上搜寻救助合作协定》，这是中国与周边国家在海上搜救合作领域签订的第一个政府间正式协定，标志着中韩两国进入了海上搜救全面合作的新阶段。

之后，中韩两国海上搜救主管机构就如何更好履行该协定的内容进行了周密磋商，确定了以协议的形式进一步落实该协定的要求。2007 年 11 月和 2008 年 7 月双方分别在中国与韩国举行了两次事务级会谈，就海上搜救合作水域，遇险人员和船舶就近到对方安全水域，港口避险，搜救力量进入对方领土、领海、领空开展搜救行动以及加强两国海上搜救信息、技术、人员沟通、研讨、交流等关键性问题达成了一致。2008 年 8 月中国海上搜救中心总值班室翟久刚主任与韩国海洋警察厅警备救难局金胜洙局长在韩国仁川正式签订了《中华人民共和国中国海上搜救中心与大韩民国海洋警察厅关于履行〈中华人民共和国政府和大韩民国政府海上搜寻救助合作协定〉的协议》。该协议的签订标志着中韩两国海上搜救合作进一步深化，对加强中韩搜救机构间的合作、提高海上搜救效率、保障海上人命和财产安全、稳定两国及本地区海运经济繁荣和海洋开发安全产生了十分积极的影响。

2010 年 10 月中韩海上搜救事务级会谈在西安举行，双方签署了《2010 中韩海上搜救事务级会谈纪要》，就继续保持现有的事务级会商机制、进一步加强搜救信息通报、积极建立两国地方搜救机构的密切合作关系、探讨建立人员定期交流机制等内容达成了一致。该会谈纪要的签署进一步加深了中韩两国搜救部门的理解和互信，扩展了两国在海上搜救合作的范围，并为双方的未来合作打下了坚实基础。与此同时，中韩两国的地方搜救部门也积极协商，签署了有关合作协议。如 2011 年 3 月 23 日山东海上搜救中心与韩国西海地方海洋警察厅在山东烟台签署了《海上搜寻救助合作备忘录》，旨在加强山东海上搜救中心与西海地方海洋警察厅在海上搜救业务方面的合作与交流，实现信息共享，共同做好中韩海域间搜救应急工作。该备忘录明确了双方海上突发事件的通报机制，确定一方获悉涉及对方的海上突发事件后应及时向对方通报并协助或共同组织搜救行动。此外，双方还就人员交流、先进海上搜救技术研究等事项达成了一致。

其三，东北亚各国关于海上搜救合作多边协议。除了上述双边海上搜救协议外，中国与东北亚各国还签订了多边海上搜救合作协议，如2004年11月中、俄、日、韩四国签署了《西北太平洋地区海洋污染防备与反应区域合作谅解备忘录》，四国在搜救与溢油应急领域建立了合作与互相援助的行动机制。

第三，中国与东北亚各国有关海上搜救人员及船舶开展交流与互访活动。一方面从人员交往来看，2007年4月11日中国交通部李盛霖部长拜访了韩国海洋水产部金成珍长官，李盛霖表示中韩海上搜救已走过一段充满合作和交往的友好发展历程，希望双方做好建立海上搜救协调员、信息和技术交流机制等工作。[①] 2008年11月15日交通运输部徐祖远副部长会见了来访的韩国海洋警察厅姜熙洛厅长，双方就进一步加强海上搜救合作等内容交换了意见。徐祖远高度评价了近年来中韩两国在海上人命救助等合作中所取得的成绩，长期保持着良好的合作关系，中方希望继续落实中韩搜救协定，利用中、韩、日、俄四国搜救会议机制与韩方在海上搜救领域开展全方位合作，进一步加强与韩方在搜救演练、人员交流培训、搜救装备力量建设等方面的合作与交流，提高双方海上搜救的业务水平，为进一步开展更大范围的合作交流打下良好的基础。姜熙洛对此给予了积极回应，他表示近年来中韩两国在海上搜救等方面开展了更紧密的合作，取得了显著成效，为两国间共同海域的安全提供了保证。他希望中韩两国今后进一步加强在海上搜救等方面的合作和交流，在海上人命救助和保护海洋环境等领域共同发展。[②]

另一方面从船舶互访来看，2004年5月中国“海巡21”轮应邀前往日本参加了“2004年日本海上保安厅检阅式及综合演练”活动，“海巡21”轮作为唯一受邀的国际船舶代表中国海事局观摩了日本海上防灾和人命救助演习，提高了海上人命救助的能力和水平。2010年5月“海巡21”轮再次受邀前往东京湾参加了日本海上保安厅举行的2010年度检阅式及海上搜救综合训练活动。2005年7月7日日本海上保安厅与韩国海洋警察厅各自派船来上海观摩了中国海事局组织的“2005年东海联合搜救演习”。

第四，中国与东北亚各国举办海上搜救联合演习。国际海事组织编写的《国际航空和海上搜寻救助书册》建议毗连的各个救助协调中心应定期

---

① 方颖：《中韩签署海上搜救合作协定》，《中国交通报》2007年4月12日。

② 孙妍：《中韩将进一步加强海上搜救合作》，《中国交通报》2008年11月17日。

进行联合演习，以提高和保持他们机构之间的高效合作和协调。特别是有邻国参加的情况下，有必要进行一定的演习。演习能验证和提高制订行动计划和通信水平，增加经验以及提高沟通和协调技术。[①] 近年来为了提高东北亚海上人命救助应急反应的快速组织、协调和指挥的能力，锻炼海上搜救队伍，中国经常与东北亚各国举行形式多样的联合搜救演习（见表4—1），为开展实质性的海上应急联合搜救奠定了机制基础，积累了实践经验。

表4—1 中国与东北亚各国部分海上搜救联合演习情况

演习国家	演习时间	演习地点	演习名称
中国与日本	2007年3月13日	上海	2007中日海上搜救联合通信演习
	2008年3月19日	青岛	2008中日海上搜救联合通信演习
	2009年3月17日	青岛	2009中日联合海上搜救通信演习
	2010年3月12日	南京	2010中日联合海上搜救通信演习
	2011年3月7日	上海	2011中日联合海上搜救通信演习
	2012年3月15日	杭州	2012中日联合海上搜救通信演习
中国与韩国	2008年9月2日	青岛	2008中国（山东）海上搜救及西北太平洋行动计划 中韩海上溢油应急联合大型演习
	2012年5月	韩国丽水	2012西北太平洋行动计划 中韩海上联合溢油应急演习
	2016年7月14日	威海	2016西北太平洋行动计划 中韩海上溢油应急联合演习
	2011年6月	中韩之间海域	中韩海上搜救综合演习
	2008—2015年	北京、大连、青岛等地	中韩海上搜救联合通信演习
	2005年、2007年、2008年和2011年	宁波、上海等地	中韩海军联合搜救演习
中国与朝鲜	2011年8月31日	大连和平壤	中朝事故应急处置通信演练

① IMO/ICAO, *International Aeronautical and Maritime Search and Rescue Manual* (*Iamsar Manual*), Vol. II, Mission Co-ordination, London/Montreal, 1998.

续表

演习国家	演习时间	演习地点	演习名称
中国与俄罗斯	2012 年 4 月 22—27 日	日本海和黄海	中俄“海上联合 2012”军事演习
	2013 年 7 月 5—12 日	彼得大帝湾和符拉迪沃斯托克港	中俄“海上联合 2013”军事演习

资料来源：笔者自制。

其一，从中日海上搜救联合演习来看，近年来为确保两国海上搜救机构在组织应急行动时能够协调一致，搜救中心之间通信能够联络畅通，增强搜救协调员的业务能力，从 2006 年以来中日每年都要轮流举行海上搜救联合通信演习，通过通信系统进行了船舶遇险报警、险情核查、搜救工作协调等方面的沟通，从而使双方海上搜救部门之间的沟通能力得到了加强，交流与合作进一步密切，协作水平得到了很大的提高。

其二，从中韩海上搜救联合演习来看，近年来主要开展了以下几种形式的联合演习：（1）综合性联合搜救演习。如 2011 年 6 月山东海上搜救中心与韩国西海地方海洋警察厅在中韩水域间联合举办了中韩海上搜救综合演习。（2）海上溢油应急反应联合演习。如 2008 年 9 月 2 日以“关注安全、关爱生命、共同保护海洋环境”为主题的“2008 中国（山东）海上搜救及西北太平洋行动计划（NOWPAP）中韩海上溢油应急联合大型演习”在青岛附近海域举行，这是中国政府首次举办的国际性海上搜救溢油应急反应联合演习。演习总指挥、交通运输部徐祖远副部长评价说，此次演习将有助于中国政府提高海上搜救中心应对海上突发事件的协调、指挥和应急反应水平，为探索建立国际溢油应急力量参与国内溢油应急行动的机制积累了经验，展现了中国海上人命应急救援及溢油防控能力，展示了中国政府以人为本，高度重视海上人命安全和海洋环境保护工作的负责任政府形象。① 2016 年 7 月 14 日以“提升应急能力，强化国际合作，保护海洋环境”为主题的“2016 西北太平洋行动计划中韩海上溢油应急联合演习”在山东威海举行，此次演习提升了中韩两国在 NOWPAP 框架下的海上溢油应急反应能力和协作水平，促进了中韩两国在海上安全和环境保护领域的良好合作关系。（3）海上搜救联合通信演习。近年来中韩两国多次举

① 寒星：《中韩海上溢油应急联合演习在青岛举行》，《中国船检》2008 年第 9 期，第 52 页。

行了海上搜救联合通信演习，其中 2008—2013 年分别在中国的北京、大连、青岛等地举行，模拟了船舶搁浅、人员医疗移送、搜救中心间联合搜救等科目，有效检验了双方海上搜救行动中应急通信的处置能力，使双方的协作水平得到了进一步提高。（4）海军联合搜救演习。中韩两国海军在 2005 年、2007 年、2008 年和 2011 年在宁波、上海等地附近的海域举行了四次海上联合搜救演习，这对于提高两军遂行多样化任务的能力具有重要意义。

其三，从中朝海上搜救联合演习来看，2011 年 8 月 31 日根据《中朝鸭绿江水域海事管理合作协议》的有关规定，辽宁海事局同朝鲜平安北道海事监督处在大连和平壤联合开展了事故应急处置通信演练，有效检验了中朝海事部门对船舶交通事故的应急处置联合机制，提高了双方应急处置的协调能力。

其四，从中俄海上搜救联合演习来看，2012 年 4 月中俄两国海军舰艇举行了代号为"海上联合 2012"的军事演习，这是两国海军首次联演。整个演习跨越日本海和黄海两大海区，包括联合搜救和护航以及解救被劫船等非传统安全领域的科目。2013 年 7 月中俄"海上联合 2013"军演在日本海彼得大帝湾和符拉迪沃斯托克港附近海域举行，双方进行了海上联合搜救、解救被劫船以及护航等演习，再次展示了两军实施国际人道主义救援的信心和能力。

通过这些演习，中国与东北亚各国的海上搜救部门加强了交流与合作以及通信沟通能力，共同提高了应急处置水平，得到了国际社会的高度赞扬。如 2009 年国际海事组织自愿审核机制组认为，中国海上搜救中心积极与周边国家开展联合通信演习，对促进国家间的搜救合作大有益处，且费用低、效果好。[①] 特别是中俄海军有关海上搜救的联合军演更具有重大意义：（1）提高了两军战略协作与互信水平。通过联合军演传授和交流了作战技能和经验，加深了彼此了解，减少了猜疑和误判，有助于降低危机和冲突。如中国海军司令员吴胜利指出，中俄"海上联合 2013"军演对于进一步增进中俄两国两军战略互信和传统友谊，提高联合应对海上安全威胁的能力水平，彰显共同维护世界和平与地区稳定的坚定决心具有重大战略

---

① 郑怀宇：《中日联合海上搜救通信演习成功举行》，《中国交通报》2010 年 3 月 16 日。

意义。[①]（2）深化了两国海军间的务实合作。如海上搜救是中俄两国在东北亚海域非传统安全领域面临的共同现实问题，中俄“海上联合 2012”军事演习体现出联合演习的针对性和务实性。这对于提高两军遂行多样化任务和增强两军共同应对新威胁和新挑战的能力具有重要意义。对此，俄方演习总导演、俄罗斯海军副参谋长苏哈诺夫少将指出，这次联演进行的科目如联合搜救等都是为了积累丰富的经验，保卫海上交通线和维护两国的共同利益，更好地维护本地区和平与稳定。[②]（3）有利于两国建立更广泛的友好关系，充实和发展了两国全面战略协作伙伴关系。

第四，中国与东北亚各国联合搜救中外遇险船舶和人员。近年来中国与日本、韩国、俄罗斯等国家密切合作，成功组织了多起涉及外国籍船舶、船员在中国沿海海域遇险和涉及中国籍船舶及船员在海外遇险的国际搜救行动。如 2005 年 6 月 1 日在日本鹿儿岛附近海域中国“浙岱渔 01205”渔船被一艘利比里亚籍货船撞沉，船上 13 名船员落水。日本海上保安厅接到消息后派出巡视船和飞机前往搜救，将 9 人救起。2005 年 7 月 22 日在日本千叶县以南海域，日本货船“开神丸”将马耳他籍货船“威航 9”号撞沉，船上 21 名中国籍船员落水。事发后中国驻日本大使馆立即启动应急预案，并派领事前往现场协调搜救和善后处理工作。日本海上保安厅也成立了一个调查指挥部，并派遣 8 艘巡逻艇和 5 架飞机展开营救行动，共有 17 名船员获救。2006 年 3 月 20 日图瓦卢籍“鑫海 7”号货船在韩国仁川港附近海域被一艘韩国液化气运输船撞沉，船上 17 名中国籍船员落水。事发后中国海上搜救中心协调附近中国籍渔运船“TENG YUAN”号救起 5 名船员，同时协调韩国出动飞机、舰艇进行全力搜救，打捞起 3 具船员尸体。中国驻韩大使宁赋魁还前往仁川协助韩方处理此事，慰问获救船员并前往韩国海洋警察厅会晤李承栽厅长。李承栽表示韩国对这次事故十分重视并尽全力搜救，宁赋魁表示中国政府一向重视和关心中国公民的人身安全，在多次事故中韩国海洋警察厅都全力对中国遇难人员进行搜救，中方对此表示感谢。[③] 2012 年 10 月 21 日圣文森特籍冷藏船“明洋”号在日本那霸海域失火遇险，中国东海救助局接警后，立即派出“东海救

---

① 钱晓虎：《中俄两军总长共同宣布举行联合军事演习》，《解放军报》2013 年 7 月 2 日。

② 《黄海大阅兵：“海上联合 2012”中俄海上联合军事演习圆满结束》，《青岛画报》2012 年第 5 期，第 17 页。

③ 徐宝康：《“鑫海 7 号”海上遇难之后》，《人民日报》2006 年 3 月 22 日。

111”轮于22日抵达现场与日本巡逻艇“MOTO BU”会遇。经现场沟通，日本巡逻艇同意转送遇险人员。这样，冷藏船上的64名中国船员全部安全接至“东海救111”轮上，创下了东海救助局施救距离最远的纪录。2014年3月18日台湾慧洋海运股份有限公司所属的巴拿马籍货轮“BEAGLE 3”号与韩国籍货轮“PEGASUS PRIME”号在日本三浦市东南海域发生碰撞，致使“BEAGLE 3”号沉没，船上20名中国籍船员落水。事发后中国海上搜救中心立即与日本海上保安厅取得联系，敦促其进行全力搜救，日本海上保安厅派9艘船舶和1架直升机赶到现场将12人救起。

二、中国参与南海海上搜救国际合作表现

近年来在中国外交部门和中国海上搜救主管部门统一指导下，中国与南海周边国家开展了一系列搜救合作。

第一，中国与南海周边国家举行相关会议并签署协议促进搜救区域合作。进入新世纪随着中国与东盟海上贸易的发展，进出港口船舶的增多，中国开始与南海周边国家和地区就海上安全问题举行定期会晤，并就海上搜救水域的使用问题进行了沟通，达成了相应的协议，为在相邻水域发生的海上险情进行快速有效应急合作提供了可靠的保障，如2015年3月中国交通运输部与印尼国家搜救局签署了《海上搜救合作谅解备忘录》。不过到目前为止，中国和越南在北部湾搜救合作机制的建立与运行比较成功，创造了良好的搜救合作关系。从2002年底开始，广西防城港海事局积极着手开展中越海上搜救合作机制课题的研究，编撰了《防城港至越南下龙湾航线搜救预案》并提出了“防城港与越南广宁搜救合作会晤方案”。依据会晤方案，2003年9月中旬防城港市政府有关部门与越南有关方面代表成功举行了防城港市与越南广宁省海上搜救合作的第一轮会晤，就海上搜救合作问题签署了会晤纪要。11月18日第二次会晤时签署了《中国防城港至越南下龙湾高速客轮航线搜寻救助合作协议》，并交换了海上搜救预案。该协议明确了双方的搜救机构、联络窗口、通讯方式、搜救区域和责任、善后工作以及双方合作关系的维持等问题。至此，建立了中国防城港与越南广宁海上搜救合作机制，并以高速客轮航线搜救合作机制的建立为契机，以点带面，将海上搜救合作面覆盖至商船和渔船，初步形成了海上搜救资源共享的局面，为中越双方实施海上搜救合作提供了制度保障，并为开展北部湾海域国际合作搜救实践提供了指南，填补了广西跨国海上搜救合作的空白。同时还加强了当地海事机构与越南等相邻海域地区搜救机构

的联系与合作，有力地推动了合作协议的成功运转。如2006年12月广西海上搜救中心组织代表团赴越南，与越南海防、广宁省等海上搜救机构就中越北部湾海上搜救区域性协作问题广泛交换了意见，形成了会议纪要，建立了海上搜救通信联系和行动协作渠道。总之，近年来中越海上搜救合作机制发挥了积极作用，有效化解了海上险情，为北部湾海上运输、作业船舶提供了安全保障。

第二，中国出资设立海上合作资金用于南海搜救。为解决中国与南海周边国家海上联合搜救费用问题，2011年11月18日在印尼巴厘岛举行的第六届东亚峰会上，温家宝总理代表中方提出设立30亿元人民币的中国—东盟海上合作基金，并从航行安全与搜救等领域做起，再逐步将合作延伸扩大到其他领域，形成中国—东盟多层次、全方位的海上安全合作格局。中国—东盟海上合作基金首批落实的17个项目中，交通运输部申报的建立中国—东盟国家海上紧急救助热线获得立项。之后，中国又向中国—东盟海上合作基金增资500万美元。目前该基金资助的重点是海洋环境保护与航行安全合作领域，支持了区域内中国与菲律宾、印尼等国海上搜救等诸多双边合作项目。另外，2012年中国还与印尼签署了新的《海上合作谅解备忘录》并设立了中印尼海上合作基金，中国出资10亿元人民币作为启动资金支持双方开展海上搜救等方面的合作。

第三，中国与南海周边国家开通海上搜救联系热线。为解决海上报警与搜救信息及时准确传递问题，2013年9月在第六届中国—东盟落实《南海各方行为宣言》高官会上中国提出设立“海上紧急帮助热线”等建议，得到了与会各国的积极支持。2015年3月召开的亚洲博鳌论坛正式启动了建设中国—东盟海上紧急救助热线等项目。2015年7月在马来西亚吉隆坡举行的落实《南海各方行为宣言》第14次联合工作组会就落实“中国和东盟国家海上搜救热线平台”进行了深入探讨，决定建立中国和东盟各国搜救部门间的“点对点热线联络”并顺利完成了搜救热线平台第一阶段计划。2015年8月4日中国和印尼两国海上搜救机构在海口开会商讨推进“中国—印尼国家海上搜救热线平台”建设方案。2015年8月6日在马来西亚吉隆坡举行的东盟外长会上，各方同意尽早就设立中国—东盟海上搜救热线平台达成一致。2015年11月在广州召开的“2016年中国—东盟国家海上联合搜救沙盘推演”首次协调会议上，与会代表就中国—东盟国家海上搜救热线平台建设方案等议题进行了商讨。2017年5月在广州召开的中国与东盟国家海上联合搜救实船演练协调会上，中方介绍了中国—柬埔寨海上紧急救助热线的进展情况，并与参会国家深入交流了合作建设海上紧急救助热线相关事宜。2017 年 10 月 31 日中国海上搜救中心在广东举办了中国—东盟国家海上紧急救助热线项目签约及开通仪式，交通运输部何建中副部长宣布中国—柬埔寨海上紧急救助热线正式开通，中国—东盟国家海上搜救信息平台上线。交通运输部通信信息中心与柬埔寨民航国务秘书处、老挝民航局分别签署了中柬、中老国家海上紧急救助热线建设协议，标志着中国—东盟国家海上紧急救助热线项目取得阶段性进展。

第四，中国与南海周边国家进行搜救人员和船舶互访。如 2005 年 7 月东盟秘书处和东盟各国代表应邀出席了中国海事局在上海举办的国际海事论坛研讨会，并观摩了“2005 年东海联合搜救演习”。2008 年 5 月中国最大的专业救助船“南海救 101”轮出访新加坡，这是中国救助船首次出境访问，他向世界显示了中国政府关爱生命、关注民生的执政理念，同时也向国际同行展示了中国搜救装备的实力和搜救队伍的精神风貌。2011 年 6 月交通运输部海事局派“海巡 31”轮对新加坡进行了友好访问，这是中国海事大型巡逻船第一次走出国门。访问期间，与新加坡海事与港务管理局（MPA）在船舶交通信息服务（VTIS）、海上搜救、反海盗、海事监管等海事安全方面开展了广泛的业务交流，取得了积极成果。2013 年 6 月中国派“海巡 01”轮出访澳大利亚、印尼、缅甸和马来西亚四国并参加了赤道立体巡航、多边联合搜救演习等活动，促进了与到访国“互联互通、深化合作、扩大交流、增进友好”，展现了中国海事安全监管和公共服务的新形象。

第五，中国与南海周边国家举办各种联合搜救演习。为增进中国与南海周边各国海上搜救机构相互了解，有效推进海上搜救领域协调与配合，切实提升联合搜救能力和水平，近年来中国与南海周边国家的搜救力量进行了多次海上搜救联合演习（见表 4—2）。

表 4—2　中国与南海周边国家部分海上搜救演习情况

演习国家	演习时间	演习地点	演习名称
中国与菲律宾	2004 年 10 月	北京和马尼拉	“中菲合作 2004”联合沙盘搜救演习
中国与泰国	2005 年 12 月 13	泰国湾	“中泰友谊—2005”联合搜救演习
中国与越南	2012 年 8 月 28 日	南宁	中越海上搜救应急通信联合演习

续表

演习国家	演习时间	演习地点	演习名称
中国与印尼	2013 年 7 月 18 日	雅加达	中印尼海上联合搜救综合演习
	2015 年 11 月 18 日	海口	中国—印尼国家联合海上搜救沙盘演习
中国与马来西亚	2014 年 12 月 22 日	吉隆坡	“和平友谊—2014”中马军队联合桌面推演
中国、印尼等 17 个国家	2014 年 3 月 30 日	印尼巴淡岛	“科摩多”多边人道主义救援减灾演习
中国与东盟各国	2016 年 9 月 27 日	广州	中国与东盟国家海上联合搜救沙盘推演
中国与东盟各国	2017 年 10 月 31 日	广东湛江	中国—东盟国家海上联合搜救实船演练

资料来源：笔者自制。

一方面从双边联合搜救演习来看，中国与菲律宾、泰国、越南、印尼、马来西亚等国家举办过海上搜救联合演习。其一，中菲联合搜救演习。2004 年 10 月中国海事局与菲律宾海岸警卫队分别在北京和马尼拉举行了代号为“中菲合作 2004”的联合沙盘搜救演习。其二，中泰联合搜救演习。2005 年 12 月 13 日中国海军舰艇编队在泰国湾与泰国海军举行了代号为“中泰友谊—2005”的联合搜救演习，这是中国海军首次与泰国海军举行的非传统安全领域演习。其三，中越联合搜救演习。2012 年 8 月 28 日中越两国成功举行了首次海上搜救应急通信联合演习，此次演习为今后探索中越海上搜救合作新形式、更好服务东盟海上交通安全奠定了基础。其四，中印尼联合搜救演习。2013 年 7 月中国派“海巡 01”轮赴印尼参加了两国海上搜救联合演习，演习内容包括落水人员搜救和船舶应急拖带两大课目，这是中国海事巡航救助一体化船“海巡 01”轮服役后首次进行实战拖带，也是中国海事部门与外国海事机构首次进行国际拖带演习。2015 年 11 月中国—印尼国家联合海上搜救沙盘演习在海口举行，这是两国首次联合举行海上搜救沙盘演习，将有助于提升两国海上搜救机构的协调、配合能力，进一步强化国际海上搜救协作。其五，中马联合搜救演习。2014 年 12 月 22 日中国与马来西亚两国军队开展了“和平友谊—2014”联合桌面推演，就联合搜救等人道主义援助与救灾等课目进行了图上推演。

另一方面从多边联合搜救演习来看，2014 年 3 月 30 日包括中国海军“长白山”舰在内的 17 个国家的 24 艘军舰、14 架飞机在印尼巴淡岛附近海域举行了代号为“科摩多”的多边人道主义救援减灾演习。中方参演指挥员纪洪涛介绍说，此次演习主要围绕海上发生重大灾难，各国如何相互达成顺畅的沟通机制、开展战术层面合作、进行后勤支援等方面展开演练，探索各国海军在灾难中如何快速建立合作机制和程序。联合指挥所总导演、印尼西部海军作战大队指挥员阿姆那拉·欧科塔维少将对中国海军给予了积极评价：中国海军派出最新型两栖船坞登陆舰“长白山”舰参加，此举既标志中国与各国之间的友好合作关系进一步密切，同时也向全世界传递出这样的信息：中国军队正在不断加大参与非传统安全领域国际和地区合作的力度，致力于倡导和落实“互信、互利、平等、协作”的新安全观。① 2016 年 9 月 27 日中国与东盟国家海上联合搜救沙盘推演在广东海事局举行。本次沙盘推演设置了险情接警与核实、启动应急响应、信息通报、制定搜救方案、协调力量、人命与船舶救助、人员转移与医疗救助等多个演练科目，增进了各国海上搜救机构之间的理解与互信。广东省海上搜救中心副主任庄则平对此表示，通过这次中国与东盟国家海上联合搜救推演，将深化中国与东盟国家海上联合搜救应急协调机制，深化沟通合作，有效提升南海周边各国联合的海上救助能力，共同应对海上航行安全重特大突发事件。② 2017 年 10 月 31 日在广东湛江海域举行了中国—东盟国家海上联合搜救实船演练，有来自中国、泰国、菲律宾、柬埔寨、缅甸、老挝和文莱等七个国家相关机构代表和海上搜救力量参演，参演船艇达 20 艘、飞机 3 架，参演人员约 1000 人，这是目前为止中国与东盟国家规模最大的一次海上联合搜救实船演练。对此，演练总指挥、中国交通运输部何建中副部长表示，此次演练中各参演船舶、飞机、搜救队、协调员协同作战，体现了较高的专业水准。中国—东盟国家应以此为契机，探索建立区域海上搜救合作模式，将海上搜救合作打造成中国—东盟国家合作的新亮点，为各国人民提供更好的海上搜救服务和保障。总之，通过这些联合搜救演习加强了中国和南海周边国家的沟通与合作，提高了区域合作的协调意识和行动协作能力以及搜救人员专业素质和水平，有利于扩大海上搜救区域。

---

① 黎友陶：《中国军舰参加 17 国海上救援演习》，《中国国防报》2014 年 4 月 8 日。

② 周明耀：《中国—东盟国家海上联合搜救沙盘推演在广州举行》，《中国海事》2016 年第 10 期，第 6—7 页。

第六，中国与南海周边国家搜救力量联合成功救助中外遇险船舶和人员。近年来中国海上搜救中心与越南、菲律宾、马来西亚等周边国家合作，多次成功完成了对海上遇险人员实施救助和信息交换以及相互转发任务，较好地履行了所担负的职责和应尽的国际义务，为共同协作消除海上风险，保障人命财产安全做出了努力，同时也积累了许多成功的经验，为南海周边各国协商建立和完善海上搜救合作机制提供了具体的实践案例。如2008年初受台风影响，中国海南和越南部分渔船在西沙海域遇险，海南当地政府、越南驻华使馆向南海救助局发来紧急救援请求，对此，胡锦涛总书记批示："要采取措施，全力搜救，并注意安全，如需部队援助，可迅即联系。"① 南海救助局迅速派出3艘救助船和1架直升机赶往现场，成功救助遇险渔民26名、渔船7艘（其中越南渔船3艘），并为79名缺水断粮的遇险渔民提供了淡水、食品和燃油等物资。2010年12月3日巴拿马籍"HONG WEI"号货轮途经南海沉没，24人落水。交通运输部、中国海上搜救中心接到报警后立即协调中国台湾、华南四省以及菲律宾海上搜救力量，并派遣"海巡31"轮前往现场搜救，福建省海上搜救中心还积极沟通协调过往船舶及时提供相关信息，最后有14名船员获救。2015年5月20日一艘载有中国船员的玻利维亚籍运沙船在马来西亚柔佛州附近海域沉没，中国驻马来西亚大使馆对这起事故始终保持高度关注并与马警方和海事执法机构密切联系，随时了解救援行动进展。马来西亚海军、水警、海事执法机构等共派出7艘舰船、116人参与搜救，最后救起1名船员并发现2名船员遗体。

三、中国参与远洋海上搜救国际合作表现

中国不但重视与中国周边国家开展海上搜救合作，而且还放眼全球，与北美、欧洲、大洋洲的美国、英国、澳大利亚等许多国家开展以搜救为主题的国际合作。

第一，中国与有关国家签订海上搜救合作协议。早在1987年1月20日中国就与美国在华盛顿签订了《中美海上搜寻与救助合作协议》。该协议一开始就强调，签署本协议的目的是为保护海上人命财产安全，促进海上搜寻救助工作，更好地发展双方之间的交流和了解，解决在搜寻救助工作中的共同问题和增进搜寻与救助的能力。为此该协议对双方合作的宗旨和原则、合作的范围和方法以及合作协议的执行、生效、期限和修改等问

① 《不辱使命，抢险救灾，服务社会——交通部南海救助局抢险救援纪实》，《珠江水运》2009年第7期，第35页。

题做出了四条规定，从而对双方在海上搜救情报交换、搜救联合活动开展、搜救设备和人员交往以及合作组织工作等问题做了初步的规范。但该协议签署较早，随着时代发展需要进行适当修改，目前中美有关部门正在进行修订协商，如2006年2月24日美国海岸警卫队司令柯林斯（Thomas C. Collins）访问了中国交通部，双方就修改《中美海上和航空搜救协议》及加强搜救等方面的合作交换了具体意见并达成共识。

第二，中国与有关国家开展搜救人员交流与考察。其一，从中美交流与考察来看，早在2004年2月中国交通部就组织了救助设备考察团赴美考察，全面了解了美国海岸警卫队海上搜救状况及搜救船舶和飞机的配置情况。2004年6月中美开展了太平洋地区海事及海上搜救合作，当时在交通部救捞局宋家慧局长的陪同下，美国海岸警卫队司令柯林斯上将参观了东海救助局外上海高桥救助码头。2007年8月美国海岸警卫队专家组一行五人来到上海，先后考察了东海第一救助飞行队、东海救助局应急反应救助队，并登上“东海救201”轮、“华英390”艇和“华英388”艇参观交流。2009年2月19日美国海岸警卫队大卫·皮考斯克（David P. Pekoske）中将访问东海救助局，双方就海上人命救助资源共享等比较实际的问题进行了广泛深入交流。2009年4月美国海军作战部长邀请四名中国军人参加了美国海军“持续承诺”人道主义救助和救灾援助行动，并访问了位于哥伦比亚的一艘救援舰。

其二，从中法交流与考察来看，2007年11月法国“葡月”号舰长阿尔诺一行四人考察了东海救助局。

其三，从中英交流与考察来看，2006年9月为进一步提高中国海上应急搜救水平，减少人命、财产损失和环境损害，更好地履行国际海上搜救义务，交通部海事局组成了第一期赴英国海上搜救管理培训团，进行了为期三周的海上搜救管理培训与考察。通过培训考察并对比两国海上搜救管理工作，有助于更好地提高中国海上搜救水平。

其四，从中澳交流与考察来看，2011年根据中国海事局副局长郑和平出访澳大利亚海事局（AMSA）期间双方达成的协议，澳大利亚海事局邀请中国海事局五名工作人员前往澳大利亚进行工作交流与培训。8—12月中国海事局选派了五名工作人员组成赴澳培训交流团全面考察了澳大利亚海上搜救、船舶防污染等方面的情况，这是中国海事局首次派员与具有先进海事管理水平国家开展的中长期工作交流项目。赴澳培训交流团与澳大利亚海事局的搜寻救助部、海事操作部、海上环境部等部门进行了工作交流，并参观了澳大利亚溢油应急设备库和直升机救援队。

第三，中国与有关国家进行搜救船舶互访活动。2009 年 11 月 3 日美国海岸警卫队“急流”（RUSH）号搜救和执法船与上海最先进的海事搜救执法船“海巡 21”轮在上海国际客运中心码头就海上搜救合作等问题进行了深入交流。2012 年 5 月美国海岸警卫队“急流”号搜救和执法船再次访问中国，并参加了海上联合搜救演练等活动。根据 2012 年 5 月第四轮中美战略与经济对话的商定，中美双方决定加强中国交通运输部与美国海岸警卫队的交流，提高海上搜救行动与灾害救援的协调，提出支持中国海事局与美国海岸警卫队建立中美海事安全对话机制，并在 2012 年秋季结合美国海岸警卫队总指挥帕普（Robert J. Papp）访华举行首次对话，考虑 9 月在夏威夷由中国海事局的一艘船舶与美国海岸警卫队进行联合演练的可能性。为此，2012 年 9 月中国派“海巡 31”轮对美国夏威夷进行了为期五天的访问，并与美国海岸警卫队就中美海上搜救、交通安全与灾害救援协调等方面开展了合作交流以及联合搜救桌面推演和现场实船演习，这一方面增强了双方了解与理解，实现了“交流、合作、友好、互信”的目的；另一方面充分展示了中国海事装备水平和服务管理能力，进一步提升了中国海事参与国际海上安全管理的能力。

第四，中国与有关国家举办联合搜救演习。近年来中国与南亚国家以及英国、法国、美国、澳大利亚等海洋大国开展了有关搜救演习，尤其是以海上搜救为主题的联合军演为主（见表 4—3）。这些联合演习为全球共同应对海上危机事件明确了基本的思路和方向，为构建海上联合搜救常态和长效协作机制奠定了一定的基础。

表 4—3　中国与部分远洋国家举行的海上搜救联合演习情况

演习国家	演习时间	演习名称	演习地点
中国与巴基斯坦	2003 年 10 月 22 日	“海豚 0310”中巴海军联合搜救演习	上海附近东海海域
	2005 年 11 月 25 日	“中巴友谊—2005”海上搜救演习	阿拉伯海北部海域
中国与印度	2003 年 11 月 14 日	“海豚 0311”中印海军联合搜救演习	上海附近东海海域
	2005 年 12 月 1 日	“中印友谊—2005”海上搜救演习	印度洋北部海域

续表

演习国家	演习时间	演习名称	演习地点
中国与英国	2004 年 6 月 20 日	中英海军首次联合搜救演习	青岛附近黄海海域
中国与澳大利亚	2004 年 10 月 14 日	中澳海军首次联合搜救演习	黄海某海域
中国与美国	2006 年 9 月 20 日/11 月 19 日	中美海军首次联合搜救演习	美国圣迭戈/南海
	2013 年 9 月 9 日	中美海军海上联合搜救演习	美国夏威夷附近海域
中国与法国	2007 年 9 月 25 日	“中法友谊—2007”海上联合军事演习	法国土伦港附近海域
中国与缅甸	2017 年 5 月 21 日	中缅海军首次海上联合演练	印度洋莫塔马湾海域
中国与澳大利亚、新西兰	2007 年 10 月 2—3 日	中澳新三国海军首次联合搜救演习	南太平洋塔斯曼海
中国、美国、英国等 7 个国家	2009 年 3 月 12 日	“和平—09”海上多国联合军事演习	印度洋阿拉伯海
中国、美国、澳大利亚等 22 个国家	2014 年 6 月 26 日	“环太平洋—2014”联合军事演习	美国夏威夷附近海域
中国、澳大利亚、孟加拉等 9 个国家	2017 年 11 月 27 日	印度洋多边海上搜救演习	孟加拉库克斯巴扎附近海域

资料来源：笔者自制。

其一，中巴海上联合搜救演习。2003 年 10 月 22 日中国海军舰艇与来访的巴基斯坦海军舰艇在上海附近的东海海域举行了代号为“海豚 0310”联合搜救演习，这是中国海军首次与外国海军进行非传统安全领域的联合演习。2005 年 11 月 25 日由中国海军出访舰艇编队首次在阿拉伯海北部海区，与巴基斯坦海军举行了代号为“中巴友谊—2005”以联合搜救为主要内容的非传统安全领域演习。

其二，中印海上联合搜救演习。2003 年 11 月 14 日中国海军舰艇与来访的印度海军舰艇编队在上海附近的东海海域进行了代号为“海豚 0311”联合搜救演习，这是中国海军首次与印度海军进行的非传统安全领域联合演习。2005 年 12 月 1 日中国海军舰艇编队在印度洋北部海域与印度海军举行了代号为“中印友谊—2005”联合搜救演习。两国海军先后演练了沟通联络、机动会合、海空搜索、编队补给、联合救助受损船舶等项目。

其三，中英海上联合搜救演习。2004 年 6 月 20 日在青岛外的黄海海域举行了中英海军历史上第一次联合搜救演习，并邀请 15 个国家的驻华海军武官在中国“哈尔滨”号导弹驱逐舰上全程观摩了本次军演。法国海军武官称赞说，中英两国海上搜救演习非常成功，中国海军非常专业。美国驻华海军副武官也称赞说，中国军人表现非常专业，他们近乎完美地完成了所有的预定计划。[①] 此次中英海军联合搜救演习不仅增进了两国友谊交往，同时更促进了中国海军与外军在非传统安全领域的交流与合作，摸索出了一条与外军进行海上联合搜救组织的方法和实施程序，提高了中国海军与外军协作能力。

其四，中澳海上联合搜救演习。2004 年 10 月 14 日在黄海某海域中国与澳大利亚海军首次举行了联合搜救演习，演习由中国海军北海舰队副参谋长张学增和来访的澳大利亚海上司令部司令罗文·莫菲特少将联合指挥，有近 500 名中澳官兵参加，这是中澳两军首次在非传统安全领域合作。

其五，中美海上联合搜救演习。近年来中美两国为确保双方海上搜救机构在组织应急行动时能够协调一致、通信联络能够顺畅以及增强双方人员业务能力，多次举行了海上搜救联合演习。如 2006 年 9 月 20 日中国海军舰艇编队与美国海军在美国圣迭戈港西北海区进行了第一阶段海上联合搜救演习。对此，美方指挥员、美海军太平洋舰队第七支队支队长吉尔迪评价说：非常荣幸与中国海军首次举行联合演习，中国海军卓越的航海、飞行和海上救援能力令我非常钦佩。演习中双方互相协同，配合默契，通过这次演习，我十分有信心在未来海上搜救实战情况下，两国海军一定能够完成好联合搜救。他还进一步指出，这次联合搜救演习只是中美海军合作的一个良好开端，两国海军的合作一定会有一个美好的未来。中方指挥员王福山少将在评价这次演习成果时也说，此次演习情节设置得当，两国海军救援行动迅速，配合非常默契，展示了中美海军良好的合作前景。[②]

---

① 《中英海军合演搜救》，《人民日报》2004 年 6 月 21 日。

② 钟魁润：《搜索太平洋》，《国际展望》2006 年第 10 期，第 17 页。

2006 年 11 月 19 日中国海军舰艇编队在南海海域，又与美国海军舰艇编队举行了第二阶段海上联合搜救演习。2013 年 9 月中国海军舰艇编队对夏威夷珍珠港进行了友好访问，并与美国海军舰艇进行了搜救联合演习。中国海军舰艇编队指挥员、北海舰队参谋长魏钢介绍说，此次演习意义重大，中美双方探索了联合搜救组织指挥和实施方法，锻炼了两军联合遂行搜救任务的能力，提高了中美海军联合应对非传统安全问题的能力。美方观察员艾伦评价说：中方的专业精神令人钦佩，这次演习是一个新的开始，我们期待两国海军多进行这样的演习。①

其六，中法海上联合搜救演习。2007 年 9 月 25 日中法海军在土伦港以南的地中海成功进行了以联合搜救为主要内容的“中法友谊—2007”海上联合军事演习。这是中国海军舰艇首次在地中海与法国海军举行联合军演。中方舰艇编队指挥员苏支前少将说，这次海上联合军事演习达到了深化军事交流与合作、提高了中国海军对外军事交往水平、加深了对外国海军学习和了解的目的，探索了共同应对地区性非传统安全威胁的组织实施方法，提高了双方处置突发性非传统安全危机的能力。

中国除了参加上述有关海上搜救双边演习外，还参加了海上搜救多边演习。如 2007 年 9—10 月中国海军舰艇编队出访澳大利亚和新西兰，并在南太平洋塔斯曼海举行了三国海军首次海上联合搜救演习。2009 年 3 月 12 日“和平—09”多国联合军演海上实兵演习在印度洋阿拉伯海进行，由 7 个国家的 11 艘军舰参加了联合搜救演习，并在中国海军“广州”号导弹驱逐舰开设了指挥所，由中国海军组织演练。2014 年 6 月 26 日全球最大的海上联合军演——“环太平洋—2014”军演在太平洋夏威夷海域拉开帷幕。中国派出了 4 艘水面舰艇、2 架直升机、1 个潜水分队、1 个特战分队、1 个医疗分队，共 1100 余名官兵参演，主要参加了营救落水人员、人道主义救援减灾、海上搜救等科目的演习，此次演习联合部队海上兵力指挥官库特里尔用“表现出色、意义非凡”高度评价了中国参演舰艇编队所取得的成绩。② 2017 年 11 月 28 日印度洋海军论坛多边海上搜救演习开幕式在孟加拉国库克斯巴扎附近海域举行，中国海军舰艇首次参演，受到各方高度关注和积极评价。中国任务指挥员张明强说，此次演习主要是围绕海上发生重大灾难，各国如何相互达成顺畅的沟通机制、开展战术层面等

---

① 陈国全：《目击中美海上联合搜救演习》，《解放军报》2013 年 9 月 11 日。

② 白光炜：《展示负责任大国形象——中国海军首次参加环太平洋联合军演》，《两岸关系》2014 年第 9 期，第 12 页。

合作，这将有利于增进参演各国海军的相互理解和信任，提高共同应对海上非传统安全领域威胁的协同能力。

第五，中国与有关国家参加应急联合搜救。近年来中国与有关国家的海上搜救机构合作，通过信息传递和沟通，多次完成了对海上遇险人员和船舶的搜救任务。如 2007 年 1 月 1 日经中国有关方面协调，美国海岸警卫队成功对一艘在关岛海域遇险的“福远渔 068”号渔船上的 18 名中国船员实施了救助。2007 年 7 月 11 日巴拿马籍“HAI TONG 7”号货船在太平洋关岛西北海域受台风影响沉没，船上 22 名中国籍船员全部落水。美国海岸警卫队接警后及时通报了中国海上搜救中心，中国交通部与美国海岸警卫队密切保持联系并协调多艘附近的中美商船全力救助，最终有 10 人获救。[①] 对此，美国海岸警卫队称赞道：这是一次很好的合作、一次成功的救助。[②] 2010 年 1 月 8 日一艘载有 11 人的福建渔船在美国关岛附近海域因主机故障漂航，处境危险。1 月 16 日中国海上搜救中心接警后立即通报美国海岸警卫队，商请美方组织搜救。经中美海上搜救机构共同协调，1 月 22 日航经关岛附近海域的“东平”轮首先发现该船并成功救起全部遇险人员。2014 年 1 月 20 日上海深粤船舶有限公司管理的巴拿马籍船舶“RICH FOREST”轮在关岛以西海域机舱进水，海员弃船求救。中国海上搜救中心接警后协调美国关岛搜救机构派出专业力量搜救，同时美国利用其先进的船舶自动互救系统（AMVER）协调过往的船只，最后“C. S. SUNSHINE”轮首先赶到现场并将 24 名海员全部救起。[③]

在 2014 年马航事件的搜寻中，中国与有关国家更是积极合作，从南海到印度洋历经三个搜寻阶段：第一阶段，2014 年 3 月 8—15 日。2014 年 3 月 8 日当得知马航 MH370 航班失联消息后，习近平总书记立即做出重要指示，要求外交部和中国有关驻外使领馆加强与所在国有关部门联系，密切关注搜救进展情况，全力做好应急处置和中国公民善后工作。交通运输部、民航局等有关部门要立即启动应急机制，积极配合做好相关工作。李克强总理也批示：请迅即启动应急机制，与马方民航部门加强沟通联系，

① *Ship Sinks Northwest of Guam*, http: //www. marinelink. com/news/ship – sinks – northwest – of – guam314526.

② 《祖国就在你身边——太平洋关岛海域搜救“HAI TONG 7”轮遇险船员纪实》，《中国海事》2007 年第 11 期，第 15—18 页。

③ US Coast Guard, *Crewmembers of Cargo Ship “Rich Forest” Rescued in Pacific*, http: //worldmaritimenews. com/archives/102377/crewmembers – of – cargo – ship – rich – forest – rescued – in – pacific/.

督促加大搜寻力度。要在境外中国公民保护机制框架下，与外方共同做好应急救援准备。李克强还于当日下午同马来西亚总理纳吉布通电话，希望马方迅速有力开展搜救工作。交通运输部、民航局等有关部门立即启动应急机制，同时启动国家海上搜救部际联席会议紧急会商机制，研究制订详细搜救方案。在中国海上搜救中心成立了马航失联客机应急反应领导小组，积极与国内相关部门及马来西亚和越南等国家海上搜救机构和民航局沟通协调。8 日下午中国外交部副部长紧急约见马来西亚驻华临时代办和越南驻华大使表示，中方高度关注客机和机上乘客的安危，将全力协助开展搜救工作，希望马方和越方尽一切努力进行搜救，第一时间向中方和乘客家属通报有关情况并为可能的应急处置和善后工作提供最大方便。马来西亚和越南使节表示愿与中方密切配合，尽最大努力进行搜救。① 在这一阶段，中方陆续投入了 10 艘舰船在马方指定的疑似海域连续搜寻了 150 多个小时。

第二阶段，2014 年 3 月 16—24 日。2014 年 3 月 15 日马来西亚重新划定了飞机可能飞往的南北走廊两个区域。当日晚交通运输部召开紧急会议研究制订了新的搜救方案，中国海上搜救中心连夜命令中方舰船立刻在孟加拉湾、印尼以西海域确定南北两个搜寻区，同时协调过往商船在这两个区域累计搜寻了近 9 万平方千米。3 月 20 日澳大利亚宣布在南印度洋海域发现“可信度高”的疑似残骸，而这里距离划给中国南北搜寻海域有 2000 多海里。中国海上搜救中心立即调整方案，中方舰船迅速向南印度洋搜寻前进，并协调“雪龙”号科考船和“中海韶华”号等货轮以及增派飞机参与搜寻。3 月 17 日李克强总理与马来西亚总理纳吉布通电话时表示，只要有一线希望，我们就应继续尽最大努力搜救。② 3 月 20 日习近平主席同澳大利亚总理阿博特通电话，强调虽然目前搜救工作难度较大，有关海域情况复杂，但只要有一线希望，就要做百分之百的努力。③

第三阶段，2014 年 3 月 25 日以后。2014 年 3 月 24 日晚马来西亚宣布马航 MH370 航班“终结”于澳大利亚珀斯西部的南印度洋。当日习近平

---

① 《马航客机失联让人揪心，我启动应急处置》，《新华每日电讯》2014 年 3 月 9 日。

② 班威：《只要有一丝希望，我们绝不放弃搜救》，《新华每日电讯》2014 年 3 月 18 日。

③ 陈二厚：《共同的坚守，共同的信念——写在马航 MH370 航班宣布失踪之际》，《新华每日电讯》2014 年 5 月 3 日。

就根据搜寻工作出现的新情况做出指示，即派中国政府特使前往马来西亚进行磋商，了解有关情况并要求马方处理好相关事宜，同时习近平要求中国有关机构协助马方及各方力量继续进行搜寻工作并做好各方面安排。[①] 25日国务院召开常务会议，要求中国在前方一线海域的全部搜救力量要继续倾力投入搜救，决不放弃努力。当时中方共有12艘舰船、8架舰载直升机、3架固定翼飞机已经到达或赶往南印度洋开展搜寻，成为该区域水面搜寻的主力。5月1日晚马方宣布MH370客机处于“失踪状态”后，中国外交部发言人连夜表示中方将继续与马方、澳方等密切合作，积极参与后续搜寻并开展公正调查。这样，搜寻工作重点转向更大范围的水下搜寻。由此可见，在马航事件发生后中国前所未有地投入海、空、天、潜立体力量，尽最大努力参与国际大搜救。这是中国首次在境外海域组织远距离、大规模的搜寻行动，在搜寻区域内中国舰船和飞机形成水面、水下与空中立体全覆盖，充分展示了中国大国实力和强大搜救力量，为中国树立负责任的大国形象奠定了良好的基础。

四、中国参与海上搜救国际组织合作表现

2011年8月在上海召开的世界海上人命救助大会上，时任国务院副总理的张德江在开幕式致辞中强调，中国政府将一如既往支持并积极参与国际海事组织、国际海上人命救助联盟各项工作，愿意与各国一道共同应对面临的挑战，为加强海上安全做出自己的努力。[②] 近年来中国不但与有关国家进行海上搜救国际合作，而且还注重与海上搜救有关的国际组织进行合作，搭建了中国参与海上搜救国际合作的平台。

第一，中国与国际海事组织合作。1973年3月1日中国恢复了在国际海事组织（IMO）中的成员国地位并积极参与其有关活动。1975年中国作为最重要的国际海上贸易国之一，当选为该组织B类理事国。1989年则当选为代表具有最大航运利益国家的A类理事国，并一直连任至今。中国驻英国大使馆内设有海事处，具体负责处理与该组织有关的日常事务，曲义江同志还曾当选IMO航行安全、通信和搜救分委会工作组主席。中国自加入IMO以来，双方在海上搜救合作领域主要体现在以下几方面：

其一，参与有关搜救规则谈判与制定工作。中国积极参与IMO有关重

---

① 《中国派特使赴马，印度洋搜寻继续》，《新华每日电讯》2014年3月26日。

② 张德江：《加强国际应急救助合作，保障海上人命安全》，《中国应急管理》2011年第9期，第6页。

要的海上安全、保安和海洋环境保护国际规则的谈判工作，在国际公约和议定书的制定、修正和实施等各个环节施加影响，维护了中国海运及相关产业的利益。迄今中国已加入 IMO 通过的近 40 项国际公约和议定书，完善了中国海上安全与海洋环境保护以及海上搜救等方面的法规体系，为中国海运业的发展创造了良好的国际环境，促进了中国海运及相关产业健康可持续发展。

其二，联合举办海上搜救研讨会。为使中国从事海上搜救的工作人员尽快掌握《1979 年国际海上搜寻救助公约》的内容和国际海上搜救工作的有关知识，以利于提高中国海上搜救工作水平，经与国际海事组织协商，1985 年 7 月在大连海运学院（今大连海事大学）举办了海上搜救研讨会，会上国际海事组织派出的技术官员与中国有关专家做了专题报告并展开了学术讨论。

其三，报送海上搜救资料。为扩大中国对外交往，根据国际海事组织的要求，中国海上搜救中心及时将中国海上搜救机构相关资料报送国际海事组织并刊登在其出版物上，进一步增进了国外搜救机构对中国海上搜救工作的了解，加强了中国与国外海上搜救机构的交往与合作。

其四，开展应急搜救合作。2018 年 1 月 6 日巴拿马注册的“桑吉”号油轮与香港注册的“长峰水晶”号货轮在上海以东洋面相撞，导致 30 多名船员下落不明，油轮发生失火爆炸沉没。对此，1 月 8 日国际海事组织秘书长林基泽发表声明，赞扬了所有参与这一国际搜救行动的人员，并表示国际海事组织将继续监测这一局势，随时准备给予一切所需的技术支持。同时还将对这起事故进行长期、全面调查，并根据调查结果采取一切必要的措施减少类似事故再次发生的风险。对此，中方表示将继续与包括国际海事组织在内的相关国际组织保持沟通，及时通报事故处置进展情况。

第二，中国与国际海上人命救助联盟合作。中国救捞于 1978 年正式加入国际海上人命救助联盟（IMRF）的前身国际救生艇联盟（ILF），并在其 2007 年改组后成为国际海上人命救助联盟的正式会员。1978 年 12 月 5 日交通部、外交部、国家科委联合发文上报国务院请示派员参加国际救生艇联盟会议，1978 年 12 月 9 日经中央批示同意。这样，自 1979 年起以中国救捞公司的名义参加了该组织的第 13—17 届会议，并于 1989 年将参加该组织的名义改为中华人民共和国交通部海上救助打捞局。通过参加这些活动，了解到了国际搜救技术和船艇、设备的现状和先进经验及其技术，并对各国搜救组织机构、人员培训、搜救工作的组织实施、搜救站点的设置有选择地进行了详细了解和考察，搜集到了相关海上搜救资料，这些都对中国海上搜救工作有很好的参考价值和促进作用，尤其对中国救助船舶的设计、建造起到了积极作用，并对中国潜水、搜救设备的生产也有帮助。

2003 年中国救捞体制改革后，中国加大了对 IMRF 事务的参与力度，先后成为该联盟的理事单位和董事单位，交通部救捞局宋家慧局长先后当选联盟理事和改组后首任董事会董事，并作为亚太地区搜救机构以及发展中国家的唯一代表，参与联盟核心事务的领导和决策。借助这一平台，中国积极参与各项活动，并与联盟许多会员单位建立了双边联系，扩大了中国在国际海上人命救助界的知名度和影响力，已成为国际海上人命救助行业的核心力量之一。如 2006 年 2 月 13 日在英国伯恩茅斯市召开了“2006 国际搜救会议”，宋家慧以交通部救捞局局长的身份应邀参加了会议，并在会上做了《发展中的中国海上搜救事业》的英文演讲，这是唯一一位来自亚洲国家的演讲者，显示出中国搜救事业近年来的快速发展以及在世界救助界迅速增长的影响和地位。2007 年 6 月东海救助局孙富民局长应邀参加了在瑞典举行的国际海上人命救助联盟成立大会暨国际海上搜救大会。

2011 年 8 月每四年一次的世界海上人命救助大会在上海举办，这是中国乃至亚洲地区首次承办这一盛会。会议开始前，时任国务院副总理的张德江会见了出席大会的国际海事组织秘书长、国际海上人命救助联盟主席等有关国际组织来宾，并在开幕式上致辞表示祝贺。会议包括国际海上人命救助联盟会员大会以及国际发展论坛两项内容，来自世界各国的 400 多名代表交流了海上人命救助领域的经验，从救助技术、人员培训、志愿筹资以及合作共赢等方面共同探讨了海上人命救助行业的发展问题。会议期间在上海设立的国际海上人命救助联盟亚太中心正式揭牌成立，这是 IMRF 首次在全球范围内设立区域性分支机构，该中心的成立标志着 IMRF 全球区域化合作战略进程正式启动，为促进亚太地区海上人命救助领域的合作交流和提升区域内整体海上搜救能力起到了积极的推动作用。正如交通运输部救捞局宋家慧局长所说，承办世界海上人命救助大会将深化中国救捞与世界救助同行的交流和合作，向世界充分展示了中国政府“以人为本、关爱生命”的执政理念，展现交通运输部负责任的政府部门形象。宋家慧强调这些年来中国救捞一直在积极探索独具中国特色的救捞发展思路，并凭借中国救捞在海上人命救助方面的独特优势，促进了世界范围海上人命救助事业发展和海上人命救助能力的提高。[①]

2012 年 9 月 19 日经过多年酝酿筹备的国际海上人命救助联盟亚太交流合作中心正式启动，该中心设在位于上海的交通运输部东海救助局。在启动仪式上，时任交通运输部安全总监宋家慧发表致辞，对 IMRF 和各有关方面对亚太交流合作中心的建设和工作给予的大力支持表示了感谢。他指出，中国加入国际海上人命救助组织体现了党和政府以人为本的治国理念，并表示愿与 IMRF 加强交流合作建设好亚太国际交流中心，积极联系亚太地区的各国政府和民间海上救助组织，加强交流合作，为保障亚太地区海上人命安全做出应有的贡献。他希望各相关部门加强协调，密切配合，积极发挥亚太交流合作中心的作用。[②] 总之，国际海上人命救助联盟亚太交流合作中心的发展建设既是国际海上人命救助联盟的重要战略部署，也是交通运输部对国际救助事业大力支持的充分体现，更是海上搜救国际合作的重要成果。亚太交流中心将成为亚太地区国家，特别是中国和亚太地区各国在海上搜救领域开展交流合作的新平台。中心正式启动后，将在亚太地区积极开展会员招募、技术交流、人员培训等工作，同时大力宣传国际海上人道主义救援的理念，努力促进区域性海上搜救的国际合作。中心的启动必将为进一步提高亚太地区整体海上搜救水平发挥重要的桥梁和纽带作用。

第三，中国与国际移动卫星组织合作。中国于 1979 年 7 月 13 日签署了国际移动卫星组织公约，是国际移动卫星组织（INMARSAT）的创始国之一。北京船舶通信导航公司被中国政府委派为签字者，投资并参与了该组织的营运和管理。目前中国建有卫星地面接收岸站并接入该组织的卫星通信网，向亚太、非洲、印度洋区提供移动卫星通信服务。该组织还为中国各种灾害救助和控制以及海事遇险提供免费通信支持。

第四，中国与国际搜救卫星组织合作。中国于 1991 年开始筹建全球海上遇险与安全系统（GMDSS），其中包括国际搜救卫星组织（COSPAS - SARSAT）的 C/S 系统。1992 年中国以“地面设备使用国”的身份加入国际搜救卫星组织，1997 年 2 月中国在该组织的身份改为“地面设备提供国”。

第五，中国与国际救助联盟合作。自 1994 年中国交通部救捞系统由外交部“外会文（2151）号”文件批准后，以“中国救捞公司”的名义正

---

① 《我国首次承办世界海上人命救助大会》，《珠江水运》2011 年第 20 期，第 6 页。

② 《国际海上人命救助联盟亚太交流合作中心正式启动，将进一步提高亚太地区整体海上搜救水平》，《中国水运报》2012 年 9 月 21 日。

式加入国际救助联盟（ISU）并连续出席了 ISU 年会。2001 年中国救捞公司作为东道国成功承办了 2001 年上海年会，并在会上进行了学术交流。另外，ISU 每年出版的刊物都会登载中国救捞公司的事例和照片。通过参加这些活动，使中国救捞公司在国际同行中进一步奠定了主导地位，扩大了国际声誉。同时也了解到国际先进的救助技术和人员培训水平，这对中国海上搜救工作有很好的参考价值和促进作用。

第二节　中国参与海上搜救国际合作面临的问题

近年来中国参与海上搜救国际合作虽取得一定成就，中国与有关国家之间的海上搜救合作关系日益密切，但仍处于起步和探索阶段，由于受各种因素的影响还存在一定问题，其中有的是中国自身的问题，有的是合作对象的问题，有的是各国面临的共同问题。

一、海上搜救信息情报交流不畅与共享不足

海上搜救要求以最快捷的速度获取最准确的信息情报，这是指导后续搜救行动的关键。如果通讯信息沟通不畅与协调不够，阻碍信息情报的及时获取或提供的信息不准确，就会导致搜寻范围难以确定而无法合理分配搜救力量，使各方的联合搜救沦为低效甚至无效的行动，从而会错过最佳救助时机和严重影响搜救效果，造成搜救成本增加而救助成功率下降，同时会留下一些严重的安全隐患，甚至还会引发不必要的国际纠纷。

第一，信息提供不准。在面对重特大海上公共危机时，一些国家不愿在第一时间公布手中所掌握的所有信息，甚至会故意隐瞒某些绝密信息。同时由于受搜救条件的限制，有时自然条件也会在客观上导致信息传递不畅与披露不充分，给联合搜救带来巨大的阻碍。如 2014 年 3 月马航 MH370 班机宣布失联后不久，中国及越南、菲律宾、印尼等在内的东南亚多个国家就迅速启动了海上搜救程序，派出各种力量前往疑似海域展开搜救，然而这一切都因马来西亚信息披露迟缓和失真导致有关国家在南海搜索一周而没有任何结果。当时马来西亚不但多次发布混乱且前后矛盾的消息，且在消息发布的过程中还刻意隐瞒关键时间点。而对于客机失联的真实时间、客机是否空中折返、可能的出事点到底是在泰国湾还是在马六甲海峡以及客机在失联后又飞了多久等关键问题，马来西亚都闪烁其词且

“公开辟谣”，而在各国媒体拿出科学确凿的证据之后又被迫“澄清”，这种“发现—辟谣—再发现—再辟谣”随即成了每天的例行公事。对此，3月9日多名乘客家属前往马来西亚驻华使馆抗议马方失职，10日中国外交部发言人也要求马方加快调查速度与加大搜救力度，尽快给中方和乘客家属一个交代并随时将有关信息准确地提供给中方。[①] 13日中国政府联合工作组与马来西亚举行闭门会议，其中重点沟通的问题之一就是希望马方统一信息渠道，规范信息发布。中国政府联合工作组组长郭少春明确表示，中国政府和人民极度关切马航客机失联事件，急切希望搜救工作尽快取得进展。希望马方各有关部门加强协调，加大搜救力度，同时提高信息发布的透明度和权威性。[②] 3月15日马来西亚宣布飞机最后失联的地点可能位于两个区域：一是泰国北部到哈萨克斯坦与土库曼斯坦的北部走廊地带；二是印尼到印度洋的南部走廊地带，而这两个区域距离泰国湾1000多海里。在这种情况下，马来西亚决定结束在南海的搜寻，重新评估和部署搜救力量。马来西亚此次消息发布后让此前来自14个国家和地区的数十艘军舰和数十架飞机以及数十颗卫星在泰国湾围着几个错误的疑似失事点白白忙活了一周。对此，中国外交部当天要求马方就搜救部署调整与中方密切沟通并及时提供更为全面与准确的情况，以便立即扩大搜寻范围和加大搜寻力度。[③] 3月17日李克强总理在同马来西亚总理纳吉布通电话时希望马方进一步及时、准确、全面向中方提供所掌握的更加详细数据信息。同日交通运输部杨传堂部长在与马来西亚国防部部长兼代理交通部长通话时也强调，由于没有全面准确的信息，导致国际社会的搜救努力未能取得有效成果。因此杨传堂敦促马方能提供更具操作性的信息，马方若对搜救行动总体方案进行调整，希望及时通报中方，以便双方能就搜救区域分工进行协商。[④] 此后美国、中国等国家开始调整搜救方向，美国将部分搜救力量调往安达曼海、孟加拉湾和印度洋北部；中国将部分搜救力量调往马六甲海峡，开辟西部搜寻区域；越南将部分搜救力量调往本国南部外海海域；印度加大了在印度洋北部的搜救力量。至此，国际社会对失联航班的搜寻

---

① 张涵：《外交部牵头中方联席会议，马方主导现场搜救体系》，《21世纪经济报道》2014年3月11日。

② 林红梅：《马方否认客机失联后仍继续飞行》，《新华每日电讯》2014年3月14日。

③ 《马总理：失联客机不排除被劫可能》，《新华每日电讯》2014年3月16日。

④ 王冠：《中国更多介入搜寻调查工作》，《21世纪经济报道》2014年3月19日。

面积已覆盖了近半个地球。对此，英国路透社（Reuters）在评价马航失联客机搜救工作时指出，世界上最扑朔迷离的航空谜团让马来西亚政府饱受质疑，领导层面临着国际社会关于其信息发布混乱和缺乏透明度的批评。由此可见，海上搜救信息准确的极端重要性。

第二，信息沟通不畅。由于中国与有关国家海上搜救协调中心之间没有建立良好和全面的沟通协调机制，缺乏必要的理解信任和对话交流，导致信息交流渠道不畅。如在中国管辖海域范围内发生事故的船舶有时会因风向和天气的原因进到周边其他国家管辖海域，或在其他国家管辖的海域发生海上风险的船舶由于种种原因进到中国管辖海域，但因目前缺乏沟通协调机制从而导致各国信息交流不够迅速，渠道不够畅通，无法及时有效进行信息交换，从而导致应对海上险情反应不及时，延误搜救最佳时机。如 2002 年在南海发生了两起新加坡籍拖带船在从日本拖带回新加坡的途中由于大风浪使拖缆断裂，导致被拖带船漂失的情况。拖带船发现被拖带船失踪后即向附近的菲律宾海岸警卫队报警，当时菲方虽派出飞机进行了搜寻，但没发现失踪的被拖带船。后来这两艘船在海上经过近三个月的漂流，最后在西沙群岛附近的岛礁搁浅才停住。这两艘船在整个漂流的过程中没任何标志和灯光，给在南海航行的其他船造成很大的安全隐患，特别是对夜航船舶的潜在危害更大。同时由于信息传递和沟通不畅的原因，中国海上搜救中心没得到任何有关信息，因此也就没发布有关这两艘船的航行安全警告，致使这两个安全隐患在海上存在了长达几个月的时间，并给后来救助带来很多困难。又如在 2014 年马航失联飞机的搜救过程中，由于缺乏综合应急信息的快速交换机制和标准导致搜救具有极大盲目性。作为当事国的马来西亚，与中国等国家应急信息交换不畅通与不及时，马来西亚交通、外交等诸多部门在初期并没有定向的、与相关国家和国际组织进行过综合搜救信息收集、分析、评估。另外由于技术和政治等方面的原因，导致整体的国际应急搜救时常受到不同方面的信息甚至是来自新闻媒体不准确信息的影响，不实信息满天飞，使搜救效率大打折扣。特别是各国船舶一旦在争议海域和敏感海域发生险情，由于没有双方事先协商指定的确切联系渠道，导致各方在信息沟通方面存在极大的困难，报警信息需要经过有关审核程序才能实现交换。

第三，信息无法共享。目前中国与相关国家一般仅靠各国搜救中心或救助基地以及岸上机构之间来进行信息传达，标准不一，流程各异，并未建立统一、完善的险情报告信息网和有效的情报支援平台，使各方联动信息感知能力弱，从而贻误搜救时机。一方面目前中国与相关国家海上搜救中心还没有建立共享信息平台，在大多数情况下还是双边沟通，即使是双边沟通也存在许多问题。如从 2014 年马航失联飞机搜寻的过程来看，就严重暴露出中国与马来西亚需要更为灵活和有效的信息沟通与共享渠道。马来西亚的很多信息没有在第一时间向中方提供，中方不能掌握事件的最新信息，只能凭外界发布的二手信息做判断和行动，致使搜寻工作限于被动。另外，当时提供信息情报支援任务的中科院、中国卫星测控中心、波音公司、英国空难调查处、英国 INMARSAT 海事卫星公司、美国 Digital Globe 卫星公司、美国 FBI 等组织都是临时参与到搜救行动中，科技手段虽然多样化，但情报支援相对独立，缺乏系统性，导致搜救工作混乱和无序。如美国、英国等发达国家掌握了飞机发动机、卫星等很多方面的信息，而且美国最先转向马六甲海峡进行搜寻。然而这些国家并未把信息提供给中方共享，导致中方投入的搜救力量虽大，但好钢用不到刀刃上。[①]

第四，语言交流障碍。按照相关国际惯例和目前英语的通用性，各国海上搜救中心合作时工作语言一般为英语。但中国与周边许多国家的母语不是英语，因此中国与这些国家搜救中心之间的信息相互沟通流畅性及其准确性就显得尤为关键。另外，由于渔民文化水平普遍较低，一些国家和地区的渔民精通英语的较少，会话能力差，甚至全船无一人会讲英语，造成在报警与联合搜救过程中语言沟通会出现障碍，特别是施救方和渔船之间无法交流与沟通，难以组织起有效的救助。如 2006 年 5 月中国在南海东沙搜救越南渔民过程中一开始所面临的最大困难就是越南渔船通讯方式落后、语言不通和方位不清。中方救助船员所预备的国际通用语是英语，但一点也没派上用场。越南渔民不懂英语，中国船员又不懂越南语，最后越南渔民找出一个稍懂粤语的船员才解决这一问题。

第五，报警电话不同。目前中国与有关国家的海上专用报警电话号码各不相同，如中国海上应急电话号码是“12395”，但由于中国有关方面宣传不够，有些人并不知道这个海上专用报警电话，渔民一般还是先打“110”报警，再转到“12395”。日本海上应急电话号码是“118”，韩国海上应急电话号码是“122”。俄罗斯并没有海上专用报警电话，自 2014 年 1 月 27 日起全俄境内紧急救助服务电话确定为：火警“101”、匪警“102”、急救“103”。此外，也可拨打“112”再转接至上述紧急救助电话。美国

① 贾大山：《“马航 MH370”航班失联事件启示》，《中国水运》2014 年第 9 期，第 24—25 页。

遇险报警电话通用“911”，打通后会根据不同情况转给不同部门，这存在中间转接问题。而实际上船舶在海上遇险时很难确定自己所处的海域属于哪个国家管辖的海域，这就造成海上报警面临一定的困惑。根据目前船舶遇险报警程序和设备性能来看，当船舶遇险时其报警一般分为两类：一类是全方位报警，报警后船舶处于被动接受协调指挥状态。在这种情况下，报警信息可能会被两个国家海上搜救中心收到，有关国家的海上搜救中心在接收报警信息后都要询问了解对方的情况，尤其是事故发生在海上边界线附近时双方都要经历接收、核实、决定、协调的过程，最终确定搜救协调机构。另一类是向一个国家进行选择性报警，这类报警遇难船所在的位置应与这个国家实际管辖的区域相符。而一些小型船有时很难确定自己遇难海域是属于哪个国家管辖的海域，尤其是当遇险船从某个国家的一侧漂移到另一侧时选择合适的报警对象是很困难的。

第六，通信系统自身局限。现行的全球海上遇险与安全通信系统（GMDSS）尽管极大改善了船舶的通信状况，但存在以下几个问题：其一，该系统的采用虽然增强了部分船舶的性能，但也为这些船舶和未配备该系统的船舶之间带来了无法进行通话的问题。在不受《1974 年国际海上人命安全公约》关于 GMDSS 约束的船舶中没有这种通信能力，同时它还使搜救机关需要同时支持船上和岸上两套海上移动系统。[1] 其二，误报警较为严重，这会增加相关国家海上搜救中心的工作量。其三，该系统存在无线电拥挤、延迟、质量差、通信距离受限、与公众通信网络不能兼容以及所收信息不确定特别是报警后续通信不太稳定以及船舶未留下踪迹或一次成功的搜救呼叫就消失了等问题。如 2007 年 9 月 2 日韩籍化学品船“KEOY-OUNG CHEMI”轮在浙江温州以东 20 海里海域与浙江籍渔船“浙洞渔7302”轮发生碰撞，致使渔船沉没。中国海上搜救中心接到韩籍“KEOY-OUNG CHEMI”轮从温州海域打来的报警电话称发生了紧急情况，但其后电话便中断了，中国搜救中心与之便失去了联系，从而影响后续的搜救行动。

二、海上搜救合作缺乏常态化与长效化机制

中国与相关国家到目前为止还没有建立起跨国协调机构来组织海上联合搜救行动，也没有相关制度做保障，既缺少常态化机制，更缺少机制关

---

① IMO/ICAO, *International Aeronautical and Maritime Search and Rescue Manual* (*Iamsar Manual*), Vol. I, Organization and Management, London/Montreal, 1998.

联性与长效性，合作程度不够紧密。

第一，缺乏切实可行的海上搜救合作协议。在国际上，海上搜救合作一般通过达成具备法律效力的相关协定来统一认识，约束和规范各国行为，协调各方权利和义务，同时也可避免沿岸国因政策变化和各种不确定因素所带来的风险和不利影响，特别是对于解决一些敏感问题十分关键，因此海上搜救合作协议是国家之间开展合作的规范性基础，更是有关主管部门执行联合行动的依据，无疑可提高境外搜救效率。但到目前为止，中国与有关国家由于各种原因还没有正式签署有关海上搜救合作专门协定来保障、规范、指导双方搜救合作，缺少确定的规划和流程。即使中国与美国、朝鲜、韩国、越南等国家签署了海上搜救合作协议，但这些双边合作协议存在以下两个问题：一方面有的协议签署比较早，内容陈旧，不能完全适应不断变化的海上状况和不断更新的科技发展。如《中朝关于海难救助合作协定》是在 1971 年签订的，《中美海上搜寻与救助合作协议》是在 1987 年签订的，难以适应目前陆海空和水下大规模综合应急搜救的实际需要。另一方面相关规定比较笼统抽象，内容简单，对于搜救合作的具体工作程序规范得不够清晰，缺少针对性、适用性和可操作性，特别是缺少指导海上搜救的整体规划。而中国与一些国家后续又没有签订一系列补充实施协议，就使得海上搜救合作协议看起来形式意义大于实用意义。如《中美海上搜寻与救助合作协议》只是双方合作的大体框架，而且主要为协调双方对危及海上人命、财产安全的海难事件的应急行动进行合作而制定的准则，不但合作范围有限，而且合作内容也不具体。如该协议对双方搜救情报交换的内容进行了规定，但如何进行交换并未做出相应的具体规定。又如该协议规定双方要建立联合搜救行动的工作程序，但如何建立工作程序也并未做出明确规定，特别是未对跨境海上搜救行动程序做出相应规定。《中美海上搜寻与救助合作协议》只规定，由双方共同进行的联合搜救活动仅限于在中华人民共和国领海之外进行。因此今后双方海上搜救部门应为如何落实该协议的规定进行磋商，就具体合作的细节问题达成一致，最好是能够签订相关的履行协议。由于缺少相关的搜救合作协议作为依据，所以到目前中国与有关国家还无法做到有目标、有步骤、有重点地进行搜救合作，也无法解决搜救合作中遇到的一些具体问题，因此中国与有关国家在制度建设上应进一步寻求达成海上搜救合作的专门协议。

第二，海上搜救合作责任区尚未形成。中国与周边国家特别是由于南海各国在海域划界与领土主权方面还存在争端，目前南海各国尚未对需要进行搜救合作的海域进行详细的划分，南海搜救合作责任区并没有在法律真正意义上形成，而是每次发生遇险事故时，各国临时合作与安排，这可能会导致遇险人员无法及时有效地向有关搜救部门寻求帮助，不足以保证人员和船舶安全。

《1979 年国际海上搜寻救助公约》虽然确立了海上搜救区域制度，但在一些敏感细节上留有空白，公约本身没有对搜救区域具体的划分标准做出明确规定，而是将此问题交由各缔约当事国之间通过双边或多边协议来达成。目前只有中越订立的《越南下龙湾至中国防城港高速客轮航线搜救合作协议》对两国在北部湾的部分搜救合作责任区进行了划分，但并不具有普遍性，其他各国之间并未签订真正意义上的搜救合作责任区的相关协议。从南海搜救责任区的现状来说，南海有关国家依据国际公约的规定并根据各自地理位置及相关利益的考虑，在其本国相关海洋法或搜救应急预案等规定中各自划定了一块海域，并将划分范围上报给了国际海事组织备案。如中国在南海搜救责任区为 120°E 以西，10°N 以北；菲律宾宣称其海上搜救责任区为东西两面的海域，东部海域为 22°N 以南和 128°E 以西的太平洋海域，西部海域为 20°N 以南和 116°E 以东的南海海域，马来西亚分为东马和西马，相应的海上搜救责任区也分为两片海域，东马海上搜救责任区为 8°N 以南和 108°E 以东的南海海域，西马海上搜救责任区为 6°N 以南和 105°E 以西的南海海域及马六甲海峡。但这种划分基本是以各国为单位对海域单独划分，且各国皆期望通过搜救责任区的划定来体现国家主权。在这种情况下，造成南海搜救格局极为复杂，导致搜救责任区域出现空白或重叠。一方面，各国海上搜救责任区范围不仅存在着大量重叠，而且重叠之处往往是国家间争议海域，这就难以避免一国单方在争议海域内主张搜救管理权的行为可能与其他国家的主张发生重合，因此开展海上搜救合作行动时具体怎么划分搜救区域，以及如何在争议海域开展搜救合作等问题都会变得复杂敏感而无法解决。在一般情况下争议海域搜救合作需经各国层层批准，从而严重影响搜救行动的效率与成果。如在 2014 年马航 MH370 事故中，由于大片争议海域的存在，导致搜救协调时间过长且行动进展缓慢，搜寻时间基本浪费在国家间协调沟通信息的获取与进入搜救责任区的复杂操作上面，从而严重阻碍了搜救船的航行速度。这一现象会给争议海域范围内的搜救活动带来以下负面影响：其一，复杂的国家间协调不利于本国与其他国家海上搜救工作的联合，尤其是在国际性的海上搜救活动中，容易导致在争议海域范围内救助进展延迟，贻误时机；其二，在争议海域范围内实施搜救活动易使其他周边国家对其管辖海域的安全产生担忧，这种担忧会导致争议海域范围内的主权权利争执进一步凸显，引起更多的政治问题。[①] 另一方面，也有可能造成搜救责任出现空白地带，结果在海上搜救过程中出现互相争抢与推诿的情形。况且南海周边国家除了中国外，其他一些国家尚未加入《1979 年国际海上搜寻救助公约》，该公约所规定的搜救区域制度对其并不产生强制约束力，这使得划定南海搜救合作责任区更加艰难。

第三，跨界联合搜救面临限制。《1979 年国际海上搜寻救助公约》要求各缔约国应采取措施，便利其他缔约国救助设备快速进入其领水。除有关国家之间另有协议外，当事国应在其适用本国法规的约束下尽快批准其他当事国的搜救单位，仅为搜寻发生海难地点和救助该海难中遇险人员的目的，立即进入或越过其领海或领土，[②] 但实际上该公约为了海上遇险人员能够及时而有效得到救助所设立的这一条款并没有很好贯彻执行。由于东北亚和南海周边各国海上搜救协调中心之间还没有建立起全面良好的沟通及协调机制，缺乏必要的理解信任和对话交流，到目前并没有前置性地解决复杂的通行、入境等问题。在这种情况下，由于受地理、海况、气象等因素的影响，在中国海域失事的船舶有时失控会进入其他国家管辖海域或在其他国家海域失事的船舶漂流到中国管辖海域的情况，但因目前缺乏合作机制导致双方均不能调动最便利的救助力量进入对方海域进行搜救，这会给搜救工作造成很大的不便。即使能够开展海上联合搜救，也多少带有“临时抱佛脚”的色彩，只是就事论事，这主要表现在对具体问题的处理、对具体事件的沟通与协调，而且双方在协调过程中程序也比较繁琐，需要参与各方反复沟通、折冲协调，难免会出现各种问题。如 2010 年 11 月 18 日山东威海“鲁威渔 0578”号渔船在韩国西海岸以外海域倾覆，船上 15 名船员全部落水。事发后中国驻韩国的大使馆立即启动应急机制并要求韩方进行搜救。威海市海上搜救中心也接到山东省和威海市政府指示，要求海事和海洋渔业等有关部门全力配合做好搜救工作。按照山东省海事部门的统一部署，威海海事部门第一时间就发布了航行警告，请附近海域的船舶注意搜寻并及时向市海上搜救中心报告。但由于当时事发海域属于韩国搜救责任区，中国海事部门只能密切跟踪险情信息，协调韩国海警派

---

① 李志文:《争议海域搜救中责任区域划定的相关法律问题》,《学术交流》2015 年第 12 期，第 97 页。

② International Convention on Maritime Search and Rescue, 1979 (SAR 1979).

出一艘警备艇到现场展开搜救。这说明海上搜救国际合作仍存在一些深层次合作的困境，缺乏系统性的合作。因此中国与有关国家开展海上搜救国际合作需要逐步超越应对具体事件的阶段，向系统和有序的合作方向演变。

第四，海上搜救合作程序较为松散。海上搜救国际合作会涉及到多个国家和地区，应当按照搜救准备、接警、评估、初步计划、紧急处置、现场协调、中断和终止等具体程序开展应急搜救行动。各搜救主体间的配合与协调对搜救活动能否有条不紊、按部就班地进行起着关键性的作用。这便需要有关国家共同协商确定关于搜救人员与物资操作的程序性事宜，使海上搜救的程序具有一致性。但从整体上来看，目前中国与有关国家的海上搜救合作程序普遍较为松散凌乱，无论是从搜救国的互相协调与配合上，还是从搜救信息的整合与共享上，海上搜救合作程序都没有形成体系化和规范化，这在2014年马航MH370失联航班搜救过程中体现较为明显。一方面情报整合不当，导致搜救方向错误，徒耗他国人力与物力。在第一阶段泰国湾搜救时期，参与搜救的各方迫切需要马来西亚提供权威、准确的信息，但事与愿违。失联信息一变再变，马方反复改口，诸多情报公布迟延，各国之间信息通报不及时。一开始马方按住关键信息迟迟不发，飞机失联三个多小时后才对外宣布，开展搜救的时间更是在飞机失联六个小时之后，此时搜救的难度大大提升。之后马方很少有独家信息的发布，新鲜资讯基本上都出于外国媒体分析，显示其信息收集和分析能力缺乏，严重依赖外援。这有技术不足等客观原因，也有其自身主观责任，如国内协调不畅，缺乏统一、准确的信息发布口径，消息来源混乱，民航部门、军方和海事部门等各自为政，常常前后矛盾，真假难辨。对此，马来西亚政府不得不为自己行为做出辩解：并不是有什么需要隐藏，而是应对自然灾害的经验不足。[①] 但这种信息管理严重影响了马来西亚的形象，国际社会纷纷质疑其危机管理能力，更直接导致参与联合搜救的各国力量无所适从，把搜救各方带入南辕北辙混乱当中，误导搜寻方向，耽误时间，浪费资源，且给乘客家属及广大公众带来莫大伤害。在第二阶段南北走廊搜救时期，第一阶段类似的乌龙事件、信息发布混乱和种种匪夷所思仍层出不穷，“飞机到底在哪儿”的“猜谜”也愈演愈烈，而且由于数据分析不力导致两线同时推进，覆盖面相当于小半个地球，分散了联合搜救力量。直

① 艾弗尤：《难逃“阴谋论”的MH370》，《南风窗》2014年第7期，第70页。

到事件发生后的第12天马来西亚才与多国协商沟通后建立起一个救援协调中心（RCC），但由于相互支持配合不足仍导致所需信息缺失，增加了现场搜救的难度。由此可见，马航MH370失联航班初期的搜救一直都是在错误的地点和线索中间做排除法，导致各国搜救力量东奔西跑，每天消耗着百万计的资金，可搜救却一直毫无进展。

另一方面缺乏及时统一、集中有效的现场行动指挥协调机制。在2014年马航失联飞机搜救行动中，因缺乏成熟配套的国际合作机制，各种搜救力量的组织协调工作只能临时开展，各国未建立起统一的协调指挥机构，彼此沟通协同比较困难。虽然此次搜救的协调工作由马来西亚政府主导，但在搜救过程中没有既定的规则和程序，搜救现场既无统一的行动协调和指挥，也缺乏充分的信息沟通与分享，搜救区域分配不合理，参与国仅受道德义务约束，基本上是各行其是，支持配合不足，只是把各自的搜救区、搜救力量、搜救计划通报给马方，马方也把它的搜救力量、搜救计划告诉参与搜救的各国，完全是点对点的沟通，从而大大影响了搜救实效。至于面上的情况，比如其他国家的搜救力量在哪和搜救方式如何，参与搜救的某一国家无从知晓，如在第二阶段南北走廊搜救时期，各搜救方对沿着里海延伸至南印度洋的一条弧线区域的搜寻工作加大力度之时，日本等国家参与搜救的侦察机还在停机坪上等待马来西亚政府的明确指示，而在北部走廊上的哈萨克斯坦则表示未收到马方的任何请求，使得联合搜救工作陷入被动混乱局面，难以形成合力。在搜救第三阶段，澳大利亚海事局（AMSA）曾要求马方提供一份该航班的货运清单，以便比对打捞到的可疑物，但马方态度却模棱两可并未给予正面回应，增加现场搜救的难度，导致搜救效率和效果都差强人意。2014年3月30日澳大利亚成立了一个新的联合协调中心（JACC）专门处理澳大利亚各政府机构及各国搜救队之间的协调工作，4月1日该中心开始进行具体协调工作。4月3日澳、马两国总理举行联合发布会，马方确认澳方正式接手指挥联合搜救行动，上述乱象才在一定程度上得以改观。

第五，社会力量参与联合搜救积极性不高。由于海上险情发生原因复杂、搜救范围广泛、海上搜救行动应快速及时等特征，因此在海上搜救过程中社会力量广泛而有效参与对于海上搜救的成功发挥着极为重要的作用，且拥有许多专业搜救力量所没有的优势。由于受到资金投入量大、维护成本高等因素的限制，目前中国及周边各国的专业搜救力量有限，救助基地较少，无法覆盖整个东北亚与南海海域。如南海周边各国专业救助力量有效搜救范围大概在50千米的范围内，在南海的中远海或偏僻海域等各国专业搜救力量所未覆盖的海域发生的险情，必须依靠各国过往船舶以及当地社会救助力量的及时参与。另外，海上险情发生的原因及类别各不相同，所需进行的救助方式也千差万别，如船舶搁浅、溢油、危险品泄漏等不同海上风险发生的情况下，所适用的救助设备也有很大的不同。而中国周边国家大多搜救水平普遍较低，装备落后，在多数情况下即使专业力量到达事发地点也不可能全部拥有应对险情所适用的设施。特别是在发生溢油事故时，应急处理所需的设施很多时候是专业力量所不具备的，在这种情况下就需要社会救助力量的大力支持和配合。由此可见，中国周边各国海上专业救助力量由于主客观原因，尚不具备承担整个东北亚与南海海域搜救工作的能力，需要广泛动员和鼓励各国社会救助力量参与，这有助于节省各国专业救助力量长途跋涉前往险情发生地的时间，弥补专业救助力量的不足，从而能够抓住救助的最佳时机，极大提高救助效率，节约搜救成本。

三、相关国家应急能力不足及差异性影响合作效果

国家之间的搜救合作及提高联合搜救工作的有效性，势必离不开合作中具体国家的付出与努力。海上重特大险情发生后最为考验有关国家国内迅速动员及国际统筹协调能力，但中国与相关国家搜救水平参差不齐，特别是搜救机构和搜救力量等方面的差异性会造成现有搜救区域应急合作操作难以做到规范化和程序化，搜救行动统一性问题难以解决。海上险情发生后需要其所在搜救区的责任国采取综合的应对措施，这是对其危机管理水平的考验。但搜救区的责任国如果在应急能力方面不足不仅会导致其自身搜救行动无力，同时还会拖累国际联合搜救行动的开展。当前中国海上搜救体制、机制和能力建设虽初具规模，但目前相关国家海上搜救机构和资源等方面的差异性及其自身某些方面不足，在一定程度上会限制中国参与海上搜救国际合作及其效果。

第一，从海上搜救管理及差异性来看，无论是中国还是其他相关国家都存在一定问题。其一，从中国海上搜救管理来看，首先，中国参与海上搜救国际合作缺乏指导性纲领文件。当前中国与他国开展海上搜救国际合作的指导性战略仍处于空白状态，基本上仍处于一事一议阶段。如从有关海上搜救国际合作项目实施情况来看，基础领域较多，如海上搜救沙盘与通信联合演习、主管部门交流磋商会议等，但关键性技术与制度层面的搜

救合作尚未涉及，一方面真正涉及到海上搜救国际合作战略与习惯等层面的内容仍处于起步阶段，另一方面涉及国家层面的全方位、多领域搜救合作的效果不突出，合作范围不宽，合作层次深度不够，亟需深化拓展。这与中国所面临的国内外宏观环境快速转变局势相关，中国海上搜救正处于走出去的起步阶段，许多合作领域还处于探索试验期，需要靠执行具体项目来深化总结经验与教训，最后上升为固定的指导性战略或政策文件。①

其次，中国参与海上搜救国际合作组织管理面临协调困难。虽然中国海上搜救机构比较完善，搜救力量也比较强大。但海上搜救是一项复杂而技术要求较高的系统工程，除专业搜救机构外，还涉及到渔业、气象、电信、医疗等部门，特别是海上搜救的善后处理还涉及到民政、外事、公安等单位。中国目前主要由设在交通运输部的中国海上搜救中心负责全国海上搜救工作的统一组织和协调，采用四级险情、三级响应的管理模式，制定有国家、省、市三级反应程序，但这三个层面的反应程序之间衔接性并不是很好，可操作性不强。如三个层面的反应程序纵向与横向容易发生交叉且有时协调指挥不够通畅，因为纵向是各级政府，横向为各主管部门独有的指挥系统，这样在组织海上搜救过程中会经常受到各级政府的干预，尤其是发生重特大海上险情时各级政府的行政长官意志会取代应急反应程序，搜救中心难以按既定程序组织搜救行动，也难以建立统一的海上搜救指挥体系，这在一定程度上增加了搜救指挥层次，降低了搜救效率。同时由于海上搜救工作分属于不同的主管部门，如参与海上搜救的船舶有渔船、货船、政府公务船和军舰等，而各部门的工作宗旨与组织形式不尽相同，特别是不存在隶属关系的部门常常产生职责界限不清、联络不顺的现象，再加上各部门受局部利益的影响，使海上搜救组织协调能力受到很大限制，难以建立高效的沟通方式。尤其是在涉外海上搜救国际合作方面目前尚缺乏具体与可操作性的规定，因此在实际操作中如果需要有关部门协助时，由于各部门隶属关系不同，基本上是按规定各部门各自逐级上报，很难做到快速协调、决策和反应而延误搜救时机。

再次，中国参与海上搜救国际合作设备审批复杂。交通运输部在 2009 年 12 月 1 日开始施行的《专业打捞船舶调度指挥管理办法》第七章“出国船舶管理”第 17 条规定：各打捞局如调遣大型专业打捞工程船执行出国任务，在签订合同之前应报交通运输部救捞局审批，批准后方可执行；

---

① 郑怀宇：《“一带一路”战略背景下的海上搜救国际合作》，《中国海事》2017 年第 3 期，第 39 页。

如执行出国任务的合同发生变更，应按上述程序和要求重新报交通运输部救捞局审批。各打捞局出国船舶启航前，其航行计划和安全措施应报本局调度室、安监处、分管局领导审核与审批，批准后方可执行出国任务。第18条规定：除大型专业打捞工程船外，各打捞局其他船舶出国执行任务，应在船舶出国前两个工作日内，将合同副本和航行计划报交通运输部救捞局备案。第19条规定：船舶赴与中国未建交的国家和地区执行任务，应严格执行国家的有关规定和政策，经交通运输部救捞局审核后，报交通运输部审批。第20条规定：在国外执行任务的船舶应每天至少向本局报告一次船位、航行或执行任务情况。如因天气原因改变航行计划，船长有权根据情况做出决定，但须向本局报备。第21条规定：对违反本办法的单位和个人，其上级部门应给予批评教育或行政处分；对造成严重后果的应追究相关责任者的责任。特别是海上搜救专业飞机到目前仍未纳入国家航空器管理序列，在执行搜救或演练任务时审批手续更是繁琐，影响海空联合搜救，这就直接影响到海上搜救效率和效果，与“人命救助、快速高效”的目标距离较大。

最后，中国参与海上搜救国际合作应急预案准备不足。如在2014年马航MH370失联飞机的应急搜寻行动中，由于受客观条件的影响，任务目标不明确，而应急搜寻区域从泰国湾、马六甲海峡、安达曼海到南印度洋，跨度大、时间长、范围广。但目前中国现有的应急预案对类似的重特大事件应对存在不足：（1）没有明确跨国应急任务的准备工作，对执行跨国应急任务临时协调事项缺少必要准备；（2）没有明确对类似事件的应急启动条件、应急力量选择调派、应急行动部署、应急行动结束研判和事后评估方式与方法；（3）没有规定随船媒体对外宣传程序以及信息报告的格式和途径；（4）没有建立现场工作单位与当地搜救协调机构的有效联系机制。

其二，从东北亚各国海上搜救管理来看，东北亚其他国家如日本和韩国尽管海上搜救机构设置比较完整，但遇到重特大海上险情也会面临种种问题。如2011年3月11日日本大地震引发了海啸，而在搜救工作中却暴露了日本政府危机管理体制漏洞百出：救灾迟缓、指挥无序、信息混乱等，特别是日本政府内部层次复杂的官僚体制未能与国际救援合作的需求相结合，导致对国际救援队及物资审批准入缓慢，给搜救合作行动造成一定负面影响。因此有外国媒体批评日本在这场空前灾难面前暴露了能力不足和官僚体制问题。[1]

再如韩国原来主要由海洋警察厅负责海上搜救工作，但在韩国“岁月”号沉船事故搜救中也暴露出许多问题。2014 年 4 月 16 日韩国“岁月”号沉船事故发生后，由于船长和船员未能及时通知乘客离船并组织施救，专业搜救力量也没有及时到位，结果延误了求生时间和机会。大多数落水乘客都是被过往商船与渔船营救，而当海警、海军舰船及直升机抵达事故海域时客轮已接近完全沉没。[2] 为此韩国总理郑烘原被迫引咎辞职，“岁月”号让他意识到韩国社会一些存在已久的不法和玩忽职守行为，为政府未能阻止事故发生以及应对不力向公众道歉。[3] 4 月 29 日韩国总统朴槿惠也表示韩国政府没能提前预防事故，在各方面应对处理不到位，对此表示道歉。[4] 5 月 4 日韩国 YTN 电视台的报道也称，“岁月”号事件给韩国社会带来深刻教训，有必要对此进行深入总结，首先就是事故发生初期政府有关部门慌张失措的行为，造成救援混乱。5 月 4 日韩国的《朝鲜日报》报道认为，官僚主义集团成为此次“岁月”号造成重大伤亡的根本原因之一。对此，5 月 6 日朴槿惠再次就“岁月”号沉船事故公开道歉并承诺将从根本上改革现有的国家政策和体系，以保障国民的生命安全，让类似悲剧不再重演。[5] 5 月 19 日朴槿惠正式向全体国民道歉，并指出韩国海警在此次事故救援中未能尽到应有的责任。鉴于韩国海警自身存在的很多问题，决定解散救援不力的海洋警察厅，把其搜救职能移交给新设立的国家安全处。[6] 2015 年 8 月中国上海打捞局企业联合体与韩国海洋水产部签署“岁月”号打捞合同，2017 年 3 月将沉船整体打捞出水。对此，韩国海洋水产部部长金荣锡表示，为了牢记“岁月”号事故留下的痛苦与教训，防

---

① Statoru Ikeuchi, *A Country' s lasting Aftershocks*, The New York Times, March 19, 2011.

② Asian Correspondent, *Death Toll Rises to 288 in South Korea Ferry Tragedy*, http: // asiancorrespondent. com/121700/live – sewol – ferry – disaster – korea/.

③ Ashley Fantz, *South Korean Prime Minister Resigns over Ferry Disaster Response*, http: //edition. cnn. com/2014/04/27/world/asia/south – korea – ship – sinking/.

④ Andrew Stevens, *South Korean President Apologizes for Response to Ferry Sinking*, http: //edition. cnn. com/2014/04/29/world/asia/south – korea – ferry – sinking/index. html.

⑤ Yonhap News Agency, *Park Renews Apology for Ferry Disaster on Buddha's Birthday*, http: //www. globalpost. com/dispatch/news/yonhap – news – agency/140506/park – renews – apology – ferry – disaster – buddhas – birthday.

⑥ Kang Seung – woo, *Park will Dismantle Coast Guard*, *Korea Times*, May 20, 2014.

止重蹈覆辙，政府将改革海洋安全制度，推广海洋安全文化，建设国民海洋安全馆等安全体验设施。从制度细节到安全文化、安全认识的改造上，政府将竭尽全力。在这种情况下，中国海上搜救中心如何与韩国新设立的国家安全处开展海上搜救合作还需要进一步协调。

而俄罗斯海上搜救管理机构则比较复杂，主要有以下几个部门：(1) 俄联邦国防部下设海军搜救总局，总局下设搜救舰队。(2) 俄联邦交通部海运和河运署下属的交通安全管理局设有五个海上搜救协调机构，八个地区搜救局，负责管理海上救助队伍的日常工作，组织营救受困人员和船舶以及控制海上污染。(3) 俄联邦安全局下属边防局组建的海岸警卫队负责参与海上搜救工作。(4) 俄联邦农业部以及民防、紧急情况和消除自然灾害后果部的海上救援队伍。上述各部门都有自己的救助船，其中俄联邦国防部搜救船占搜救船总数的52%，俄联邦交通部占31%，俄联邦安全局占5%，俄联邦农业部占4%，俄联邦民防、紧急情况和消除自然灾害后果部占2%，其他部门占6%。由此可见，俄罗斯有关海上搜救机构比较分散，而中国主要由设在交通运输部的中国海事局及中国海上搜救中心具体负责全国海上的搜救工作，救助打捞局负责专业搜救队伍的管理。双方在开展海上搜救合作时中国交通运输部要与其不同部门打交道，面临着协调上的困难。

朝鲜的海上搜救机构相对简单，专业救助力量薄弱，这在一定程度上会影响海上搜救国际合作的开展，如到目前为止中国与朝鲜海上搜救合作活动进行的较少。

其三，从南海周边国家海上搜救管理来看，南海周边国家多为发展中国家，海上搜救管理存在许多问题，甚至没有专门的搜救机构，专业力量参差不齐，对开展海上搜救国际合作内在动力严重不足，大都缺乏及时应对和科学处理危机的能力，这就使得他国搜救力量的介入面临诸多困难，影响搜救合作运行操作效果与海上险情处理效率。如 2014 年马航 MH370 飞机失联后就暴露出马来西亚在搜救管理方面存在的严重问题，马来西亚政府表现出信息披露迟缓，政出多门，官方内部矛盾与沟通不畅，缺乏必要的应急处理能力。对此，一些分析家认为在此次事件中，马来西亚政府表现得颇不专业，不仅影响、误导了各国搜救力量，给遇难者家属带来精神上的更多创伤，也成为形形色色“阴谋论”的温床。此次失联航班的飞行轨迹大大超出了马来西亚力所能及的范围，而航空客运历来较为安全，马来西亚当局在突如其来的变故面前不知所措，也使得其他一些国家显得有力使不上，发挥不了预期作用。由于马方的失误，最初的疑似定位点并非客机最后失踪地点，大多数国家的搜救力量一开始就被误导投错了方向。由于搜救范围实在太大，大多数参与国的船艇、飞机要么不具备相应搜救能力，要么来不及在如此大范围内反复转场。

其四，从美国海上搜救管理来看，美国主要由设在国土安全部的美国海岸警卫队来负责搜救行动，而中国上面已经提到，目前主要由设在交通运输部的中国海上搜救中心负责全国的搜救工作。由此可见，中美两国海上搜救机构的所属部门、机构性质等都不尽相同。对此，美国学者指出，中美两国海上民事机构的构成并不完全一致，因此机构上的差异一直是制约双方关系的主要因素，[①] 因此双方在开展搜救合作时面临协调上的困难。

第二，从海上搜救资源及差异性来看，存在以下几个问题：其一，由于中国与周边各国海上搜救部门及其职责不同，其搜救成员单位的搜救船艇更新和部署地点会经常发生变化，这会给其他方制订相关应急合作预案带来一定困扰，搜救力量部署尚存很大空白，影响搜救资源有效整合及搜救效率。

其二，由于中国专业搜救船实行动态待命值班，而其他周边国家专业救助船一般是被动在港内码头值班待命，再加上救助基地分布不合理或不到位，中国与周边各国搜救船之间有时难以做到功能和值守时间上的互补。如在南海搜救船出动时间长、航行距离远，容易导致错过救助的有效时间、丧失救助最佳机会的情况。

其三，中国与周边各国对对方在应急方面所能提供的海上搜救资源和技术标准掌握还不甚全面，使组织海上搜救协调能力受到一定限制。因此中国与周边国家沟通渠道尚需进一步拓宽，以便共享搜救资源。

其四，中国周边大多为发展中国家，搜救设备、通讯、医疗、后勤保障等事关搜救效果的硬件普遍落后。一方面搜救通讯设备落后，缺乏及时有效获取与处理海上险情信息的能力，导致海上搜救行动延误等状况时有发生。另一方面搜救装备和救助设施普遍落后，数量不多，性能较低，救助能力差。在这种情况下，即使进行有关合作也往往难以满足实际需求。如 2012 年 1 月 2 日新加坡籍“THERESA DUA”号货轮在南海行驶时，一名船员遭受重伤。该船立即向菲律宾海岸警卫队寻求医疗救助，然而菲方却无力提供被要求的医疗救助，最终这名船员因抢救不及时而身亡。

---

① Lyle J. Goldstein, *China A New Maritime Partner*? http://www.usni.org/magazines/navalhistory/2000－04/china－new－maritime－partner.

第三，从海上搜救技能和水平及差异性来看，中国与周边各国对参与海上联合搜救人员的专业培训与联合演习还有待进一步加强。中国周边一些国家专业救助人才不足，水平不高，这会对海上险情应对决策与执行造成不利影响，如对海上险情判断错误，处理过程犹豫不决，应急处理方法和措施不当等。特别是中国与东盟国家间缺少常态化、实质性的海上联合搜救实船演练，几乎都是临时性的搜救演习或者基于某种目的而进行的专项演习，演练规模较小、内容单一、科目偏少，其象征意义大于实质效果，未能形成持续、有效的联合搜救行动能力，导致部分参与联合搜救人员缺乏在复杂和危险条件下有效执行救助的技能和胆魄以及良好的身体与心理素质，以至在实际联合搜救实践中出现了一些因训练不到位而造成的失误现象，甚至导致对遇险人员和船舶二次伤害，这也会或多或少影响彼此间的合作效果与水平。

四、渔船和重大险情及远洋应急联合搜救存在短板

中国与周边各国在渔船遇险以及客渡船、客滚船、高速客船、旅游船、大型油轮、化学危险品运输船和飞机失事坠海等重特大事故以及远洋应急联合搜救方面还有待进一步加强。

第一，从渔船应急联合搜救来看，中国及周边各国渔船众多，但船体普遍较小，作业面广，通信及安全装备落后，抵抗恶劣气象和海况能力较差，再加上渔民安全意识和技术水平不高，造成海损事故频发。因此对遇险渔民应急联合搜救一直是中国与周边各国海上搜救协调中心的主要工作，但渔民遇险后联合搜救受限制却最多，很难得到及时快速救助。

其一，在通讯方面，一方面一些小型渔船通信设备缺乏和落后，导致联合搜救过程中联系不畅，搜救机构难于确定其遇险时间和位置。实际上通信设备是与渔船安全及海上搜救最密切的设施，直接关系到其自身安危，但中国及周边一些国家和地区仍有部分较小渔船的船主对此缺乏足够认识，不重视安全投入，能省则省，得过且过，没有按照国际规范有关要求配备相应通讯设备，导致遇险信息传递不畅，搜救机构难于确定其遇险位置，这会对及时联合搜救造成严重影响。如目前在近岸海域作业的小型渔船普遍使用移动电话作为通信设备，但移动电话局限性较大：（1）移动电话信号不能覆盖所有海域，且其不是专门的海上通信设备，不能确保有效通信联系，造成渔船遇险后不能及时报警。（2）在紧急情况下使用移动电话，用户必须知道或查找到所要打的电话号码。（3）移动电话只能与服

务商紧密协调，需费尽周折才能确认电话来自何处（通常半径为10—15海里）。（4）移动电话在更换或重新充电前，只能维持有限的通话时间。（5）在遇险区域，移动系统由于用户众多而饱和，几乎不可能进行同一区域的呼叫。另一方面报警信息发送和接收渠道不统一。中国及周边国家一些较大的渔船虽装备了高频通讯设备，但多数设备陈旧，发射功率较小，通讯范围有限，海上信号较差，而且渔船的通讯频率与周边各国搜救协调机构以及国际海事和商船的通讯频率不同，这些渔船不善于使用统一的国际遇险频率呼救，造成互相之间不能及时联系。这样，渔船发生险情后无法直接向搜救中心报警，很容易造成渔船与岸上失去联系的情形，使各国海上搜救力量无法了解遇险渔船和渔民的实际状况、具体位置等信息，从而影响搜救中心对其险情的判断和分析，也就无法有目的地派出专业搜救力量和通知就近过往船舶进行救助，从而增大搜救难度，降低效果。同时各国海上搜救力量相互之间也不能及时联系，结果在联合搜救行动中各种力量基本上是各自为政，增加了搜救指挥的复杂性和协调上的困难。如2004年10月10日广东"珠香1185"号渔船在太平洋密克罗尼西亚海域作业时有四名船员食物中毒急需救治。中国海上搜救中心接到报告后，立即与负责该责任区搜救的美国火努鲁鲁（HONOLULU）搜救中心取得联系，请其协调力量将四名船员接上岸救治，并通过外交部与中国驻密克罗尼西亚使馆取得联系，请求予以协助。美国火努鲁鲁搜救中心回复说，该地区无救助力量可派，距离该轮最近的波纳佩岛上有医院，请该轮自行向该岛航行，他们将安排医院接收病人。但从11日凌晨1时至9时30分，船舶所有人与"珠香1185"号渔船却失去了联系，无法将指令和要求传达给该船，其主要原因是船上配备的通讯设备除了单边带电话外没有其他通信设备，而单边带通信会受到天气条件限制。所幸的是四名船员经船上抢救后脱离危险，否则很可能成为通信不畅的牺牲品。又如2006年5月中国搜救船在南海东沙营救越南渔民的过程中，一开始所面临的最大困难便是越南渔船通讯方式落后，中国"南海救111"轮多次呼叫，但是因为不明越南渔船的发射和接受频率，均没有发现越南渔船。后来不断交换发射和接受频率，在救助船与受灾船距离30海里的地方才联系上。

其二，渔民对作业区域的各国搜救系统缺乏了解，当渔民在海上遇险时很难及时把报警信息发送给就近国家的海上搜救协调中心。渔民往往通过生产用的通信频率将遇险信息首先发回家乡，再通过当地报警渠道向海上搜救中心转报，从而耽误搜救时间。在这种情况下，国家和地区搜救中心之间的协调和沟通对于遇险人员及时获救就显得尤其重要。

其三，中国周边国家渔民在互救时，渔民一般愿意救助落水人员，而不愿意救助遇险渔船。究其原因，一方面是因为救助落水人员不会影响自身捕鱼作业，落水人员被救起后可随救助渔船一起作业，待渔船返回时再上岸。另一方面是因为目前南海海盗猖獗和难民船较多，有时无法分清求救的渔船是海盗船、难民船还是真正遇险的渔船，所以一旦遇到渔船或其他不明小船求救一律敬而远之，这会极大影响渔船在海上的互救，同时也会影响救助成功率。

其四，中国一些渔民法律意识、风险意识、自我保护意识较差，违规越界作业。一旦发生险情，海上搜救会面临如下困难：首先，由于遇险渔船是在邻国管辖范围内，不敢向管辖国报警，从而延误海上搜救时间。其次，由于受海上权益争端影响，有关国家的军警经常抓扣所谓越界捕捞的渔民，致使一些遇险的中国渔民有时难以对前来救助的其他国家的搜救力量有真正的信任感，容易产生误会，不愿积极主动配合救助。如 2005 年 9 月海南一艘渔船在海上遇险，渔船随风浪漂流到马来西亚附近，后在马来西亚军方和海上搜救协调中心救助下才安全返回国内。但在救助的过程中却因为遇险者对救助人员的施救意图不明白和不理解而不愿配合，导致救助过程耽搁了许多时间。最后，越境捕鱼的遇险渔船如果向国内报警，中国救助行动难以开展。根据有关国际公约，中国渔船在邻国管辖海域遇险，如派力量前往救助必须事先与有关国家的海上搜救机构、海事部门协调，否则可能会因此引发外交事端。如果协调的对象国家对中国的请求迟迟不答复的话，中国海上搜救中心将无法采取进一步的救助行动，这种现象在经济欠发达国家表现较为突出。如 2004 年 10 月 9 日海南的“琼儋洲 13068”号渔船在距三亚港偏西 130 海里处因主机故障抛锚，请求拖带救助。由于该渔船抛锚待救地点已超出中国搜救责任区域，如派专业救助力量前往须先与他国当局协调，而当时外方对中方的请求却迟迟不予答复。在这种情况下，渔业部门只能组织、协调在遇险渔船附近海域作业的中国渔船“琼儋州 04016”号就近进行救助并成功将其拖带至中方一侧海域。

其五，中国及周边各国在联合救助遇险渔船时有些渔民不愿离开难船。由于渔船是渔民最重要的生产资源，价格较高，对很多渔船主来说，渔船就是其身家性命，失去了渔船可能就意味着倾家荡产，不到万不得已渔民一般不会离开难船。因此一些船主为保全渔船而不愿积极配合专业力量救人行动，不听从搜救人员劝阻，只要自己的已船尚未毁灭，人就不愿被救助。或者经常要求前来救助的船舶也将其渔船拖带回港，但有时受海况和渔船本身条件的限制无法拖航。而海上救助的最佳时机稍纵即逝，如果错过了救助时机，不但保不住渔船，渔民也可能因此失去获救希望。由此可见，渔民这种“人船共存亡”的行为会严重影响搜救工作的进行，这不仅会造成搜救资源浪费，而且还会给救助人员安全造成威胁。

第二，从海上重特大险情应急联合搜救来看，像客船、油轮、化学危险品运输船发生重特大海难以及航空器失事坠海等事故虽然发生概率较小，但一旦发生就会造成群死群伤，有时还会造成海洋环境严重污染。如1999年11月24日烟大轮渡公司的客滚船“大舜”轮在从烟台驶往大连的途中倾覆沉没，造成280人死亡或失踪。2002年大连“五七”空难，飞机失事坠海，造成112人遇难。2010年4月20日英国BP石油公司在美国墨西哥湾的“深水地平线”钻井平台发生井喷后爆炸起火沉没，造成11人死亡、17人受伤并有410万桶原油流入墨西哥湾，污染波及沿岸5个州，成为美国历史上最严重的漏油事故。2011年6月4日中海油与美国康菲中国公司合作开发的渤海蓬莱“19—3”油田发生重大溢油事故，总溢油量达7070吨，污染海域6200平方千米，影响到山东、河北、天津和辽宁三省一市。2014年4月16日韩国“岁月”号客轮沉没造成300多人伤亡和失踪。像这类重大海上事故，需要在同一时间在多种管辖权限下完成海上人命救助、污染物防控、交通安全管制以及救灾物资和通信联络保障、医疗服务、事故调查等多重任务，而且搜救持续时间长，动员设备和物资数量多，指挥协调层次复杂，救援难度大，社会期望高，中国与有关国家更要加强进行海上联合搜救的力度。如2014年3月马航MH370航班失联后应急搜救难度大、区域广，再加上初期搜寻的目标和方向都不明确，搜寻的重点先从南海后转向巴士海峡，再转向南印度洋靠近澳大利亚西侧海域。从参与搜救行动的机构来看，马来西亚一直扮演主导国的角色，另外还包括泰国、越南、菲律宾、中国、新加坡、澳大利亚、英国、新西兰、美国等20多个国家。从参与搜寻力量来看，既包括政府部门，又有志愿者组织；既有民事部门，又有军事力量。本着时间就是生命的理念，参与国首先是根据自己的实际情况制订搜救计划，这就会存在很大盲目性。在这种情况下，如果没有强有力的国家和国际组织出面进行协调或如果没有明确的、事前的应急搜救合作机制，就难免事倍功半，导致与其他国家的搜救行动无法形成有效配合与协调，在应急搜救的前期基本处于各自为战的状态，参与搜救的各国并未建立起统一、有效的协同指挥机构和平台。同时由于东亚地区缺乏应急搜救的合作机制，缺乏有效的预测预警、信息共享、风险分析、救援协调、应急联合处置等制度性安排，导致搜救初期效率不高。如当时各国获得信息的时间以及信息的准确程度不一致，越南和马来西亚甚至还经常否定对方发布的信息，导致对事故的反应速度也不一致。在这种情况下，很容易错过救助的黄金时间。对此，有专家指出东盟没有海上搜救协同机制，各国一般按照自己或相关国际规定行事。虽然国与国之间海事警察局或海洋巡查部门有平行沟通的渠道，但问题是没有成立一个国际法上强而有力的共同机制或平台去分享资讯。[①] 正是由于各国和地区搜救力量之间缺乏协调，使得搜救存在很大盲目性，也增加了难度。

第三，从远洋应急联合搜救来看，中国在处理远距离海上险情仍存在不小难度，搜救费时长且效果较差，这在 2014 年马航 MH370 事件中明显暴露出中国一些不足。其一，中国缺少中远端海上搜救基地。目前中国基本上能够满足近岸约 100 海里以内的海上搜救需要，但中远海如南海南端、马六甲海峡及印度洋等搜救能力与快速反应手段则十分有限，搜救力量无法在第一时间赶赴出事地点，即使是飞机也有可能面临有去无回的局面。如在 2014 年马航事件中一开始公布的疑似失联海域是在泰国湾，由于中国在南海中远端缺少搜救基地，中国海上搜救力量在赶赴疑似海域时需长途跋涉。如中国海军首艘参与搜救的“绵阳舰”在事故后两昼夜才抵达疑似海域，“井冈山”号登陆舰则用了 55 个小时（具体见表 4—4）。而相比最早抵达疑似海域的越南、美国等国家的舰机则显得鞭长莫及，这与中国在相关海域没有机场码头做支撑有关。由此可见，由于受到待命位置和油水存量的限制，目前中国还不具备快速高效远程投送能力，在执行类似马航 MH370 搜救和南海大范围搜救等任务时不能在较短时间内通过空中投送、水面机动等手段将救助力量投射到事发水域。

特别是后来海上搜救转场至南印度洋后，由于中国在相应海域与航路上没有搜救基地，也没有大型远洋搜救补给船，中国“海巡 01”等搜救船只能舍近求远，从澳大利亚赶到新加坡进行补给。由此可见，船舶物料方面的后勤补给能力成为远洋联合搜救行动的瓶颈，无法保证搜救船连续作业，从而影响搜救的及时性和连续性。对此，2014 年 4 月 24 日新加坡《联合早报》发表的《搜索马航客机暴露中国海军弱点》一文认为中国海

---

① 徐维维：《25 国南北“走廊”大搜寻》，《21 世纪经济报道》2014 年 3 月 19 日。

军到南印度洋参与搜寻暴露一大战略弱点，即缺少离岸基地和可供停靠的友善港口。①

表 4—4　2014 年马航事件中国搜寻舰船抵达泰国湾时间

搜寻舰船	出发时间	抵达时间	耗时	距离
“南海救 115”	3 月 8 日 15 时	3 月 10 日 20 时	53 小时	1500 千米
“南海救 101”	3 月 9 日 9 时	3 月 11 日 16 时	55 小时	1850 千米
“海巡 31”	3 月 9 日 16 时 30 分	3 月 11 日 17 时	48 小时 30 分	1850 千米
“绵阳”号军舰	3 月 8 日 23 时	3 月 10 日 3 时 50 分	28 小时 50 分	1300 千米
“井冈山”号军舰	3 月 9 日 3 时	3 月 11 日 10 时	55 小时	2200 千米
“海口”号军舰	3 月 9 日 16 时	3 月 11 日 17 时	49 小时	1850 千米
“昆仑”号军舰	3 月 9 日 17 时	3 月 12 日 6 时 20 分	61 小时 20 分	2200 千米

资料来源：贾大山：《“马航 MH370”航班失联事件启示》，《中国水运》2014 年第 9 期，第 23 页。

其二，中国缺少远程和深海搜救装备及人才。一方面从搜救装备来看，在马航 MH370 航班搜寻过程中，中国缺少远程海上搜救设备，难以满足在恶劣海况下长时间搜救的需求，特别是缺少先进的对深海探测和定位能力的装备以及精准灵活的深水打捞设备，不具备水下影像资料采集能力，导致搜寻效率不高，与西方先进国家相比仍有不小差距。如当时中方执行搜寻任务的空中力量以伊尔 -76 运输机为主，这些运输机并非专用的远程水上巡逻飞机，缺乏专用的对海搜寻装备，主要依靠机上人员利用简单的光学器材如望远镜进行观察，相对而言搜索范围小，效率不高，还可能遗漏重要的小型漂浮物，难以承担这类远程搜救任务，也限制了中国与有关国家搜救合作的能力。另外，中国还派出了运 -8 侦察机到马来西亚执行搜寻任务，但该机的航程使其无法到达新的搜寻区域执行任务。尽管中国可将该飞机转场至澳大利亚珀斯起飞执行任务，但那么做会有安全后果。对此，有外国专家表示：任何运 -8 特种飞机如果在海外执行任务都有受到别国分析的风险，而在搜救方面获益很小。② 相比之下，美国和澳

① 贾大山：《“马航 MH370”航班失联事件启示》，《中国水运》2014 年第 9 期，第 24 页。

② *Who Will Pay for the SAR of MH370*, http://www.kekenet.com/read/201403/281819.shtml.

大利亚等国使用的 P－8 和 P－3 海上巡逻机却拥有巨大的电子侦查平台，具有很强的侦查和探测功能，充当着水面搜寻的主要航空力量。另一方面从人才来看，中国专业救助船跨洋执行联合搜救任务还缺少相应训练，一线船员缺乏远距离、长时间、高海况搜救经验，特别是缺少具有设备使用与维护、外交处理、外语沟通、指挥协调等综合能力的人才。

其三，中国缺少远海搜救影响力。在印度洋的马航 MH370 班机的搜寻显示了中国并未在这一片区域拥有影响力，当中国海上搜救力量出现在印度洋东部，将搜寻区域扩大到 30 万平方千米后，顿时感到自身力量严重不足。而美国和澳大利亚等西方国家联盟构建了在南太平洋以及印度洋的军事存在，主要参与者是美国、澳大利亚和新西兰等发达国家，它们长期维持一个稳定而且成熟的军事合作模式，彼此之间配合默契，信息交流通畅，展示了高效的海上联合搜救模式，而中国与有关国家却缺少充分沟通、信息交流和协调行动的关系，中国搜救力量在码头靠泊、伙食补给、人员换班等后勤支持保障方面存在较多困难。

第三节　中国参与海上搜救国际合作的阻碍因素

海上重特大险情通常涉及到一国或多国的政治、经济、军事、法律等方面的敏感问题，加剧了海上搜救国际合作的难度。而海上搜救国际合作的实践也证明由于参与主体的复杂性、作用对象的多样性和合作地点的变动性等因素也为有关国家参与海上搜救国际合作带来了重重困境。近年来中国参与海上搜救国际合作仍面临许多问题，对造成这些问题的相关原因进行分析与探究，从而找到症结所在，将更有利于海上搜救合作体系的进一步完善。

一、法规因素影响

“法律上的障碍可能就像是灾害中的狂风暴雨冲垮了道路一样，同样构成有效的国际救灾的路障。缺少必要的法规可能导致的后果就是不合作、不当行为和浪费。法律问题意味着受灾者不可能在正确的时间获得正确的援助，以正确的方式交付救援货物”。[①] 中国参与海上搜救国际合作虽

---

① International Federation of Red Cross and Red Crescent Societies, *Law and Legal Issues in International Disaster－response*: *A desk study*, http: //www. Ifrc. org/idrl.

具有法理依据，但有关法规也存在一些问题，造成中国参与海上搜救国际合作面临一定的法律困境。

第一，有关海上搜救国际公约在敏感问题上留有空白。如《1979年国际海上搜寻救助公约》确立了搜救区域制度，即各国在预先划定的范围内提供搜救服务，但公约本身并未对搜救区域的划分做出明确的规定，而将此问题交由各缔约国之间通过双边或多边协议来完成。[①] 倘若各国之间无此相关协议，那么在海上搜救联合行动时如何划分搜救区域，特别是在有争议的和没有完全明确划分的敏感海域如何开展搜救合作等问题都难以解决，从而会直接影响搜救行动的效率与效果。如在2014年马航事件中，根据“国际海事组织搜寻计划”公布的搜救责任区域，马航最早公布的疑似失联海域处于马来西亚、越南的搜寻救助责任区及其重叠区。在这种情况下，无论是马来西亚还是越南的搜救力量，如果要进入疑似失事海域都要先获得对方的批准。另外，中国海上搜救中心总值班室副主任卓立表示，由于失联海域位于多国搜救责任区及其交叠区，因此没有形成总协调机制，各国各自展开搜救行动，不排除出现重叠和漏搜区域的可能。[②] 而其他国家搜救力量如果前往上述相关搜救区域进行搜救还必须通报有关国家，如中国的搜救船舶和飞机需穿越其他国家搜救区域才能到达疑似海域，为此必须征得他国同意，程序就更为复杂。对此，中国外交部与马来西亚、越南以及后来的澳大利亚等国家多次协商，才为中国海空搜救力量的出击铺平了道路。在这种情况下，海上搜救效率自然会被各种繁杂的手续与交涉所降低。

第二，有关海上搜救国际公约某些规定存在缺陷。其一，有关规定不适合海上搜救。如《联合国海洋法公约》所规定的无害通过制度就不适合跨国海上搜救准入情形。当一国搜救力量需进入或通过另一国领海或具有专属管辖权的海域进行搜救时，首要的问题便是能否被准许进入或通过相关海域。而《联合国海洋法公约》所规定的无害通过制度具有诸多限制条件，如不得在船上起落或接载任何飞机，不得从事与通过没有直接关系的任何其他活动等，这些限制较难适用于搜救舰机的进入和通过其他国家的管辖海域。再加上中国与周边多个国家存在海域争端，更使此种进入或通过的准许面临更多困难。在这种情况下，有关国家对搜救船是否享有无害通过权尚无定论，存在严重分歧，普遍认为海上搜救为政府行为，他国搜

---

① International Convention on Maritime Search and Rescue, 1979 (SAR 1979).

② 孙英利：《一线希望，万分努力》，《中国交通报》2014年3月13日。

救力量进入一国领海有可能侵害国家主权，这与为国际商业贸易而设立的无害通行制度的初衷相违背，因此无害通过权不能成立。如 2014 年马航 MH370 失联班机搜寻过程中，越南、斯里兰卡允许中国搜救船进入其领海协助搜救，而其他国家并没有如此积极配合允许他国搜救力量进入。特别是很多国家反对军舰在领海享有无害通过权，目前世界上共有 40 多个国家对外国军舰驶入本国领海做出限制性规定，主张外国军舰需事先取得本国许可才能通过其领海。即使是军舰在进行信息搜寻和探测的行为也有可能侵害到他国所管辖海域的安全，这可能会有牵涉到国家秘密信息泄露的风险。在领海安全与救助人命两相权衡的情况下，如何寻求各国都能接受的方式允许外国搜救力量的进入需进一步探讨。

其二，有关规定缺乏强制约束力。如《联合国海洋法公约》要求各缔约国在海上搜救服务方面可通过相互的区域安排与邻国合作，但该条规定属于建议举措，此种合作能否达成取决于沿海国的合作意愿和基础。《1979 年国际海上搜寻救助公约》要求缔约方应批准其他缔约方的救助单位只是为了搜寻发生海难的地点和救助该海难中遇险人员的目的，立即进入或越过其领海或领土，但这一规定也属于建议性规定。《国际民用航空公约》附件 12“搜寻救助”虽然专门规定了搜救合作的国际标准和实施办法，但该附件不是强制性规定，各缔约国可在实施海域等方面提出差异保留。

其三，有关规定相互矛盾。如《1979 年国际海上搜寻救助公约》一方面强调要保护海上人命安全以及能够在各国之间协调海上及海空安全活动的需要，各公约成员国应向海上遇险人员提供海岸值守、搜救等方面适当而有效的安排。但另一方面该公约又明确规定，这种安排不应损害 1982 年《联合国海洋法公约》的规定，也不应损害各国在海洋法及沿海国、船旗国管辖权的形式和范围内提出的主张和法律意见。那么，《1979 年国际海上搜寻救助公约》一方面要保证沿岸国领海和信息安全，另一方面又要保证海上遇险人员的安全。如果这两者相互冲突，那么法律的边际在哪里？如《1979 年国际海上搜寻救助公约》提及不应损害各国依据《联合国海洋法公约》而享有的权利，而《联合国海洋法公约》又规定了一国对领海的主权，所以一国即使为了救助海上人命也无法突破一国的领海主权。由此可见，这种权利与义务的模糊会影响到海上搜救合作的实际操作，需要进一步明确相互提供援助和便利的细则。

其四，有关规定不合理。海上联合搜救对设备和专业能力都要求极高，但如果主导国的经济和军事能力不足会降低搜救效率。如《1979 年国际海上搜寻救助公约》主要为明确责任，规避纠纷，因此按照属地原则来设立主导国，也就是说任何国家的船舶或航空器在所属国家区域内运行的话，由沿岸国对其负责并对搜救行动做出适当安排。同时为开展恰当的搜救业务，各有关国家间应就海上搜救活动进行协调，建立海上搜救合作体制。由此可见，在海上联合搜救行动中搜救责任并不是根据搜救能力来划分的，那会使一些整体实力较差、组织能力欠佳和经验不足的国家成为搜救行动的主导国，而这些国家在经济实力、搜救经费、技术装备以及专业程度上都无法胜任主导国的工作，那么依靠其对协助国家发布指令和调配各国搜救力量会存在实操困难，不利于整体协调工作，导致各自为政情况的出现，造成搜救遗漏或无谓重复，耽误搜救时间。如以 2014 年 MH370 失联航班为例，最初公布的疑似失事海域在马来西亚和越南之间的承接区，属于两国海上搜救责任区的重合位置，所以马来西亚和越南都负有搜救责任，但在事件伊始两国都对责任问题婉言回避并不公开讨论调查该何去何从，导致搜救进展缓慢。同时由于出事的航班是马来西亚航空公司所属的飞机，因此马来西亚天然地担任了主导国，多国联合搜救以马来西亚为主体进行组织协调，其他国家只能是协助国。由于“搜救由马方主导，我们中国的搜救队也在不间断地与马方搜救队保持联系，中国的搜救方案都会提前跟马方沟通，在双方都认可的前提下才可展开行动。”① 但马来西亚很明显不具备协调组织能力，导致搜救工作从一开始便尴尬不断、乱象丛生，其中既有信息发布迟缓、混乱的误导，又有协调不力的阻碍，更有技术落后的制约，导致搜救过程坎坷曲折。如马来西亚和越南自身的经济能力和军事水准有限，海上搜救力量薄弱，尤其是普遍缺乏精良、专业的搜救设备以及大型海难搜救的技术和经验，从而限制了联合搜救工作的展开。（1）缺乏海上搜救专业设备，许多船舶是临时赶来参与搜救。（2）缺乏高效空中搜救设备，如马来西亚和越南多是老式螺旋桨飞机，由于技术设备落后，天黑后不得不停止空中搜索。（3）缺乏远海搜救平台、系统与技术以及相应的深海探测能力。（4）缺乏精确的卫星监测与图像识别设备，导致马方经常否定越方发现的线索，越南因此停止了搜救，这对时效性要求严格的海上搜救造成了严重的拖延。总之在马航事件中，马来西亚政府表现出缺少能力、办事效率低下的形象，因此饱受国际社会诟病。如

---

① 张焕：《中国工作组向马方转交家属要求清单》，《第一财经日报》2014 年 3 月 13 日。

美国专家曾直截了当指出：马来西亚应该受到批评——他们对此事的处理非常糟糕。① 中国驻马大使黄惠康认为造成这种状况的原因有：一是此次事件在人类民用航空史上罕见，非常复杂；二是马来西亚独立以来从未发生过这样的重大事件，应对能力和经验有所不足。②

其五，有关规定执行困难。如海上联合搜救面临报酬确定困难，特别是环境联合救助获得补偿困难。因为传统上海难救助遵循“无效果—无报酬”原则，而救助效果带有很大的不确定性。因此救助报酬的确定在法律与事实上都非常困难，也最容易产生争议和纠纷。而《1989 年国际救助公约》创设的特别补偿机制虽可有效鼓励救助人在联合救助作业中尽力减少环境损害，但其也有不完善之处，在实践中存在许多问题。首先，环境损害威胁难于确定。《1989 年国际救助公约》规定：环境损害系指由污染、沾污、火灾、爆炸或类似的重大事故对人身健康，对沿海、内水或其毗连区域中的海洋生物、海洋资源所造成的重大的有形损害。③ 由此可见，救助人取得特别补偿的前提是遇险财产已对环境构成损害，但对于“重大”和“有形”的损害标准，该公约并没给出明确定义。这样在不同的海域、不同的国内法下可能会有不同的标准，使联合救助人在判断是否构成“环境损害威胁”时无所适从。其次，特别补偿金额核算困难，有关费用的核算、举证复杂费时，导致讼累。最后，特别补偿缺乏保障。救助方不仅取得担保难，而且举证难。虽然 LOF1980 格式中设置了“安全网条款”，但其在适用对象上仅限于油轮，除此之外的任何其他船舶的救助，即使该遇难船及所载货物严重威胁了海洋环境，联合救助人也不能依据“安全网条款”主张补偿其救助费用。④

第三，中国与有关国家加入的海上搜救公约不同。从加入的有关海上搜救公约来看，海上搜救合作依赖于中国与其他国家应共处于相同的条约制度下，具有相同的条约权利与义务。但由于各国历史背景、国家政策、经济发展、搜救技术、利益诉求不同以及海洋权益争端等因素的存在，中国与周边各国加入的有关搜救的国际公约不太一样，导致各搜救方在具体搜救合作程序中的权利义务较为混乱，从而阻碍国家间搜救合作的发展。

一方面从东北亚各国来看，《1979 年国际海上搜寻救助公约》，朝鲜没

---

① 《马总理：失联客机不排除被劫可能》，《新华每日电讯》2014 年 3 月 16 日。

② 于景浩：《中方划定两个新搜寻区域》，《人民日报》2014 年 3 月 19 日。

③ International Convention on Salvage, 1989 (SALVAGE 1989).

④ 吴煦：《救捞政策与法规》，大连海事大学出版社 2012 年版，第 122—123 页。

有加入。《1989 年国际救助公约》，日本、韩国、朝鲜没有加入。1988 年《制止危及海上航行安全非法行为公约》和 1988 年《制止危及大陆架固定平台安全非法行为公约》，朝鲜没有加入。1976 年《国际海事卫星组织公约》，朝鲜没有加入，中国没有加入其 1994 年修正案，俄罗斯没有加入其 1994 年和 1998 年修正案（具体见表 4—5）。

表 4—5　中国与东北亚各国加入相关海上搜救公约情况

序号	条约名称	中国与东北亚未参加国家
1	1976 年《国际海事卫星组织公约》	朝鲜
2	《国际海事卫星组织公约》1994 年修正案	中国、俄罗斯
3	《国际海事卫星组织公约》1998 年修正案	俄罗斯
4	《1979 年国际海上搜寻救助公约》	朝鲜
5	1988 年《制止危及海上航行安全非法行为公约》和《制止危及大陆架固定平台安全非法行为公约》	朝鲜
6	《1989 年国际救助公约》	日本、韩国、朝鲜

资料来源：笔者自制。

另一方面从南海周边国家来看，《1974 年国际海上人命安全公约》1978 年议定书，菲律宾、泰国等没有参加。《1979 年国际海上搜寻救助公约》，文莱、柬埔寨、印尼、马来西亚、缅甸、菲律宾、泰国等国家都没有加入。《1989 年国际救助公约》，泰国、菲律宾、马来西亚、柬埔寨没有加入。《1972 年国际海上避碰规则》，菲律宾没有参加（具体见表 4—6）。

表 4—6　东盟各国加入相关海上搜救公约情况

序号	条约名称	东南亚未参加国家
1	《1974 年国际海上人命安全公约》	老挝
2	《1974 年国际海上人命安全公约》1978 年议定书	老挝、菲律宾、泰国
3	《1974 年国际海上人命安全公约》1988 年议定书	菲律宾、泰国、印尼
4	《1979 年国际海上搜寻救助公约》	老挝、文莱、柬埔寨、印度尼西亚、马来西亚、缅甸、菲律宾、泰国、越南

续表

序号	条约名称	东南亚未参加国家
5	1976 年《国际海事卫星组织公约》	老挝、柬埔寨、缅甸、菲律宾、新加坡、泰国、越南
6	《国际海事卫星组织公约》1998 年修正案	老挝、柬埔寨、马来西亚、缅甸、菲律宾、泰国
7	《1972 年国际海上避碰规则》	老挝、菲律宾

资料来源：李敏：《加强中国与东盟的搜救协作》,《中国水运》2009 年第 6 期，第 19 页。

在这种情况下，中国与周边各国在海上搜救合作领域缺乏实质性和统一的制度基础和程序，各国在海上搜救方面所享受的权利和应尽的义务并不对等，行动依据与工作方法各异，存在很大差异性，这在一定程度上限制了公约作用的发挥，从而影响到海上搜救国际合作程度的加深，不可避免地会陷入各自为政的程序模式，容易造成搜救信息传递滞后、搜救力量派遣不及时等混乱模糊的局面，不利于国家间积极配合和搜救行动的开展。如《1974 年国际海上人命安全公约》1978 年和 1988 年议定书都不同程度地提高了航运安全和海上搜救的技术标准，规范加入议定书国家的相关行为，将全球海上遇险与安全系统及检验与发证协调系统等引入公约，这样加入议定书的国家就有义务在其国内实施这些技术标准。这就使得是否加入该议定书成为衡量国家能否一起合作进行搜救的标准，因为未加入议定书的国家与加入议定书的国家在搜救技术方面会存在较大差距，甚至无法在同一技术平台进行搜救合作。再如南海周边国家加入《1979 年国际海上搜寻救助公约》的较少，所以在 2014 年马航 MH370 失联航班搜救合作实践中很多程序化的规定没有被执行。如该公约确立了海上搜救信息披露的机制，但由于南海许多国家并不是该公约的缔约方，中国需就此与这些国家建立专门的信息分享渠道，从而增加合作成本。

另外，有关海上搜救区域性协议、宣言、声明、倡议等大都是政治文件，属于软法性质，一般没有强制约束力，对各国权利义务约定也不够明确。这固然有其灵活性，但无法保障各国合作义务的履行，因此对于建立具体的海上搜救合作机制作用十分有限。同时国内有关海上搜救国际合作的规定也存在矛盾性与单向性。一方面从矛盾性来看，如中国《海上交通安全法》规定外国派遣船舶或飞机进入中华人民共和国领海或领海上空搜寻救助遇难的船舶或人员必须经主管机关批准，其中“搜寻救助”的对象既包括人命也包括财产（船舶）。但中国《海事行政许可条例规定》中关于外国籍船舶或飞机入境从事海上搜救审批条件的第一项是入境是处于海上人命搜寻救助的目的。据此，如果外国籍船舶或飞机入境实施单纯的财产救助则不会批准。又如海上联合搜救后国家主管机关是否能够主张救助报酬有关规定也存在矛盾，中国《海商法》规定国家有关主管机关从事或者控制的救助作业，救助方有权享受关于救助作业的权利和补偿。但《海上交通安全法》却规定：为了保障海上交通安全和保护海洋环境，国家主管机关有对海上遇难船舶和人员进行搜寻救助的义务。这样就出现了法律规定之间的冲突：国家主管机关从事海上救助到底是义务，从而不得主张任何救助报酬，还是可以在救助成功后依据《海商法》赋予的权利主张救助报酬？鉴于国家财力、物力投入的限制，目前作为海事安全管理的各级海事局尚不具备完全从事海难搜救的专业力量，往往需要动用商业公司或其他社会力量或在紧急情况下，调动遇险海域附近周边的其他商船和渔船从事联合搜救活动。但如果完全剥夺了国家主管机关从事或控制救助获得报酬的权利，就会间接剥夺海事局以外其他社会力量从事救助后获得报酬的权利，这会在很大程度上影响对遇难人员提供及时救助。因此在法规层面应当赋予国家主管机关主张救助报酬的权利，但应区别于从事商业活动的专业救助公司。另一方面从单向性来看，《国家海上搜救应急预案》中的国家合作部分规范得较为被动，主要规范了外国搜救力量经过中国领海领空时或请求中国给予必要援助时中国所应采取的措施，这种规范实质上并未真正体现国际合作，中国与其他国家的合作应是双向互动，不仅包括遇险事件发生时中国对其他国家请求援助之时的回应，还应具体规范国家之间合作的原则与程序等。

二、资金因素限制

依照国际惯例，各国参与海上人命搜救的经费都由参与国政府来支付，其他类型的搜救遵循“无效果—无报酬”的原则。而海上联合搜救属于“烧钱”行动，是一项极其耗费财力的工作。

一方面，中国对商船和渔船等参与海上联合搜救行动的补偿和奖励资金有限。海上险情发生时，由于专业救助力量一般距离较远，协调过往商船参与海上搜救已成为国际惯例。如 2014 年 3 月 8 日马航 MH370 班机失联后，中国海上搜救中心就迅速协调中远集团所属的“泰顺海”号货轮最早抵达指定的疑似海域，开始积极进行搜寻工作。到 3 月 30 日中国海上搜救中心就已在马航 MH370 航班失联搜救行动中协调了包括中国远洋、中海集团、中外运长航等公司的 61 艘过往商船，对印尼及澳大利亚以西海域累计搜寻 146409 平方千米。如 3 月 21 日正前往巴西图巴鲁港装载铁矿石的"中海韶华"号轮船接到公司通知：要求其临时改变航向，前往最新公布的一片马航客机失联疑似海域，参与南印度洋搜寻任务。事实上作为一艘正在行驶途中的商船，"中海韶华"号轮船的绕行首先关系到货物延期以及装卸等合同的损失；同时由于该轮载重吨大（30 万吨），全速航行每天需要消耗燃油费用高达到 5.4 万美元，而在此期间船舶所需消耗的淡水、食物、人工等费用也相当可观。[①] 但相比国外，中国在商船与渔船等参与海上联合搜救的补偿和奖励机制上还略显不足："外国如美国等的奖励通常是多方面的，不仅有精神层面的奖励，而且还会对在以往搜救任务中表现突出的船公司在以后贷款造船等方面进行适度优惠。而我国的奖励比较单一，通常是通过少量的资金进行补偿。"[②] 这种补偿根本无法弥补其所付出的损失，容易挫伤其参与联合搜救的积极性。

另一方面，海上联合搜救花费巨大，有些国家难以负担。如在 2014 年对马航 MH370 失联航班的搜救，一架飞机搜寻一天的费用约为 10 万美元。据当时《悉尼先驱晨报》称，马航班机失联后的一个月里各国参与联合搜救的飞机舰船的开销就高达约 5330 万美元，已打破了费时两年寻获的法航 447 失事飞机搜寻费用 5000 万美元的纪录。[③] 一年后进入了商业化深海搜寻与打捞阶段，主要负责此项工作的澳大利亚预估每天花费高达百万澳元。据德国《法兰克福汇报》预计搜寻行动将耗资数亿美元，注定成为最贵的海上搜寻行动。按照国际惯例，人命搜救费用主要由各国政府独立承担。如果需要打捞残骸，那么花费应由保险公司承担。这笔巨额费用对于参与搜救的国家来说可以说是一个不小的负担，由于各国经济发展水平不同，并非每个国家都能承受如此沉重的开支。特别是发展中国家，由于经济实力支撑不够雄厚，国家力量保障不够坚实，会面临更大的资金压力。如在马航事件中，越南是最先投入搜寻行动的国家之一，从 2014 年 3 月 8 号开始搜寻到 15 日宣布停止搜寻共花费约 5000 万元人民币，这种投入对于越南这种经济欠发达的国家来说压力较大。[④] 如果一些国家资金保障不

---

① 张天赦：《中国商船：不惜一切代价完成搜寻任务》，《中国水运报》2014 年 3 月 31 日。

② 刘萧：《MH370 海上搜救启示》，《中国船检》2014 年第 4 期，第 69 页。

③ 田薇帷：《最艰难搜救，最昂贵理赔》，《中国金融家》2014 年第 4 期，第 110 页。

④ 谭理：《从马航事件看阻碍东亚一体化的因素》，《湘潮》2014 年第 4 期，第 77 页。

到位，必然会导致联合搜救行动整体效果的削弱。

三、政治因素干扰

即使是在灾难面前，地缘政治因素也是绕不开的话题。联合搜救行动往往涉及到各国领海主权及传统安全等敏感问题，人道主义难成唯一考量。中国周边地区国际关系复杂多变，这使得中国与周边国家的搜救合作缺乏互信、互助、互利的国际关系基础和政治环境，特别是在争议和敏感海域联合搜救面临很大困难。

第一，从东北亚海域来看，东北亚是个地缘政治独特、冷战后遗症持续、大国关系纠结不断的地区。在这种情况下，东北亚各国之间关系较为复杂，特别是作为区域内主导国家的中、日、韩三国之间存在复杂的历史恩怨和现实尖锐的利益矛盾，尤其是受东北亚海域地缘政治的影响，如有关岛屿和海域划界争议会引起相互猜忌与怀疑，导致政治互信不足。如中日关系受历史与现实等多种因素的影响，长期陷于低谷，严重影响到双方在有争议及敏感海域开展联合搜救行动。像 2014 年 11 月 3 日大约 200 余艘中国渔船在小笠原群岛和伊豆群岛海域作业，其中部分在日本领海和专属经济区内。而当时 2014 年第 20 号台风很快就要抵达这一海域。在这种情况下，日本国土交通大臣却声称，即使台风到来，也不会让中国渔船和渔民登陆避难，届时还将对中国渔船进行检查。由此可见，尽管东北亚有关国家都意识到要深入开展海上搜救国际合作的重要性，但在实际合作操作中，考虑到政治和安全的敏感性而往往只能采用一些较为谨慎的行动，这会严重影响中国海上搜救力量在有争议和敏感海域开展联合搜救行动，即使能够实施联合搜救，与有关国家的协调也很复杂，甚至会引发有关国家的不安全感。在这种情况下，船舶一旦在上述海域结合部发生险情，由于事先没有预定的直接联系渠道，双方信息有效沟通非常困难，往往需要经过很多部门及繁琐的中间渠道进行联系，这会严重制约搜救行动的及时性与协调性，并可能因搜救链的脱节而延误时机。

第二，从南海来看，南海问题也严重影响着中国搜救力量开展搜救行动。对此，有专家指出：从合作上看，南海周边国家之间争议水域较多，搜救服务区范围不明确，缺少明确的搜救合作协议（机制），导致搜救程序和搜救水域的进入和设备使用可能存在障碍，影响搜救效率。[1] 特别是

---

① 刘萧：《MH370 海上搜救启示》，《中国船检》2014 年第 4 期，第 68 页。

险情界限不清时处理起来难度较大也比较复杂，从而给海上搜救造成巨大阻碍，也必然给生命与财产安全带来严重威胁，因此如何在搁置争议的前提下建立起完善的国家间搜救合作的机制是对在有争议海域发生事故进行联合搜救的必要保证。如 2002 年 10 月 6 日国庆节期间，一艘载有 128 名游客（其中 127 人为中国游客）的越南高速客船“海防 20G－54322－H”轮在距海防市约 30 海里处搁浅，船上一名中国乘客通过移动电话向中国假日办公室报告了险情。假日办接报后立即将险情转到广西假日旅游协调指挥中心，随后险情报告又转到防城港市政府和旅游局。防城港市政府办公室将险情通知防城港海事局，要求其立即协助组织施救。但防城港海事局由于没得到越方许可，只能组织辖区内的有关船舶做好待命工作，同时通过防城港市旅游局和外事办联系越南有关方面。经过一番努力，防城港市政府与中国驻越南大使馆取得了联系并将遇险情况照会越南政府，越方派两艘搜救船到达事发海域将遇险游客从搁浅船转移到救助船上。虽然最后经过中越有关方面共同努力将船员和游客全部救出，但由此暴露在两国中间海域由于缺少搜救合作机制，需要经过很多部门及繁琐的中间渠道进行联系，导致信息沟通不畅和协调配合不利等问题，从而严重制约了海上搜救的及时性。另外，目前中越北部湾搜救机制虽在书面上得以建立，但在实际运作中却很难得到越方的支持与配合，特别是船员被救至越南境内后的处理工作复杂繁琐，背离了当初机制建立的初衷。再如 2014 年马航 MH370 飞机失踪一开始的疑似区域虽然主权是清晰的，但却离有争议的南海区域非常近，这样的地缘政治因素让联合搜救有了别样的味道，中国搜救军舰需经过大片争议海域，其中的协调工作并不简单。同时这也使中国对海上搜救合作有所顾忌，会因政治因素而拖延搜救效率。如 2014 年马航 MH370 班机失联后，由于中国乘客最多，中方是除了马来西亚之外的最大责任国，因此中国有合理的理由主导搜救工作并且有关方面一开始也曾做出过明确表态，如中国政府有关部门在北京丽都酒店举行的第一场发布会就曾提到中国有关方面想全面接手此事，不过不久中国外交部发言人称搜救工作由马来西亚主导，中方积极开展各项工作，这可能是出于不加剧南海紧张局势的考虑。[①] 由于南海各国之间相互猜忌与怀疑，如果中国主动担当起搜救领导责任，则会引发有关国家的不安全感。另外，在这一事件中也一度因为有些国家顾虑重重，导致缺乏有效协调而饱受外界批评。如

---

① 范烨民：《从马航 MH370 事件看国际联合救援的问题与对策》，《新西部》2014 年第 9 期，第 168 页。

2014年3月8日凌晨MH370曾掠过马来西亚军用雷达，但看到这一异常，马方并没派出战机进行调查，且在美国媒体通报后才确认军用雷达捕捉到的物体便是MH370航班，而这时距航班失联已过去一周的时间，导致搜救时机贻误和资源浪费；泰国军方雷达也曾跟踪到疑似客机的信号，但此后泰国军方并未向泰国当局提及这一情况；印尼对有关国家的搜救飞机越过其领空的请求拖延；印度对印度洋上的雷达系统是否正常工作等问题不置可否，并婉言拒绝了中方舰船进入安达曼—尼科巴群岛附近海域搜寻失联航班的建议；而一些小国则担心在联合搜救行动中会丧失主导权而成为大国的附庸，再加上经济发展水平相对滞后，担心增加国家财政支出。由此可见，面对紧急情况时，这些不同机构、国家之间的沟通是不顺畅的。对此，有外国专家认为这种缺乏协调反映了东南亚国家对于邻国充满了根深蒂固的猜疑。[①] 总之，此次联合搜救行动的规模和强度在历史上虽是罕见的，但同时也表明参与搜救的各方如果能更加协调一致、统一行动、分工明确、优势互补，那么搜救行动的效率与质量会进一步提高。因此在悲剧面前，国际社会的合作不应有利益掣肘和价值观上的禁忌，任何划分势力范围的国家功利主义和集团地缘利益合纵连横都没有意义。参与搜救的各国应强化合作意识，合理利用高科技设备，加强信息沟通和共享，合力打造地域性甚至全球性联合搜救体制是必要的，也是可能的，因为目前有关搜救的国际法已很多，还有许多新兴科技可利用，欠缺的只是各国之间的信任、沟通与相互介入。对此，学者江天铮在“《决胜制高点》：马航事件国际合作启示”栏目中曾指出，现在科学界有一种叫做“ADSB”的广播式的自动汇报监视系统，单从工具的角度来说全世界可共享所有航空飞机的信息，但在国际合作方面还要一步一步去突破。因此在紧急关头各国之间应放下戒备和隔阂，首先为生命着想。由此可见，人类如何打破政治束缚和意识形态偏见，增强互信，将国际搜救合作真正落到实处，已成为摆在世界各国面前的重要课题。

第三，从中美来看，中美之间由于存在结构性和现实利益的矛盾，尤其是美国为防止中国海上力量的发展，近年来实施所谓的“亚太再平衡”与“印太”战略，这会对中美海上搜救合作造成一定的消极影响。其一，由于缺乏互信，中美搜救合作仅限于联合演习，而且在联合演习时美国还会对中国舰艇进行严格防范，如在2014年“环太平洋”军演中两国舰艇

---

① 田薇帷：《最艰难搜救，最昂贵理赔》，《中国金融家》2014年第4期，第110页。

虽进行了有关海上搜救科目的联演，但美国五角大楼发言人却直言，美军将在联合演习中采取防范措施以避免向中方泄露敏感信息。[①] 其二，难以在敏感海域开展联合搜救。如 2014 年 7 月 15 日中国海军司令吴胜利在同美国海军作战部长格林纳特（Jonathan Greenert）会晤时强调就扩大双方海军交流与合作开展谈话，吴胜利还特别呼吁在灾难援救方面要加强合作。[②] 2015 年 4 月 30 日吴胜利在和格林纳特通电话时还主动邀请美方今后在条件成熟时可使用中国在南海建设完成的岛礁设施，并表示愿为美国和其他国家在南海开展人道主义搜救等提供便利，但美方却拒绝了这一提议。[③] 最后，对第三方进行搜救合作会受到影响。如 2014 年马航 MH370 航班失联后，中美两国虽都派出了各种力量在南海、马六甲海峡和南印度洋进行了大范围的搜寻，但在整个过程中双方的搜救力量基本上都是各自分头行动，并没有真正开展过实质有效的合作。而且在南海的搜救过程中，习近平主席还特地与奥巴马总统通过电话口头协调两国海上安全部队之间的搜救工作，以避免在南海争议地区发生冲突。[④] 后来搜救范围扩展到印度洋后，美国海军第七舰队发言人更是坦承，在涉及到搜救范围很大的情况下，搜救行动更缺乏协调。[⑤]

四、军事因素考量

海上搜救行动不仅是意志的考验，而且是实力的展现，其国际合作背后往往隐藏着政治博弈和军事实力显示的动机。如在 2014 年马航事件中各国充分利用这个机会，一方面可在国际政治博弈中取得道义制高点，另一方面又能充分展示自身的军事实力。由于海上搜救难度大和时效性要求高，而军队一方面具有较强组织纪律性，能在短时间内迅速集结形成强大

① 白光炜：《展示负责任大国形象——中国海军首次参加环太平洋联合军演》，《两岸关系》2014 年第 9 期，第 10 页。

② Peter Roell, *South China Sea – Current Issues and Recent Developments in Maritime Security*, Issue, No. 294, 2014, p. 4.

③ Ben Blanchard, *China Says U. S. Welcome to Use Civilian Facilities in South China Sea*, http: //news. yahoo. com/china – says – u – welcome – civilian – facilities – south – china – 020237258. html.

④ Sukjoon Yoon, *MH370 and Maritime Security: A Fresh Start for Cooperation?*, https: //dr. ntu. edu. sg/handle/10220/19921.

⑤ *Missing Airplane Flew On for Hours*, http: //language. chinadaily. com. cn/news/2014 – 03/13/content_ 17344914. htm.

队伍，另一方面海空军技术和装备具有先进性与专业性，各种军事飞机和舰艇能完成各种复杂任务的综合目标需求，较民用力量具有绝对优势和居于主体地位，因此其在联合搜救中所起的作用越来越大。联合国秘书长在《自然灾害领域人道主义援助从救济向发展过渡的国际合作》报告中指出：把外国军事资源部署到遥远的国家和邻国是重大国际救灾行动的共同特征……外国军事资源在救灾行动中可发挥宝贵作用。[①] 因此在跨国海上搜救工作中动用军队是国际惯例和各方默认的“潜规则”，特别是在重特大事故海上搜救中军方的力量不可或缺，同时通过快速派遣有效搜救力量也成为软性彰显军事实力以及区域控制能力的手段，这实际上是为数不多能在和平条件下以及陌生环境与地域的实兵作战演练，成为各国展现军事实力以及检验快速部署和应急处置能力的“试验场”，因此有关国家都非常重视这样的参与机会。如在 2014 年马航班机搜救行动中，澳大利亚负责搜救的飞机属于皇家空军；美国参与搜救的舰船隶属第七舰队；日本、韩国虽无本国公民乘坐 MH370 航班，疑似失联海域也不在其责任区内，但也都不顾路途遥远先后派出海军和空军飞机参与搜救行动。其中的原因并不难猜测，因为南海作为世界上最重要的国际水域，利益相关方如果不在必要的时候展示自己的存在，那它就很难在南海事务当中获得发言权，所有参与搜救的国家和地区对于这一点的理解无疑十分透彻。由此可见，如此多的国家在第一时间参与搜寻行动从侧面表明这些国家有能力对南海区域展开实际的“军事行动”，这种“地缘政治竞争式救援”是有关国家特别是大国“离岸制衡”和“选择性干预”战略的具体表现。

但军队进入他国领海和专属经济区是非常敏感的话题，从而令海上联合搜救变得复杂。第一，军事人员不像外交人员那样普遍享有外交特权和豁免权，军队进入他国参与海上搜救法律地位尚不明确，缺少普遍适用性的法律依据，中国和其他许多国家目前还没有军队参与海上搜救国际合作的法律框架，只能由受灾国和救援国协商解决，这就具有临时性和不完备性。许多海上搜救国际合作的实践证明，由于危机突发、协商仓促，国际军事力量不能及时抵达搜救现场以及进入他国后在安全保障、活动区域、搜救事项和方式及与当地军事力量的合作协调等方面依然面临着许多分歧和争议，在这种情况下军队参与海上搜救国际合作困难重重。如在 2014 年马航事件中，MH370 飞机失踪 2 天后越南国防部才同意 2 艘中国舰艇和 1

① 邓芬：《国际应急救援的法律探析》，《前沿》2013 年第 6 期，第 51 页。

艘美国舰艇进入越南领海参与搜救，3 天后越南允许 2 架中国飞机进入其领空区搜寻。

第二，如果动用军舰和飞机参与海上联合搜救，有时会要求被搜救方提供水文资料以及军用雷达数据，那么海上搜救有可能上升为一个危及国家主权与安全问题。虽然新时期海空军力量在海上搜救中发挥着愈加明显的作用，但由于军队的特殊性与敏感性，有关国家出于对主权、安全以及国民复杂情感等因素的考量，使得各国在动用海空军力量参与海上搜救国际合作仍较为谨慎，特别是进入其他国家的搜救区域受到的限制也更多。如在东北亚到目前为止只有中俄、中韩开展过海上搜救联合军演，对此国外有学者认为虽然中、日、韩三国海军力量的国际人道救助能力在不断加强，但在看待彼此武装力量在人道救助中投送能力的真实意图上带有不确定性，① 特别是中日海上搜救合作更是如此。早在 2009 年 11 月中国国防部长梁光烈在访日期间就与日方达成共识：中日海军适时将举行海上联合搜救训练，但后来由于种种原因并未做到。如 2014 年 4 月代号为“海上合作—2014”多国联合演习在青岛附近海域举行，此次联演以海上搜救为主题，旨在进一步加强各国海军之间的深入交流和务实合作，提高各国海军遂行联合搜救任务的能力，为及时应对与处置海上突发事件打下牢固基础。中国、巴基斯坦、印尼、新加坡、印度、马来西亚、孟加拉、文莱等八个国家的舰艇组成的联合编队参加了此次演习。对此，中国海军新闻发言人表示此次演习不是论坛框架下的活动，而是中国海军成立日活动。为此，中方既邀请了论坛成员国，也邀请了非论坛成员国派军舰参加。但近年来由于日本政府采取的一系列错误做法严重伤害了中国人民的感情，严重影响了中日双边关系，在目前情况下不适合邀请日本海上自卫队舰艇来华参加中国海军成立日有关活动。②

第三，具有强大侦查能力的军事舰机进入别国领海或专属经济区会面临涉及他国军事机密的尴尬问题。中国有学者曾指出，“所有国家都不能将最核心、最绝密涉及国家安全利益的信息拿出来和大家分享。”因此“在重大的跨国灾难面前，人道的救援利益重要还是国家安全利益重要，

① Jeffrey Engstrom, *Taking Disaster Seriously*: *East Asian Military Involvement in International Disaster Relief Operations and the Implications for Force Projection*, Asian Security, Vol. 9, No. 1, 2013, p. 56.

② 吴登峰：《多国海上联合演习近日将在青岛举行》，《新华每日电讯》2014 年 4 月 21 日。

这是非常值得考量的问题。”[①] 在海上联合搜救过程中，曾发生过军队与各国搜救机构之间的船舶、飞机无法直接通信的尴尬，给联合搜救工作一度带来困扰。而在2014年马航MH370失联飞机联合搜救中更是有大量的军事舰机参与了搜救行动，但由于涉及雷达参数、地理信息等方面的原因导致各方的信息相互闭锁，限制了信息共享，存在某些信息可能涉及军事机密而被隐藏和信息不透明所导致搜救地点误判等问题，从而直接影响了搜救进程，这一点从马来西亚迟迟不肯公布军方雷达数据就可见端倪。马来西亚官方曾多次以涉及军事机密不方便公开为由，拒绝透露关于飞机失踪的关键信息，这些都大大增加了随后搜救工作的难度，甚至由于故意隐匿一些关键信息在一定程度上误导了搜救方向。如在家属沟通会上，马来西亚大使曾明确提及某些信息经媒体公开可能会让他被解雇，因为之前沟通会上通过投影仪公布的雷达截图和“军用雷达有盲区”等问题已经属于军事机密。2014年3月17日马来西亚国防部长兼代理交通部长也承认部分信息尤其是军方信息，出于维护国家安全考虑没有披露出来。对此，法新社指出：亚洲各国间互不信任，敏感的安全问题干扰了搜寻工作的协调和资讯分享。新加坡学者也指出：在搜救上各国在多个层面明显有沟通问题，这些事情的背后就是缺乏信任，保护国土、安全情报和利益等问题开始凌驾于寻找飞机并解开疑惑这个共同目标之上。

另外，国家安全敏感性在信息共享时总是一个无法回避的问题，尤其是有些信息可能暴露出重要的能力差距，这会对国家安全不利。目前各国在防空领域都有大量的包括雷达、卫星等在内的军用设施，按常理是可以实时检测到客机这一巨大目标的，至少可迅速确定失联飞机可能出事的海域。但为了不暴露军事实力，不排除各国出于自身安全防范的考虑，不想让外界了解自己雷达的覆盖范围和精密程度，因此不愿意第一时间提供有利于搜寻的关键信息。由此可见，各国、各组织之间出于安全以及保守国家军事机密和商业秘密的原因，并没有迅速公开全部的信息用以共享与整合分析，而是采取了模糊化处理。对此，新加坡学者指出，各国的军事雷达可能探测到了马航失联客机，但各国政府拒绝分享数据，因为这会泄露它们雷达的性能并危及国家安全，如雷达拍到照片的频率会显示出他们的系统达到了什么样的水平。美国学者也指出，搜寻马航失联客机的行动可能是这些亚洲国家武装部队与民事机构建立信任的机会，不过当涉及分享

---

① 孔大为：《搜救行动体现国家责任》，《人民公安》2014年第8期，第34页。

情报时就仍存在真正的信任问题。因此建立良好的政治和军事信任关系并签订应急搜救合作协议，这样包括军队在内的各种应急搜救力量才能有效、依照相关协议来参与集体搜救行动。

第五章

国外部分国家和地区海上搜救国际合作

国家间海上搜救合作由来已久，而且范围广泛，如苏联/俄罗斯自1954年以来与保加利亚、丹麦、朝鲜、挪威、波兰、罗马尼亚、芬兰、瑞典、日本、美国等国家签订了有关搜救合作协议；法国与美国、加拿大、爱尔兰、冰岛、挪威、丹麦、德国、英国、西班牙和葡萄牙等国家签订了搜救合作协定或备忘录；美国为了加强全球海上搜救合作，还与搜救责任无相邻的众多国家签订了搜救合作协议或备忘录；加拿大海岸警卫队与英国、美国、丹麦等国家的海岸警卫队开展过联合搜救行动，并与美国海岸警卫队建立了直接通信联系。《1979年国际海上搜寻救助公约》生效后，海上搜救国际合作的范围扩大以及速度加快，其特征是以国家间签署合作协议为基础，协议内容主要涉及搜救区域的划分、搜救力量的相互利用以及人员培训和资料交流等。如澳大利亚和印尼在2004年达成了关于双方国家搜救机构信息交流和跨境搜救合作协议，该协议规定搜救单位进入另一方领海时只需要通知其主管机关而不需得到授权，这就为两国搜救合作操作、提高搜救效率、保障人命安全提供了重要工具。与此同时，区域性的多边搜救合作也取得很大进展。他山之石，可以攻玉，这些经验为中国参与海上搜救国际合作提供了一定的借鉴。

第一节　海上搜救双边国际合作

在国际社会，海上搜救合作早已成为国家间新的低敏感领域合作的主要形式。目前许多国家通过签订国际合约的形式开展双边合作，就建立海上搜救合作机制达成了共识。由于有关海上搜救合作的国际公约具有较强的法律约束力，各国普遍加入性并不广泛。而国家之间订立的双边协议一般是依据有关国家的客观实际而制定出来的，更加符合两国的具体利益，可保障协议的可执行性，因此有关国家非常注重海上搜救双边合作协议的签署，如菲律宾—印尼海岸警卫队在苏拉威西海实施的搜救与反海盗协议等。在这里，主要以美国、俄罗斯、墨西哥、日本、韩国、英国、法国等国家签署的海上搜救双边合作协议来说明（见表5—1）。

表5—1　部分国家双边搜救合作协议对照表

序号	合作方	合作内容	签署时间
1	苏联/俄罗斯—美国	主管机关；搜救海域界线；互通情报；通信线路、改善搜救工具和设备；协同训练和搜救作业；在规定海域内协调；法规框架内合作；救助劳务、搜救船燃料和医疗保障	1988年
2	日本—美国	主管机关；搜救范围	1986年
3	美国—墨西哥	目标；操作实体；搜救合作；搜救区域；实施；法规运用；搜救演习；搜救单位转移	—
4	日本—韩国	主管机关；救助区域；交换情报和意见；紧急避难船保护；通信联络手段及语言	1985年
5	法国—南非	主管机关；信息交换；通信检查；访问交流；搜救区域；标准操作程序；搜寻费用；给养和设备回收；交换意见形式	—
6	英国—西班牙	主管机关；责任区域界线；责任机构；搜救力量进入；操作方式；人员互访；航空搜救；联系方式	—

资料来源：朱玉柱：《海上搜寻与救助》，大连海事大学出版社2017年版，第99页；Agreement Between the Government of the United States of America and the Government of the United Mexican States on Maritime Search and Rescue。

一、美国签署的海上搜救双边合作协议

美国作为世界海上强国，不仅自身建立了完备的搜救管理体系，而且还高度重视海上搜救双边合作，与苏联/俄罗斯、墨西哥、日本等国家签订了有关搜救合作双边协议。

第一，俄美海上搜救合作协议。1988年3月3日苏联与美国签署了海上搜救合作协议，苏联解体后俄罗斯与美国继续执行该协议。该协议主要内容有：其一，规定了两国搜救海域的界限。其二，两国保证在规定的海域内协调救助部门活动。其三，双方在两国法规允许的范围内相互合作与协调各自的行动。其四，双方互通情报以提高海上搜救作业效率。其五，

开展协同训练和实施搜救作业。其六，定期检查通信线路、改善搜救工具和设备。其七，提供救助劳务、为搜救船加油以及医疗援助等事项。

第二，日美海上搜救合作协议。1986 年 12 月 12 日日本和美国在东京签署了海上搜救合作协议，该协议规定了两国搜救活动的范围。日本管区为 A 点（52°30′N，165°E）、B 点（17°N，165°E）及 C 点（17°N，130°E）连线西侧海域；美国管区为 A 点、D 点（21°N，165°E）、E 点（21°N，130°E）及 C 点等连线东侧的海域。这样，日本的搜救责任区扩充至第一岛链东向的关岛附近，距日本本土东南大约 1200 海里，由横滨、名古屋和神户三个搜救基地负责《日美海上搜救合作协议》下的太平洋中长途距离的海上搜救。[①] 1998 年 9 月 30 日美国根据《联合国海洋法公约》的有关规定对上述协议进行了修改，并获得日本同意。修改后的协议双方所划定的在太平洋北部各自的搜救责任区域如下：各方的搜救区域仅限于日本的东部和南部及美国的西部和北部，即由坐标 52°30′N，165°E、17°N，165°E 以及 17°N，130°E 构成的线所连接。[②]

第三，美墨海上搜救行动协议。美国和墨西哥作为近邻，两国政府因注意到帮助海上遇险人员的巨大重要性，认识到美国和墨西哥就搜救遇难船的问题在 1935 年召开的会议和 1979 年的国际会议为提高海上搜救领域合作提供了安全的基础，据此签署了《美墨海上搜救行动协议》。该协议总共有九个条款，规定了如下内容：

其一，目标。签署此协议的目的在于阐明美国和墨西哥政府之间海上搜救合作的规定，以此来回应或协调海上发生的威胁人命和财产安全的遇险事件。

其二，操作实体。一方面，美国海岸警卫队和墨西哥海军都是两国就海上搜救事宜所认可的相应组织。随着一些负责保护国民生命和财产安全的组织的逐渐统一，美国海岸警卫队和墨西哥海军将会处理大量的海上事故，无论受难者来自哪国。协调事故的来源包括搜救协调中心及其船舶和飞机。另一方面，美国海岸警卫队和墨西哥海军除保护海上生命财产安全外还有其他任务，回应特别事故的有效性是依靠完成其他任务所需的资金

---

① 王杰：《东亚视野下的我国海上搜救责任区问题研究》，《东北亚论坛》2014 年第 4 期，第 17 页。

② Maritime Matters: Search and Rescue, *Agreement Between the United States of America and Japan*, Amending the Agreement of December 12, 1986, Effected by Exchange of Notes Signed at Washington September 30, 1998.

和要求而定的。

其三，搜救合作。首先，信息共享。从某种程度上来说，信息共享能提升海上搜救有效性，减少对搜救行动的需求，有效的信息将在美国海岸警卫队和墨西哥海军之间自由共享。这种交换将会包含但不限于以下方面：（1）搜救组织机构；（2）搜救协调中心，包括地点、负责区、电传号码、电话号码和其他通讯方式或总体能力；（3）搜救过程和设施；（4）有效的特殊服务（如自动化船舶互助系统、计算机辅助搜救计划、医疗设备、加油设施等）；（5）国际上就共同利益的搜救方案；（6）搜救相关的技术信息包括救助和开发的结果及计划；（7）特别为搜救目的所用的船舶播报系统的升级和运用。

其次，搜救操作。美国海岸警卫队和墨西哥海军将单独或联合一起进行搜救合作，提升搜救反应能力和海上安全性。这些措施将包含但不限于以下方面：（1）发展、建立以及运用公共搜救程序，包括要求和行使搜救协助，确保美国海岸警卫队和墨西哥海军海上搜救协调中心最可行的配合。只要一方的协调中心在事故中救助，那么每个搜救协调中心都会让其他搜救中心了解到事件的最新进展。（2）允许一方搜救单位进入另一方所要求能跨越的领海区域。（3）若美国海岸警卫队和墨西哥海军的搜救单位能做出合理的安排，就能有效处理海上遇难事件。（4）建立能运用在联合搜救行动中的通讯方式，使用指定的共同工作频率，提供通讯频道检测。（5）在美国海岸警卫队和墨西哥海军搜救协调中心之间建立合理的、可信赖的通讯连线，这种通讯方式可通过电讯促进翻译而得以实现。但美国海岸警卫队和墨西哥海军意识到及时搜救通讯的价值，他们需指定两个搜救协调中心，一个靠近太平洋海岸线，另一个靠近海湾海岸线，并安排一个会双语（英语和西班牙语）的人员在搜救协调中心接收电话，在合适的时候帮助搜救通讯。（6）因近几年商船报告系统以及国家分析和战略报告，为美国和墨西哥相似的资源建立了指导方针，应提供信息来帮助其他所认可的搜救协调中心来处理遇险事件。（7）当确保搜救事件进行顺利与否变得必要时，各方的搜救协调中心将会安排到另一方的救助船舶或飞机来购买燃料，运用合适的医疗设施或是接受其他国家合理帮助。

最后，联络。为能满足此项安排的目的，美国海岸警卫队和墨西哥海军将会保持一个持续的合作关系。联络应包括以下几方面：（1）美国海岸警卫队和墨西哥海军搜救工程的经理和协调中心的人员应相互来往；（2）在代表着共同利益的国际搜救计划中进行合作，特别是由美国或墨西哥政府以及国际海事机构所赞助的合作；（3）举行地区性的搜救大会对维持有效的搜救服务的协调是很必要的；（4）搜救训练机构和其他海事以及航空搜救组织的合作会越来越多、越来越频繁；（5）共享最新式的搜救过程、技术、通讯、生命维持系统、设备和紧急医疗保健的发展趋势。

其四，搜救区域。首先，建立海上搜救区域仅仅是为确保指定区域是否有合适高效的搜救覆盖范围和协调能力，并且能就各方所负责的海上搜救协调领域建立相互理解的局面。其次，搜救区域并不涉及国际边界或国内权限的建立。每方应在各自的或是协议中明确规定的其他搜救区域里进行搜救行动来帮助在海上遇难的人员或财产。最后，美国和墨西哥的搜救区域将由两个国家间的国际海事边界所划分，具体划分可参见 1976 年 11 月 24 号两国交换的外交备忘录所定义的内容。

其五，实施。此协议特定信息和过程将由美国海岸警卫队和墨西哥海军共同实施。

其六，国内及国际法运用。此协议中的所有相关内容都不会用来修改一些可适用的国内法律和管理。同样此协议中的所有相关内容都不应影响基于其他条约、国际公约以及与美国和墨西哥相关协议的权利和责任。

其七，运用其他军队进行搜救演习。双方都认识到有时候美国海岸警卫队会利用非美国海岸警卫队的军队组织来应对海上遇难事件，那些组织包括但不限于私人海岸护卫辅助机构和可利用的商船，同样墨西哥海军也会运用非海军组织来进行搜救行动。出于此项协议，美国海岸警卫队和墨西哥海军当被其中一方的搜救协调中心识别为正在依照搜救协调中心的规定和指导进行一项特定的搜救任务时，他们才承诺当那些机构无能为力时出手相救。

其八，搜救单位转移。如果正在进行搜救的单位组织被转移到靠近其他国家领海的另一任务中，负责管辖海域的一方搜救协调中心将会立刻被搜救协调中心证实为转移单位，不再参与到原来任务的单位也将立刻离开其他国家的管辖海域或是参与到新任务中的过程。

其九，条款生效、时长和修改。此协议应在双方都满足各自国内合法要求时才能生效。此协议可由双方互相修改，修改方案也应在双方满足各自国内合法要求时才能生效。协议会因其中一方通过外交渠道向另一方发出书面文件的六个月内被终止，但协议终止不应影响在此之下进行的任何特定活动的有效性或持续性，也不会在终止时完成，除非双方都同意。①

① Agreement Between the Government of the United States of America and the Government of the United Mexican States on Maritime Search and Rescue.

二、其他国家签署的海上搜救双边合作协议

除了美国外，世界上其他国家也高度重视海上搜救双边合作，如日本与韩国、英国与西班牙、法国与南非等都签署了海上搜救双边协议。

第一，日本与韩国海难救助协议。日本与韩国作为近邻，早在1985年就在周围海域实施救助活动并相互帮助以及为避难船提供保护而达成了《日韩海难救助协议》。该协议主要内容有：其一，两国对在本国（地区）海域周围内发生的海难事故应采取搜救紧急措施。其二，双方任何一方为进行搜救而采取紧急措施时有必要尽快相互协助。其三，双方为促进搜救方面的合作，应努力交换必要的情报和意见。其四，任何一方船舶需要紧急避难时应尽快提供保护，避难船也应遵守所处内海和领海一方的法律。其五，双方的通信联络通过国际电传、国际电话和无线电进行，所使用的语言原则上为英语。

第二，英国与西班牙海上搜救合作协议。英国与西班牙海上搜救协议规定，两国必须各自对在欧洲区域搜救计划中所划定的以及同样在临时海上搜救计划中划定的区域中的海上及航空搜救行动负责。双方在搜救区域中的界线是指由45°N、8°W到45°N、13°W的连线，并达成以下共识：其一，责任机构；其二，搜救力量驶入或者飞入搜救区域和对方领海区域的救助活动；其三，规定的操作方式；其四，人员互访；其五，对航空器的搜救；其六，直接与对方联系的方式。

第三，法国与南非海上搜救合作协议。法国和南非根据《1979年国际海上搜寻救助公约》的有关规定，积极和经常交换有关危险以及潜在危险的搜救信息，在各自搜救区域以及穿越通常的搜救区域边界执行搜救任务的时候最大程度地帮助对方。为此，法国与南非海上搜救合作协议规范了如下内容：其一，交换有关搜救信息；其二，搜救作业通信检查；其三，搜救协调中心人员的访问交流；其四，搜救区域；其五，搜救协调中心的标准操作程序；其六，搜救行动费用、给养和设备的回收、交换意见的形式。

第二节　海上搜救多边国际合作

随着经济全球化与区域一体化的发展，世界上一些重要海域有关海上搜救区域合作基本上形成了一个较为完整的体系，区域内国家海上搜救合作开展较为全面：第一，一般都签订比较完整的政府间双边甚至是多边海

上搜救合作协议，对海上搜救国际合作中所涉及到的基本内容做出规定。第二，召开海上搜救国际合作会议研究搜救合作现状并提出改进措施，如2013年11月11日在新加坡召开了亚太首次海上搜救会议，其主题是“加强事件反应协调能力，增强合作与锻炼能力，以挽救海洋中的生命”。第三，定期进行有关搜救人员交流互访以加强搜救信息和知识共享。第四，开展海上搜救联合演习，加强各国搜救机构及搜救力量操作的协调性，从而产生较为良好的实际效果。

一、黑海搜救多边国际合作

黑海（Black Sea）是位于欧洲东南部和亚洲小亚细亚半岛之间的陆间海，东西最长1150千米，南北最宽611千米，中部最窄263千米，海岸线长约3400千米，面积约为42.4万平方千米，是世界上最大的内陆海。黑海平均水深1315米，最大水深2210米。黑海向西通过博斯普鲁斯海峡、马尔马拉海、达达尼尔海峡与地中海相通，向北经刻赤海峡与亚速海相连。黑海沿岸有六个国家，乌克兰在其北岸，俄罗斯在其东北岸，格鲁吉亚在其东岸，土耳其在其南岸，保加利亚与罗马尼亚在其西岸。黑海是欧洲地区各主要河流的出海口，也是连接东欧内陆和中亚、高加索地区进出地中海的主要海路，故此战略地位非常重要，海上交通比较繁忙。但黑海冬季盛行偏北大风，凛冽的极地冷空气不断袭来，在黑海尤其是西北部海区掀起汹涛巨浪，造成海损事故。如2004年2月13日在土耳其领海内发生严重风暴，造成“Hera”号机动船发生事故，导致19名船员丧生，因此黑海沿岸国家非常注重海上搜救区域合作。

早在1998年11月27日黑海沿岸国家就在土耳其首都安卡拉共同签署了《黑海沿岸国关于海上搜救服务的合作协议》（即《安卡拉协议》）。签署该协议的目的是根据《1979年国际海上搜寻救助公约》的规定，认识到黑海沿岸国家需要建立一个高水平的海上搜救地区合作计划，同时作为国际计划的一部分，还认识到缔约国在提供区域搜救服务的同时应遵循1944年《国际民用航空公约》，认识到沿岸国迫切需要建立黑海搜救协助双边和/或多边的协议或安排，加快开展有效的搜救操作并引起国际海事组织的注意。① 具体来说，该协议主要有以下内容：第一，协调缔约国在黑海搜救服务的合作，每个国家的海上搜救主管机构如果发生任何改变需通知

---

① *Ankara Agreement*, http: //bsmrcc. com/.

各缔约国。第二，关于管辖范围，强调本协议任何规定不影响缔约国其他的双边和多边协议中的任何权利与义务。第三，任何搜救协调中心在收到任何请求搜救的信息后都应立即接受并在其能力范围内给予回应。第四，黑海的搜救责任区域应当根据各方双边或多边的协议建立，在搜救责任区域建立之前，缔约国应通过协调与合作确定搜救责任区域并积极在搜救责任区域内进行合作。责任区域的确定没有授予未来该方在此区域的任何权利或特权。搜救责任区的界定与黑海海洋边界划定无关。第五，除非缔约国另有约定，一方应根据其本国的相关法律、规章制度授予仅仅为了确定搜寻的位置和救助幸存者的其他缔约国直接进入或者在其领海或领土活动的权利。对方应遵守救助服务的目标并及时与领海国建立通信。第六，缔约国开展信息交换、设备交流、海上搜救演习等活动。第七，缔约国主管当局代表至少每年应举行一次合作和交流信息经验的地区性会议，并把英语作为工作语言。第八，每个缔约国应自行支付因履行本协议所产生的费用。

由于《黑海沿岸国关于海上搜救服务的合作协议》订立的时间较早，一些规定多为框架下的原则性义务，很多条款并没有具体确定。为适应海上搜救合作新形势的发展，黑海沿岸国又通过以下方式对上述协议进行了相应补充与完善：

第一，签署新的双边搜救合作协议，如 2004 年 2 月 25 日土耳其和俄罗斯两国政府签订了《关于黑海海上搜救合作协议》，5 月 26 日土耳其和保加利亚两国政府签署了《关于黑海海上搜救合作协议》等。这些双边协议对海上搜救合作做出一些新的规定，如关于搜救区域的区分，以详细的经纬度为数据划定了有关国家的搜救区域；各国设立海上搜救协调中心并强调开展合作，以提高黑海区域海上搜救国际合作服务效率。

第二，黑海沿岸国根据顺时针方向，在 2004 年起从罗马尼亚开始每年轮流举办一次黑海搜救会议，旨在回顾搜救合作成果、探讨搜救合作中存在的问题以及协商开展搜救合作的措施。其一，安装黑海海上搜救及全球海上遇险与安全系统（GMDSS）。其二，利用互联网建立覆盖黑海区域的搜救协调中心系统。其三，开展黑海搜救培训。其四，建立黑海搜救网站以便沟通并为各方提供监控信息系统交换和联合平台。其五，讨论航空器在搜救中的主导作用。其六，改进船舶自动识别系统和低轨道卫星搜寻。其七，统计搜救设施和功能特别是假报警数据。

第三，开展联合搜救演习。从 2005 年开始，黑海沿岸国家每隔两年就要轮流进行一次联合搜救演习用以检验各搜救单位的搜救能力。如 2005 年在俄罗斯举行了代号为“RUSSIA 2005”联合搜救演习；2007 年 9 月在土耳其埃雷利港附近举行了代号为“SULH 2007”溢油及搜救演习；2009 年 9 月在罗马尼亚康斯坦察附近海域举行了代号为“RODELTA 2009”搜救联合演习；2011 年在格鲁吉亚巴统港附近举行了代号为“GEODELTA 2011”联合搜救演习行动；2013 年举行了代号为“BUDE1TA 2013”联合搜救演习。这些联合演习提升了黑海沿岸各国搜救操作的协调性，有助于海上人命安全保障。

二、地中海搜救多边国际合作

地中海被其南面的欧洲大陆以及北面的非洲大陆和西面的亚洲大陆所包围，东西长约 4000 千米，南北最宽处约为 1800 千米，面积（包括马尔马拉海）约为 251 万平方千米，是世界上最大的陆间海。地中海以亚平宁半岛、西西里岛和突尼斯之间的突尼斯海峡为界，分东、西两部分，平均深度 1450 米，最深处 5121 米。地中海西部通过直布罗陀海峡与大西洋相接，最窄处仅 13 千米，航道相对较浅。东北部通过土耳其海峡（达达尼尔海峡、博斯普鲁斯海峡、马尔马拉海）和黑海相连，东南部经苏伊士运河与红海相沟通。地中海岸线曲折、岛屿众多，拥有许多天然良港。地中海是欧、亚、非三大洲的交通枢纽，是大西洋、印度洋和太平洋之间往来的捷径，从古代开始海上贸易就很繁盛，在经济、政治和军事上都具有极为重要的地位。地中海沿岸国家和地区共有 19 个：第一，欧洲国家（从西至东排序）包括西班牙、法国、摩纳哥、意大利、马耳他、斯洛文尼亚、克罗地亚、波斯尼亚和黑塞哥维那、黑山、阿尔巴尼亚、希腊、塞浦路斯。第二，亚洲国家（从北至南排序）包括土耳其、叙利亚、黎巴嫩、以色列和巴勒斯坦。第三，非洲国家（从东至西排序）包括埃及、利比亚、突尼斯、阿尔及利亚、摩洛哥。由于地中海地区交通繁忙，海损事故时常发生，特别是近年来海上非法移民日益增多，海上搜救任务压力较大。如 2018 年 1 月 16 日法国《费加罗报》报道，意大利海岸警卫队当日在地中海利比亚沿岸就营救了约 1400 名偷渡的移民。另外，飞机失事坠海事件也时有发生，如 2010 年 1 月 25 日埃塞俄比亚航空公司“ET409”航班从黎巴嫩首都贝鲁特国际机场起飞后不久便因恶劣天气坠毁在距离黎巴嫩小镇纳阿梅以西的地中海海域。因此地中海沿岸国家非常重视海上搜救国际合作，而且地中海沿岸一些国家较小，搜救能力有限，也必须通过国际合作来提高搜救效率。

第一，签订国家政府间搜救合作协议。地中海沿岸各国的搜救合作始于20世纪末，先后签订了一系列双边搜救合作协议，到目前国家政府间已签署了九份有关海上搜救的双边合作协议,① 共同构成了地中海搜救合作的法律机制（见表5—2）。这些协议主要包括以下一些内容：其一，海上报警与遇险阶段的认定；其二，海上搜救主管机关和协调中心的设立及其义务；其三，海上搜救区域的划分一般与航空飞行情报区域一致；其四，海上搜救请求合作的通知与接收；其五，海上搜救操作流程准备工作；其六，海上搜救区域划分以及进入许可证的发放；其七，海上搜救电台信息资料交流等技术性规范；其八，海上搜救人员定期会晤、联合演习、工作语言、生效程序等。

表5—2 地中海沿岸国家政府间搜救合作协议

序号	签订时间	签订地点	签订国家	协议名称
1	1996年2月6日	拉巴特	西班牙与摩洛哥	关于防止污染和海上搜救合作协议
2	1999年4月19日	摩纳哥	法国与摩纳哥	关于海上搜救合作协议
3	2000年5月19日	安科纳	意大利与斯洛文尼亚	关于亚得里亚海北部搜救合作谅解备忘录
4	2000年5月19日	安科纳	意大利与阿尔巴尼亚	关于亚得里亚海搜救合作谅解备忘录
5	2000年5月19日	安科纳	意大利与希腊	关于亚得里亚海搜救合作谅解备忘录
6	2000年5月19日	安科纳	克罗地亚与意大利	关于亚得里亚海搜救合作谅解备忘录
7	2006年10月14日	安卡拉	土耳其与叙利亚	关于搜救合作协议
8	2009年9月1日	大马士革	塞浦路斯与叙利亚	关于搜救合作协议
9	2014年10月14日	雅典	希腊与塞浦路斯	关于搜救合作协议

资料来源：文亚军：《论闭海半闭海国家海上搜救合作的法律机制》，华南理工大学硕士学位论文，2015年，第33页；*Greece and Cyprus Sign Cooperation Agreement for Search and Rescue*, http: //www. balkans. com/open－news. php? uniquenumber＝197727。

① Nancy Friedrich, *Cold－War Cooperation Birthed Search And Rescue System*, http: //www. mwrf. com/markets/cold－war－cooperation－birthed－search－and－rescue－system.

第二，建立海上搜救多边合作机制。其一，1990 年 10 月地中海沿岸国为促进海洋经济发展和保障海事安全，西地中海 10 个沿岸国（毛里塔尼亚、摩洛哥、阿尔及利亚、突尼斯和利比亚五个北非国家和葡萄牙、西班牙、法国、意大利、马耳他五个欧洲国家）经过充分磋商，在意大利罗马共同建立了“5 +5”对话机制，这是确保其长期合作的一种行之有效的方式，有利于加强地中海沿岸各国在海事领域的合作。随着地中海沿岸国合作的日益增多，该对话机制不断发展，有关对话内容已覆盖了海上搜救合作等不同领域，在很大程度上促进了地中海沿岸国海运贸易的发展。其二，2009 年 5 月举行了第一届地中海海岸警卫队服务论坛（Mediterranean Coast Guard Services Forum，MEDFORUM），这是一个非正式组织，汇集了来自地中海各国海岸警卫队以及海事部门的代表来共同协商海上多边合作中的各种问题，其中议题之一就是搜救与海上安全生活，为地中海区域搜救服务和完善区域海上政策提供了一个很好的机会。另外，欧盟也派代表参与了该论坛并提出“欧盟海事领域”（EU Maritime Domain）这个概念，其中包括搜救区域及区域合作等问题。其三，2013 年 11 月欧盟边境管理局（FRONTEX）启动了“海螺行动”，为地中海有关搜救联合行动提供协助。2015 年欧盟边境管理局表示，将进一步加大在地中海地区搜救难民的工作力度，扩大在地中海的搜救区域。

第三，强化应急联合搜救实践。如 2010 年 1 月 25 日埃塞俄比亚航空公司 ET409 航班在地中海失事坠海后，黎巴嫩军方立即启用直升机和巡逻艇在相关失事海域开始搜救工作，同时向联合国驻黎巴嫩维和部队以及一些邻国如塞浦路斯警方寻求帮助。联合国驻黎巴嫩维和部队和塞浦路斯以及驻扎在塞浦路斯的英国军事力量也都提供了设备帮助进行搜救。特别是近年来针对地中海难民船事故不断增加的问题，有关国家加强了联合搜救的力度。如 2015 年 6 月 6 日英国、德国、爱尔兰以及意大利海军等多个国家首次出动军舰救出利比亚沿海 3480 名偷渡者，7 日又在地中海救起 1500 名偷渡者。这是欧盟制定新的难民政策后，有关国家首次采取的有针对性的联合行动。欧盟表示，希望有更多的成员国能够提供舰船参与未来的联合搜救行动。

三、波罗的海搜救多边国际合作

波罗的海（Baltic Sea）是欧洲北部的内海、北冰洋的边缘海、大西洋的属海，位于斯堪的纳维亚半岛与欧洲大陆之间，即从北纬 54°起向东北延伸到近北极圈的北纬 65.5°之间的东北欧，呈三岔形，西以斯卡格拉克海峡、厄勒海峡、卡特加特海峡、大贝尔特海峡、小贝尔特海峡、里加海峡等海峡与北海以及大西洋相通。波罗的海长 1600 多千米，平均宽 190 千米，面积 42 万平方千米。波罗的海属于浅海，平均深度只有 55 米。波罗的海沿岸有瑞典、俄罗斯、丹麦、德国、波兰、芬兰、爱沙尼亚、拉脱维亚、立陶宛九个国家，是北欧以及俄罗斯与欧洲贸易的重要通道，同时也是沿岸国家之间以及通往北海和北大西洋的重要水域，如波罗的海有轮渡连通沿岸国家的各大港口，并通过白海—波罗的海运河与白海相通，通过列宁伏尔加河—波罗的海水路与伏尔加河相联。自 20 世纪 90 年代初以来，波罗的海船舶数量急剧增多，航道年通过量已超过四万艘。但波罗的海风大浪高，行船非常危险。另外，波罗的海的海水又浅又淡，很容易结冰。北部和东部海域每年通常都有一段不利于航行的冰封期，即从每年 11 月初起北部开始出现冰冻，一般海冰只出现在各个海湾中，而在严冬时几乎会覆盖整个海区，海冰平均厚度为 65 厘米。波的尼亚湾冰封期可高达 210 天，中部的芬兰湾和斯德哥尔摩附近为 185 天，里加湾为 80—90 天，波兰、德国沿岸冰封期为 30—40 天。南部通常不结冻，但瑞典和丹麦之间的海峡有时也会冰封。波的尼亚湾的北部还容易形成大冰包，这种冰包有时可高达 15 米，给海上运输造成困难，船舶通过只能在冰冻的海面上开凿水道，再缓慢前行，因此海损事故时常发生。如 2001 年 7 月 1 日一艘由德国驶往瑞典、载有 230 多人的客船在通过波罗的海途中起火被困。在这种情况下，波罗的海沿岸国家非常重视海上搜救国际合作。根据波罗的海海洋环境保护委员会的相关条约，波罗的海分为八个搜救区域，波兰、立陶宛和加里宁格勒地区则作为一个子区域相互进行合作。

第一，签署海上搜救合作协议。波罗的海政府间海上搜救合作始于 20 世纪末，其沿岸国家相互之间达成多项双边协议，共同构建成了覆盖整个波罗的海的搜救合作法律机制（见表 5—3）。这些双边协议在格式和内容上大体相似，主要规定了以下几方面：其一，关于搜救区域的划分；其二，关于搜救主管机构的确定；其三，关于联合搜救演习、定期沟通和检查、搜救人员互访以及搜救信息和经验交流等具体操作；其四，关于跨境搜救法律适用问题，缔约方到另一缔约方领海或管辖区域内进行搜救需依据他国国内法；其五，关于搜救警报和请求帮助以及允许跨境进入的情况；其六，幸存者或遇难者的通知；其七，关于费用各自承担以及生效程序、工作语言等。

表 5—3　波罗的海沿岸国家政府间关于海上搜救合作协议

序号	签订时间	签订地点	签订国家	协议名称
1	1989 年 5 月 24 日	莫斯科	瑞典与苏联	关于海上和航空联合搜救协议
2	1993 年 3 月 5 日	莫斯科	芬兰与俄罗斯	关于航空和海上搜救合作协议
3	1995 年 11 月 13 日	莫斯科	俄罗斯与波兰	关于航空和海上搜救合作协议
4	1998 年 6 月 10 日	斯德哥尔摩	瑞典与波兰	关于海上和航空搜救合作协议
5	1998 年 9 月 9 日	塔林	爱沙尼亚与芬兰	关于海上和航空搜救合作协议
6	1999 年 11 月 22 日	里加	瑞典与拉脱维亚	关于海上和航空搜救合作协议
7	2000 年 9 月 8 日	帕兰	拉脱维亚与立陶宛	关于海上和航空搜救合作协议
8	2002 年 6 月 13 日	斯德哥尔摩	瑞典与立陶宛	关于海上和航空搜救合作协议
9	2007 年 2 月 5 日	塔林	瑞典与爱沙尼亚	关于海上和航空搜救合作协议
10	2007 年 9 月 3 日	塔林	拉脱维亚与爱沙尼亚	关于海上和航空搜救合作协议
11	2007 年 11 月 27 日	哥本哈根	瑞典与丹麦	关于航空和海上搜救合作协议
12	2014 年 2 月 3 日	赫尔辛基	爱沙尼亚警察及边防警卫队与芬兰警察局	关于海上和空中搜救合作协议及联合活动计划

资料来源：文亚军：《论闭海半闭海国家海上搜救合作的法律机制》，华南理工大学硕士学位论文，2015 年，第 29 页；*Estonia and Finland Fined Agreed upon Joint Rescue and Police Work*, http: //www. baltic - course. com/eng/legislation/? doc =87123。

第二，召开有关会议开展海上搜救合作项目。其一，1992 年 4 月 9 日在芬兰首都赫尔辛基召开了保护波罗的海环境合作会议，签订了《保护波罗的海地区海洋环境公约》，其中规定报告和信息交换可当作搜救合作的参考。《保护波罗的海地区海洋环境公约》后经修订，强调防治船舶溢油污染事件中最紧急的操作应是对失事船舶与船员的人命救助。其二，自 2010 年以来波罗的海地区工作会议平均每年召开两次，沿岸国家进一步规定了监控警报、报告和信息交换等方面的内容。其三，2013 年 9 月波罗的海各国主管部门启动了“波罗的海海上事件反应调查”搜救项目合作框架，这是一个包括整个波罗的海搜救的大规模海上事故应急预案，主要目的是确认波罗的海国家和其他北欧国家关于处理大规模海上事故的合作协议和操作，有利于规范各海事部门对于应急事件的反应程序，提高海上搜救效率。其四，开展地区边境管制合作（BSRBCC），促进波罗的海沿岸各国海事当局在相关事宜中联合起来，其中一项重要国际合作就是旨在改进搜救活动。[1]

第三，举行海上搜救联合演习。从2000年开始，波罗的海沿岸国家每年都要举行目标明确、任务集中的海上联合搜救演习，以锻炼实践知识和设备以及沿岸国家搜救机构之间联合行动能力，提高操作相互协调性。如2007年9月波兰和瑞典海军在波罗的海进行了为期三天的演习，旨在训练水下潜艇搜救与人员疏散。2012年8月由加里宁格勒海上搜救协调中心指挥，在波罗的海开展了海上搜救协调演习活动，波兰和立陶宛海上搜救协调中心以及俄罗斯波罗的海舰队共9艘船舶和2架飞机参与了此次联合演习。[2] 2013年8月俄联邦波罗的海舰队举行了一次联合搜救演习，俄罗斯、波兰和立陶宛等国家都派出舰艇参与了一起遇险潜艇搜救演习。其中最有名的就是由沿岸所有国家共同参加的波罗的海搜救演习（BALTIC SAREX）。1996年6月丹麦皇家海军和搜救组织邀请爱沙尼亚、拉脱维亚和立陶宛开始第一次波罗的海搜救演习。2000年波兰首次加入，后来瑞典、芬兰和德国也纷纷加入。自2011年俄罗斯加入后，标志着沿岸各国全都参加了波罗的海搜救演习。[3] 另外，北约每三年在5月12—23日也要组织一次来自北约联盟的18个国家及不结盟国家的军舰、潜艇和飞机在波罗的海进行联合搜救演习，如2014年联合搜救演习就位于波兰的格丁尼亚海岸，这是到目前在波罗的海举行的最大规模的潜艇联合搜救演习。

四、非洲海岸搜救多边国际合作

非洲东濒印度洋，西临大西洋，北隔地中海和直布罗陀海峡与欧洲相望，东北隅以狭长的红海与苏伊士运河紧邻亚洲。因此非洲沿岸海上交通比较繁忙，但大多数国家经济发展落后，为应对海上险情，就需要开展海上搜救国际合作。2011年3月3日佛得角、冈比亚、几内亚比绍、毛里塔尼亚、摩洛哥和塞内加尔等国代表共同签署了西北非分区海上搜救中心（MRCC）特别多边协定，在摩洛哥首都拉巴特附近设立了新的摩洛哥海上搜救分区中心及其下属分中心，这样覆盖非洲海岸线的搜救体系至此全面

---

① Isto Mattila, *Maritime Cooperation - Economic and Environmental Aspects*, www. osce. org/eea/31002? download = true.

② *Military exercise in search and rescue of people was held in the Baltic Sea*, http: //www. geopolitika. lt/? artc = 5563.

③ *The history of BALTIC SAREX*, http: //www. balticsarex. org/baltic - sarex/history.

建成。[1] 因为在此前，2007 年 1 月 16 日在南非地区海上搜救协调中心试运行期间就签署了多边协定，除南非外还有五个国家建立了海上搜救分中心。在西非利比里亚搜救区，2007 年 5 月也召开会议签署了海上搜救多边协定。

摩洛哥海上搜救分区中心位于距离其首都拉巴特约 20 千米的海滨城市波兹尼卡，其将与以下较早建成并投入使用的分区中心形成非洲海上搜救分区中心终端链接：2006 年成立的肯尼亚蒙巴萨分区中心、2007 年成立的南非开普敦分区中心、2008 年成立的尼日利亚拉各斯分区中心、2009 年成立的利比里亚蒙罗维亚分区中心。这些分区中心及其下属的分中心构成了各自独立的信息网络。

拉巴特海上搜救分中心的建立为这一过程画上了圆满句号，而这些过程的开始，则要追溯到 2000 年 10 月在意大利佛罗伦萨由国际海事组织召开的有关搜救以及全球海上遇险与安全系统大会。此次会议推荐非洲西部、南部和东部的国家根据区域性战略需求制定海上搜救服务规定。在其他几项议程中佛罗伦萨会议采纳了一项决议，即邀请从摩洛哥到索马里与非洲接壤的大西洋和印度洋的岛屿国家为保证搜救协调一致而建立 5 个分区中心和 26 个分中心以覆盖全部海岸线。如此这样，所有拟建设的中心将能够协作并为那些明显被定义为缺乏海上搜救力量以及全球海上遇险与安全系统的地区提供全方位的覆盖保护。

国际海事组织秘书长在 2011 年 3 月 3 日的签约仪式上发表讲话时强调：这一由佛得角、冈比亚、几内亚比绍和摩洛哥等国签订的协定不仅代表上述国家在海上搜救方面迈出了一大步，而且体现出西北非地区乃至整个非洲在这方面所达成的共识，这也是全球海事和航运业形成整体意识的体现，使海员们拥有这样的信心：即使遭遇危险也能够及时获得救助。我庆幸的是在不久的将来许多人将会因为这些海上搜救设施的完备而得到救助，从而获得生命安全的保障。建立这一整套海上搜救网络无异于是一项伟大的人道主义行为，而那些将佛罗伦萨会议梦想转变为现实的人们为这一伟大成就的达成而值得大家尊敬和爱戴。这些分区中心之间的信息共享将在打击海盗、绑架和勒索赎金等活动中发挥巨大作用，这也契合了国际海事组织以及全球航运界共同追求的 2011 年世界海事日的主题“协调一致，应对海盗”。这一搜救中心（尤其是覆盖受到来自索马里海盗影响较

---

① 吴磊明：《西北非分区海上搜救协调中心多边协定签订》，《水运管理》2011 年第 4 期，第 19 页。

大的西印度洋海域）的成立将在与其他地区信息共享行动方面潜在地扮演起重要角色。①

2014 年 5 月来自加纳、几内亚、科特迪瓦、利比里亚和塞拉利昂的西非海上搜救区域（WAMSRR）代表在摩洛哥的丹吉尔（Tangier）举行了第四次会议，会议回顾了西非分区海上搜救中心进展并完成了蒙罗维亚海上搜救协调中心区域搜救计划起草工作。西北非地区协调员及拉巴特分区海上搜救中心负责人穆罕默德·德力西（Mohammed Drissi）承诺确保这两个区域中心建立更为紧密的合作关系，以改善这两个地区的搜救服务。应邀参加会议的国际海上人命救助联盟首席执行官布鲁斯·里德（Bruce Reid）认为西非承诺改善区域海上搜救协调及响应是很好的，并表示支持本地区海上搜救发展。②

五、南太平洋岛国搜救多边国际合作

南太平洋岛国是指分布在南太平洋的岛屿国家。南太平洋地区幅员辽阔，这里除澳大利亚和新西兰外共有 27 个国家和地区，其中包括巴布亚新几内亚、斐济、萨摩亚、汤加、瓦努阿图等，这些国家和地区由 1 万多个岛屿组成，分属美拉尼西亚、密克罗尼西亚、波利尼西亚三大群岛区。南太平洋岛国是名副其实的袖珍国，它们国小人少，其陆地总面积仅 55 万平方千米，总人口为 750 多万。其中巴布亚新几内亚面积最大，陆地面积为 45.28 万平方千米，人口 730 万；最小的国家为瑙鲁，陆地面积仅 21 平方千米，人口约 1.08 万。但这里环境优美，拥有得天独厚的旅游资源。海天一色的自然风光、独具特色的热带风情吸引着世界各地的游客，使旅游业呈现蓬勃发展的势头。因此近年来这里海上交通发展较快，航经船舶特别是大型游轮较多，同时商业飞机飞临也较多。此外，南太平洋岛国又是重要渔场，拥有丰富的水产资源，各国在此从事捕捞作业的渔船也较多，因此近些年小型渔船数量增加较快。虽然随着旅游活动的增多，海上或空中旅行极大带动了南太平洋群岛国家和领地经济的蓬勃发展，但是也造成海

---

① Efthimios E. Mitropoulos, *Signing of Multilateral Agreement on Co - ordination of Maritime Search and Rescue Services and Opening of Regional MRCC*, http：//www. imo. org/blast/mainframe. asp? topic_ id = 1698&doc_ id = 9196.

② *SAR Progress in North and West Africa*, https：//www. international - maritime - rescue. org/index. php/22 - north - west - africa/789 - sar - progress - in - north - and - west - africa.

上险情的增加，特别是游轮与飞机失事将会增加灾难性事故的损害程度，因此必须提高风险意识，注重大规模海上搜救行动的重要性。然而在南太平洋群岛内进行搜救行动是巨大的挑战，因为南太平洋岛国有超过 3000 万平方千米的海域面积，如此广阔的海洋面积使每个岛国的领土面积相形见绌。大多数岛国都拥有宽广的海域和 200 海里专属经济区，这就形成了对海洋管理的严峻挑战。[①] 虽然每个太平洋岛国都有一定程度的搜救能力，但是由于这些国家较小，经济与科技实力有限，再加上南太平洋危险、偏远和恶劣的环境，其与世隔离和极端的环境意味着有关搜救研究和能力都十分有限，这对船舶、船员以及任何前来搜救的人员来说都很不利，特别是难以有效应对大规模与长距离海上搜救行动，因为这些行动需要花费大量的资金与资源。在这种情况下，南太平洋岛国非常注重海上搜救国际合作。特别是自 2001 年起，太平洋共同体秘书处（SPC）就开始致力于加强南太平洋岛国海上搜救政策合作与协调，同时还非常注重协调南太平洋岛国海空搜救行动，使之能够保持一致性。具体来说，这些活动包括召开区域搜救研讨会、搜集与分析以及传递区域搜救数据、共享区域搜救合作技术装备等方面。

第一，召开海上搜救研讨会。南太平洋岛国有关海上搜救研讨会建立的初衷是为该地区有关国家搜救部门提供机会，以吸引政府和非政府组织共享最佳海上搜救演习机会、加强对区域海上搜救问题的理解并提升合作途径，营造更安全的南太平洋海上环境。如 2013 年 6 月 3—7 日第五次太平洋海上搜救研讨会在斐济首都苏瓦召开，这次研讨会由太平洋共同体秘书处与国际海事组织共同出资合办，负责南太平洋岛国搜救任务的管理者、协调者和响应者以及来自澳大利亚、新西兰、美国和国际海上人命救助联盟的代表参与了研讨并取得以下成果：（1）制定海上搜救法规和计划以及船舶安全教育及立法；（2）加强海上搜救训练和国家能力建设；（3）做好区域海上搜救合作技术准备；（4）进行跨机构海上搜救合作；（5）加强海空搜救协同作业；（6）制订新兴海上搜救概念、技术和相关文件；（7）加强有关海上搜救数据收集和分析；（8）进行船舶航程报告。

第二，签署海上搜救合作协议。2013 年 6 月在第五次太平洋海上搜救研讨会上，与会者表示要促进南太平洋国家和地区之间开展区域合作。为此，太平洋共同体秘书处与澳大利亚、新西兰、法国和美国的搜救主管部

---

① Anthony Bergin, *Law and Order at Sea in the South Pacific: The Contribution of the Pacific Patrol Boat Project*, Ocean and Coastal Management, Vol. 42, 1999, pp. 555 – 568.

门进行了协调，安排发展海上搜救区域合作事宜以建立信任措施。在此基础上，2014 年 5 月太平洋共同体秘书处与澳大利亚、新西兰、法国、美国以及 22 个太平洋岛国签署了《太平洋岛屿国家和地区海上搜救合作技术协议》，该协议促进了南太平洋岛国与有关国家在海上搜救方面的协调与合作。①

第三，起草有关搜救合作法规。有效的海上搜救组织中最重要的一环就是制定海上搜救法规和国家搜救发展计划，用以规范和指导有关搜救活动。为帮助南太平洋岛国更好地解决这个问题，太平洋共同体秘书处制定了有关南太平洋岛国海上搜救法规——《2010 年海上搜救法案》和国家搜救计划模板，并于 2013 年在斐济首都召开的第五次太平洋海上搜救研讨会上颁布了这两项规定。

第四，提出区域搜救装备观念。区域搜救装备观念是在 2007 年召开的太平洋共同体运输部长会议上首先提出的，这些部长们非常清楚南太平洋岛国在执行搜救行动时所面临的挑战特别是大范围搜救活动的困难，因此委托太平洋共同体提出方法来帮助解决这一需要。2011 年 4 月《太平洋岛国关于支持太平洋地区海上人命搜救合作技术设备文件》以谅解备忘录的形式在新喀里多尼亚首都努美阿举行的南太平洋岛国地区运输部长会议上签署，2011 年 6 月各太平洋岛国搜救代表在澳大利亚参加第四届南太平洋岛国区域搜救论坛时，通过投票修改了文件部分内容，使之能与国际海事组织推荐的《国际航空和海上搜寻救助手册》及现存的双边搜救安排保持一致。这样，该份文件便从谅解备忘录的性质转变为安排行动计划。之后在澳大利亚、法国、新西兰、美国以及南太平洋岛国区域搜救论坛参与者的支持和帮助下，搜救合作技术装备在太平洋岛国区域内迅速发展起来。合作技术装备将协助南太平洋区域与南太平洋岛国之间确保一致性，但合作技术装备并没有代替现存的海上搜救立法、计划和安排，而是试图在国际海事组织以及积极参与区域海上搜救发展的人员努力下，把其变为能通过加强南太平洋岛国之间联系来支持区域搜救服务质量与行动能力提升的目的文件，为未来太平洋岛国区域海空搜救和谐化作为启程之点。其一，合作技术装备设计满足了南太平洋区域三个基本要求：首先，确认国际和区域认可的海上搜救地理边界；其次，在发展新的或已存的双边或多边搜救安排下建立合作框架；最后，鼓励提升海上搜救协调、交流、合作和计

---

① *AMSA Strengthens its Search and Rescue Cooperation with Our Neighbouring Regions*, https：//www. amsa. gov. au/about – amsa/recent – events/2014/may – sar/index. asp.

划。其二，合作技术装备安排旨在满足三个目的：首先，集中收集一个地区的海上搜救信息，地区是指已定的搜救区域与跨越地理区域之间的分界线；其次，在已签署与未签署国家之间建立协作共同点，互相交流提升国家和地区搜救服务质量；最后，支持现有方案，为未来区域伙伴之间的双边或多边搜救安排提供框架。其三，合作技术装备安排带来以下两项很有意义的成果：一方面谅解备忘录由南太平洋岛国运输部门来管理，而合作技术装备则由海上搜救机构来管理；另一方面对海上搜救统计过程进行控制储存。

第五，提交“太平洋海上搜救合作”提案。2014 年 1 月 27—30 日在新加坡召开了国际民航组织亚太地区搜救特遣小组第二次会议，其中议程项目四为“亚太地区及区域间的搜救计划协调与合作”。为此，太平洋共同体秘书处上交的提案为“太平洋海上搜救合作”，该提案探讨了对南太平洋群岛地区有影响的搜救挑战和活动。一方面，南太平洋岛国自身应确保能在其海岸水域安排足够的搜救服务，同时也鼓励其与邻国一起进行有关海上搜救合作准备，如日常搜救程序建立、搜救设备共享、搜救训练和联络访问等，特别是在应急情况下应采取措施加快有关国家搜救单位进入其领土与水域。另一方面，为使南太平洋国家和地区内的搜救反应行动能达到最大有效化，有关国家政府制定搜救立法至关重要，在海上搜救计划与国家灾难计划之间建立联系，确定区域搜救合作框架。①

第六，争取有关国家支持海上搜救能力建设。南太平洋岛国由于国家较小，搜救能力有限，因此迫切需要有关国家帮助与支持。如早在 1983 年 8 月澳大利亚总理霍克（R. J. Hawke）就根据太平洋巡逻船（LOTE）项目，在堪培拉召开的南太平洋论坛上宣布，由澳大利亚提供 22 艘长 31.5 米巡逻船给南太平洋的 12 个岛国，用于海上搜救等快速应急任务。如 1997 年仅三个月内就报道了 20 起当地渔船事故，其中 19 人丧生，而在萨摩亚的太平洋巡逻船参加了数起搜救行动。这些太平洋巡逻船与当地拖船和其他船舶共同进行了搜救工作，从而促进了多个岛国海事机构之间的合作，在南太平洋建立了有效的海上安全框架。②

---

① International Civil Aviation Organization, *The Second Meeting of the ICAO Asia/Pacific Search and Rescue Task Force*（*APSAR/TF/2*）, Singapore, 27 – 30 January 2014, pp. 1 – 21.

② Anthony Bergin, *Law and Order at Sea in the South Pacific*: *The Contribution of the Pacific Patrol Boat Project*, Ocean and Coastal Management, Vol. 42, 1999, pp. 555 – 568.

六、北冰洋搜救多边国际合作

北冰洋（Arctic Ocean）又称北极海，是世界上最小、最浅以及最冷的大洋。北冰洋以北极圈为中心，位于地球的最北端，被亚、欧和北美大陆所环抱，通过狭窄的白令海峡与太平洋相通；通过格陵兰海以及许多海峡与大西洋相连。北冰洋面积为1475万平方千米，深度为1097米，最深为5527米。北冰洋处于亚、欧和北美三大洲的顶点，拥有联系三大洲的最短大弧航线，因此其地理位置十分重要。第一，从海上运输来说，北冰洋航线是俄罗斯欧洲部分与远东联系的捷径，从摩尔曼斯克到东方的符拉迪沃斯托克（海参崴）之间的航距为1.04万千米，走此航线比绕道苏伊士运河要近1.37万多千米，比绕经好望角要短2万多千米。第二，通过北冰洋上空的空中航线在1957年首航成功，它是东亚、北美、西欧和北欧间最短的空中通道。第三，北冰洋对潜艇活动十分有利，由于有冰的遮蔽可使潜艇能摆脱飞机和侦察卫星的监视，浮冰的漂流又有碍于监听设备的追踪。另外，由于冰与冰之间的挤压和冰与水之间的冲刷而产生的噪音，可使声纳装置受到干扰，因此美国与俄罗斯的核潜艇经常在此游弋。由此可见，北冰洋的战略地位非常重要，特别是二战后其重要性更加突出。

近年来随着北冰洋海冰的持续消融，更是带来了北冰洋航道通航的美好愿景，特别是北方海航线（NSR）通航时间的延长进一步提升了以东北航道（NWP）作为大西洋与太平洋间航运通道的战略价值。同时北冰洋旅游业不断发展，有关国家对北极资源的开采逐渐增多，导致北冰洋发生海损事故的数量以及海上搜救的压力都在增加。北冰洋海上交通的便利不仅带来了经济机遇，同时也意味着海上事故率的增长，如2010年夏天“冒险”号邮轮在北极西部的皇冠湾附近搁浅。另外，北极航空运输也在逐日增加，飞机失事也时有发生，如2011年8月20日加拿大一架民航包机在北极地区的雷索卢特湾坠毁，造成12人死亡，3人受伤。之所以如此，是因为北冰洋是世界上条件最恶劣的地区之一：第一，北冰洋大部分地区人烟稀少，发生事故后难以及时有效进行响应。第二，气候和海况条件恶劣：一方面从气候来看，其一，气候寒冷，冬季平均气温可降至零下34℃，最冷月平均气温可达零下20℃—40℃，夏季也多在8℃以下，这会对飞机和直升机的飞行造成负面影响；其二，冬季常有猛烈的暴风雪影响船舶航行；其三，夏季多海雾，有些月份每天都有雾甚至连续几昼夜，导致能见度近乎为零；其四，北极地区长时间处于相对黑暗环境当中，特别是在北极点附近每年有近六个月的黑夜，在此航行的船舶情况会更复杂。另一方面从海况来看，其一，洋面大部分常年冰冻，冰层会使船舶头重脚轻，造成船舶倾斜并会导致部分功能失效，因此需要靠破冰船开道；其二，在北冰洋周围各边缘海有数不清的冰山，漂浮的冰山会造成船体破裂甚至报废。第三，北冰洋有关搜救基础设施缺乏，布局不合理，能力不足。一方面从基础设施缺乏来看，目前卫星通信系统只有俄罗斯的格洛纳斯系统（GLONASS）可在北极地区实现全方位信号覆盖，其他系统还无法覆盖整个北极地区，而且缺乏水文地理表与实时天气信息预报，许多搜救船由于过小或过弱，无法在恶劣海洋气象条件下距海岸线过远行动，特别是有些搜救船不具备在冰封条件下行动的能力。另一方面从基础设施布局来看，美国大部分搜救设施位于阿拉斯加南部，阿拉斯加北部缺乏破冰船、直升机等搜救设施而无法迅速对突发事件做出反应；加拿大主要搜救设施也位于南方，同样难以快速应对北部海上事故。因此北极理事会在2009年发布的北极海洋运输评估报告（AMSA）中对当前状态下的北极搜救做了如下说明：北极的搜救基础设施是有限的。对搜救基础设施最显著的新挑战源于北极海上旅游业和运行客船的增加。随着大型客船在北极水域更北部更频繁地来往，那么在有限的搜救资源下运作大规模的搜救行动的可能性就会加大。由此可见，近年来北极旅游业的发展超过了整个地区基础设施的投资、发展和支持。同时北极的大部分地区还缺乏岸上基础设施包括充足食物以及房屋和医疗设备匮乏等都会面临后勤挑战，因为这些岸上基础设施对于安置和关怀那些获救人员是十分需要的。[①] 另外，目前北极还没有搜救飞机运作，如搜救飞机从加拿大南部的航空基地——特别是特伦顿、安大略、格林伍德和新斯科舍省飞往北极的话要花费8—10个小时。由此可见，显著增加的北冰洋交通繁忙数量和事故频率对沿岸国家的搜救能力提出了更高的要求，而北冰洋有限的救援资源和具有挑战性的天气条件以及该地区的偏远性都使北极的搜救难度很大，海损事故处理十分具有挑战性，而且搜救成本较高，因此北极国家之间的协调势在必行。[②]

为保障北冰洋人命安全和整合沿岸国搜救能力，构建北冰洋搜救合作

---

① K. Joseph Spears, *Arctic Cruise Ships: The Pressing Need for Search and Rescue*, Canadian Sailings, October 15, 2012, pp. 9 – 12.

② United States Department of State, *Secretary Clinton Signs the Arctic Search and Rescue Agreement with Other Arctic Nations*, http://www.state.gov/r/pa/prs/ps/2011/05/163285.htm.

法律机制便成为一个重要议题。为此，2008 年 5 月俄罗斯、加拿大、美国、丹麦和挪威等国家代表在格陵兰岛召开会议，指出北冰洋旅游、航运、研究和资源开发的增加使事故发生的可能性也在不断增加，因此有必要进一步加强北极海域搜救能力以确保各国对任何意外都能做出适当反应，而合作包括信息共享是应对这些挑战的先决条件。而且这种低政治敏感度的搜救合作对于缓解北极地区紧张局势、保障北冰洋安全也会起到一定的积极作用。在这种情况下，国际社会早就对北冰洋沿岸国家的应急协调能力提出了明确要求。为此，美国、俄罗斯、加拿大等国家陆续通过签订有关双边协议相互支持，加强合作，[①] 最大限度发挥现有搜救资源有效性（见表 5—4）。这些有关海上搜救合作的双边协议对以下内容做出了大致规定：第一，关于搜救区域的边界；第二，关于有关国家搜救合作服务专门主管机关；第三，关于国内法律地位与配套完善要求；第四，关于程序性通知与请求、交流和演习；第五，关于各自承担费用问题；第六，关于生效程序和工作语言。上述这些规定促进了北冰洋海上搜救合作的开展和搜救能力的增强。

表 5—4　北冰洋沿岸国家政府间关于海上搜救合作协议

序号	签订时间	签订地点	签订国家	协议名称
1	1949 年 1 月 31 日	华盛顿	美国与加拿大	有关边界航空搜救联合行动交换笔录
2	1965 年 10 月 9 日	莫斯科	丹麦与俄罗斯	关于搜救协议
3	1971 年 8 月 25 日	赫尔辛基	芬兰与苏联	关于搜救协议
4	1974 年 3 月 19 日	奥斯陆	瑞典与挪威	关于改善边境地区搜救服务协议
5	1974 年 10 月 25 日	赫尔辛基	加拿大与美国	加拿大国防首席参谋和军队指挥官与美国海岸警卫队关于搜救协议
6	1986 年 1 月 16 日	莫斯科	芬兰与挪威	关于边境地区搜救协议
7	1988 年 5 月 31 日	莫斯科	美国与苏联	关于海上搜救协议

① Yoshinobu Takei, *Agreement on Cooperation on Aeronautical and Maritime Search and Rescue in the Arctic: An Assessment*, Aegean Review of the Law of the Sea and Maritime, Vol. 2, 2013, p. 84.

续表

序号	签订时间	签订地点	签订国家	协议名称
8	1993 年 3 月 5 日	斯德哥尔摩	芬兰与俄罗斯	关于海上和航空搜救合作协议
9	1993 年 11 月 17 日	斯德哥尔摩	芬兰与瑞典	关于海上和航空搜救服务合作协议
10	1998 年 10 月 19 日	哥本哈根	挪威与丹麦	关于北海以及斯卡格拉克海峡搜救谅解备忘录
11	2003 年 12 月 11 日	斯德哥尔摩	瑞典与挪威	关于航空和海上搜救合作协议

资料来源：文亚军：《论闭海半闭海国家海上搜救合作的法律机制》，华南理工大学硕士学位论文，2015 年，第 18 页。

与此同时，北冰洋沿岸国家还通过海上搜救联合演习来增强搜救能力。如 1993 年俄罗斯、美国和加拿大在西伯利亚进行了第一次北极联合搜救演习（SAREX），旨在加快三国海上搜救国际合作进程。1996 年北约组织在和平伙伴关系计划（Partnership for Peace，PfP）下，出资推动了俄罗斯、加拿大和美国军队针对常规搜救程序和人道主义援助进行的演习。此后，北冰洋沿岸各国相继进行了多次联合搜救演习，如一年一度的俄罗斯—挪威“巴伦支海演习”以及两年一度的俄罗斯、挪威和美国“北方鹰”海上军事演习等都涉及到搜救科目，并举行了由俄罗斯摩尔曼斯克海上搜救协调中心和挪威博德市北方搜救协调中心参与的相互协作搜救演习。[①] 其中“巴伦支海救助 2005”（Barents Rescue 2005）演习是有史以来在巴伦支海地区举行的针对重大灾难规模最大的搜救演习，多个国家的民用和军事力量参与了救助 1000 多人遇难的船舶以及模拟了因战斗、火灾和重大石油泄漏所导致的清污紧急处理。通过上述演习，一方面在某种程度上可得出巴伦支海有关搜救计划、资源和设备等是充分有效的结论。演习的核心使命是在计划和培训过程中加强国际或地区合作及军民合作，在这些海域集合了预警通报、人员设备交流和东道主的支持并收集尽可能多的信息用于更好地改善程序和协议。但另一方面也应看到演习最初其实出现了食品和保健用品缺乏、住宿和交通条件匮

① 肖洋：《北极海空搜救合作：成就、问题与前景》，《中国海洋大学学报》2014 年第 3 期，第 10 页。

乏的情况，这可能会导致处理大规模疏散失败的风险，结果会造成很多人在事故中死亡。因此在一个人烟稀少的地区应保证通信通畅和基础设施的齐全，这样当问题出现时才能更好地加强沟通和交流。[①]

为此，2009 年北极理事会（AC）在挪威特罗姆瑟部长级会议上首次提出准备签署北极海空搜救合作协议，并建立了一个由美国和俄罗斯共同主持的特别工作组。工作组以高度的协作精神为指导，分别在华盛顿、莫斯科、奥斯陆、赫尔辛基和雷克雅未克召开了五次会议，北冰洋沿岸国家同意建立一个区域性搜救系统。这样，2011 年 5 月 12 日北极理事会八个成员国（美国、加拿大、丹麦、芬兰、冰岛、挪威、俄罗斯以及瑞典）在格陵兰首府努克（Nuuk）通过了第一份具有普遍约束性的国际条约——《北极航空和海上搜救合作协议》[②]，旨在建立北冰洋地区完善的航空与海上搜救系统，因而具有重要的开创意义。该协议将协调北冰洋沿岸国家在海上与航空搜救方面的范围及行动计划，使所有缔约方能够参与对遇险人员提供适当帮助并使他们相互合作承担搜救任务，从而达到增强对北极搜救工作响应的目的。因此该协议不仅可作为一个重要的文件以拯救财产和生命而运行，而且也进一步建立了北极国家之间的合作，即通过八个缔约国沟通与协调对遇险者进行搜救并在实践行动中相互合作来提高搜救能力。具体来说该协议主要有以下内容：第一，就各成员国所承担的北冰洋搜救区域和责任进行了规划。该协议总共规划出八个由各国单独监管的地区并负责在该区域内发生的各类大小事故的搜救行动，同时约定各缔约国开展合作为所有遇险者提供搜救服务，而且在附件中还明确划定了八个缔约国所各自负责的搜救责任区的具体经纬度范围。但为了促进海上搜救互相支持，防止搜救合作中可能出现的各种领土争端，约定海上搜救责任区与国家之间的边界互不影响，即搜救区域的划界与国家间边界无关，不得损害各国海上主权和管辖权。第二，缔约国建立各自的航空与海上搜救协调中心来统一组织、指挥区域内的海空搜救行动，并规定了相关责任部门和机构。第三，在各国负责的搜救区域内，由各缔约国承担搜救能力与基础设施建设成本。第四，北冰洋沿岸国家将采取一切手段防止北极地区发生近海石油泄漏。第五，

---

① 文亚军：《论闭海半闭海国家海上搜救合作的法律机制》，华南理工大学硕士学位论文，2015 年，第 21 页。

② Arctic Council, *Agreement on Cooperation on Aeronautical and Maritime Search and Rescue in the Arctic.*

确立了海上搜救准入制度，即一缔约国的搜救单位如出于搜救目的（包括补充燃料）进入其他缔约国领海，该国应向相关国家搜救中心提出请求。被请求国应及时确认收到该请求，并通过其搜救协调中心确认该请求是否已得到许可以及采取相关行动所需遵循的条件。同时被请求国及所涉过境国应在其法律允许范围内，采用最快捷的过境手续以便利搜救行动。第六，规定了各方合作的责任，如重要信息交换、定期召开搜救会议、进行联合搜救演习等义务。第七，规定了有关搜救争端解决办法以及非缔约国参与协助搜救的程序。第八，对所使用的工作语言以及生效、修正、退出等做出了规定。由此可见，该协议旨在建立一个缔约国积极促进北冰洋区域搜救合作的制度框架，同时也探讨了将非北极国家间搜救合作规范纳入该协议的可能，这就为非北极国家参与北冰洋海上搜救合作打开了大门。[①] 由此可见，《北极航空和海上搜救合作协议》的签署是建立北极合作伙伴关系的一个进步，尤其是它反映了北极理事会成员国的承诺：加强合作并给那些在地球上最恶劣的环境中遇险的人员提供可靠援助，因此该协议是迄今为止针对北极地区新出现问题最成功的谈判之一，北极理事会成员国以合作和奉献的姿态参与搜救协商取得了积极成果。[②]

《北极航空和海上搜救合作协议》签订后各成员国在搜救领域的合作逐步深入，举行了多次联合搜救演习，如 2011 年 11 月加拿大主办了第一次北极搜救演习，2012 年 9 月第二次搜救演习在格陵兰岛举行。特别是 2013 年 9 月在挪威附近海域进行了新一届巴伦支海搜救演习，[③] 此次演习由来自巴伦支海地区的 2000 多名人员参加。此外，美国、加拿大等国家还参与了针对北极海域的其他各种规模的搜救演习活动。但总体来看北冰洋沿岸国家在搜救能力与基础设施建设方面还需进一步加强合作，以提升海上搜救系统整体成效性。

---

① Paul Korin, *Arctic Treaty Leaves much Undecided*, https: //www. theglobeandmail. com/news/politics/arctic – treaty – leaves – much – undecided/article579628/.

② United States Department of State, *Secretary Clinton Signs the Arctic Search and Rescue Agreement with Other Arctic Nations*, http: //www. state. gov/r/pa/prs/ps/2011/05/163285. htm.

③ *Russian Rescuers to Drill Tsunami Response at Barents Rescue Exercise*, http: //en. itar – tass. com/world.

第六章

中国全面加强海上搜救国际合作对策

面对海上重特大险情，任何一个国家的力量都是单薄的，合作才是硬道理。尽管中国参与海上搜救国际合作目前由于主客观原因还面临诸多挑战和困境，但随着中国参与海上搜救国际合作的实践逐渐丰富和认识逐渐发展，中国参与海上搜救国际合作必将逐渐走向成熟。而海上搜救合作是一项复杂的系统工程，对于目前中国参与海上搜救国际合作所遇到的问题，还需要中国与有关国家共同努力来加以解决。为此，中国应从战略高度重视海上搜救国际合作问题，基于负责任大国地位的考虑，将中国参与海上搜救国际合作的工作更好地纳入到国家总体大外交战略中，充分发挥海上搜救合作这一非传统公共外交的作用，认真总结经验和教训，同时合理借鉴国外有益做法，尽快制定中国参与海上搜救国际合作长远战略规划，完善有关管理与法规，在彼此尊重对方主权和遵守《1979 年国际海上搜寻救助公约》的前提下进行充分沟通，明确海上搜救国际合作宗旨以及各方权利与义务，真正做到相互配合默契，信息交流通畅，协调行动高效，从而形成中国参与海上搜救国际合作常态化、规范化、科学化、系统化、长效化机制，以提高搜救效率，最大限度减少人命和财产损失。

第一节　健全海上搜救国际合作组织领导和法规建设

中国应系统梳理和认真总结中国参与海上搜救国际合作的经验与问题，参照和借鉴联合国、欧盟以及其他先进国家和地区进行海上搜救国际合作的相关规定和经验，确定中国参与海上搜救国际合作的管理与协调机构，建立与相关国家搜救管理机构常态化交流机制，优化管理程序和流程，健全相应法规和制度。

一、健全海上搜救国际合作组织领导

鉴于目前中国参与海上搜救国际合作在管理方面存在的问题，应采取措施切实加强组织领导，既要注重有关机构的建设，又要注意管理手段的

改进。

第一，中国与有关国家应建立统一的联合搜救指挥协调机构。由于海上联合搜救各主体利益和组织目标具有差异性，彼此之间相互理解与尊重是实现合作的前提，其协调与配合程度是海上搜救工作成功与否的关键所在，这就需要建立一个统一的指挥协调机构来主导，明确海上联合搜救各参与方的角色、地位和职责，以统一的指挥协调机构为核心，以危机发生国政府为应急搜救的申请方和应急管理的主体力量，以非政府组织为应急资源的筹集者和应急管理具体参与实施者。为此，中国与有关国家应友好磋商，通过民主程序一起构建海上搜救协调组织机制，为加强搜救合作提供平台以及为联合行动提供支撑，共同提高海上搜救协同的管理水平。

其一，设立海上搜救合作管理委员会或采取搜救联席会议和工作例会的方式对搜救沟通协调问题进行统一部署，制订搜救联合行动计划，促进各国搜救力量合作与交流，就重大搜救规划特别是对跨境搜救问题进行协商并提出解决方案，避免出现扯皮现象。在海上搜救合作管理委员会下可设一个专门办公室作为常设机构，具体承办有关搜救合作日常管理工作，协调有关国家在搜救合作中的立场，避免由于中间环节过多而造成的信息交流不畅等问题。如对中国来说，应建立或指定专门管理机构负责中国参与海上搜救国际合作的战略规划、统筹协调、项目管理、信息收集与研判、搜救队伍派遣和接受等工作。目前中国参与海上搜救国际合作呈现频度高、形式多样化、现实需求大等特点，但由于中国参与海上搜救国际合作涉及外交、交通、军队、海警、公安、民政、卫生等多个部门和系统，既容易出现多头管理、缺乏统筹协调等问题，又使中国参与有关搜救合作难于被国际社会客观、全面、准确评价。为改变这种状况，中国应统筹国内有关部门成立海上搜救国际合作协调机构，具体承办有关海上搜救合作的指令和日常管理工作。

其二，设立海上搜救合作顾问专家组或技术咨询机构，由中国与有关国家的海事、航运、搜救、消防、防污染以及通讯和医疗保障等各方面的专家组成，充分利用先进的网络与信息处理技术等为应急联合搜救的远程指挥和科学决策、行动效果评估等提供智力参考，支持海上联合搜救协调工作。

其三，设立海上搜救应急合作秘书处，使其成为落实海上应急联合搜救的基础和平台，负责统一接收各国搜救请求和重特大海难事故的应急联合行动，减少一事一议的繁琐程序。当重特大海上险情发生后，在海上搜救应急合作秘书处下还应临时设立一个应急联合指挥中心统一负责具体搜救工作，并根据实际需要以及职能和分工不同，建立专家小组、搜救小组、医疗小组和后勤小组，统一指挥，各司其职：专家小组提供专业评估和指导；搜救小组负责现场救援；医疗小组负责伤员救治；后勤小组负责提供物质保障，从而构成科学合理、分工明确的工作网。

上述这些管理机构建立起来后，面对海上重特大险情时不仅能够选择合适的搜救资源，而且能够确保组织机构做出快速反应，避免各自为政造成资源和时间浪费等问题，从而有效解决海上联合搜救行动需求与各国海上搜救机构相互分割现实之间的矛盾。

第二，中国需对涉外海上搜救应急管理程序进行适当调整，避免逐级上报所造成的中间环节过多、信息交流不畅等问题，简化参与海上搜救飞机的审批手续。同时针对日本 2011 年地震引发的海啸和韩国“岁月”号沉没暴露出的海上搜救问题，日本、韩国等国也需对其搜救应急管理体制启动进行改革，以适应海上搜救国际合作的开展。如韩国“岁月”号惨剧发生后韩国政府承诺整改，将每年的 4 月 16 日设为“国民安全日”，新设国家安全处、解散海警等。另外，南海地区发展中国家也应不断提高海上搜救管理水平。只有中国和其他有关国家不断改进海上搜救管理程序和流程，才能更好地开展海上搜救国际合作。

第三，中国应重视有关国际组织和其他非政府组织在海上联合搜救中的作用，加强对社会力量和志愿者积极参与海上搜救国际合作的管理，吸收一切有利于海上搜救工作的资源，保障海上搜救国际合作顺利进行。

二、健全海上搜救国际合作法规建设

新自由制度主义认为国际制度是产生、维持国际合作的主要因素。[①] 建构主义理论也认为制度能够培养共同命运感，推动互信和集体认同的发展，从而达到增进彼此的互信和集体认同的形成，缓解各国的猜疑和恐惧。[②] 海上搜救国际合作有序进行也要有相应的法规作为指引，由于海上联合搜救涉及多个国家并关系到政治、军事、外交等敏感问题，因此应健全和完善相关法规为海上搜救国际合作提供制度性、原则性指导，同时规

---

① David Baldwin, *Neorealism and Neoliberalism: The Contemporary Debate*, New York: Columbia University Press, 1993, pp. 269 – 300.

② Emanuel Adler, *Security Communities*, Cambridge: Cambridge University Press, 1998, pp. 42 – 43.

范海上联合搜救参与方的行为，使各国能首先把人道主义搜救置于军事实力展现和地缘政治因素之上，为确保海上搜救国际合作长期、稳定、持久、广泛开展提供法律制度层面的保障。

第一，中国与有关国家应签订海上搜救合作专门协定。通过签订海上搜救合作双边协定以法律形式将两国搜救合作固定下来，来约束和规范双方搜救行为以及协调搜救合作管理问题，这是国际上较为通行的做法。但至今，中国只与美国、朝鲜、韩国等少数几个国家签订过海上搜救合作政府间协定，因此有学者建议国家间搜救合作协议对提高境外搜救效率、解决可能遇到的敏感问题十分关键，中国应该加快这项工作。[①] 为此应做到以下几点：其一，中国与有关国家应根据《1979 年国际海上搜寻救助公约》的有关规定和海上搜救的实际情况，借鉴国际上双边搜救合作较为成熟的经验，同时参照其他国家之间签订过的海上搜救合作协议以及国际海事组织编写的《国际航空和海上搜寻救助手册》所推荐的国家之间搜救合作协议的模板，签订具备法律效力的双边搜救合作的专门协定，作为统一海上搜救联合行动的法律框架和依据，促进海上搜救合作再上新高度。中国与有关国家签订的政府间海上搜救合作协定应遵循互利共赢原则，科学考虑海上搜救合作的现状，明确双方海上搜救合作的主要目标、宗旨原则、责任区域、合作范围、合作机关、合作形式与方法、能力建设、行动方案、争端解决以及相关部门分工安排及资金保障措施，特别要细化双方的权利和责任，以便出现矛盾和问题时有章可循、有法可依，确保海上搜救合作能够健康发展。其二，应对中朝与中美海上搜救合作协定进行修订，因为这两个协定签订的时间较早，应随着时代的发展和科技的进步，通过磋商补充最新的海上搜救合作成果，努力拓展合作内容和优化合作程序。另外，这两个协议规定的比较笼统抽象，概括简单，缺少可行性与可操作性，因此今后中国与朝鲜及美国海上搜救部门应为如何落实该协议的规定进行磋商，就具体合作的细节问题达成一致，最好是能够签订相关的履行协议，增强实践性、执行性与针对性。其三，把《中国防城港至越南下龙湾高速客轮线搜寻救助合作协议》所规定的内容与区域逐步加以推广，将其适用范围扩大为中越两国海上搜救合作双边协议。

第二，中国应推动签订区域性搜救合作多边协议。在海上搜救合作双边协议的基础上，中国应与有关国家磋商，借鉴地中海、黑海、波罗的

---

① 刘萧：《MH370 海上搜救启示》，《中国船检》2014 年第 4 期，第 68 页。

海、北极周边国家签订区域性搜救合作协定的做法，以东北亚的《西北太平洋地区海洋污染防备与反应区域合作谅解备忘录》和东盟的《关于加强海空搜寻救助协调与合作声明》为基础，签订“东北亚海上搜救合作协定”和“南海搜救合作协定”等多边区域性搜救协定，设立统一的协调中心进行联络，规定各方搜救合作的权利和义务，明确相关搜救责任区域以及具体规则界定和程序衔接，促进实际操作上的协调，争取解决影响搜救合作的争议问题，实现搜救区域合作一体化。

第三，在海上联合搜救过程中应通过立法明确界定人命与商业救助的界线，以免发生国际纠纷。如在渔船联合搜救行动中常常发生渔民拒绝弃船逃生的情况，使得救助单位疲于奔命，白白浪费很多人力和物力。鉴此，应以立法形式遏制这种既请求人命救助，但又不予合作现象的发生。根据国际上通行的法则，人命救助是义务的，有请求才有救助义务。在海上联合搜救行动中如果遇险船员已全部救离难船，那么应该说无偿的、义务的人命救助就已完成。如果船主要求对难船及其货物加以守护和救助，则应属于非义务和有偿的商业财产救助，救助方应取得合理的报酬。这种情况应以立法形式划清人命与商业救助的界限，以便搜救机构在进行人命救助时能得以主动、快速、有效实施。

第四，建立跨境海上搜救准入法律制度。《1979 年国际海上搜寻救助公约》要求缔约国旨在进行海上搜救而需要进入另一缔约国的领海时，被进入缔约国应允许。[①] 对此，国际海事组织编写的《国际航空和海上搜寻救助手册》指出：国际法规涉及对人命救助和国家主权的关注。当外国的搜寻救助设施可能需要进入另一国的领水或领土时，相邻国家应寻求可行的办法来平衡相关问题。[②] 在领海安全与救助人命两相权衡之下，有关国家应坚持救助人命的首位性原则，努力寻求一种能够为各方普遍接受的方式允许外国搜救力量进入本国领海进行搜救，在维护国家主权的前提下及时准确地救助遇险人员，以体现对人性的关怀和对人命安全的妥协。因此应对搜救船能否进入一国领海和通过何种方式得到一国同意其进入、何种搜救船可进入以及搜救过程中应遵守何种义务等问题做出明确规定。目前中国与周边国家海域划界纠纷较多，进入对方海域搜救程序繁琐，严重影响了海上搜救的及时性与有效性。如在 2014 年马航 MH370 事件中，中国

---

① International Convention on Maritime Search and Rescue, 1979 (SAR 1979).

② IMO/ICAO, *International Aeronautical and Maritime Search and Rescue Manual* (*Iamsar Manual*), Vol. I, Organization and Management, London/Montreal, 1998.

搜救船便无法及时进入印尼相关海域进行搜救。鉴此，中国应与有关国家建立海上重特大事故应急响应机制，就基于搜救目的而进入或通过另一国领海或具有专属管辖权的海域制定较为宽松或豁免法规制度，确定应急反应行动中各方所能提供的条件，包括签约国认可的关于跨境海上搜救如何发起和报备、船舶种类、路过航线、搜救物资和人员入境、搜救终止及所应遵守的规范等问题达成一致性条款。为此，各方应尽力在紧急情况下给予最大方便，包括进入请求的发出、接收和进入许可证的发放等做出规范，以便利搜救人员、船舶、飞机等参与协作，特别是应以最快捷的方式授权许可搜救人员、船舶、飞机等进入被援救国水域。其一，援助方应向请求方提供必要的信息，以便捷搜救人员、船舶、飞机快速批准入境。其二，请求方应在搜救人员、船舶、飞机等抵达前做好接待准备并通报己方海关、军警等部门以避免误会。其三，在应急搜救行动中，搜救船舶、飞机等不得违反《1979 年国际海上搜寻救助公约》和对方的规定，且仅能在得到明确请求和许可后才可在对方行动区域内作业，以避免不必要的误会和纠纷。另外，可通过协商事先约定在特别重大的事态下可直接进入对方海域进行紧急搜救，省略在港口与着陆机场等需要海关、检疫等其他手续，以避免事故损失进一步扩大。

第五，明确联合搜救行动中争端解决的法律程序。在海上联合搜救过程中可能会产生管辖权行使的争议，也可能在搜救过程中会发生失误，出现碰撞等事故，造成遇险人员再次伤害或海域污染以及对自然资源尤其是渔业资源的破坏。因此只有建立并完善起一整套纠纷与争端解决的法律协调程序，才能使得联合搜救行动有章可循，高效处理在搜救中可能发生的问题。

第二节　完善海上搜救国际合作信息交流与共享机制

在海上搜救国际合作中，信息交流与共享相当重要。遇险报警通讯应能迅速向有关国家搜救协调中心提供信息，使搜救协调中心能及时将搜救单元及其他资源调遣到搜救区，并且还能随时同遇险人员保持双向联系。为此，中国就要同有关国家建立信息交流管理平台，完善信息传递、公开和反馈机制，确保海上联合搜救时信息沟通顺畅并实现共享。

一、强化海上搜救合作通讯设施建设

海洋的辽阔性注定了搜救通信必然是跨地区与跨国家的全球国际通信。国际海事组织编写的《国际航空和海上搜寻救助手册》指出：传统上各国都已独立地建立了岸基和内陆的通信基础设施以处理遇险报警和进行搜救，但区域间甚至全球范围的现代通信协作对于成功完成搜救任务越来越重要。随着远距离通信、卫星通信、自动数据报警和需要国际通道连接数据库进行解码的问世，证明传统的方法是低效的。国家的单独通信已变得：越来越昂贵；在覆盖区域内易出现盲区和重复覆盖的地区；不能够提供足够的兼容和数据库为遇险人员、航空器和船舶的利益服务。如船舶按照《1974 年国际海上人命安全公约》必须配备的设备可能会受到海岸电台（CRS）数字选择性呼叫（DSC）可用能力、航行警告电传（NAVTEX）发射机的影响，如某个国家不能提供近程数字选择性呼叫海岸覆盖，即使船舶仅航行于近岸水域也必须配备远程设备。在 70 频道工作的近岸非卫星甚高频应急无线电示位标（VHF - EPIRB）可用来替代卫星应急无线电示位标（EPIRB），但若没有甚高频数字选择性呼叫（VHF - DSC）岸站，发此类应急无线电示位标的信号就不能被接收到。另一个要考虑的关键问题是昂贵的远程陆基系统接收机，如高频数字选择性呼叫（HF - DSC）或卫星系统，通常不需要在同一区域的所有国家重复设置；对此类设备做出合作使用的安排不但能减低费用，而且可精简遇险报警的频率分布。虽然安全信息网（Safety Net）和航行警告电传对于搜救人员是很有价值的工具，但由于发射这些广播的岸基基础设施的射程，不是每个国家都需要装备这样的设备。在通常情况下，应对这些业务的提供做出安排、规定和在国际基础上共享，以保持适当的全球广播协调，减少发给船舶的多余报警并降低提供这些业务的费用。① 因此中国一方面应不断加强海上搜救通信基础设施建设，提高遇险报警能力与运行质量，为中国海上搜救中心提供可靠、准确、快捷的遇险报警定位信息支持，另一方面还应加强国际间的通信协调与共享作为进一步深化合作的基础。

其一，加强海上遇险安全通信系统建设。目前中国能够参与海上搜救国际合作的海上遇险安全通信系统包括海岸电台、单边带通信（SSB）、甚高频（VHF）安全通信系统、数字选择性呼叫系统、全球海上遇险与安全

① IMO/ICAO, *International Aeronautical and Maritime Search and Rescue Manual* (*Iamsar Manual*), Vol. I, Organization and Management, London/Montreal, 1998.

系统（GMDSS）、国际搜救系统中国任务控制中心、北斗卫星导航系统、国务院应急平台交通运输部节点、国际海事卫星北京关口站、交通应急宽带 VSAT 北京中心站、索马里护航行动船舶指挥和位置监测系统、基于船载移动基站的海上定位技术与搜救应用示范等。这些海上遇险安全通信系统不仅形成了中国海上遇险与安全信息接收与播发网络，而且具有国际搜救通信能力，能够保障在中国沿海及全球大部分范围内船舶发出的遇险报警得到及时接收并可播发海上安全信息，同时还可与有关国家进行遇险数据交换业务。当然上述系统并不都尽善尽美，需要中国与有关国家联合进行技术攻关，使其能够更好地运行，提供遇险优质报警通信服务。

其二，加强海上监控系统建设。从海上监控系统来看，主要包括搜救应急监控系统、船舶交通服务系统（VTS）、通用船舶自动识别系统（AIS）、中国船舶远程识别和跟踪系统（LRIT）等，这些系统可在全球范围内识别和跟踪船舶，为船—船和船—岸之间提供完整的信息交流渠道，从而为海上保安、搜救、环保以及调查海上非法排放和溢油事故处理等提供信息支持。但也应看到这些系统应用还有一定的问题，如目前中国国内法对 AIS 的使用没有强制性规定，很多船舶虽然配备了 AIS，但并不开启使用，这在很大程度上影响了海事管理机构对外国籍船舶是否进入中国内水的监控。如此也会出现部分船舶在领海以外发生事故并不向中国海事管理机构报告，导致海事管理部门未能获取事故信息，更谈不上开展事故控制和调查。另外，《1974 年国际海上人命安全公约》仅对 300 总吨及以上的国际航行船舶、500 总吨及以上的非国际航行货船提出了配备 AIS 的要求，而对其他小型船及渔船目前尚无强制要求，导致大型商船及岸基交通管理系统难以及时准确识别未装 AIS 的小船或渔船遇险事故，这是目前中国周边海域交通安全的严重隐患。因此中国与周边国家应尽快协商和督促在小型船及渔船普及安装 AIS 以增强识别、跟踪和控制能力，这对增进海上航行安全、减少资源浪费、提高搜救成功率、改善通航秩序等方面将具有重要意义。

其三，加强海上搜救通信系统建设。海上搜救通信系统包括搜救网（SARNET）、全球航行警告系统（WWNWS）、安全信息网、船舶报告系统等，这些系统具备以下职能：（1）接收来自遇险人员所用设备的报警；（2）同遇险人员以及为协调参加搜救事件反应的搜救任务协调员（SMC）、现场协调人和搜救设施而进行相互间的信息交流；（3）测向（DF）和引航，使搜救单元能被迅速派遣到遇险海域，并对由幸存者所用设备发出的信号进行引航。但上述系统也存在一定的问题，如2001年6月1日中国船舶报告系统（CHISREP）正式运行，改变了中国海上搜救行动信息不灵、手段单一的被动局面，为遇险船利用附近过往船进行互救、提高搜救时效起到了重要的作用。但中国船舶报告机制仍不健全，目前尚未完全建立外国籍船舶进入中国内水及领海的强制报告制度，仅在部分水域如VTS覆盖区实施了报告制度；船位报告系统仅对中国籍船舶具有强制性，外国籍船舶只是自愿参与。今后中国船舶报告系统应在不断完善自身的基础上，要加强与其他国家船位报告系统的合作，如美国船舶自动互助报告系统（AMVER）、澳大利亚船舶报告系统（AUSREP）、巴西海上交通管制信息系统（SISCONTRAM）、日本船位报告系统（JASREP）、秘鲁船位报告系统（SHIPREP）等，努力做到信息共享，以弥补中国船舶报告系统自身的不足。

二、加快海上搜救合作数据库构建

《1974年国际海上人命安全公约》1988年修正案要求每个国家应向国际海事组织提供其岸基搜救设施的信息，以支持在其海上装有全球海上遇险与安全系统通信设备的船舶。国际海事组织编写的《国际航空和海上搜寻救助手册》强调各国都要对遇险报警装置进行登记注册，并使登记信息能及时提供给搜救主管当局。为此，应急示位发信机（ELT）/应急无线电示位标数据库可由国家建立，或经同意后由另一国家建立。当两个或两个以上的国家达成协议，共同为应急示位发信机/应急无线电示位标建立一个公用的数据库时，数据库所在国的国家代码应编进应急示位发信机或应急无线电示位标的27—36位代码，以便使需要数据的搜救主管机关能够知道从何处可以得到遇险信息。另外，国际电信联盟拥有用于识别发射遇险报警移动电台的信息，全球搜救卫星系统也拥有包含基本搜救信息的登记数据库。

具体来说，搜救资料有两种基本类型：其一，有关搜救事件、幸存者或其航空器/船舶的补充线索，这有助于发现幸存者；其二，直接用于搜寻计划或救助程序的资料，而天气情况等资料同时属于上述两种类型。第一类资料可能存于已有数据库中，如果一个国家拥有船舶注册登记程序，那么制订搜寻计划的人员或许能找到有关失踪船舶的有用资料，如英国劳埃德船级社拥有范围广泛的商船数据库，包括现有状况的具体资料数据和每条船从事远洋运输的历史记录。第二类资料包括天气、风及海流数据，这类资料可从当地气象部门获得。同时还包括船舶报告系统，对参加该系统商船的预计位置保持持续不断的更新。其他数据库包括国际移动卫星组织编号、船舶呼号、海上移动服务的识别号码以及船舶登记。

这些数据库依赖于各国及时提供和改正信息，即当这些数据库工作时应24小时随时为任何收到报警的搜救协调中心做好提供数据的准备，因此需要与其他国家、制造商、所有人、经营人和组织密切合作，以帮助解决可能遇到的任何登记或信息检索问题。[①] 另外，通信设备发射的电子识别码和码语须与相关数据库联手工作，才能完成遇险信号的解码，获得对搜救有用的遇险信息。上述数据库的维护人被称之为搜救数据提供人，诸如船旗国、通信服务商及国际电信联盟都会担任此项工作。在需要的时候搜救协调中心应懂得怎样才能从数据库中快速获得搜救信息，这是很重要的。[②] 为此，中国应建立相关的搜救数据库并储存以下内容：收到的报警数目，反应行动次数，出击的次数，搜救设施在行动中所持续的时间，搜救事件的位置、日期、时间、获救人数、获救财产价值等。同时中国应与相关国际组织和国家进行信息共享，不断扩大搜救数据库全球网络。

数据库建成后应能发挥或执行以下功能：一方面应拥有快速访问、使用汇总到报告中去的详细信息，搜救管理人员可将其用于支持搜救系统的管理。另一方面搜救协调中心则可用其来制订搜救计划，如用遇险航空器/船舶名字或其他识别号做成已发生搜救事件的索引，如果该航空器/船舶再次发生事故，那么该索引就能为搜寻计划提供有价值的信息。存有航空器坠落或迫降的确切地点信息的数据库使计划人员不必再调查先前搜救事件的地点，从而节约宝贵的搜寻时间。利用搜救和医疗设施数据库和这些设施所具有的能力有助于计划人员决定最佳施救地点。在海事方面，存有以前漂流轨迹信息的数据库能使计划人员在以后的搜救中更能准确地估计幸存者的位置。另外，数据库中应存有经常联系的机构及其电话号码，以便在需要时能迅速提取信息。而环境数据库包括气象和海流资料，应由学术团体、海洋组织、军事机构以及气象部门维护，也能用于制订搜救计划。

---

① IMO/ICAO, *International Aeronautical and Maritime Search and Rescue Manual* (*Iamsar Manual*), Vol. I, Organization and Management, London/Montreal, 1998.

② IMO/ICAO, *International Aeronautical and Maritime Search and Rescue Manual* (*Iamsar Manual*), Vol. II, Mission Co－ordination, London/Montreal, 1998.

三、规范海上搜救合作信息联络方式与交流内容

海上险情信息及时准确获取是成功组织、协调海上联合搜救行动的前提和基础。《国际航空和海上搜寻救助手册》强调，在理想的情况下，与报警台或搜寻救助系统中其他部分的通信，包括搜救协调中心（RCC）成员之间的国际通信应是可靠的，要么是专线，要么保留信息的优先级或优先处理。因此海上搜救人员应获得国家授权，使其能对遇险船、航空器、潜水器和其他搜救协调中心或分中心的救助需求做出直接反应，而不是通过外交途径。为此，应建立畅通的联络方式与标准化信息交流内容，尽量省去中间冗余上报环节，既要保证信息传递快速与准确性，又要保证通信内容的客观真实性，避免信息不对称等问题的出现。

第一，确定海上搜救通信联络方式。中国应与相关国家合作形成一套完善的信息横向传递与共享机制：其一，应以中国海上搜救中心值班室电话与有关国家搜救中心值班电话进行通信联络为主，建立海上联合搜救热线，以统一渠道及时发布权威、具体信息，保证险情报告渠道的畅通。其二，中国与有关国家应协商设定统一的海上紧急报警公共电话并能对遇险人员的手机进行定位，以快速确定遇险者的位置。当收到移动电话报警时，搜救人员应了解下列信息：完整的用户移动电话号码；用户的移动电话服务商；如需再次呼叫用户时，电话的漫游号码；其他可使用的通信方式与联络点。其三，中国可考虑与周边国家协商建立搜救资源互联网并及时更新相关信息，以便搜救各方能及时了解和掌握彼此搜救资源。其四，共享海上突发事件信息资源，以提高应急搜救的可靠程度和速度。尤其是在南海，中国应牵头构建一个针对突发重特大事件的搜救系统情报共享中心或合作协调机构，搭建对话平台，加强各国之间信息实时交流，以实现与相关国家海上应急搜救的常态化合作，同时还可有效减少防范与猜忌，增强互信。该中心可借鉴亚洲地区打击海盗和武装劫船合作协定信息共享中心（RecAAPIsc）以及国际海事局（IMB）在吉隆坡设立的海盗报告中心的运作模式，各成员国可指定各自国内相应的专职机构作为信息联络点并向信息共享中心派驻协调员负责与本国的海上搜救部门联系，进行信息规划、指导、搜集、分析、处理、发掘、融合、共享、评估与反馈，以便协调有关行动，共同担负起该区域人道搜救职责。这样，以统一的信息支援来指挥统一的搜救行动，以信息共享推动装备共享，以信息高效促进行动高效，可最大限度整合各方力量，降低搜救成本，实现效益最大化。

第二，确定海上搜救信息交流内容。中国与有关国家彼此都应注重准确、客观、透明、公开的信息发布，包括海上搜救力量的分布状况、可提供的搜救支援、搜救培训和演习计划和内容、搜救技术以及人力物力的协作费用等，努力实现各国相互间信息对称，尽力避免因信息滞后和模糊给搜救物资和人员的安排带来困扰，以为海上联合搜救行动提供助力。

第三，确定海上遇险信息传递标准格式或规范。中国海事局强调，不管是新通信系统的开发或是修改现有系统的报警内容，报告格式越接近标准，它们对搜救系统的作用就越大。因为标准格式能最好满足当地、国家及地区的需要，可避免因信息不准和不充分给有关国家搜救力量的联合行动带来不便。为此，一方面中国与有关国家的搜救协调中心应协商建立标准的报告样本或编制计算机程序，以便迅速起草和发送常用信息，这些信息用词应简单明了且易于翻译。另一方面当某搜救协调中心必须把遇险报警信息传送给其他搜救协调中心时，必须采用统一的格式和文体，内容重点应突出且简洁易懂。为此，中国海事局推荐了以下很有用的格式范例：搜救行动计划、情况报告、核查清单、搜救计划工作表。上述格式具备了以下功能：其一，确保不遗漏关键资料；其二，确保按正确的顺序计算；其三，让制表者充分利用表格上已有的标准信息以节省时间；其四，用标准且明了的格式提供所有信息，节约用户时间。①

第四，确定海上搜救国际交流工作语言。国际海事组织编写的《国际航空和海上搜寻救助手册》指出：海上搜救的国际用语为英语。如果相邻的国家不使用英语，那么最好在搜救协调中心（RCC）中有该国人，或者有能使用该国语言通话的人。同时由通信业务的提供者在电话上提供相应的翻译业务的趋势日益显著，也可采用此种方式。另外，还要通过使用传真或其他书写方式对口头通话加以确认，以减少误解，同时也能加速协调过程。总之无论如何，每个搜救协调中心都应安排具有英语听、说、读、写能力的人员值守，这样才能及时有效地与航空器、船舶和其他搜救协调中心进行通信。②

第五，共同防止误报警情况发生。《国际航空和海上搜寻救助手册》强调遇险与安全通信要求尽可能完整并防止有害干扰，任何引起安全服务

---

① 中华人民共和国海事局：《事故与应急》，人民交通出版社 2006 年版，第 195—212 页。

② IMO/ICAO, *International Aeronautical and Maritime Search and Rescue Manual* (*Iamsar Manual*), Vol. I, Organization and Management, London/Montreal, 1998.

的操作风险或降低、阻碍和中断无线电通信的干扰都是有害的。某些安全与遇险频率，除遇险和安全通信外不得使用。只有搜救人员才能使用有害干扰并应当与执法机关合作，报告和制止干扰事件的发生，[1] 特别是中国要与有关国家合作防止误报警（False Alarm）情况的发生。造成误报警的原因包括设备故障、干扰、测试和人为疏忽、错误或恶作剧式故意发射报警等。随着更多可发射预定格式数据信息报警设备的出现，目前误报警数量有日益增加的趋势。如果不及时采取对策将会给有关国家的搜救系统带来越来越大的压力，同时也会给各国搜救人员带来更多风险，并使真正需要救助时用来通知搜救报警系统的可信度受到损害，因为各国搜救人员必须将每一次遇险报警都作为真实的报警来处理。

四、做好海上搜救合作情况通报

作为公共危机信息的来源者和掌握者，海上搜救联合机构一定要及时、准确、完整地披露危机事件的相关信息，形成一套完善的信息纵向传递机制。

一方面要做好联合搜救力量各部门之间内部信息通报。《国际航空和海上搜寻救助手册》指出，在搜寻救助设施人员、搜救任务协调员和搜救协调人之间开展情况通报、事故反馈会议和经验分享是对搜寻救助系统进行质量控制和不断改进的方法。为了从这些过程中获益，搜寻救助当局应建立一种组织化和系统化的方法来进行情况通报并特别关注如下内容：情况通报的范围（需要分享什么样的经验）；情况通报的重点（尽量集中在最重要的问题上）；情况通报参与者的层次；确定参与者的需求；决定情况通报信息的流程（通常自下而上）。虽然每一层次的情况通报面向特定的听众，但进行有关各方共同参与的同时或联合的情况通报可带来明显的益处。重要的是如果不对情况报告确定的建议进行评审及实施，搜寻救助系统将得不到改进。

日常情况通报的方法可分成三种类别：操作、联络和管理，且每种类别对应作业的特定部分。第一，操作，包括：操作/回应、协调、通信、报告、情况通报、日志和文档。第二，联络，包括：参与各搜救方举办的情况介绍/课程，研讨会/专题学术讨论会/工作组，搜救协调中心工作人员参观下属单位/机构/团体，联合演习，参观邻近国家，参与国际活动。

---

① IMO/ICAO, *International Aeronautical and Maritime Search and Rescue Manual* (*Iamsar Manual*), Vol. II, Mission Co - ordination, London/Montreal, 1998.

第三，管理，包括：指挥、通信和控制结构，政策和规则，人员，管理支持。

具体来说，下列各类情况通报的类型可用于帮助有关搜救当局改进其系统：第一，事态报告（SITREP），这种方法提供了将所关心的问题提交给主管当局的最快捷方法。第二，搜救情况通报（搜寻行动情况通报表），这种情况通报表旨在报告每一次任务后搜救设施的实际行动和观察资料，它以一种更正式的方式提供了报告所关注区域的机会。第三，搜救任务报告，这种格式要求主要的搜救设施准备一份有关任务和已采取行动的简要说明。这种报告为主管当局提供了获取先前没有披露的所关注区域的另一种途径，关注的内容很可能包括在事件期间不一定很明显的较大范围的问题。第四，正式情况通报会，这种情况通报的方法可由参与的搜救单位、搜救协调中心或更高的当局发起，并且通常会涉及到有关问题的深入回顾。最好所有参与过搜救工作的单位代表都参加，调查结果及对当地程序提出的改变/修正建议将由有关当局批准生效并颁布给主管当局予以实施。由于这种情况汇报仅供内部使用，故可不对其特定格式做要求。第五，搜救行动报告。在一次重特大的搜救事件之后和/或行动中确定的问题需要解决时，要求采取这种情况通报的方法。报告将由主管当局进行准备，面向更广泛的听众，包括政府部门、外界机构、利益相关团体、船舶所有人和经营人。因此需要一份确定的格式，以确保报告的适当性和一致性。

另一方面要做好对外界和家属通报的引导。海上联合搜救行动通常会引起世界各国公众和媒体以及受害者家属的极大关注，因此媒体与家属事务的管理是海上联合搜救系统和行动中的重要部分。海上联合搜救机构通过媒体发布最新与权威的进展信息来正确引导公众，使社会公众与家属及时了解控制险情的情况以及联合搜救力量处置突发事件的作为，可安全、成功控制由海上事故所造成的社会恐慌，有助于调动社会各方力量展开有效搜救。而如果联合搜救力量没有及时向公众提供信息，可能会造成信息混乱和谣言传播，加剧公众与家属的猜测和恐慌。这是因为如果各国媒体和家属没有从主渠道获得资料，他们会设法从其他地方寻找，这样可能会出现不正确或误导消息，而这些信息对任何人都无益且可能在遇险者亲属中引起不必要的担心。

针对 2014 年马航事件通报中存在的种种问题，今后中国在开展海上联合搜救行动中要注意有关情况的通报，做好应对媒体和家属以及公共关系工作，加强新闻发布和管理，进一步完善国际间应急协调联动合作情况的通报制度。

第一，为加强对新闻发布的管理和监督，适时客观地传递统一信息，使媒体能更好地为联合搜救工作服务，就需要有专门人员负责组织协调突发事件的新闻发布和对外报道以及事故现场的记者管理工作。与媒体打交道一般是主管人员和公共关系专家的职责或建立新闻发言人制度，也可委派给联合搜救协调中心，即有关应急服务单位的代表组成一个联合的媒体联系队伍，而且所有要与媒体直接接触的人员都应接受适当的培训。

第二，海上联合搜救协调中心与媒体之间建立良好关系十分重要，它能保证公众与家属所收到信息的真实性和完整性。海上联合搜救协调中心应利用媒体来展示其完整的良好形象，所提供的服务及对社会的影响，为此可通过下列措施来达到上述目的：其一，向媒体提供有关搜救协调中心及其所提供服务内容的信息，使媒体由衷地信任搜救协调中心是一个专业、关爱、公开的组织，确立其作为主要信息源的地位。其二，抓住每个新闻报道的机会，以便当实施重大联合搜救行动时媒体能够进行较为专业的报道。为此在搜救过程中，就需要适时、合理地向民众和媒体公布有关保密范围以外的搜救行动进展、计划等信息，减少公众对搜救任务的非议。其三，与媒体接触可采取多种方式：（1）早期的信息发布、在作业进程中的公开更新以及在作业结束后的整个事件最后发布可采取新闻发布会或记者招待会的方式进行。但要减少无关媒体的介入，同时还应考虑选用何种语言与媒体交流。由于当地和国际媒体都很关注搜救行动，所以可能要求使用通用语言或提供译员。（2）事故发生后新闻媒体会尝试进入现场获取第一手资料、照片和图像，因此控制媒体进入搜救和指挥现场应给予考虑。在一般情况下，要严格控制媒体进入突发事件搜救和指挥现场以保证媒体记者的安全，但要注重建立向现场搜救人收集一手资料的新闻素材机制，使媒体有机会获得发表新闻所用的录像、照片及音响资料。（3）除了利用报纸、广播、电视等传统媒体外，海上联合搜救机构还可考虑设立专门的网站向公众发布信息。这样的专门网站比公共网站的消息更具权威性，而且可提供其他有关网址的链接。（4）为帮助媒体和公众更好地从专业技术层面理解所采取的措施，应急联合搜救机构还可请相关专家协助新闻发言人向公众介绍行业的基本概况以及飞机、船舶和搜救设施的特点、照片、统计资料等。同时专家还能协助回答公众的专业问题，如客船的载客能力、船员规模、船舶应急计划和消防能力以及船舶安全检查或船员执行救助演习等。

第三，新闻发布要注重社会效果，应有利于国际社会了解险情真实情况和发展趋势，有利于社会与人心稳定，有利于海上突发事件应急和妥善处理。任何堵、瞒、伪造和扭曲事实的行为都会造成谣言广泛传播，产生误会，加剧公众无端猜测，因此新闻发布必须具有主动性、准确性、时效性并对发布的信息存档备案。其一，最初的新闻信息一旦发布，海上联合搜救协调中心应考虑定期播发和更新信息，以满足媒体的需求。其二，为保证新闻的权威性，确保向公众传递一致的和受控的信息，信息发布口径应统一归口，即各种现场的第一手信息应仅提供给新闻发言人，发言人与搜救协调中心直接保持联系，以保证获得完整和即时的信息。其他行动参与者不能向媒体提供信息，避免各参加单位各自发布，造成信息发布的混乱。其三，要严格把关，所有发布的信息应只包含事实信息，避免发表个人意见和主观评判，并经联合搜救任务协调员或联合搜救指挥机构批准，以便正确引导公众，做到基调一致，但不能无理由延迟向媒体提供信息，即应保证信息及时、清楚、准确、完整、详细、前后一致。其四，如有必要也可通过外交渠道做出说明，如 2018 年 1 月 6 日巴拿马籍“桑吉”号油轮与一艘中国香港籍货轮在长江口外发生碰撞事故后导致油轮起火沉没，油轮上 30 名伊朗籍船员和 2 名孟加拉国籍船员失踪。对于外界对中国搜救不利的质疑，1 月 11 日中国驻伊朗大使会见了伊朗劳工部长，就东海撞船事故相关情况和中方搜救进展做出说明，澄清不实信息，并强调中国交通运输部海上搜救中心会在第一时间发布最新权威消息，希望大家以其消息为准，避免道听途说，对搜救工作和中伊友好关系产生不利影响。同一天组织具体搜救工作的上海海事局有关负责人在上海还向伊朗驻华大使当面介绍了搜救工作的最新进展。12 日中国外交部发言人表示，中方本着专业和负责任的态度开展救援工作，希望各方以中国交通运输部官方发布信息为准，以准确把握救援工作实际情况。

第四，妥善处理遇险人员家属所关心的问题。在搜救过程中焦急等待以及信息匮乏会给遇险人员的家属施加巨大压力，心急如焚的受害者家属情绪极易波动，同样也会影响搜救协调中心的工作。如 2006 年 2 月 2 日埃及“萨拉姆 98”号客船沉没事故发生后，由于搜救组织上的混乱和信息公布的延迟，旅客和船员家属迟迟得不到亲人的消息，导致家属极大不满和情绪失控，最终与防暴警察发生冲突。又如 2014 年 MH370 航班搜寻信息发布的混乱更是让家属们的心情起起落落，引起家属强烈不满与抗议。在 3 月 19 日马来西亚当局召开的新闻发布会上中国家属代表举着横幅到场抗议，指责马方“每天发布自相矛盾的信息”，而随后马来西亚警察强行干预家属和记者见面引发了更大的混乱。因此在搜救过程中，搜救任务协调员或工作人员应定期与遇险人员家属取得联系并向他们提供信息，概述下步行动计划。如可能还可把联系电话留给遇险人员家属或让他们进入联合搜救指挥部，亲身感受搜救人员所付出的努力。这样，即使未能找到失踪人员，家属也会更容易接受搜救任务协调员结束搜救行动的决定。①

第三节　整合海上搜救国际合作人力和物力资源

目前中国与有关国家在海上搜救资源共享方面还有可探讨的空间，中国应首先加大投入，促进海上搜救装备升级换代并建立搜救设备、紧急物资的储备和调配制度，同时应努力整合多方资源，确保海上联合搜救资源供给。因此在目前各国现有搜救资源的基础上，中国与有关国家应彼此优化资源配置，特别是有关国家的相关职能部门更应找准自身工作职责和海上搜救义务之间的结合点，通过协商合理部署各种海上搜救资源，促进跨国海上搜救资源整合和专业队伍协同能力，真正做到优势互补。

一、设立海上联合搜救专项基金

国际海事组织编写的《国际航空和海上搜寻救助手册》指出：在国际惯例和实践中，都是由国家出资提供航空和海上搜寻救助服务，即所提供的援助是应另一个实体的请求，如应另外一个国家的搜救协调中心（RCC）的请求，因此一般不向请求服务或接受服务的国家提出补偿要求。② 资金投入是海上联合搜救最重要的基础一环，资金供给的稳定性直接影响着海上联合搜救的效果，因为海上联合搜救花费巨大，而到目前只有中国—东盟海上合作基金与中国—印尼海上合作基金的一部分用于资助海上搜救国际合作，远远不能满足应急联合搜救的实际需求。由于海上人命搜救具有公益性与非盈利性，因此作为一种政府行为，其资金保障也应由各国财政支持。但目前各国发展水平不一，有关国家由于受经济与财力

---

① IMO/ICAO, *International Aeronautical and Maritime Search and Rescue Manual* (*Iamsar Manual*), Vol. II, Mission Co - ordination, London/Montreal, 1998.

② IMO/ICAO, *International Aeronautical and Maritime Search and Rescue Manual* (*Iamsar Manual*), Vol. I, Organization and Management, London/Montreal, 1998.

限制，并非都能承担得起大规模海上联合搜救的开支。如果一些国家的海上搜救资金保障不到位，必然会导致各国海上搜救合作效果被削弱。因此为提高海上搜救应急合作的效力，必须提供充足的财政资金做保障。

为此中国与有关国家在首先保障自身海上搜救资金充裕的同时，可借鉴船东油污保险基金、保赔协会等机制，与有关国家协商统筹设立国际重特大海上突发事件应急联合搜救专项财政资金以解决搜救开支巨大难题。第一，从专项资金来源看，该基金可通过以下渠道筹集：其一，可根据一国相关管辖海域的面积、经济发展状况等因素作为参照，按照一定的比例出资。其二，可广泛吸收有关国家航运公司、货主、保险公司等参与赞助。其三，通过社会组织、团体和个人的慈善捐助，实现社会各界对搜救基金的公益资助，如德国海上搜救协会80%以上的经费主要来自社会捐款。第二，从专项资金管理来看，应制订专项资金启动及应用程序与办法，明确基金具体用途，并设立专门的基金管理委员会，由成员国人员共同组成来管理专项基金的使用。第三，应设立资金使用监督机构进行审核，对资金使用去向进行合理预算，定期公布基金征收额度以及重特大海上事故联合应急处理的费用，以增强基金透明度和公众的信任度。

二、加强海上联合搜救队伍建设

中国应健全接受和派遣海外应急搜救队伍的相关制度，促进国内搜救组织与国际搜救团体加强交流与合作，同时加强中国与其他国家专业及非专业应急搜救队伍的合作，以便在海上应急搜救工作中能够密切配合、相互补充、有序开展。

一方面，中国应结合国家海上应急体系的建设，在国家安全委员会的框架下逐步建立起海军、海警、公安、边防、专业队伍、技术专家、民间组织、社会志愿者等多类型、适应多种需求的能参与海外应急搜救的队伍，通过参与国际搜救联合行动学习其他国家的有益经验，不断探索海上应急搜救国际合作的新途径与新方法。其一，要充分发挥海军、海警、公安、边防等骨干力量和专业队伍在海上搜救国际合作中的作用，组建具备国际水平的应急搜救队伍。特别是要加快建立支持中国军队参与海上搜救国际合作行动中的行政管理、装备管理、资金管理、训练管理、搜救评估等一系列配套的规章制度，对临时进入他国参与搜救的军队规模、兵种、活动范围、搜救项目、物资通关、救助后撤离等事项做出明确规定，促进中国海军参与海上搜救国际合作法律化、规范化和标准化，从而提高行动的合法性和可行性。其二，要充分发挥民间组织和社会志愿者在海外应急搜救中的作用。建立和完善国内民间组织参与海外应急搜救的管理制度以及补偿与奖励机制，促进民间应急搜救力量的法制化和规范化建设，切实保障它们在参与海上搜救国际合作中的生命安全、救助保险等方面的利益，提高社会力量参与搜救工作的积极性。其三，要加强对参与海上应急搜救国际合作的各种搜救力量进行专门培训，使应急管理部门和搜救队伍能真正熟悉和掌握海外应急搜救的相关准则、知识和实战技能，并建立相应的认证、考核和评估制度。其四，借鉴联合国、欧盟、美国、日本等国际组织和相关国家的经验，加强中国参与海上应急联合搜救有关机构和队伍的形象设计，为其制订统一、明确的能体现国家特点和国际潮流的标识、愿景、使命和战略。另一方面，中国与有关国家应协商合作建立一支专业的海上应急联合搜救队，整合区域内最先进的搜救技术和设备，当某一国家发生重特大海上险情时能够在第一时间出动对遇险人员实施救助，从而最大限度减少人员伤亡与财产损失。

三、优化海上联合搜救装备配置

性能优良的装备是完成应急联合搜救的依托和保障，是衡量搜救能力的一项重要指标。因此中国首先应加强自身海上搜救装备建设，特别是要充实搜救飞机的数量并提高其性能以保证全天候运行和快速反应。在此基础上，中国还应与有关国家协商，优化海上搜救资源配置，在海上搜救责任区合理部署搜救船舶和飞机。如在搜救装备方面，中俄双方具有明显的互补性，俄罗斯在海上消防救援船舶、水上救援飞机和冰上搜救等方面具有较大优势，而中国在大型拖救船方面具有优势，如果双方能够建立有效的海上搜救联动机制，便可在东北亚海域形成节俭和高效的搜救合作新格局，充分实现双方应急搜救资源的优势互补，有效处置各种海上突发事件。

四、确定海上联合搜救前沿基地

海上搜救是关系生命的行为，具有时间紧迫性。一旦出现海上险情，搜救队伍就必须立即赶往事故地点。如果海上搜救基地距离事发地点太远，往往会贻误时机，因此需要中国与有关国家根据目前各自搜救基地的位置和这些基地的搜救能力以及双边合作关系进行协商，在不同海域的沿岸或海岛上建立联合搜救站点，在此基础上研究建立远洋补给基地的合理布局，以便共享搜救资源，从而建立保障有力、能提供快速支撑的应急物资储备和救助体系，这不仅使海上专业搜救力量能做到全范围覆盖并尽量部署在最前沿，实现就近快速反应的目的，而且还可进一步推进海上应急搜救国际合作深入开展。

一方面，要确定东北亚海上搜救国际合作基地。第一，对于中国来说，参与东北亚海上搜救国际合作最理想的基地为大连、丹东和珲春。其一，要充分利用2005年建成投入使用的交通运输部北海救助局大连基地。因为该基地是交通运输部北海救助局目前功能最全的一级救助基地，码头长190米，可同时停靠2艘大马力救助拖轮并拥有1个2100平方米直升机停机坪。同时大连在东北亚具有优越的地理位置，特别是面临韩、日两国，大连和首尔、东京几乎在地理空间的一条直线上，因此该基地在中国参与东北亚海上搜救国际合作中可充分发挥其区位优势，在人命救助、后勤保障及救助指挥等工作中发挥重要作用。其二，要完善丹东救助基地。2009年交通运输部把丹东纳入救助基地建设范围，该建设项目由国家投资，修建专用救助直升机升降平台，建立专业的搜救和清污队伍，这不仅可大大提升丹东市的搜救能力，而且有助于中国加强参与东北亚海上搜救国际合作。（1）丹东地处东北亚中心地带，与朝鲜半岛相邻，与日本隔海相望。（2）丹东是东北亚经济圈中心，环黄海、环渤海经济圈的交汇点。（3）丹东港距韩国仁川仅245海里，是连接韩国、日本十分便利的海上通道。因此在丹东建设海上救助基地，对周边国家提出的搜救协作会做出快速及时反应。其三，要加快建设珲春救助基地。珲春地处吉林省最东端，图们江下游，是中国唯一地处中、俄、朝三国交界的边境城市，被称为“东北亚金三角”。珲春也是中国直接进入日本海的唯一通道，是中国从水路到韩国东海岸、日本西海岸的最近点。以珲春为中心，周边分布着俄、朝两国众多天然不冻港，距离符拉迪沃斯托克港最近处不到50千米。

第二，对于韩国来说，可选择釜山、仁川等港口作为搜救合作基地。其一，从釜山来看，其位于韩国东南端，是韩国第一大港口和第二大城市。南面为日本海，与日本对马岛隔海相望，地理位置十分优越，历史上一直是东亚大陆和海洋文化交流的纽带和桥梁。釜山拥有包括海陆空等完备的交通设施，特别是作为韩国重要的交通枢纽之一的釜山港国际客运码头是连接中国、日本、美国等国的重要口岸。其二，从仁川来看，仁川位于韩国西北部，面向黄海，为韩国第二大港口。中国与仁川交往密切，早在1990年中国至韩国第一条海上航线仁川到威海就已开通，架起了中韩经贸往来的“金桥”，目前仁川与中国四个城市通航，中国在其对外贸易货物吞吐总量中占 70%。仁川还与中国的大连、丹东、盘锦、天津、威海、青岛等结为友好协作城市，2015 年 2 月 25 日中韩自贸区协定将中国威海市和仁川自由经济区作为地方经济合作示范区。

第三，对于日本来说，可选择神户与横滨等港口作为搜救合作基地。其一，从神户港来看，神户港位于日本四大岛中最大的本州岛的西南部，面向大阪湾，为日本最大的海港。神户港不仅是日本重要的货运港，而且也是日本重要的客运港，建有日本最大的客船码头，开通有前往上海等地的定期客船航线。1980 年 8 月神户港与中国天津港结为友好港后，同中国沿海主要港口合作不断加强。其二，从横滨港来看，横滨港位于日本本州中部东京湾西岸，东面为太平洋，是日本第二大海港。日本海上保安厅在横滨设有海上防灾基地，2010 年 5 月中国海事“海巡 21”轮船员曾到该基地参观学习。横滨港已与中国的上海港和大连港结成了友好港，各种交流互动频繁，开展搜救合作具有一定基础。

第四，对于俄罗斯来说，可选择符拉迪沃斯托克、扎鲁比诺、纳霍德卡等港口作为搜救合作基地。其一，从符拉迪沃斯托克港来看，它位于太平洋沿岸穆拉维约夫—阿穆尔半岛最南端，是俄罗斯远东地区最大的港口，号称“东方桥头堡”和“远东心脏”。早在 1992 年 9 月其就与中国大连结为友好城市，近年来双方往来更为频繁。其二，从扎鲁比诺港来看，它位于俄罗斯远东滨海边疆区东南部，图们江入海口以北，与符拉迪沃斯托克港隔海湾相望，距吉林珲春口岸仅 60 千米。扎鲁比诺是俄罗斯远东天然深水良港之一，近年来吉林省开通的中俄韩、中俄韩日等陆海联运航线都是经该港中转。2014 年 5 月吉林省与俄苏玛集团签署合作框架协议，目前双方正在合作改造扎鲁比诺港。其三，从纳霍德卡港来看，纳霍德卡港位于日本海北部彼得大帝湾东南部的阿美利加湾内，2015 年 11 月大连港集团与俄罗斯远东运输集团签署战略合作协议共同投资改建纳霍德卡港，以此拓展该港和大连港的物流联系。

另一方面，要明确南海搜救区域合作的基地站点。由于南海中远端远离大陆，当出现海损事故呼救时，从大陆出发的专业救助人员可能会因路途遥远而错过最佳救助时机。如果能在三沙海域设置必要的救助基地，无疑将大大有利于及时开展救助。中国在南海有关岛礁建设搜救基地的选址应注意以下几点：（1）要考虑岛礁的自然和区位条件。（2）要根据海难发生与搜救特点以及搜救船的覆盖范围，尽量靠近交通要道的重点海区和易发生海难事故的高风险区以及靠近搜救区的外侧岛屿，这样便于搜救船在事故发生后立即启航，第一时间抵达现场。（3）从依托的条件和基础来看，应具有适合建造基地的岸线及空间，特别是要依托西沙和南沙岛礁已建成的码头进行升级改造，为搜救基地建设提供基础保障并节约成本。根据以上考虑，搜救基地选址应以西沙群岛为依托、以中国目前驻守的南沙岛礁为前出基地并加快各种搜救船的配置。

其一，在永兴岛建设综合搜救基地。永兴岛处于西沙群岛的中央，作为三沙市政府的所在地，到目前已建成机场、5000 吨级码头、雷达站、海洋气象广播电台、医院等基础设施，初步具备了建设综合搜救基地的条件，应在此基础上可进行完善。因此应在此布置 2 艘全天候、功率大、续航力强、功能齐全的大型救助拖轮，同时再各配备 1 艘快速救生船和高速救生艇。一旦发生海难事故，就可根据天气、距离、遇险情况、事故性质等派遣相应的船艇前往搜救。在此基础上，还应以永兴岛为中心，可选择其周边一些较大的和基础设施较好的岛屿建设 2—3 个搜救前沿待命站点。

其二，在中沙群岛，只有处在中沙东侧的黄岩岛露出水面，不但扼守着南海国际航道的要冲，而且还掌控着整个中沙群岛的海域，但目前还没有建设码头，将来是否建设也具有相当的地缘政治敏感性。在这种情况下，目前可在夏季台风季节和冬季冷空气来临时在黄岩岛附近海域临时布置 1 艘救助拖轮进行动态值班待命。

其三，在南沙群岛，可在永暑礁建设搜救基地。永暑礁位于南沙群岛的西部，既处于南海中心位置，又位于南海中央航线和南华水道的交汇处，船舶从永暑礁至其他各岛礁综合可达时间约为 8. 8 小时，因此在此设立搜救基地可充分发挥其功效。永暑礁目前已建好的 4000 吨级深水码头可停泊搜救拖轮，卫星天线和雷达塔台可提供通信导航。因此目前可在永暑礁建设一个搜救基地，并配置 1 艘中型救助拖轮、1 艘快速救生船和 1 艘高速救生艇。另外，还可选择渚碧礁、美济礁、赤瓜礁和东门礁等岛礁建设 2—3 个搜救前沿待命站点。因为这几个岛礁区位条件较好，基本上处于南海的交通要道，而且经过近几年的建设也具备了相应的基础设施。上述这些条件都有利于南沙搜救前沿待命站点的布置及搜救船实行动态值班。

这样，中国在南海的中远端将来就会有 10 个左右的综合搜救基地、搜救基地和搜救前沿待命站点，基本上能够满足南海快速高效搜救的需要。特别是永兴岛和永暑礁搜救基地建成后将在南海的中远端形成两大战略支点并可相互支援。同时还要积极引导南海周边有关国家与中国共享搜救基地资源。2015 年中国外交部发言人曾强调，将来条件成熟时将邀请有关国家和国际组织利用南海岛礁相关设施开展搜救等方面的合作。因此南海搜救基地建成后应以功能合作为突破点，以点带面协调周边国家的搜救资源。从目前南海周边国家的搜救基地来看，菲律宾拥有 12 个海上巡防区和 54 个海巡站，各海巡站设搜救组；马来西亚拥有北半岛、南半岛、东半岛、沙捞越和沙巴 5 个海事搜救管辖区，18 个海事分区；新加坡拥有罗央、古尔、布拉尼、河林厝港和 4 个环岛海事基地。① 因此中国应本着相互平等、自主自愿、互利互惠、资源共享的原则，努力探讨与上述国家搜救基地的合作，以便对海损事故能够就近和及时救助，这样可为当事国及救助国节约大量成本，缩小搜救时间和范围，提高应急反应快速性和有效性。

另外，在远洋搜救基地建设上，一方面中国应研究建立区域间的国际应急联合搜救基地（或中继站），中国应根据自身外交、航运等特点，在现有搜救资源的基础上，加大军民两用海外站点建设，优化搜救资源配置，合理部署救助力量。同时也可通过与有关国家协商在一定区域内共同建立应急联合搜救基地，加强应急物资储备体系建设。另一方面中国专业救助力量在参与海上联合搜救或直接在公海甚至他国管辖水域执行救助华人华侨等任务时，可通过外交途径进行统一协调和沟通，在物资采购、码头靠泊和后勤保障等方面可利用相关代理公司进行商业谈判，为专业搜救力量顺利开展工作解决后勤保障等后顾之忧难题。

第四节　丰富海上搜救国际合作内容与形式

目前世界上海上搜救国际合作模式已由早先较为单一的人命财产救助模式，逐步拓展为集人命和财产救助、环境保护、清障打捞、海洋工程和救捞技术交流以及海上保安等方面的综合覆盖型合作模式。目前中国参与海上搜救国际合作尚缺乏拓展性和延伸性的内容，因此中国与有关国家除继续加强海上搜救情报交流、联合演习和应急联合搜救外，还应不断创新海上搜救合作手段与方式，开展多元化海上搜救国际合作。

---

① 王杰：《东亚视野下的我国海上搜救责任区问题研究》，《东北亚论坛》2014 年第 4 期，第 18 页。

一、大力开展海上搜救专业人员培训合作

中国与有关国家开展海上搜救专业人员培训合作，具有十分重要的意义：其一，可提高搜救人员专业技能。与其他国家尤其是签过搜救协议的国家精诚合作，开展培训，可确保当事人员理解并遵守协议。其二，可加强空中与海上搜救合作的配合。通过对航空和航海方面的培训，双方工作人员可以共享对方的专业技能，并对每个搜救事件做出更准确、更全面的评估。① 其三，提高工作中对使用英语的需求。搜救协调中心必须能够同其他搜救协调中心以及船长和机长通信，这些人员要求能用英语进行会话，而通过培训可提高搜救人员的英语水平。由此可见，这种培训合作既能熟悉彼此搜救情况，又能提高搜救能力，从而有助于在海上搜救行动中协调与配合。

培训可采取走出去的方式，到世界上一些著名的培训机构或其他国家进行培训，这样可充分满足需要。如对将从事搜救管理职能人员的培训，国际海事组织世界海事大学可提供搜救组织机构和运作方面的课程，该课程的示范教材可从国际海事组织获取，有关办班的信息可与在瑞典马尔默的该大学联系。国际海事组织和国际民用航空组织还可解答查询目前对外国学生提供正式搜救培训的有关国家的情况，对外国学员财政援助的来源可由国际海事组织、国际民用航空组织或其他国际组织和国家提供。

在培训对象方面，应特别注重师资的培训。国际海事组织认为，当一个人必须到国外接受正式搜救培训时，如果还安排其观察真实搜救行动程序的运用并学习怎样授课，可能会更经济。这样，当他学成返回后，就可最大限度地发挥作用，在国内开展有计划有组织的培训，特别是让他们在工作地点帮助培训其他人员，这就减轻了对正规培训中心和培训费用的负担。因为当地教师最了解当地的需要并能提供不断发展的项目，尤其是当语言不同时特别实用。

二、共同促进海上搜救装备技术研发合作

与其他国家合作进行搜救装备及技术研究和开发，往往能使搜救服务得到改进。同时能共享研发结果以减少重复工作，最大程度地发挥研发结果的效益。研发工作的重点通常是开发搜救服务更有效的数据、程序或设

---

① IMO/ICAO, *International Aeronautical and Maritime Search and Rescue Manual* (*Iamsar Manual*), Vol. II, Mission Co - ordination, London/Montreal, 1998.

备，特别是对以最少投入达到最好效果的搜救新技术的开发是研发工作共同的核心。①

目前中国在特种搜救装备和技术方面还有许多空白，如全天候救助直升飞机、各种深度的深潜器尤其是载人深潜器、水下作业机器人等都需要投入开发。因此中国应加强在搜救装备技术方面的国际交流与合作，互相学习、共同提高，将国际上的尖端科技与前沿管理方法应用到海上联合搜救中来，以提高联合搜救技术水平和工作成效。对此，2010 年编制的《交通运输部救捞系统 2011—2020 年专业化建设发展纲要》指出，要加强国际技术交流，提高技术水平，积极参与国外救助打捞相关组织开展的技术展览、技术论坛等活动，跟踪国际救捞科技发展态势，借鉴国外先进经验，积极引进、消化、吸收与再创新。② 为此，应做到以下两方面：一方面要与有关国家合作加强"关键型"技术研发，即根据国内外海上搜救发展态势、目前比较薄弱急需填补空白或提高、具有一定前瞻性并对提升抢险救助打捞能力有重大影响的关键技术，如搜寻定位和深海打捞技术等。为此，该类技术应在依托海上搜救系统现有技术的基础上，借鉴、引进和吸收国外最先进的技术，如从深潜救助技术实力现状来看，美国、欧洲（特别是英国、法国、挪威、瑞典）以及俄罗斯等国家的深潜救助技术在全球领先，因此中国可加强与这些国家在海上救助领域的技术合作，充分利用有关国家的学校、科研机构和企业等社会各方面的资源和技术优势开展联合攻关，进一步提升中国深潜救助技术。另一方面要与有关国家加强"应用型"技术研发，即具有一定的研究基础和成果、需要长期跟踪研究以进一步提高水平、加强成果转化和应用的专项技术，该类技术应以自主创新为主，但同时也要借助国外的科研力量在重点、难点技术上给予支持。

三、积极进行海上环境救助合作

近年来世界各国都在加强对海洋生态环境的保护，防止和减轻海洋污染，而采取必要措施和手段防止船舶和石油钻井平台溢油、清除油污已成为除了海上人命救助之外的另一项重要责任。随着中国原油进口数量逐年增加和中国周边石油钻井平台的增多，预防海上原油泄露与污染问题对于

① IMO/ICAO, *International Aeronautical and Maritime Search and Rescue Manual* (*Iamsar Manual*), Vol. I, Organization and Management, London/Montreal, 1998.

② 阎铁毅：《救捞应急管理》，大连海事大学出版社 2013 年版，第 332 页。

中国经济发展、社会安全以及人民生活等方面都日趋重要。同时海损沉船也会对海洋环境构成潜在的污染威胁，沉船内的剩余燃油随着时间的推移随时都有发生溢油的危险，因此对这些沉船的打捞和水下技术处理也是十分必要的。为此，中国要与周边国家加强环境救助合作，因为东北亚的日本、韩国也是石油进口主要国家，南海又是重要的石油运输通道。另外，南海周边国家海上石油开采也存在着溢油风险，因此中国与这些国家开展环境救助合作，对于保护海洋生态和环境具有重要意义。

四、全面加强海上保安事件合作

海难的发生可能是基于自然灾害，也可能是基于海上非法行为。近年来如何防治海盗和海上恐怖组织利用船舶施暴、确保海运安全畅通是世界各国海事界亟待解决的重大课题。特别是“9·11”恐怖事件发生后，世界海运界意识到船舶有可能被恐怖主义利用而成为其进行恐怖活动的一种工具，开始采取措施进行海上反恐。在这种情况下，2001 年 11 月国际海事组织召开第 22 届大会，一致同意制定关于船舶和港口设施保安的新措施。2002 年 12 月在英国伦敦国际海事组织总部召开了海上保安外交大会（Diplomatic Conference Maritime Security），会议通过了《1974 年国际海上人命安全公约》有关海事保安的一系列修正案，其中影响深远的是《国际船舶和港口设施保安规则》（ISPS），该规则在 2004 年 7 月 1 日生效。实施 ISPS 规则的目的就是要加强海上保安，建立一个缔约国政府、政府间组织、非政府组织和航运企业以及港口业进行合作的国际框架，确立它们各自在海上保安中的作用和责任以及确保及时收集和交流与保安有关的信息，提供一套用于保安评估的方法，建立、实施和保持一个有效的保安管理体系，以确保对具备充分和恰当的海上保安设施抱有信心。

保安事件是指威胁船舶（包括移动式海上钻井装置和高速船）、港口设施或船港界面活动、船到船活动安全的任何可疑行为或情况，因此保安事件并不仅仅针对恐怖活动。国际海事组织第 22 届大会一致认为，凡是危及海上航行安全的非法行为均属保安事件范畴，因此 ISPS 规则是针对包括恐怖活动在内的危及海上航行安全的非法行为的系统保安防范措施。因此在新形势下反海盗和海上恐怖主义需要国际社会共同做出集体努力，[1] 而

---

① Eric Rosand, *The UN – Led Multilateral Institutional Response to Jihadist Terrorism: Is a Global Counter Terrorism Body Needed?*, Journal of Conflict & Security Law, Vol. 11, 2006, pp. 399 – 406.

且这种国际合作已从传统的区域化、分散化和单一化向全球化、组织化和多元化的方向发展。①

中国为了加强国际航行船舶保安管理，根据有关法律与行政法规的规定，制定了《船舶海上保安规则》和《港口设施保安规则》，以推动《国际船舶和港口设施保安规则》在中国的实施并开展了有关国际合作。中国海上搜救中心总值班室是亚洲地区打击海盗和武装劫船信息共享中心联络点，也是中国海军舰艇编队赴亚丁湾索马里海域执行护航任务交通运输部总值守组，承担着对外联络窗口和应急处置的职责。中国海上搜救中心与相关国家搜救机构和国际海事局建立了协调和信息传递机制，强化了信息交流，有效保障了中国及有关国家商船的航行安全。近年来协调中外护航力量成功解救了“泰安口”号等多艘中国籍被劫船舶，并完成多艘中外被劫船舶接护任务。2013 年 11 月《亚洲地区打击海盗和武装劫船合作协定》（ReCAAP）反海盗高官会在广西桂林召开，本届高官会由中国海上搜救中心与 ReCAAP 信息共享中心合办。ReCAAP 的 19 个成员国派员参加了会议，ReCAAP 信息共享中心秘书处通报了亚洲地区海盗袭击和船舶保安动态，与会成员国代表就反海盗形势、经验等议题进行了充分交流，并就进一步加强各成员国间反海盗工作的协调、配合并建立信息共享机制达成了普遍共识。

在此基础上，今后中国开展海上保安事件应急合作应做到以下两方面：一方面向国际海事组织及航运业和港口业通报信息。特别是在确定保安等级为“3”时，应按照需要发布适当的指示，并对可能受到影响的船舶和港口设施提供相关的保安信息。中华人民共和国海事局值班室作为全国船舶和港口设施保安联络点，负责全国船舶和港口设施的保安报警和保安信息联络工作。各海事局值班室则应负责下列事项的全天候对外联系工作：第一，接受船舶保安信息，针对接到的保安报警及时按照船舶保安应急反应程序通告有关部门采取保安行动。第二，对船舶提供保安建议或者援助。第三，为意欲进入中国领海水域或港口的船舶提供保安信息和通信联系。另一方面海事管理机构在收到中国管辖水域内的船舶保安报警通知后，应按规定程序及时采取行动；在收到中国管辖水域外船舶的保安报警通知后，应立即向中华人民共和国海事局报告，由其按规定程序通知该船

① M. Cherif Bassiouni, *Legal Control of International Terrorism: A Policy - oriented Assessment*, Harvard International Law Journal, Vol. 43, 2002, pp. 89 - 93.

航行位置附近的国家采取行动。[①]

第五节　拓展海上搜救国际合作渠道与平台

2011 年 8 月 24 日世界海上人命救助大会在上海召开，时任国务院副总理的张德江在致辞中强调，中国应充分利用现有多边、双边合作机制和渠道，相互交流、取长补短，共同分享海上应急管理和人命救助的技术与经验，共同保障海上公共安全。[②] 目前中国参与海上搜救国际合作仍存在着管道狭窄的问题，因此中国应积极开展在国际海事组织框架下的搜救合作，同时要加强与其他国际组织和非政府组织搜救合作，研究和建立与日、韩、俄及东盟等周边国际组织和国家的搜救合作，努力拓宽海上搜救国际合作有效渠道，构建海上搜救国际合作机制与平台。

一、充分利用有关海上搜救国际性组织

要充分利用世界上有关海上搜救国际合作的多边机制，如国际海事组织、国际搜救卫星组织、国际移动卫星组织、国际海上人命救助联盟、国际救助联盟、国际拖航大会、国际潜水承包商协会、国际海事承包商协会、国际海事调查官论坛（MAIIF）、国际海事论坛等。

第一，国际海事组织。国际海事组织（IMO）是联合国系统中负责处理海运技术问题的专门机构，其宗旨是：在与从事国际贸易的各种航运技术事宜有关的政府规定和惯例方面，为各国政府提供合作机制；并在与海上安全、航行效率和防止及控制船舶对海洋造成污染有关的问题上，鼓励和便利各国普遍采用最高可行的标准。

国际海事组织直接与海上搜救有关的机构是海上安全委员会（Maritime Safety Committee），由全体成员国代表组成，每年至少召开一届会议，负责协调有关海上安全的技术性问题。该委员会下设九个分委员会，其中无线电通信与搜救分委会（COMSAR）具体负责海上搜救事宜，应对事故和险情，如研究海上应急通信、应急反应和海上安保等事宜。

---

① 中华人民共和国海事局：《事故与应急》，人民交通出版社 2006 年版，第 331—336 页。

② 张德江：《加强国际应急救助合作，保障海上人命安全》，《中国应急管理》2011 年第 9 期，第 6 页。

国际海事组织的主要活动是召开全体成员国大会，制定和修改有关海上安全、防止海洋污染、便利海上运输和提高航行效率及与之有关的海事责任方面的公约、规则、议定书和建议案，其中与海上搜救有关的决议以及制定并保存的有关海上搜救国际公约或议定书见表6—1和表6—2。

表6—1 国际海事组织通过的与海上搜救有关的部分决议

决议标题	决议编号
商船搜寻和救助手册	A. 229. Ⅶ
海协搜救手册	A. 439. Ⅺ
参加商船自动救助系统（AMVER）	A. 487. Ⅻ
雷达应答器在搜寻和救助中的应用	A. 530. 13
全球海上遇险和安全系统（GMDSS）的检查和评估	A. 606. 15
快速救助艇	A. 656. 16
救生艇筏操作规程	A. 657. 16
救生器具的测试	A. 689. 17
气胀式救生筏的标志	A. 759. 18
救生设备及装置的相关符号	A. 760. 18
救生艇筏双向甚高频无线电话设备的性能标准	A. 762. 18
用于搜寻和救助作业的救生艇筏雷达应答器性能标准	A. 802. 19
国际空中和海上搜寻救助手册	A. 894. 21
接受并事实修正的《1979年国际海上搜寻救助公约》	A22/Res. 919
审查对待海上获救人员的安全措施和程序	A22/Res. 920
海上救援业务（MAS）	A23/Res. 950
为需要援助的船舶提供避难处所的导则	A23/Res. 949

资料来源：危敬添：《国际海事条约的历史和现状概览》，人民交通出版社2010年版，第222—237页。

表6—2 国际海事组织制定并保存的有关海上搜救国际公约或议定书

公约或议定书全称	英文缩写	缔约国数	生效日期
《1974年国际海上人命安全公约》	SOLAS1974	159	1980年5月25日
《1974年国际海上人命安全公约》1978年议定书	SOLAS PROT1978	114	1981年5月1日
《1974年国际海上人命安全公约》1988年议定书	SOLAS PROT1988	99	2000年2月3日

续表

公约或议定书全称	英文缩写	缔约国数	生效日期
《国际移动卫星组织公约》	INMARSAT C	92	1979 年 7 月 16 日
《国际移动卫星组织业务协定》	INMARSAT OA	87	1979 年 7 月 16 日
《1979 年国际海上搜寻救助公约》	SAR1979	96	1985 年 6 月 22 日
《1989 年国际救助公约》	SALVAGE1989	58	1996 年 7 月 14 日
《1988 年搜救卫星协定》	COSPAS - SARSAT	4、22，10 *	1988 年 8 月 30 日
《2007 年残骸清除公约》（2007 年内罗毕公约）	NAIROBI WR CONVENTION2007	1	尚未生效

注：＊该协定仅有 4 个缔约国：加拿大、法国、俄罗斯、英国，但地面站提供国有 22 个，使用国有 10 个。1992 年中国作为使用国加入，并于 1997 年作为地面站提供国加入。

资料来源：危敬添：《国际海事条约的历史和现状概览》，人民交通出版社 2010 年版，第 13—17 页。

国际海事组织与海上搜救有关活动还有以下两方面：一方面确立世界海事日。世界海事日设在每年的 9 月下旬，具体庆祝日期由各国自行确定。设立世界海事日的目的是提请人们关注国际海事组织工作的某些具体方面，如 1985 年的主题是“海上搜寻与救助”、1986 年的主题是“全球合作促进海上安全和保护海洋环境”等。另一方面设立国际海事奖和“海上特别勇敢奖”。为奖励那些为实现国际海事组织宗旨做出杰出贡献的个人或组织，国际海事组织于 1980 年设立了国际海事奖，该奖项每年由国际海事组织理事会审定，其中 1998 年国际救生艇协会获得该奖项。2007 年 6 月国际海事组织召开的第 98 届理事会首次评选了“海上特别勇敢奖”，中国交通部救捞系统的“南海救 111”轮全体船员以及祖旭峰、潘伟、高均清、朱林飞等多个集体和个人获得 2006 年度“海上特别勇敢奖”的奖状和表彰信。

与国际海事组织有合作、咨询关系的海上搜救国际组织有以下两方面：一方面与国际海事组织有合作关系的政府间国际组织，这种合作关系是指可以互派代表出席对方召开的会议并提出意见和建议。另一方面享有国际海事组织咨询地位的非政府国际组织，即可应邀派观察员出席会议并就会议的议题发表意见，如极轨道国际搜救卫星组织秘书处（COSPAS - SARSAT）、国际移动卫星组织（IMSO）、西中非海事组织（MOWCA）、国际海事委员会（CMI）、国际救生设备制造商协会（ILAMA）、国际海上人命救助联盟（IMRF）、国际救助联盟（ISU）等（见表 6—3）。

表6—3　与国际海事组织有合作、咨询关系的海上搜救国际组织

名称和地址	电话/传真/电子信箱/网站
COSPAS－SARSAT 极轨道国际搜救卫星组织秘书处 International Cospas－Sarsat Programme Agreement 700 rue de Gauchetière West Suit 2450 Montreal, Quebec H3B5M2 Canada	Tel：00 1 514 954 6761 E－mail：mail@ cospas－sarsat. int Website：www. cospas－sarsat. org
IMSO 国际移动卫星组织 International Mobile Satellite Organization 99 City Road London EC1Y 1AX United Kingdom	Tel：＋44（0）20 7728 1249 Fax：＋44（0）20 7728 1172 E－mail：info@ imso. org Website：www. imso. org
MOWCA 西中非海事组织 Maritime Organization for West and Central Africa Cité Administrative Tour A，2ème étage B. P. V257 Abidjan Cote dlvoire	Tel：＋225 2021 7115 Fax：＋225 2242 3802 E－mail：info@ mowca. org Website：www. mowca. org
CIRM 国际无线电海事委员会 Interntional Radio Maritime Committee Southbank House Black Prince Road London SE1 7SJ United Kingdom	Tel：＋44（0）207 587 1245 Fax：＋44（0）207 587 1436 E－mail：secgen@ cirm. org Website：www. cirm. org
CMI 国际海事委员会 Comité Maritime International c/o SCP Villeneau, Rohart & Simon Associates 15 Place du Général Catroux F－75017 Paris France	Tel：＋32 3 227 3526 Fax：＋32 3 227 3528 Website：www. comitemaritime. org
ILAMA 国际救生设备制造商协会 International Livesaving Appliances Manufacturers' Association P. O. Box 952 Shoreham West Sussex BN43 6AP United Kingdom	Tel：01273 45 41 87 Fax：01273 45 42 60 E－mail：admin@ ilama. org Website：www. ilama. org

续表

名称和地址	电话/传真/电子信箱/网站
IMRF 国际海上人命救助联盟 International Maritime Rescue Federation c/o Royal National Lifeboat Institution West Quay Road Poole, Dorset BH15 1HZ United Kingdom	Tel：44 (0) 1202 663398 Fax：44 (0) 1202 663399 E - mail：info@ international - maritime - rescue. org Website：www. international - maritime - rescue. org
ISU 国际救助联盟 International Salvage Union Fleet Place House 2 Fleet Place Holborn Viaduct London EC4M 7RF United Kingdom	Tel：+44 (0) 20 7653 1624 Fax：+44 (0) 20 7236 1974 E - mail：isu@ marine - salvage. com Website：www. marine - salvage. com

资料来源：危敬添：《国际海事条约的历史和现状概览》，人民交通出版社 2010 年版，第 242—262 页。

今后中国应积极派员参加 IMO 大会及分委会并参加其工作组，提交有关海上搜救议案，直接参与有关海上搜救国际公约的起草与修订，增强中国在海上搜救国际合作方面的话语权。

第二，国际搜救卫星组织。1984 年 10 月 5 日苏联、美国、加拿大、法国建立了国际搜救卫星组织（COSPAS - SARSAT），共捐助了 4 个星体、4 个转发器、4 个接收处理机和存储器，建立了用于船舶遇险报警的 COSPAS/SARSAT 系统。考虑到海上、空中和陆上遇险和安全提供报警和测位服务的全球卫星系统对搜救的有效性，为加强人道主义事业的国际搜救合作，上述四国又于 1988 年 7 月 1 日在法国巴黎签署了《国际搜救卫星系统计划协定》（C/S 计划）。该组织宗旨和原则为：保证本系统的长期运行；为支持搜救作业，将本系统的遇险报警和测位数据不加歧视地提供给国际社会；通过提供遇险报警和测位数据，支持国际海事组织和国际民航组织在搜救方面的合作；协调各缔约国管理本系统，明确在管理和协调本系统的工作中各缔约国与其他国家主管机关和有关国际组织合作的手段。

该组织是政府间国际组织，原来只限定以国家名义参加该组织，但在 1991 年 10 月召开的第七届理事会公开会议上决定任何机构均可用“使用机构”或“地面设备操作者”的名义加入该组织。该组织现有以不同身份加入的国家和地区会员 33 个，其中有 23 个是国家和地区“地面设备提供国”“地面设备使用机构”或“地面设备经营者”，其余为“地面设备使用国”。COSPAS - SARSAT 下设理事会和秘书处：一方面从理事会来看，其主要负责以下事项：监督 C/S 协定的实施；为实施 C/S 协定而制订必要的技术、管理和运行计划；实施需要理事会采取行动的 C/S 协定的有关规定；起草、审议和通过 C/S 系统的空间和地面设施及无线电信标的技术规范，并通过 C/S 系统的技术和运行文件；在协调技术问题方面，保证与国际民航组织、国际电信联盟、国际海事组织和其他国际组织的交流和合作；与地面提供国和使用国在管理、运行和技术方面进行协调，包括制订地面设备和无线电信标的形式认可或使用程序；对提高本系统技术和运行水平的必要性，包括各缔约国的捐助份额和可能需要该协定的非缔约国进行捐助的事项进行评估；建立交换有关技术和运行资料的机制；就与本协定非缔约国以及国际组织的共同关系问题做出决定；组织并协调为评估本系统之性能所必需的演习、试验和研究；理事会认为属于其职权范围内的与本系统的空间段、地面段及无线电信标的运行有关的其他事项。另一方面从秘书处来看，其主要负责以下事项：为理事会及其下属机构提供会议服务；为一般通信、系统文件和宣传资料提供管理服务；提供技术服务，包括根据理事会的指示批准报告；与地面设备提供者、使用者和各国际组织进行联系；为执行本协定而提供理事会可能要求的其他服务。该组织的秘书长由美、俄、加、法四国轮流担任，每两年一届，可连续担任两届。

该组织的主要活动有：每年召开一次封闭性理事会和一次开放性理事会；一次联合委员会和两次技术工作会议；不定期召开节点技术协调会及发布 C/S 系统信息和数据。

第三，国际移动卫星组织。1973 年 11 月 23 日政府间海事协商组织大会决定召开国际大会，成立一个海事卫星组织以改善船舶通信状况。1975 年 4 月 23 日至 1976 年 9 月 3 日在英国伦敦先后召开了三次国际大会，通过了《国际海事卫星组织公约》和业务协定。到 1979 年 7 月 16 日共有 28 个国家接受了《国际海事卫星组织公约》，这样国际海事卫星组织（International Maritime Satellite Organization，INMARSAT）正式成立。其一，从宗旨和原则来看，该组织成立初期致力于改善船舶的通信状况，为船舶安全和遇险救助提供常规卫星通信保障与服务，现已发展成为世界上唯一能为空中、陆地、水上各固定和移动终端提供全球、全天候话音、传真、图像、数据通信业务和遇险安全通信业务的系统。其二，从性质来看，该组织是政府间合作性质的商业组织。其三，从管理机构来看，该组织分为三级管理，由成员国大会、签字者理事会和执行局构成。大会负责制定组织的宗旨、政策和长期发展目标。理事会负责制定技术和经营管理标准以及财务制度和政策。执行局是具体的操作机构。其四，从主要活动来看，该组织定期召开成员国大会、签字者理事会及签字者技术咨询和顾问委员会，利用最新技术为全球海上、空中和陆地移动卫星用户提供通信服务，为海上遇险和各国较大自然灾害提供免费通信支持。

1994 年该组织改名为国际移动卫星组织（International Mobile Satellite Organization，INMARSAT），1999 年 4 月该组织经过改革后仍沿用“国际移动卫星组织”，简称为“IMSO”，而原简称“INMARSAT”由改革后的商业股份公司继续使用。改革后该组织分为两部分：一部分为商业公司负责原组织的一切商务活动；另一部分为政府间国际组织，负责监督商务公司履行全球海上安全和遇险定位等公共服务义务。[①]

第四，国际海上人命救助联盟。国际海上人命救助联盟（International Maritime Rescue Federation，IMRF）是一个国际性的专业人命救助机构，其前身是 1924 年在英国伦敦成立的国际救生艇联盟（International Lifeboat Federation，ILF），是由世界上各国从事水上人命救助机构组成的非政府间权威性国际专业组织。其宗旨是交流海上搜救技术经验，改善搜救船、艇、设备、装具的设计性能和搜救人员的技术条件，维护海上人命安全。凡拥有和管理用来海上搜救船舶并得到该国政府承认的组织均可申请加入，其常设秘书处设在英国皇家救生艇协会，每四年召开一次国际救生艇会议，由会员国轮流举办，主席由承办国的救生艇组织的负责人担任。经费来源于各参会会员交纳的会议费，并设有展览会和开展海上搜救演习等活动，出版物有 *International Lifeboat* 年刊。

2003 年国际救生艇联盟会员大会决定成立国际救生艇联盟理事会，并将国际救生艇联盟逐步改组为国际海上人命救助联盟。对此，国际救生艇联盟主席、瑞典救生艇协会行政总裁强调，目前各国的人命救助力量已从传统的使用救助船艇向发展海空救助力量转变，因此有必要成立一个代表海空救助力量的国际性组织。[②] 2005 年通过了《国际海上人命救助联盟章程》（草案），确立了国际海上人命救助联盟“救助人命，促进安全，致力

---

① 危敬添：《国际海事条约的历史和现状概览》，人民交通出版社 2010 年版，第 266—269 页。

② 浦士达：《追赶海上救助国际先进水准》，《中国交通报》2006 年 5 月 15 日。

向全球海上和内陆水域内的遇险人员提供救援”的宗旨。[①] 新联盟于 2007 年 7 月正式运作，其正式成员为各国政府所认可的专业海空人命救助机构，联系会员为各国不直接从事人命救助作业的其他人命救助机构（如搜救中心）。2011 年 8 月 24 日时任国务院副总理的张德江在上海出席世界海上人命救助大会时特别强调，中国要充分利用国际海上人命救助联盟搭建的平台，加强信息交流和搜救合作，增强安全保障措施和应急处置能力，切实提高事故的防范能力和救助的及时性、有效性。[②]

第五，国际救助联盟。国际救助联盟（International Salvage Union，ISU）是一个国际性非政府组织，总部设在伦敦，由全体会议选举产生的主席和八人组成的执行委员会管理。执行委员会每年召开两次会议，主席由 ISU 年会从各成员公司代表中选举产生并任期两年，经费来源主要是各会员公司每年交纳的会费。该组织的宗旨是联合救助人，对影响救助业的事宜进行考虑，为保护救助人的利益采取有效措施、步骤或联合行动，并与其他国际组织合作完善合同和有关文件的条款，对救助案例中裁决不公的上诉给予支持。为此，一方面该组织代表世界各地海上救助人的整体利益在有关海上法律、搜救实践、保险和海上安全的国际论坛上阐述其观点，配合 IMO 有关部门起草搜救法规、行业标准及其合同的标准格式。另一方面该组织设立了网络主页，登载有关会员公司的情况和组织的文件、机构等发展情况，向世界海运业展示专业搜救力量的风采，并提供了方便的信息和沟通的渠道。到目前该组织共有来自 32 个国家和地区的 53 个会员公司，承担了全球 90% 以上船舶救助和打捞作业，并在防止海域污染的作业中取得了重大的成绩。

二、充分利用有关海上搜救区域性机制

中国周边与海上搜救合作有关的区域性机制包括一些论坛、会议、计划等，如亚太安全合作理事会、亚太地区海事机构首脑论坛、亚太经合组织（APEC）运输工作组和海洋部长会议、亚太地区安全保障研讨会、亚洲地区海事调查官会议、亚洲海岸警备机构首脑会议、西北太平洋行动计划（NOWPAP）、西太平洋海军论坛、北太平洋海岸警备机构论坛、东盟

---

① 《国际海上人命救助联盟亚太交流合作中心正式启动，将进一步提高亚太地区整体海上搜救水平》，《中国水运报》2012 年 9 月 21 日。

② 张德江：《加强国际应急救助合作，保障海上人命安全》，《中国应急管理》2011 年第 9 期，第 6 页。

地区论坛、东盟海事论坛及东盟海事论坛扩大会议等。

第一，亚太安全合作理事会。1993 年 6 月成立的亚太安全合作理事会（CSCAP）是亚太地区最大的非官方安全论坛，现有 20 个成员委员会，共有建立信任措施、综合与合作安全、海事合作、跨国犯罪和北太平洋五个工作组。其中涉及海上搜救的海事合作工作组表现最为突出，曾为东盟论坛提交了三份有关海上安全问题的备忘录。2004 年该理事会进行了改革，以“海上安全合作能力建设”研究小组取代了原来的海事工作小组，并从国家、地区和国际三个层次分别提出了海上安全合作能力建设的框架。

其一，从组织安排来看，在国家层次，现有与海上安全相关职能部门组成责任机关，建立一个决策机制和协调行动程序；在地区或次地区层次，加强信息交换安排、边界控制安排，召开亚洲海岸警备机构首脑会议建立合作关系，在西太海军论坛中进行可能的地区海军联演；在国际层次，推进国际海事组织的合作项目等。

其二，从法律框架来看，在国家层次，要求各国国内法能覆盖海上安全的所有威胁并实施相关的国际协定；在地区层次，发展促进理解的多边和双边法律协定，加强地区国家司法合作，融合目前地区所实行的各类法规体系；在国际层次，履行包括《联合国海洋法公约》等各类海事安全的国际法规以及近年来国际海事组织的一些“软法律”。

其三，从资源来看，国家在管辖海域、领水的海上监视、巡逻和反应能力（包括船舶、飞机及其系统），教育和训练项目，人员、技术和资金；在地区层次，加强海上执法合作与协调，加强海盗和海上武装抢劫等其他非法跨国犯罪的信息分享，建立地区级信息分享程序和技术操作层面的反应程序。

第二，西太平洋海军论坛。1987 年在美国主办的国际海上力量研讨会上，由澳大利亚动议成立了西太平洋海军论坛（WPNS），并在翌年召开了第一次会议。迄今论坛共有澳大利亚、中国、印尼、日本、法国、美国、俄罗斯等 18 个成员国以及加拿大、印度、智利和孟加拉等四个观察员国。该论坛是本地区定期开展多边对话与合作活动唯一的海军论坛，其共有四个层次的活动：（1）正式论坛会议，由海军首脑或其代表参加，每两年召开一次。（2）工作小组会议，是为正式论坛会议做准备的预备会议，由上校军衔以下军官参加，每年举办一次。（3）有关海上搜救等各种专业研讨会。（4）在专业研讨会基础上进行海上实兵演练活动，如海上搜救、人道主义援助与灾难救助图上演习等。从发展趋势来看，该论坛越来越注重各国海军海上军事行动的互通性和信息分享，信息平台建立完善的步伐和使用频率越来越高，为此新加坡主持建立了地区海上信息交换系统（ReMIX）并进行应用培训，进一步推动了实质性的海军合作。

第三，东盟地区论坛。1993 年 7 月在第 26 届东盟外长会议上，东盟国家决定发起成立东盟地区论坛（ARF）并向对话伙伴国澳大利亚、加拿大、欧盟、日本、新西兰、韩国和美国以及该地区的其他国家中国、俄国、越南、老挝、巴布亚新几内亚发出欢迎加入的邀请，由此开创了亚太地区多边安全合作之先河，成为亚太地区唯一官方多边安全论坛。由于东盟地区论坛成员国大都是濒海国家，因此该论坛成立后十分关注海上搜救等安全问题。如 1995 年在该论坛之下开设了建立信任措施、维和行动和海上搜救会间会，而且历届东盟地区论坛会议主席声明中也都多次提到开展海上搜救和抢险救灾等问题。“9·11”事件后该论坛又开始高度关注海上搜救的新主题——防范和打击海上恐怖主义问题，决定设立打击国际恐怖主义和跨国犯罪会间会。2004 年 9 月东盟地区论坛首次举行海上安全工作组（ARF Maritime Focus Group）研讨会，美、加、澳等专家在会上提出加强“海上能力建设”新概念以及建立海上“一体化”全程监控体系建议，同时还专门讨论了海上搜救等海上安全问题，其后每年都要召开一次研讨会。2007 年 1 月东盟地区论坛在新加坡首次举行了海上安全岸上演习，这对推进实质性海上搜救等安全合作方面发挥了重要作用。①

第四，东盟海事论坛及东盟海事论坛扩大会议。2010 年根据《东盟政治安全共同体蓝图》，东盟成立了东盟海事论坛（AMF），为东盟国家海上安全合作提供了新的平台。两年后东盟海事论坛扩大会议（EAMF）召开，使其成为一个以东盟为中心的国际多边合作机制。东盟海事论坛的议题包括海洋安全、渔业合作、打击海盗、人道主义救助、科学考察等涉及海洋合作的各种议题，如 2010 年 7 月第一届东盟海事论坛在印尼东爪哇召开，议题包括互联互通、海事安全、人员和船舶搜救等。② 2014 年 8 月第五届东盟海事论坛和第三届扩大会议在越南举行，讨论了应对自然灾害、海洋

---

① 张炜：《国家海上安全》，海潮出版社 2008 年版，第 431—434 页。

② Sabtu, *First ASEAN Maritime Forum Held in Suyabaya*, http://www.antaranews.com/en/news/1280584402/first - asean - maritime - forum - held - in - surabaya.

搜救以及各方执行国际协定的机制。[1]

三、充分利用中国及周边国家有关海上搜救平台

近年来中国和周边国家建立了一些与海上搜救有关的双边合作机构与机制，同时周边国家和中国在其国内也都设有一些与海上搜救国际合作有关的平台加以利用。

第一，充分利用中国与周边国家建立的有关海上搜救合作双边平台。一方面，要充分利用中国与东北亚各国已建立的有关海上搜救合作平台。其一，从中韩双边关系来看，包括中韩海上搜救事务级会谈、中韩海上安全定期协商会议、中韩海上运输合作部长级会议、中韩航海学会学术交流会、中韩海运会谈等。其二，从中日双边关系来看，包括中日海事调查定期会议等。其三，从中俄双边关系来看，包括中俄总理定期会晤委员会运输合作分委会、中俄航联委例会等。另一方面要充分利用中国与东盟国家已建立的有关海上搜救合作平台，如中国—东盟海洋合作论坛、中国—东盟交通部长会议、中国—东盟海事磋商机制等都涉及到了南海搜救合作问题，因此今后要充分利用和发挥好这些平台的作用。

第二，充分利用在中国周边国家设立的有关海上搜救合作平台。如在日本设立的北太平洋北海道大会等，在韩国设立的 APEC 海洋环境培训与教育中心（AMETEC）等。[2]

第三，充分利用在中国设立的有关海上搜救合作平台。如在上海设立的国际海上人命救助联盟亚太中心、中国国际救捞论坛、上海国际海事论坛、深圳国际海事论坛、大连国际海事展览会、广州国际海事贸易展览会暨论坛等，其中最重要的是中国国际救捞论坛。

从 2004 年开始举办的中国国际救捞论坛现已成为展示中国搜救形象、交流国际先进技术的平台。中国国际救捞论坛由交通部救助打捞局与中国航海学会救捞专业委员会联合举办，目前已在哈尔滨、昆明、海南、大连等地举办了多次会议。该论坛本着交流经验、互通信息、加强了解、促进合作、共同发展的宗旨，在救助、打捞、潜水等领域的国际交流合作中发

---

① *Expanded ASEAN Maritime Forum Discusses Maritime Security and Navigation Freedom*, http://www.talkvietnam.com/2014/08/expanded - asean - maritime - forum - discusses - maritime - security - and - navigation - freedom/.

② *Korea Becomes Home for APEC Marine Training Center*, Korea Times, 27 April, 2002.

挥了重要的桥梁和纽带作用，在学术交流、咨询服务、论文编发、新产品展示推介等方面做了大量的工作，现已成为独具特色的跨国家、跨行业、跨部门的国际盛会和学术交流的平台，论坛的影响力持续扩大，中外交流互动明显增强。正如原交通部副部长、中国海上搜救中心主任徐祖远所说，中国国际救捞论坛是推动科技创新、交流创新成果的一个重要载体，希望各国代表能深入挖掘论坛主题的深刻内涵，相互借鉴，互通有无，促进科技进步成果在救捞实践中的应用，减少水上事故灾难造成的人命、财产和环境损失，为人类社会的共同繁荣和进步做出贡献。交通运输部副部长冯正霖也强调当前包括中国在内的世界各国救捞行业迎来了难得的发展机遇，也面临严峻的挑战。希望各国代表能充分利用中国国际救捞论坛这个平台，探讨当前救捞发展面临的新机遇和新挑战，研究开展互利合作的新方式、新途径。挪威瑞思达公司中国区总代理执行董事李宝福赞扬说，中国国际救捞论坛上传递的中国救捞事业的发展前景让他感到鼓舞，感谢论坛搭建了这样一个交流、展示的平台。由此可见，中国国际救捞论坛对于提高国际搜救技术水平、增强各国应对海上突发事件能力以及促进经济发展和社会稳定都具有重要意义，无论是对世界还是对中国搜救事业未来的建设和发展都起到了非常积极的促进作用。

中国搜救事业的发展离不开世界，发展中的中国搜救事业也将在世界搜救行业中发挥越来越大的作用，因此交流与合作必将使包括中国搜救在内的所有世界同行受益匪浅。今后中国搜救应继续遵循友谊、交流、合作、发展的宗旨，充分利用中国国际救捞论坛这一平台，多方开展国际交流合作，广泛开拓合作新途径，特别是要进一步加强国际搜救的科技合作，密切与业界优势技术公司的关系，以便准确地把握世界搜救行业的发展趋势，汲取世界各国先进技术和经验，促进中国搜救事业的发展与国际接轨，从而达到中国搜救行业繁荣发展的目的。原交通部救助打捞局宋家慧局长曾在论坛上表达了中国与国际业界开展技术交流和业务合作的期待：其一，在装备设施建设上，期待各国业界的合作有新突破、新提高、新进展，尽快把功能先进、高效实用的专业船舶、专业航空器、潜水设备、清污设备和专用救助器材投放到抢险救助一线，用精良的装备提高抢险救捞的效率。其二，在救助打捞技术上，期待与各国业界开展多元化、宽领域的合作与交流，用精湛的技术提高抢险救捞的效率。其三，在人员培训上，期待与各国业界开展求真务实的双向互动，培养出素质高、专业精、有激情、讲奉献的批量人才梯队，用精干的专业技术人员保证抢险救捞的效率。其四，在行业管理上，期待与各国业界发展优势互补、互利共赢的精诚合作，用先进的管理思想、系统方法、数量模型和信息技术去分析抢险救捞活动，用科学管理保障抢险救捞的效率。其五，在救捞文化建设上，期待与各国业界开展广泛的交流、互访与交融，学习、借鉴国外先进的救捞文化，用独具特色的中国救捞文化凝聚人心、激励斗志、塑造形象，引领救捞事业又好又快地发展。①中国搜救将以强烈的时代精神和宽广的世界眼光继往开来，同其他国家相互借鉴，互通有无，促进科技进步成果在搜救实践中的应用，减少海上事故灾难所造成的人命、财产和环境损失，为人类社会的共同繁荣和进步做出新的贡献。

总之，通过上述平台，中国将与有关国家在海上搜救方面建立起全方位、多层次双边或多边联系，不断加强信息交流和人员交往，切实提高事故防范与应急处置能力，扩大中国在国际海上人命救助界的知名度和影响力。同时中国与有关国家的海上搜救合作作为地区双边和多边合作的一部分，成为区域合作的有机组成部分。到目前为止，日本与俄罗斯、韩国、美国签订过海上搜救协议，俄罗斯与朝鲜、美国等国家签订过海上搜救合作协议，中国与韩国、朝鲜、美国、新西兰等国签订过海上搜救合作协议。在此基础上，应促进地区海上人命救助领域的合作交流，探讨在建立双边搜救合作机制基础上提升多边搜救合作的可能性，以促进区域海上搜救合作一体化，建立海上搜救共同体，提升区域内整体海上救助能力。

第六节　提高海上搜救国际合作应急能力与水平

当中国周边海域发生重特大险情时，单靠任何一方自身力量无法完成而需要寻求其他国家力量救助的情况下，应在第一时间启动应急联合搜救程序并采取相应处置行动。

一、科学制订海上联合搜救应急预案与行动计划

由于目前国际联合搜救机制的不健全，中国与周边国家或地区还没有建立起针对海上联合搜救的专业救助预案和操作规范，致使灾难事故发生后专业救助力量需经过较长时间的协调、申请或准备等前期工作，不能及

---

① 徐华：《救捞文化》，人民交通出版社2009年版，第253—254页。

时有效地投入到应急工作中，更没有成熟的预案和规范指导联合搜救工作持续高效开展。因此中国参与海上应急联合搜救需要加强全过程、标准化、相配套的管理制度建设，以规范海上应急联合搜救准备、实施、反馈、评估、监督和经验教训总结，特别是要明确海上应急联合搜救原则、方式和程序以及途径、保障手段、权利、义务和信息沟通等具体制度，为此就要科学编制中国参与海上联合搜救应急预案与行动计划。

第一，中国参与海上搜救国际合作应急预案编制原则。海上联合搜救应急预案体系建设是完善海上搜救国际合作快速反应机制的重要途径，因为在应急状态下由于受时间与条件所限，不可能详细了解事件的全部情况，更不可能快速制订出完善的搜救方案。另外，面对不同类型的海上险情，相应的搜救工作也各不相同。而合作预案则是通过对现有应急合作事件的归类分析和深入研究，总结经验与教训，事先针对不同的险情制订一系列不同的搜救合作行动的安排。制订预案时因不是应急状态，专业机构和人员会有充足的时间投入精力进行专心研究和分析。当发生海上险情时就可快速找到针对这一险情所适用的联合搜救行动，可大大提高联合搜救行动的有效性。为此，中国应与有关国家的搜救专家加强磋商与对话，通过对以往搜救合作事件进行分析，共同制订应急联合搜救预案，完善有关具体规则和操作程序，形成事先有准备、应急合作指挥有流程的规范化的海上搜救协调局面，只有该样，才能做到忙而不乱，紧张有序。中国参与海上搜救国际合作应急预案的编制应遵循以下原理和准则：

其一，科学性原则。这是中国参与海上搜救国际合作应急预案编制的首要原则，应急预案能在重特大突发事件处理中起到多大作用，主要取决于应急预案的科学性、规范性与合理性。一个缺乏科学性的预案，其生命力也就自然丧失了。因此在应急预案的编制中，预案编制小组的成立、指导思想、预案目的、风险识别与评估、应急联合搜救机构及其人员职责确定、应急联合搜救能力评估、应急联合搜救响应和处置措施等都应是科学合理的。特别是在海上应急联合搜救响应和处置措施中，科学的应急处置措施能有效减少海上突发事件所带来的不必要损失。另外，应急预案编制完成后要进行专家严格评审，以发现预案中的错误并及时纠正。

其二，系统性原则。系统性原则是指中国参与海上搜救国际合作应急预案的文件体系和逻辑结构，这就要求应急预案体系完整和逻辑严密。应急预案是海上联合搜救应急反应的行动纲领，其良好的系统性有助于应急联合搜救行动能有条不紊地进行。为此，应急预案的各构成要素应保持前后描述一致性，内容符合参与联合搜救人员的思维和行为逻辑并与其所在环境中的其他要素相协调。

其三，操作性原则。编制中国参与海上搜救国际合作应急预案的目的是为应急联合搜救提供指导建议以及规范处置行动，从而减少重特大突发事件所带来的损害，所以在编制应急预案时应对其可操作性进行仔细推敲，将应急预案进一步细化。在此基础上，还要根据应急预案开展定期演练，检验合作机制的功能以及应急预案的完整性、有效性和实用性。这样不但可使参与海上应急联合搜救的相关人员得到培训和教育，熟悉预案内容与程序，使各方搜救力量能在联合演习中不断磨合，增进彼此了解，分享经验，共同提高海上搜救协调水平和能力，而且还可以事先发现应急预案中存在的问题并及时对其进行调整，以便当海上重特大险情发生时，有关搜救机构能够密切合作，从而提高应急预案的合理性、有效性和可操作性。

其四，灵活性原则。编制中国参与海上搜救国际合作应急预案的目的不仅是规范应急联合搜救行动的标准，更是最大限度减少重特大突发事件所造成的人员、财产和环境损失。海上重特大突发事件往往是一个动态的发展过程且存在很大的不确定性和可变性、流动性与扩散性，某些状况在应急联合搜救过程中并不能事先预料到，因此预案编制应坚持灵活性原则，尽量全面考虑各种不同发展事态的情况并提供多种可供选择的实施方案和行动策略，保证应急预案在实际行动中灵活运用。同时还要不断地补充和修订，因为客观世界是不断发展变化的，即使当前的应急预案是比较完善的，但在实行一段时期后可能会出现一些漏洞需要加以改进，因此应急预案的编制要与时俱进，建立相应的长期完善机制。

其五，动态性原则。海上应急联合搜救情况复杂，由于气象、海况、难船等情况时刻都在变化，投入的联合搜救力量等也可能会发生变化，因此中国参与海上搜救国际合作应急预案应是动态的，而不是静态的。另外，应急预案只是对主要的风险和联合搜救方案进行确认及分析，而海上联合搜救涉及的范围十分广泛，这就需要针对不同的作业环境，根据不同时间段内的作业内容等进行评估。同时对于应急联合搜救现场的各种复杂情况，通常不可能编制所有的预案，因此要有所侧重，进行动态调整，将重点放在联合搜救现场出现频率高的应急情况的处置上。

第二，中国参与海上搜救国际合作应急预案重点内容。一方面要加强对渔船进行应急联合搜救的行动设计，因为目前中国及周边国家的渔船险情和医疗突发事件频发，这些都对各国加强对渔船进行应急联合搜救工作提出了较高的要求。为此在编制应急预案时需对以下两方面问题进行考虑：一方面要尽快完善渔业安全通讯网和船位通报制度，以此来建立渔船与商船之间的联系渠道，尽早解决渔船与商船、渔船与岸基搜救机构间的通信问题。另一方面要尽快建立搜救中心与移动通信部门手机定位联动机制，以便解决难船定位问题。这样渔船遇险后有关国家的搜救力量就会很快确定遇险渔船位置并组织力量进行搜救，从而提高搜救成功率。另外，除了渔船所带来的海上搜救压力外，也应看到渔船不仅是搜救行动被救助的主要对象，而且还是参与海上联合搜救的重要辅助力量。由于渔船作业范围广、干舷低、机动性强，在一些重特大海上联合搜救行动中可发挥重要作用，对此应急预案也给予充分关注。

另一方面要加强对重特大海上险情进行联合搜救的行动设计，特别是应重点研究客渡船、客滚船、高速客船、旅游船、大型油轮、化学危险品运输船以及航空器失事坠海等重特大事故进行应急联合搜救行动的组织和协调制度以及反应程序和联合搜救方法等，因为这类重特大海损事故虽然发生概率较小，但一旦发生会造成群死群伤和环境污染。而且这类事故搜救难度较大，更要加强联合搜救力度，对此预案也应给予充分关注。

第三，制订应急联合搜救行动计划。在应急预案的基础上，针对每一次应急联合搜救行动还应制订具体行动计划，特别是涉及众多联合搜救力量时更要制订一个科学的行动计划。

一方面从应急联合搜寻行动计划来看，海上应急联合搜救指挥机构应根据值班员和相关国家提供的各类信息进行分析研究，尽快确定合适的搜寻行动计划。在制订应急联合搜寻行动计划时，计划人员必须全面、谨慎权衡时间限制、气象和海况、助航标志、发现搜寻目标的能力、搜寻设施是否适合搜寻任务、搜寻区域的大小、搜寻设施基地到搜寻区的距离以及在当时的条件下预期达到的发现概率等。应急联合搜寻行动计划的制订一般应包括以下步骤与内容：其一，情况评估；其二，估算基准；其三，确定搜寻区域；其四，搜寻设施选择和任务分配；其五，搜寻方式选择；其六，搜寻区域划分。另外，海上联合搜救指挥机构还可授权现场指挥视实际情况灵活变更搜寻行动计划。

另一方面从应急联合救助行动计划来看，有效的应急联合救助行动计划对拯救生命将起到关键作用，通常由应急联合搜救任务协调员制订，包括现场指挥和搜救设施的救助行动等内容。其一，救助设施选择，应急联合搜救任务计划人员应掌握救助设施在救助和运输幸存者方面的能力和限制，如有可能最好选择一种既能搜寻又能救助幸存者的设施。其二，医疗援助计划，包括医疗援助的组织和承担单位以及医疗救助的方式和指令等。（1）国际电信联盟（ITU）无线电测定和特种业务电台一览表列出了向船舶免费提供医疗（MEDICO）信息服务的商业和政府无线电台，请求医疗救助的信息通常只发给那些已由国家主管机关或有关通信部门指定的医院或其他部门。（2）国际移动卫星组织为医疗咨询和援助提供专门的业务路径码（SAC）。[①]（3）国际上有些商业公司能给海上船舶提供预约医疗建议服务或按次付费医疗建议服务，其中最著名的医疗建议服务机构是总部设在意大利罗马的中央国际无线电医疗服务中心（CIRM），该中心24小时有值班医生通过无线电为全世界船舶提供免费医疗服务。[②] 其三，供给品和救生设备空投计划。其四，幸存者转运交接计划。为此，海上应急联合搜救中心应选择一个安全的交接地点和转运方式。安全交接点的选择应考虑与遇险现场的距离和接受幸存者的适宜性。在一般情况下，选择救助设施可达到的最近地点作为安全交接点。对造成大量人员伤亡的重特大海上遇险事故，应建立一个临时的安全交接点作为转运幸存者的中转场，使其能快速摆脱恶劣环境，最后再转运到紧急医疗中心。为此，现场指挥应向海上应急联合搜救中心提出需要何种类型转运工具的建议，如果所建议的转运工具无法满足，现场指挥应利用现场的资源或要求过往的各国船舶提供帮助。[③]

二、不断增强海上联合搜救应急处置能力

中国与有关国家应建立针对重特大海上突发事件的风险评估、信息研判、预警监测、应急响应、海外派遣、现场协调等完整的联合搜救工作机制与程序，对海上险情实行全过程动态管理，从而在应急联合搜救行动中能够密切配合、衔接连贯、相互补充、有序开展。

第一，做好接警综合评估与通报。其一，海上险情信息核实。有关国

---

① IMO/ICAO, *International Aeronautical and Maritime Search and Rescue Manual (Iamsar Manual)*, Vol. I, Organization and Management, London/Montreal, 1998.

② IMO/ICAO, *International Aeronautical and Maritime Search and Rescue Manual (Iamsar Manual)*, Vol. III, Mobile Facilities, London/Montreal, 1998.

③ 中国海上搜救中心：《国家海上搜救手册》，大连海事大学出版社2011年版，第85—93页。

家海上搜救中心在接到船舶遇险报警后，搜救值班员应立即通过国内和国外各种途径对获取的信息进行核实，判断报警信息的真实性与可靠性。其二，进行海上险情评估和分级。对海上险情信息核实确认后，各国海上搜救中心应根据遇险船舶的种类与性质、伤亡失踪人数、船舶受损情况和所载货物、所在海域气象和海况等资料对险情进行全面科学分析，对险情所造成或可能造成的危害后果进行初步评估，并对照险情等级划分的标准来确定相应的险情等级。在获得险情信息的最初阶段，有关国家的海上搜救中心应将险情定为最高级别以引起有关国家的重视，在随后的阶段可根据具体情况再相应降低险情的级别。其三，及时进行海上险情信息通报。当重特大海损事故发生时，事故责任方应以最快的速度上报和下达有关方，如及时准确通报事故现场情况以及气象、水文等方面的信息，以便让救助方有充分的准备。

第二，要加强海上联合搜救应急现场的统一领导。当海上险情严重程度超出控制后，应迅速根据《1979 年国际海上搜寻救助公约》来确定应急联合搜救主导国。海上事故发生后，遇险设施国籍国、事故发生地国、遇险人员的国籍国都有可能成为搜救责任的主体。因此享有搜救管辖权的各国应在遵守国际公约的前提下充分沟通与协商，在主动承担起各自搜救责任的基础上应尽早明确主导国，以便于调配各国搜救力量，提高众多国家参与搜救合作的效率。但如果主导国搜救力量有限，则应按照事件的关联度、搜救力量的实力顺序迅速移交主导权或是联合组建统一的海上搜救协调中心。

同时由于应急联合搜救力量构成比较复杂，协同配合难度较大，在这种情况下，为避免出现越级指挥与多重指挥现象，缩短信息流程，加快指令传递速度，也为保证现场各方搜救力量的安全，应组成现场临时协调小组具体负责策划、统筹和指挥联合搜救应急行动。因此参与联合搜救行动的各方应首先协商确定一方做统筹指挥以避免现场混乱、意见分歧、无所适从或各自为政情况的发生。现场指挥方可根据不同情况按照以下原则来确定：其一，以遇难船的船籍来确定，这样搜救指挥方会很快查出遇险船舶有关信息，便于组织搜救。其二，以事故发生海域的属地来确定以避免不必要的纠纷。其三，以第一艘到达事故现场的搜救船来确定，这样可满足时间优先与就近就便原则，又可克服当沉船为外国籍或由外国人经营时属人管辖方式之不足：一方面事故船发出求助请求往往基于对请求对象的信任、距离更近、求助更便捷等原因，因此由该被请求方管辖和指挥更便于在搜救过程中合作；另一方面受请求方在搜救过程中对船舶情况已经熟悉，有利于后续打捞和清除工作顺利进行。其四，以出动海上搜救力量最多方来确定。其五，在民用船和专业搜救船同时在场的情况下，应以专业搜救船为主。另外，要给予现场指挥更多的自主权，使其能够灵活处置。海上应急联合搜救时间紧，情况复杂多变，具有不稳定性和不可预测性，指挥时机稍纵即逝。因此必须根据搜救任务进程和现场最新动态进行协调部署，灵活变更相关力量间的指挥权限、内容、方法以及行动样式和步骤。在这种情况下，现场指挥员在不违反有关国际公约和相关国家规定的情况下，可根据海难现场情况及其态势，大胆果断临机决断，把握指挥主动权。

现场指挥权确定后，应急指挥一般应遵循以下原则：其一，获取救助抢险信息要尽可能快速和详尽，与各方保持必要沟通。其二，临危不乱，冷静、合理做出决策。其三，命令下达要及时、简洁、准确，避免延误，且对同一件事情所下达的命令要确保前后一致，避免矛盾和重复，同时要尽可能使用专业术语，避免产生歧义。其四，指挥要科学合理，协调一致，具有可操作性。其五，要确保指挥畅通，可利用现有电话、电视系统以及传真、专线电话、邮件指令等多种方式。其六，在紧急事件时可打破常规进行指挥。①

第三，加强海上应急联合搜救行动协调。其一，在初始联合行动阶段，应采取以下措施：（1）立刻指派搜救任务协调人并通知有关国家的海上搜救中心、机构和设施。（2）与有关国家海岸无线电台保持密切联系，以便迅速获取最新信息并立即进行评估、标绘和决策。（3）请求有关国家船舶采取一切有效手段，保持对失踪或逾期未抵船舶的瞭望。（4）提出应急联合搜救方案建议并通知有关国家搜救力量待命，密切关注事态的发展，做好实施搜救行动的准备。（5）当宣布紧急事件进入遇险阶段后，应通知已待命的有关国家救助力量采取行动，必要时还可发布航行警（通）告。同时与现场保持密切联系，及时跟踪联合搜救行动的进展情况并适时调整行动方案和搜救力量。

其二，在联合搜寻行动阶段，应采取以下措施：（1）在进入联合搜寻区前，应做好所有联合搜寻准备工作，包括建立有关国家海上搜救中心与参加搜寻行动的所有搜寻设施之间的通信。第一个到达现场的搜寻力量应

---

① 阎铁毅：《救捞应急管理》，大连海事大学出版社 2013 年版，第 195 页。

立即向海上搜救联合中心报告现场的情况并采取扩展方式进行搜寻。当其他搜寻力量到达后，现场指挥应选择一个合适的搜寻方式并进行各搜寻分区的分配与调整。(2) 搜寻力量参加搜寻行动时应向海上联合搜救中心报告出动时间、预计抵达时间以及搜寻进展情况和结果，同时海上联合搜救中心应对搜寻行动进行跟踪，并根据对造成海上险情的主要因素和发展趋势以及搜救的有效性等进行分析与评估，及时进行搜寻方案调整和完善，确定应进一步采取的措施。(3) 当搜寻目标发现后，搜寻设施应向幸存者示意表明目标已被发现。如果不能立即实施救助，应向海上联合搜救中心报告。海上联合搜救中心可要求搜寻力量继续留在现场并确定可供航空器、空降救援队和伞降医护人员所使用的位置或供着陆人员所使用的最佳路线，以便指引救助力量驶往遇险现场。

其三，在联合救助行动阶段，当搜寻目标位置发现后应采取以下救助行动：(1) 参加救助行动的力量应向海上联合搜救中心报告出动时间、预计抵达时间和报告现场情况以及救助进展情况和结果。(2) 救助力量应对遇险船舶进行救助，对幸存者进行紧急医疗。(3) 对幸存者向有关国家进行转运移交。

其四，在联合搜救终结阶段，可根据不同情况做出以下几种选择：(1) 终止搜救。有下列情形之一便可终止联合搜救行动：所有可能存在遇险人员的区域均已搜寻；事故遇难者没有任何获救希望；海上联合搜救行动已获得成功或紧急情况已不复存在；海上突发事件的危害已彻底消除或控制，不再有扩展或复发的可能。(2) 暂停搜救。在进一步搜寻已无济于事或受气象、海况、技术等客观条件的限制，致使海上联合搜救行动无法及时进行时，应暂停搜寻行动。但在做出上述决定时应回顾和评估整个事件过程，避免过早终止搜寻工作。如 2014 年在对马航 MH370 失联客机搜寻的过程中，由于大范围联合搜寻效果不理想，需要重新评估搜寻计划方案的正确性、初始位置以及所有搜寻区域漂移因素的肯定性、人员存活的可能性、搜救设施工作的连续性和搜救环境适应性等因素，2016 年 7 月马来西亚、澳大利亚和中国三国共同发布公告，声明如果在当前划定的搜寻区域内未找到客机，在缺乏可以确定飞机具体位置的新的可靠证据的情况下，搜寻行动不会结束，但将在完成 12 万平方千米搜寻面积后中止。据此，2017 年 1 月针对这架飞机的搜寻行动暂停。(3) 重新搜救。有下列情况之一，应考虑重新开始搜救行动：中止或终止联合搜救行动后，发现新的证据表明存在找到幸存人员的可能性；得到进一步的新消息，表明重新开始搜救行动是合理的；搜救目标原已得到控制的安全情况发生恶化，须增加新的力量和采取新的措施。如2018年1月10日马来西亚交通部与美国“海洋无限”勘探公司签署合同，由该公司负责重启马航MH370搜寻工作，以便查出事故的真相。

其五，在后期联合处置阶段，应做好以下工作：（1）善后配合工作。中国参与海上搜救国际合作、全面履行救助义务，不仅包括及时实施救助活动，还包括获救人员遣返以及死亡人员处置等事宜。对此，中国《海上搜救应急预案》规定，外籍人员由公安部门或外交部门负责遣返，外籍死亡人员由外事办负责处置，因此中国与有关国家建立海上搜救善后配合机制有助于中国相关部门更好地处理搜救善后工作。（2）由搜救联合中心提交最终情况报告（SITREP），组织专家做好案例研究，对共性问题要进行提炼与评估，获取重大且有价值的经验教训以便共享和今后有效改进联合搜救系统工作以避免再次出现类似的问题，提高搜救行动的协调性和成功率。（3）做好联合搜救有关文件统计、移交和归档,① 建立中国参与海上搜救国际合作案例库，以便为今后类似搜救提供重要参考。有些国家将所有文件保留几年，然后永久保存那些异常重要、具有重大历史意义或敏感事件的材料，而与需提起法律诉讼有关的文件档案须保留至诉讼结束为止。②

总之，随着世界经济全球化和区域一体化的深入发展，中国应高度重视并积极参与海上搜救国际合作，在真正互信的基础上做到优势互补、相得益彰，通过数据共享机制、通讯沟通机制、技术交流机制、资源整合机制、人员支持机制、应急反应机制和后勤保障机制等不断提高海上搜救国际合作层次和促进合作方式多样化，从而不断提高海上搜救能力和效率及成功率，最大限度地减少人命与财产损失，保护海洋生态环境，筑牢海上安全的最后一道防线。

---

① 中国海上搜救中心：《国家海上搜救手册》，大连海事大学出版社2011年版，第35—109页。

② IMO/ICAO, *International Aeronautical and Maritime Search and Rescue Manual* (*Iamsar Manual*), Vol. II, Mission Co-ordination, London/Montreal, 1998.

结论与展望

随着中国对参与海上搜救国际合作认识的不断加深和实践的日益丰富，在有关国际组织以及国家政府、非政府和社会公益性搜救组织的共同努力下，近年来中国参与海上搜救国际合作呈现频度高、规模大、形式多样化等特点，发展到了新高度，开拓了新模式，延展了新内容。

第一，从参与角色向主导角色转变。过去中国在开展海上搜救国际合作中，无论是合作机制的构建与合作议程的设定，还是应急联合搜救的安排与行动中更多是以参与为主，起主导角色的情况较少，积极性和主动性都明显不足。但近年来随着中国实力与影响力的提高以及中国与国际体系互动关系的增强，中国在海上搜救国际合作中开始从参与角色向扮演一定程度的主导角色转变，表现出更为积极主动和奋发作为的姿态，承担了更多的国际责任。如 2014 年 4 月 23 日在中国青岛附近海域进行了八国海军联合搜救演习，这是中国首次主导的海上联合搜救多边演习。特别是在马航失联飞机的搜救行动中，中国由最初的主要参与力量变为后期的主导力量之一，从 2014 年 5 月起中国与澳大利亚、马来西亚共同主导了后续联合搜救工作，这是中国首次主导的多国应急联合搜救行动，再加之中国动用了天、海、空等搜救力量，这不仅充分展示了中国海上应急搜救感知与反应能力的显著提高，而且展示了中国自身实力与大国责任担当。

第二，从临时合作向常态合作转变。过去中国参与海上搜救国际合作在许多情况下只是临时性安排，有关活动无定期计划，缺乏一定规律性，活动内容与时间随意性较大，并未形成机制化，基本上是一事一议，多少带有临时抱佛脚的色彩，这主要表现在对具体问题的处理及对具体事件的沟通与协调，而且在协调过程中程序较为繁琐，难以及时高效解决海上搜救合作过程中所遇到的实际问题。而近年来中国开展海上搜救国际合作开始逐步超越应对具体事件的阶段，向系统化和有序化合作方向演变，与有关国家开展了更为紧密的海上搜救国际合作，形成了定期、有计划地进行人员交流、召开搜救会议、举办联合搜救演习等惯例。如从 2006 年以来，中日每年都要轮流举行海上搜救联合通信演习；从 2009 年开始中俄每两年举行一次大规模应急联合演习；2017 年 10 月中国—柬埔寨海上紧急救助热线正式开通以及中国—东盟国家海上搜救信息平台上线，中国与南海周边国家信息协调机制建立起来，有助于随时进行有效沟通。

第三，从周边搜救合作向中远海搜救合作转变。过去在海上搜救国际合作中，中国更多是以周边国家为主要合作对象，即使是区域合作也主要是以东北亚和南海沿岸国家为主，如在东北亚中国与邻国开展海上联合搜救演习较为频繁。但近年来随着经济全球化与区域一体化的发展以及中国在海外利益的延伸，中国开始重视中远海搜救国际合作，如与欧美及澳大利亚等国家开展的海上联合搜救演习日益增多，尤其是在印度洋搜救合作取得很大进展。如在 2014 年马航事件中，中国搜救力量从南海、经马六甲海峡一直延伸到南印度洋，与有关国家开展了良好的合作。另外，在全球海上搜救国际合作中，中国还积极参与、推动国际海事组织主导下的各种搜救合作，积极支持国际海事组织在全球海上搜救合作中的领导作用，同时还与国际海上人命救助联盟等其他相关海上搜救国际机构建立了良好的合作关系，这对促进海上搜救全球合作起到了很好的示范效应。

第四，从不平衡合作向均衡化合作转变。过去中国参与海上搜救国际合作具有不均衡性：一方面从区域合作来看，中国参与东北亚海上搜救国际合作要好于南海地区搜救合作，如在东北亚海上联合搜救演习已常态化，而在南海地区中国只与个别国家间有联合搜救演习；再如从 1996 年开始中、日、韩、俄四国海上搜救部门每年都要举行海上搜救合作操作级别会议，而在南海地区却没有类似的搜救合作会议。另一方面从国别合作来看，中国与个别国家海上搜救合作互动频繁，如中俄、中韩海上搜救合作形式较多、规模较大、水平较高、效果较好，而相对来说，中美、中朝间的海上搜救合作形式就显得较为单一。而在南海搜救合作的范围有时仅限于个别国家的个别地区，如中越在北部湾搜救合作水平明显高于中越在其他地区的合作水平。而近年来中国参与海上搜救国际合作则开始向均衡化方向发展，如为推进中国与东盟国家海空搜救协调与合作，每两年要召开一次中国—东盟国家海上搜救协调合作机制全体会议，根据客观实际需要开展海上搜救专题磋商。同时中国与南海周边国家海上搜救联合演习也明显增多，并从纸上谈兵的桌面推演发展到实船演练，如 2016 年中国与东盟国家首次进行了海上联合搜救沙盘推演，在此基础上，2017 年中国与东盟国家进行了多边实船联合演习。另外从国别来看，近年来中国在保持中俄、中韩海上搜救合作良好势头的基础上，中美、中日以及中国与南海周边的越南、泰国、印尼、菲律宾、马来西亚等主要国家双边搜救合作也取得很大进展，开展了形式多样的搜救合作，如2015年11月中国与印尼首次举行了海上联合搜救沙盘演习。

第五，从单一性合作向多元化合作转变。过去中国开展海上搜救国际合作主要是以双边合作层次为主，人员以专业队伍为主、类型以人命搜救为主，形式单一，维度单向，但近年来中国开展海上搜救国际合作呈现层次多样化、人员多力量化、类型复合化、形式多元化、维度全方位化的发展趋势。其一，合作层次多样化，涵盖从国际海事组织框架机制到双边机制的各个层次，包括国际海事组织全球框架合作机制、区域合作机制（东北亚合作机制与南海合作机制）、四边合作机制（中日韩俄四国合作机制）、三边机制（中日韩三国合作机制）和双边合作机制（国家政府之间以及地方政府之间合作）。其二，合作队伍多力量化，包括专业搜救力量合作、军队力量搜救合作以及社会与民间力量搜救合作。其三，合作类型复合化，包括人命搜救合作、财产搜救合作、环境搜救合作等多类型合作。其四，合作方式多元化，如协商对话、缔结协议、参观互访、联合演习、开展学术交流以及技术与装备研发等。其五，合作维度全方位化，无论是日常搜救交流合作的密度和搜救机制合作的广度，还是搜救资源共享的宽度和搜救行动合作的深度等都呈现全方位发展。

第六，从利用相关机制合作向利用专门机制合作转变。过去中国参与海上搜救国际合作机制基本上是以其他相关机制为依托，通过合作功能的延伸与合作内容的更新来达到合作的目的，如利用东盟海事论坛及东盟海事论坛扩大会议、中国—东盟海事磋商机制等。但近年来为促成海上搜救合作机制高效运转，中国开始利用或建立专门的以搜救为导向的机制开展合作，如中日韩俄四国海上搜救操作级别会议、中韩海上搜救事务级会谈、在上海设立的国际海上人命救助联盟亚太中心以及中国自己设立的中国国际救捞论坛等，这有利于更好地找到中国与有关国家开展海上搜救国际合作的利益汇合点。

总之，近年来中国参与海上搜救国际合作取得了很大进展，在此基础上展望未来，中国为了更好地全面参与海上搜救国际合作应注意以下几个问题：

第一，正确处理中国参与海上搜救国际合作与中国外交总体战略的关系。中国参与海上搜救国际合作是一项综合性的系统工程，它不仅仅是为了安全生产，而是要把它提到国家海上非传统安全战略的高度。因此要结合世界上搜救合作的发展趋势以及中国搜救合作发展的实际，把中国参与海上搜救国际合作纳入到中国大外交总体战略中，作为新时期加强中外友好关系的一个切入点和着力点，找准定位，有效发挥其“润滑剂”和“外溢”作用，丰富中国外交“工具箱”。为此，一方面，在完善中国海上搜救管理部门接受与提供国际应急救助以及搜救协调等相关职能的基础上，建立或指定专门管理机构负责开展海外搜救合作的战略规划、统筹协调、项目管理、信息收集研判、应急搜救队伍派遣、搜救区域划分谈判等工作，不断夯实应对重特大海上突发事件国际合作的组织基础。另一方面，要制订应对国外、重特大海上突发事件的国家专项应急预案，既要帮助解决当事国的实际困难，体现国际道义，又要量力而为，体现对外救助的针对性、连续性与灵活性，努力打造海上搜救合作示范与标杆工程，促进海上搜救能够在更大范围、更广领域、更高层次上进行全面合作。

第二，正确处理中国参与海上搜救国际合作与维护国家主权的关系。中国参与海上搜救国际合作可能导致的一个问题就是对国家主权造成一定影响或有所限制，如跨境应急搜救等，但过分强调对于领海主权的保护会损害搜救合作的效率，而效率是搜救工作的生命线。因此中国与其他沿海国都应建立高效便捷的审批制度，尽量简化审批程序，以便实现提高搜救效率与保护领海主权最大效益的平衡。其实在世界政治经济愈发趋向全球化与一体化的今天，传统的国家主权概念早已受到了一定的挑战。为应对日益增多的全球性公共安全问题，全球治理体系正在建立，为了保护人类共同的利益促使国家对主权进行一定程度或某些方面自我约束，甚至让渡部分主权已成为更高层次上维护国家主权的现实办法。从这个意义上来说，中国参与海上搜救国际合作即使对国家主权有所制约也是可以理解与接受的，但问题关键在于如何在这个过程中更好地维护国家的利益。国家利益永远是衡量国家主权受限的现实尺度，接受主权受限应以维护和加强本国的国家利益为出发点和着眼点，注重现实利益与长远利益相结合，争取国家利益最大化。早在1979年4月汉堡召开的国际海上搜救会议上中国代表团就提出援助和尊重主权必须兼顾。① 因此，中国参与海上搜救国际合作既不能因为其对国家主权产生影响而排斥，也不能在参与的过程中丢失自身的国家利益，而应科学制定面向国际化的海上搜救国家发展战略，并在其指导下应对海上搜救国际化的发展趋势。

第三，正确处理中国参与海上搜救国际合作人道主义与政治军事因素

① 沈肇圻：《〈1979年国际海上搜寻救助公约〉的诞生》，《中国船检》2017年第10期，第100页。

关系。海上搜救国际合作是一项系统工程，特别是在应急联合搜救行动中涉及面广，往往牵涉各种政治和军事因素，并不仅仅有人道主义那么简单。如2014年马航MH370航班失联后，参与联合搜救的国家多达26个。如此大规模的联合搜救行动既涉及多国公海及各相关国家内海的事务，又涉及多国领空主权及空中管制的事务，在政治、军事、外交、安全等多个领域，以及在体制、机制、管理、技术、理念等多个层面，反映了一个国家对涉及人类生命与国际安全的重大事务的处理上是否能够真正秉承高度负责任的国家理念、人权实质、人文关系和人道精神。[①] 因此有学者指出："这种搜寻的力度，虽然是基于人道主义的考虑，但也有超出人道主义救援之外的考虑。"[②] 尽管在搜救过程中各方有所配合，但仍有不少政治和军事因素掺杂于其中，从而影响搜救效率。因此，在海上应急联合搜救行动中应把人道主义放在首位，有关政治与军事因素应为搜救服务，如中国同俄罗斯军演时进行联合搜救演习就是在海上搜救合作主题下进行的军事交流与合作，有助于提高海上应急联合搜救能力。

第四，正确处理中国参与海上搜救国际合作历史经验与借鉴国外有益做法的关系。要系统总结近年来中国参与海上搜救国际合作的经验与特点，同时还要充分借鉴其他国家和地区的有益做法，如黑海、地中海、波罗的海、北极等地区开展区域海上搜救合作的经验以及美国等发达国家开展双边合作的先进理念与做法，并参照国际海事组织、国际海上人命救助联盟等全球性有关海上搜救国际机构的规定，研究制定中国参与海上搜救国际合作中长期发展战略规划，尽快完善相关法规，统筹建立国内和国际重特大海上突发事件专项财政资金，加强与其他国际组织、非政府组织海上搜救管理合作，特别是要努力拓展与发展中国家在海上搜救管理领域的合作方式与内容，对此，张德江曾明确指出，中国要支持发展中国家，根据其实际需要和现有条件，在经济、技术、人力资源等方面加大援助力度，促进海上救助事业协调发展，[③] 积极开展全方位、多渠道的国际交流与合作。

第五，正确处理中国参与海上搜救国际合作间接参与与直接参与的关系。实际上，中国参与海上搜救国际合作的手段与方式多种多样，既可以

---

① 周健：《我国海外军事行动立法研究》，《时代法学》2014年第4期，第15页。

② 孔大为：《搜救行动体现国家责任》，《人民公安》2014年第8期，第35页。

③ 张德江：《加强国际应急救助合作，保障海上人命安全》，《中国应急管理》2011年第9期，第6页。

采用直接参与的方式，也可以采用间接参与的方式。从直接参与来看，可直接派出搜救队伍和设施直接参与海上应急联合搜救行动。从间接参与来看，可通过海上遇险报警信息的转接及传递等方式间接为海上联合搜救行动提供服务。

第六，正确处理中国参与海上搜救国际合作应急处置与全过程管理关系。一方面，要强化中国参与海上联合搜救应急处置行动，为此就要加快研究在紧急情况下开展联合搜救的原则、方式、途径、程序、保障手段、权利和义务以及应急处置信息沟通等内容，开展区域重、特大突发事件应急处置演练，以提升海上应急联合搜救的实际效果。另一方面，要加强中国参与海上搜救国际合作的全过程管理，海上联合搜救不仅仅是应急合作，而是一个全方位的过程管理，如事前的预防与善后的处理等，如果事前预防不足就会导致事后仓促应对，如在2014年马航客机失联事件中有关国家的应对就比较仓促，这表明事前预防不足。因此，中国需建立一套完整的应对海上危机事前、事中、事后联合处理的长效机制，不断加强与其他各国间的日常联系和国际应急搜救准备与善后制度：一方面，从平时日常合作来看，如开展海上搜救人员与舰艇互访及演习活动、举办搜救联合培训班和研讨会、进行搜救装备和技术研发、交流搜救信息、资料和经验等；另一方面，从善后处理合作来看，如组织伤员医疗救治、获救人员和死亡遗体交接以及联合搜救工作经验和教训总结评估、存档等，全面提高海上搜救协同能力。

第七，正确处理中国参与海上搜救国际合作援助国与受援国的关系。中国在参与海上搜救国际合作过程中，既有可能是援助国，也有可能是受援国，但无论是作为援助国还是受援国都应注意以下两点：一方面，援助国应遵循人道、及时、平等原则，对受援国进行国际主义救助。为此就必须尊重受援国的国家主权与领土完整，不干涉内政，关心、同情受灾国家的人员，维护其尊严，特别是要充分尊重受伤受困人员的生命权。救助应当是及时和雪中送炭式的，而不应是滞后和过多保留的。受援国应与援助国享有同等的话语权，在充分沟通的基础上，按照实际需要进行恰当救助。另一方面，受援国应遵循自救、诚信、感恩原则，在海上重、特大险情发生时，首先应及时有效自我救助，以免耽误救助最佳时机。同时对援助国要以诚相待，不弄虚作假和遮掩事实。海上搜救往往要花费援助国的大量成本，受援国应积极配合并怀感恩之心，对援助国的无私帮助应表示真诚感谢。[①]

总之，在当前海洋强国与“21 世纪海上丝绸之路”建设的过程中，中国参与海上搜救国际合作具有重大意义。“潮平两岸阔，风正一帆悬”。我们坚信中国作为一支国际上重要的搜救力量，主动、积极、全方位与有关国家在海上搜救领域开展务实、有效合作，共绘“航行更安全、海洋更清洁”美好篇章，一定能为国际海运安全提供强有力的保障，共促世界经济贸易繁荣发展和人类社会和谐稳定！

① 何章银：《中国救灾外交研究》，华中师范大学博士学位论文，2014 年，第 137—140 页。

附　录

《1979 年国际海上搜寻救助公约》

本公约各缔约方：

注意到若干国际公约十分重视对海上遇险人员的施救和每一沿海国家为海岸值守及搜救服务做出适当及有效的安排，考虑到 1960 年国际海上人命安全会议通过的第 40 号建议，该建议认识到在若干政府间组织中对海上及海空安全进行协作活动的需要，期望通过制定适应海运中救助海上遇险人员需要的国际海上搜寻救助规划来发展和促进这些活动，希望增进全世界搜寻救助组织间和参加海上搜寻救助活动者之间的合作，

经协议如下：

第一条　公约的一般义务

各缔约方保证采取一切必要的立法或其它相应的措施，以全部实施本公约及其附件，该附件是本公约的组成部分。除另有明文规定外，凡引用本公约即同时构成引用其附件。

第二条　其它条约及解释

一、本公约的任何规定，不得损害根据联合国大会（XXV）第 2750 号决议召开的联合国海洋法会议对海洋法的编纂和发展，也不得损害任何国家目前和今后就海洋法以及沿海国和船旗国的管辖权的性质和范围所提出的要求和法律上的意见。

二、本公约的任何条款不得解释为与其它国际文件中所规定的船舶义务或权利相抵触。

第三条　修正案

一、本公约可按以下第二款和第三款所规定的任一程序予以修正。

二、在政府间海事协商组织（以下简称本组织）内审议后的修正：

1. 一缔约方提议并送交本组织秘书长（以下简称秘书长）的任何修正

案或秘书长因国际民用航空公约附件 12 的相应条款修正的结果认为必要的任何修正案，应在本组织海上安全委员会审议以前至少六个月通知本组织所有会员及所有缔约方。

2. 缔约方，不论其是否为本组织会员，均有权参加海上安全委员会的审议和通过修正案的活动。

3. 修正案应由出席海上安全委员会并投票的缔约方 2/3 多数通过，但在通过时，至少应有 1/3 的缔约方出席。

4. 按照第 3 项通过的修正案应由秘书长通知所有缔约方，以供接受。

5. 对本公约某一条或附件第 2. 1. 4、2. 1. 5、2. 1. 7、2. 1. 10、3. 1. 2 或 3. 1. 3 款的每一项修正案，应在秘书长收到 2/3 缔约方的接受文件之日起视为已被接受。

6. 对附件第 2. 1. 4、2. 1. 5、2. 1. 7、2. 1. 10、3. 1. 2 或 3. 1. 3 款以外的每一项修正案，应在通知缔约方以供接受之日起一年后视为已被接受。但在此一年内，如有 1/3 以上的缔约方通知秘书长反对该项修正案，则此修正案应视为未被接受。

7. 本公约某一条或附件第 2. 1. 4、2. 1. 5、2. 1. 7、2. 1. 10、3. 1. 2 或 3. 1. 3 款的每一项修正案：

（1）对接受此修正案的缔约方自修正案视为已被接受之日起六个月后生效；

（2）对已符合第 5 项所述条件之后而在修正案生效前接受此项修正案的缔约方，自修正案生效之日起生效；

（3）对在修正案生效之日后接受此项修正案的缔约方，自接受文件交存之日起 30 天后生效。

8. 对附件第 2. 1. 4、2. 1. 5、2. 1. 7、2. 1. 10、3. 1. 2 或 3. 1. 3 款以外的每一项修正案，自其视为已被接受之日起六个月后对所有缔约方生效，然而根据第 6 项曾反对此项修正案而又未撤销其反对意见的缔约方除外。但在确定生效之日前，任何缔约方可以通知秘书长，在此项修正案生效之日起不长于一年的时间内，或者在海上安全委员会通过此项修正案时，经到会并投票的缔约方 2/3 多数确定的更长时间内，对其免予执行。

三、会议修正：

1. 应一缔约方的请求，并至少有 1/3 缔约方的同意，本组织应召开缔约方会议以审议本公约的修正案。所提出的修正案，应由秘书长在会议审议前至少六个月通知所有缔约方。

2. 修正案应由出席本会议并投票的缔约方 2/3 多数通过，但在通过时，至少应有 1/3 的缔约方出席。其所通过的修正案，应由秘书长通知所有缔约方，以供接受。

3. 除会议另有决定外，修正案应分别按照第二款 5、6、7 和 8 项的规定视为已被接受和生效，但应将第二款 8 项中所指的按照第二款 2 项扩大的海上安全委员会看作是指本会议。

四、对于修正案的接受或反对的任何声明，或根据第二款 8 项所提出的任何通知，均应书面提交秘书长，秘书长应将任何此类文件及其收到日期通知所有缔约方。

五、秘书长应将任何生效的修正案连同每项修正案的生效日期通知各国。

第四条　签署、批准、接受、核准和加入

一、本公约自 1979 年 11 月 1 日至 1980 年 10 月 31 日在本组织总部开放供签署，此后继续开放供加入，各国可按下列方式成为本公约的缔约方：

1. 签署并对批准、接受或核准无保留；或

2. 签署而有待批准、接受或核准，随后再予批准、接受或核准；或

3. 加入。

二、批准、接受、核准或加入，应向秘书长交存一份相应的文件。

三、秘书长应将任何签署，或批准、接受、核准或加入的任何文件的交存及其交存日期通知各国。

第五条　生效

一、本公约应在 15 个国家按第四条规定成为缔约方之日后满 12 个月生效。

二、对已达到第一款所述条件，而在公约生效前按第四条规定批准、接受、核准或加入本公约的国家，应自本公约生效之日起生效。

三、对在本公约生效之日后批准、接受、核准或加入本公约的国家，应自其按第四条规定交存文件之日后满 30 天生效。

四、在本公约的修正案，按第三条规定生效之日后交存的批准、接受、核准或加入的任何文件，应适用于已修正的公约，已修正的公约应自文件交存之日后满 30 天对交存此文件的国家生效。

五、秘书长应将本公约的生效日期通知各国。

第六条　退出

一、任何缔约方，在本公约对其生效满五年后，可随时退出本公约。

二、退出应向秘书长交存一份退出文件。秘书长应将收到的任何退出文件和收到日期以及退出的生效日期通知各国。

三、退出应在秘书长收到退出文件一年后，或该文件中所载的较此为长的期限届满后生效。

第七条　保存和登记

一、本公约应交秘书长保存，秘书长应将核证无误的本公约副本分送各国。

二、本公约一经生效，秘书长应即按照联合国宪章第一百零二条的规定，将其文本送联合国秘书长登记并公布。

第八条　文字

本公约正本一份，用中文、英文、法文、俄文和西班牙文写成，各种文本具有同等效力。另备有阿拉伯文、德文和意大利文的正式译本，与签署的正本一并存放。

本公约于1979年4月27日订于汉堡。

具名于下的经各自政府正式授权的代表特签署本公约，以昭信守。

附件：《1979年国际海上搜寻救助公约》（大会通过的文本）

第一章　名词和定义

1.1 本附件中使用“须”字时，说明为海上人命安全起见，要求所有缔约方一致应用这一条款。

1.2 本附件中使用“应”字时，说明为海上人命安全起见，建议所有缔约方一致应用这一条款。

1.3 本附件中所使用的下列名词，其含义如下：

1. 搜救区域：在规定的范围内提供搜救服务的区域。

2. 救助协调中心：在搜救区域内负责推动各种搜救服务有效组织的和协调搜救工作指挥的单位。

3. 救助分中心：在搜救区域的特定地区内为辅助救助协调中心而设置的隶属于该中心的单位。

4. 海岸值守单位：指定为对沿海地区船舶安全保持值守的固定或流动的陆上单位。

5. 救助单位：由受过训练的人员组成并配有适于迅速执行搜救工作设备的船舶（或航空器）。

6. 现场指挥：指定在特定搜寻区域内对搜救工作进行协调的救助单位的指挥人。

7. 海面搜寻协调船：指定在特定搜寻区域内对海面搜救工作进行协调的非救助单位。

8. 紧急阶段：根据具体情况而指的不明、告警或遇险阶段的统称。

9. 不明阶段：对船舶及船上人员的安全处于不明的情况。

10. 戒备阶段：对船舶及船上人员的安全产生令人忧虑的情况。

11. 遇险阶段：有理由确信船舶或人员有严重和紧急危险而需要立即救援的情况。

12. 迫降：系指航空器被迫在水上降落。

第二章　组织

2.1 对提供和协调搜寻救助服务的安排

2.1.1 各缔约方须保证为在其海岸附近的海上遇险人员提供适当搜救服务做出必要的安排。

2.1.2 各缔约方须向秘书长提供有关他们的搜救组织及以后重要变动的情况，包括：

1. 全国性的海上搜救服务部门；

2. 已建立的救助协调中心的地点，它们的电话及电传号码和所负责的区域；

3. 由它们指挥的主要救助单位。

2.1.3 秘书长须用适当的方式将第2.1.2条中所述的情况转达给各缔约方。

2.1.4 每一搜救区域都须通过有关缔约方之间的协议来建立，并须将此项协议通知秘书长。

2.1.5 如有关缔约方在搜救区域的具体范围上不能达成协议时，这些缔约方须尽他们的最大努力在该区域内提供搜救服务的等效全面协调的相应安排上达成协议。此项安排须通知秘书长。

2.1.6 秘书长须将第 2.1.4 和 2.1.5 条中所述的协议或安排通知所有缔约方。

2.1.7 搜救区域的划分不涉及并不得损害国家之间边界的划分。

2.1.8 各缔约方应使其搜救服务能对遇险呼叫迅速做出反应。

2.1.9 当缔约方收到在其提供搜救工作的全面协调的区域内的海上有人遇险的情报时，该缔约方的负责当局须采取紧急步骤提供可取得的最适当的救援。

2.1.10 各缔约方须保证对任何海上遇险人员提供救援。提供救援须不考虑这种人员的国籍或身份，或者遇险人员所处的情况。

2.2 搜寻救助设施的协调

2.2.1 各缔约方须为其海岸附近提供搜救服务所需设施的协调做好准备。

2.2.2 各缔约方须为搜救服务的全面协调建立一个全国性的机构。

2.3 救助协调中心和救助分中心的建立

2.3.1 各缔约方须为其搜救服务建立救助协调中心和其认为适当的救助分中心，以符合第 2.2.1 和 2.2.2 条的要求。

2.3.2 每一缔约方的主管当局都须确定救助分中心所负责的区域。

2.3.3 根据第 2.3.1 条建立的每一救助协调中心和救助分中心都须有通过海岸无线电台或其他方面接收遇险通信的适当设施。每一个此种中心和分中心还须有与其救助单位和根据情况与其毗连区的救助协调中心或救助分中心通信的适当设施。

2.4 救助单位的指定

2.4.1 各缔约方须：

1. 指定地点和设备都合适的国家或其他相应的公私服务机构或其所属部分作为救助单位；或

2. 指定不适于指派为救助单位但能参加救助工作的国家或其他相应的公私服务机构或其所属部分作为搜救组织的组成部分，并规定其职责。

2.5 救助单位的设施和设备

2.5.1 每一救助单位都须配置与其任务相适应的设施和设备。

2.5.2 每一救助单位都应有与从事同一工作的其他单位或组成部分之

间的迅速而可靠的通信设施。

2.5.3 投向幸存人员装有救生设备的容器或包裹应有以 2.5.4 条规定的颜色标记和印刷说明及通用的一目了然的符号说明其内容的一般性质。

2.5.4 装有救生设备可投掷的容器和包裹的内容的颜色标记，应采用下述彩带方式表示：

1. 红色——医疗用品及急救设备；
2. 蓝色——食物及水；
3. 黄色——毛毯及防护衣服；
4. 黑色——杂项用品，如炉子、斧子、罗经和炊具。

2.5.5 用同一个容器或包裹投掷装有多种性质的用品时，应同时使用各种颜色标记。

2.5.6 救生设备的使用说明应装在每个可投掷的容器或包裹内。使用说明应用英文和至少其他两种文字印刷。

第三章　合作

3.1 国家之间的合作

3.1.1 各缔约方须协调其搜救组织，在必要时其搜救工作应与邻近国家相配合。

3.1.2 除有关国家之间另有协议外，缔约方在其适用的国家法律、规章制度的约束下，应批准其他缔约方的救助单位只是为了搜寻发生海难的地点和救助该海难中遇险人员的目的，立即进入或越过其领海或领土。在这种情况下，只要可行、搜救工作须由批准进入的缔约方的相应的救助协调中心或该缔约方指定的其他当局加以协调。

3.1.3 除有关国家之间另有协议外，缔约方的当局只是为了搜寻发生海难的地点和救助该海难中遇险人员的目的，希望其救助单位进入或越过另一缔约方领海或领土者，须向该另一缔约方的救助协调中心或经该缔约方指定的其他当局发出请求，详细说明所计划的任务及其必要性。

3.1.4 缔约方的主管当局

1. 须立即告知已收到此项请求；
2. 如对执行其计划任务有条件，须尽快说明。

3.1.5 各缔约方应与邻近的国家签订协议，载明救助单位相互进入或越过其本国领海或领土的条件。这些协议还应规定以最简化的手续使该救助单位迅速进入。

3.1.6 每一缔约方都应授权其救助协调中心：

1. 向其他救助协调中心请求协助，包括可能需要的船舶、航空器、人员或设备；

2. 对于此类船舶、航空器、人员或设备进入或越过其领海或领土给予必要的批准；

3. 为加快此项进入，与相应的海关、移民或其他当局做出必要的安排。

3.1.7 每一缔约方都应授权其救助协调中心在遇有请求时，向其他救助协调中心提供协助，包括船舶、航空器、人员或设备等方式的协助。

3.1.8 各缔约方应与邻近国家就合办设施、建立共同程序、进行联合训练及演习、定期检查国家间的通信电路、救助协调中心人员的联络性访问和交换有关搜救情报等事项签订搜救方面的协议。

3.2 与航空服务的协调

3.2.1 各缔约方须保证海上服务与航空服务间最密切可行的协调，以便在其搜救区域内或该区域的上空，提供最有力和有效的搜救服务。

3.2.2 每一缔约方在切实可行时都应建立联合的救助协调中心及救助分中心，为海上及航空两方面服务。

3.2.3 当建立单独的海上和航空救助协调中心或救助分中心为同一区域服务时，有关缔约方须保证各中心或各分中心之间最密切可行的协作。

3.2.4 各缔约方须保证为海上服务及为航空服务而建立的救助单位尽可能使用共同程序。

第四章　准备措施

4.1 对情报的要求

4.1.1 每一救助协调中心及救助分中心都须备有在其区域内有关搜救工作的最新资料，其中包括下列几个方面：

1. 救助单位和海岸值守单位；

2. 对搜救可能有用的任何其他公私物资，包括运输设备和燃料供应；

3. 在搜救工作中可使用的通信工具；

4. 运输代理行、领事当局、国际组织和可能协助取得有关船舶重要情报的其他机构的名称、电报及电传挂号、电话及电传号码；

5. 可能用于搜救工作的一切无线电台的位置、呼号或海上移动业务识别号、值班时间和频率；

6. 为搜救区域发布气象预报及警报的所有海岸无线电台的位置、呼号或海上移动业务识别号、值班时间和频率；

7. 保有无线电值班和守听频率的服务站点的位置和值班时间；

8. 可能被误认为未找到或未报告的残骸的物体；

9. 存放可投掷的应急救生设备物资的地点。

4.1.2 每一救助协调中心及救助分中心都应能迅速得到关于在其区域内可能向海上遇险船舶或遇险人员提供援助的船舶的位置、航向、航速及呼号或船舶电台识别号等方面的情报。这种情报须保存在救助协调中心或必要时能迅速取得。

4.1.3 每一救助协调中心及救助分中心为了显示和标绘在其区域内有关搜救工作的情况，都须备有大比例尺地图。

4.2 工作计划或指示

4.2.1 每一救助协调中心及救助分中心都须做出或提供在其区域内进行搜救活动的详细计划或指示。

4.2.2 计划或指示须尽可能对用于搜救工作的，包括其他国家提供的船舶、航空器及车辆的维修和加油做出安排。

4.2.3 计划或指示内应有关于在本区域中从事搜救工作所采取的各种行动的详细情况，包括：

1. 进行搜救工作的方式；

2. 现有的通信系统及设备的使用；

3. 根据情况与其他救助协调中心或救助分中心联合采取的行动；

4. 向海上船舶和在航路上的航空器告警的方法；

5. 被指派为搜救工作人员的职责和权限；

6. 因气象或其他情况需对设备可能进行的重新部署；

7. 取得有关搜救活动的重要情报（如相应的航行通告、气象及海况报告和预报）的方法；

8. 根据情况从其他救助协调中心或救助分中心取得可能需要的协助，包括船舶、航空器及人员或设备的方法；

9. 帮助赴援船舶或其他船舶到约定地点与遇险船舶会合的方法；

10. 帮助迫降的遇险航空器到约定地点与水面船艇会合的方法。

4.3 救助单位的准备程序

4.3.1 每一被指定的救助单位都须保持处于与其任务相适应的准备状态，并应使相应的救助协调中心或救助分中心随时了解其准备情况。

第五章 工作程序

5.1 关于紧急情况的情报

5.1.1 各缔约方须保证在国际遇险频率上连续保持认为可行和必要的无线电值守。收到任何遇险呼叫或电信的海岸无线电台须：

1. 立即通知适当的救助协调中心或救助分中心；

2. 在一个或几个国际遇险频率上或任何其他适当的频率上根据需要予以重播以通知船舶；

3. 在进行这种重播以前，如果没有发自动报警信号，则先发适当的自动报警信号；

4. 采取主管当局决定的下一步行动。

5.1.2 任何当局或搜救组织的组成部分，确信某一船舶处于紧急状态时，应尽快将一切现有的情报传达给有关的救助协调中心或救助分中心。

5.1.3 救助协调中心或救助分中心收到船舶处于紧急状态的情报，须立即对其加以估量，依照第5.2条确定其紧急的阶段和所需的工作。

5.2 紧急阶段

5.2.1 为便于工作起见，须对下列紧急阶段加以区分：

1. “不明阶段”：

1.1 据报船舶过期未抵达其目的港时，或

1.2 船舶不能做出预期的船位报告或安全报告时。

2. “告警阶段”：

2.1 在不明阶段之后，试图与船舶建立联系失败和向其他有关方面的查询未成功时，或

2.2 得到情报，说明船舶操纵能力受到损害，但尚未达到可能遇险的程度时。

3. “遇险阶段”：

3.1 得到可靠情报，船舶或人员处于严重和逼近的危险中并需要立即救援时，或

3.2 在告警阶段之后，当试图与船舶建立联系和作更广泛的调查未成功，说明船舶有遇险的可能性时，或

3.3 当得到情报，说明船舶的操纵能力已受损害至可能遇险的程度时。

5.3 在紧急阶段中救助协调中心和救助分中心的工作程序

5.3.1 一经宣布不明阶段，须酌情由救助协调中心或救助分中心着手

调查，以便确定船舶安全或者宣布告警阶段。

5.3.2 一经宣布告警阶段，须酌情由救助协调中心或救助分中心扩大对失踪船舶的调查，向适当的搜救服务部门告警，并着手第 5.3.3 节中所述的、根据具体情况所需要的行动。

5.3.3 一经宣布遇险阶段，须酌情由救助协调中心或救助分中心：

1. 依照第 4.2 条所述的安排开始行动；

2. 适时地估计船位不明的程度，并确定所要搜寻的任何区域范围；

3. 如有可能，通知船东或其代理人，并使其了解事态发展的情况；

4. 通知可能需要其协助的或可能与工作有关的其他救助协调中心或救助分中心；

5. 考虑到在海洋区域内的大多数遇险情况中，附近的其他船舶对搜救工作是重要的因素，及早向未列入搜救组织之内的航空器、船舶或服务部门请求可取得的帮助；

6. 根据现有的情报，拟订概括的工作实施计划，并将该计划通知按第 5.7 和 5.8 条内所指定的负责方面，以给予指导；

7. 根据情况对第 5.3.3.6 条内已做出的指导做必要的修改；

8. 通知有关的领事或外交当局，如果该事件涉及难民或被迫离开原居住国者则通知主管的国际组织的办事处；

9. 通知相应的事故调查当局；

10. 在不再需要其援助时，根据情况与第 5.7 或 5.8 条所指定的负责方面商议，通知第 5.3.3.5 条中所述的任何航空器、船舶或其他服务部门。

5.3.4 对位置不明的船舶开始搜救工作

5.3.4.1 一经宣布位置不明的船舶进入紧急阶段，则：

1. 当救助协调中心或救助分中心获悉有船舶进入紧急阶段而又不了解其他中心是否采取相应行动时，它须负责开始采取适当的行动并与邻近的中心商议，以期指定某一个中心立即负起责任；

2. 除非有关中心共同协商另有决定外，须按照船舶最后报告的位置，指定其所在区域的负责中心为中心；

3. 在宣布进入遇险阶段后，必要时，协调搜救工作的中心须将一切紧急状态及一切以后的发展情况，通知其他适当的中心。

5.3.5 向已被宣布进入紧急阶段的船舶传达情报

5.3.5.1 只要可行，负责搜救工作的救助协调中心或救助分中心须将其开始进行搜救工作的情报传达给已被宣布进入紧急阶段的船舶。

5.4 涉及两个或几个缔约方的协调

5.4.1 在整个搜救区域内所进行的工作由一个以上的缔约方负责，而该区域的救助协调中心又提出请求时，每一缔约方都须按照第4.2条所述的工作计划或指示，采取相应的行动。

5.5 搜救工作的结束和中止

5.5.1 不明阶段和告警阶段

5.5.1.1 当处在不明阶段或告警阶段中，相应的救助协调中心或救助分中心得到紧急状态已不存在的情报时，须将此情报通知它已令其行动或已通知过的任何当局、单位或服务部门。

5.5.2 遇险阶段

1. 当处在遇险阶段中，相应的救助协调中心或救助分中心从遇险船舶或其他适当的渠道获悉紧急状态已不存在时，须采取必要的行动结束搜救工作，并通知它已令其行动或已通知过的任何当局、单位或服务部门。

2. 如处在遇险阶段中，经确定不应继续进行搜寻时，相应的救助协调中心或救助分中心须中止搜救工作，并将此情况通知已令其行动或已通知过的任何当局、单位或服务部门。对以后收到的情报应加以估量，并须在根据该情报认为有必要时恢复搜救工作。

3. 如处在遇险阶段中，经确定进一步搜寻不会有效时，相应的救助协调中心或救助分中心须结束搜救工作，并将此情报通知已令其行动或已通知过的任何当局、单位或服务部门。

5.6 搜救活动的现场协调

5.6.1 从事搜救工作的各单位的活动，不论其为救助单位或其他协助单位都须加以协调，以保证取得最有效的结果。

5.7 现场指挥的指定及其职责

5.7.1 搜救单位即将进行搜救工作时，应尽早并且最好在到达规定的搜寻区域之前，指定其中一个单位为现场指挥。

5.7.2 适当的救助协调中心或救助分中心应指定一个现场指挥。如这种指定行不通，则有关的救助单位应相互协商指定一个现场指挥。

5.7.3 在现场指挥未指定前，第一个到达现场的救助单位应自动承担起现场指挥的职责。

5.7.4 当负责的救助协调中心或救助分中心尚未执行以下工作时，须由现场指挥负责：

1. 确定搜寻目标的可能位置、在此位置上可能的误差幅度以及搜寻区域；

2. 为从事搜寻单位的安全起见，对其间距做出安排；

3. 为参加搜寻的单位指定适当的搜寻方式并为各单位或各组合单位分配搜寻区域；

4. 找到搜寻目标后指定适当的单位施救；

5. 协调现场搜寻救助的通信。

5.7.5 现场指挥还须负责以下工作：

1. 向正在对搜救工作进行协调的救助协调中心或救助分中心定时报告；

2. 向正在对搜救工作进行协调的救助协调中心或救助分中心报告脱险者的数目和姓名；向中心提供载有脱险者的单位的名称和目的地，报告每一单位上载有哪些脱险者和在必要时向中心请求额外的援助，例如将重伤脱险者撤离治疗等。

5.8 海面搜寻协调船的指定及其职责

5.8.1 如无救助单位（包括军舰）担任现场指挥，而有若干商船或其他船舶参加搜救工作时，应通过相互协商指定其中一艘为海面搜寻协调船。

5.8.2 海面搜寻协调船应尽早并最好在到达规定的搜寻区域之前予以指定。

5.8.3 海面搜寻协调船应就该船能力所及并尽可能多地对第5.7.4及5.7.5条所列的任务负责。

5.9 最初的行动

5.9.1 收到发生遇险事故情报的任何单位，须在其能力的范围内，立即采取一切行动进行援助，或者向有可能进行援助的其他单位报警，并通知发生事故区域的救助协调中心或救助分中心。

5.10 搜寻区域

5.10.1 依照第5.3.3.2、5.7.4.1或5.8.3条确定的搜寻区域可由现场指挥或海面搜寻协调船作适当的变更，并应将其行动和变更的理由通知救助协调中心或救助分中心。

5.11 搜寻方式

5.11.1 依照第5.3.3.6、5.7.4.3或5.8.3条指定的搜寻方式，如现场指挥或海面搜寻协调船认为必要时可变更为其他方式，他们应将其行动和变更的理由通知救助协调中心或救助分中心。

5. 12 搜寻成功

5. 12. 1 搜寻成功时，现场指挥或海面搜寻协调船应指挥设备最适合的单位进行救助或提供其他必要的援助。

5. 12. 2 在适当的时候，施救单位应将其所载的脱险人员数目及姓名、是否全部人员均已脱险、是否需要额外援助，例如撤离治疗，以及该单位的目的地情况，通知现场指挥或海面搜寻协调船。

5. 12. 3 搜寻成功时，现场指挥或海面搜寻协调船应立即通知救助协调中心或救助分中心。

5. 13 搜寻无效

5. 13. 1 搜寻工作只有在对救助幸存人员不再有任何合乎情理的希望后才应结束。

5. 13. 2 协调搜救工作的救助协调中心或救助分中心通常应负责结束搜寻。

5. 13. 3 在不属于救助协调中心负责范围以内的遥远的海洋区域或负责的中心不能对其搜救工作进行协调时，可由现场指挥或海面搜寻协调船负责结束搜寻。

第六章　船舶报告制度

6. 1 总则

6. 1. 1 各缔约方在认为对促进搜救工作有必要和可行时，应建立船舶报告制度，以供在其负责的任何搜救区域内实行。

6. 1. 2 拟建立船舶报告制度的各缔约方应考虑本组织的有关建议。

6. 1. 3 船舶报告制度应提供最新的关于船舶正常运行的情报，万一发生遇险事故，以便：

1. 在没有收到遇险信号时，减少同船舶失去联系与开始搜救工作之间的间隔时间；

2. 可以迅速确定能被召来提供援助的船舶；

3. 在遇险船舶的位置不明或不定时，可划定一定范围的搜寻区域；

4. 易于给没有随船医生的船舶提供紧急医疗援助或诊视。

6. 2 工作要求

6. 2. 1 为达到第 6. 1. 3 条所述的目的，船舶报告制度应满足下列工作要求：

1. 提供包括航行计划及船位报告的情报，以便可能预知执行本制度的

船舶未来的位置;

2. 保持船舶航行的标绘;

3. 每隔一定的时间接收来自执行本制度船舶的报告;

4. 简化制度的设计和运用;

5. 使用国际统一的标准船舶报告格式和国际统一的标准程序。

6.3 报告种类

6.3.1 船舶报告制度应包括下列几种报告:

1. 航行计划——报告船名、呼号或船舶电台识别号，出发日期和时间（格林威治平时），船舶出发地点、前方停靠港、计划航线、航速及预计到达日期和时间（格林威治平时）等详细情况。如有重大变化应尽快报告。

2. 船位报告——报告船名、呼号或船舶电台识别号、日期和时间（格林威治平时）、船位、航向及航速。

3. 最后报告——报告船名、呼号或船舶电台识别号、到达目的港或离开推行本制度的区域的日期及时间（格林威治平时）。

6.4 制度的运用

6.4.1 各缔约方应鼓励一切船舶，在为搜救的目的对收集船位情报作了安排的区域内航行时，报告其船位。

6.4.2 记录有关船位情报的各缔约方，应尽可能将其转发给为搜救的目的而要求提供该项情报的其他国家。

《中美海上搜寻与救助合作协议》

中华人民共和国港务监督局和美利坚合众国海岸警卫队，为保护海上人命财产的安全，促进海上搜寻救助工作，更好地发展双方之间的交流和了解，解决在搜寻救助工作中的共同问题和增进搜寻与救助的能力，达成如下协议:

第一条　宗旨和原则

一、本协议和宗旨是中华人民共和国和美利坚合众国海上搜寻与救助当局为协调双方对危及海上人命、财产安全的海难事件的应急行动进行合作而制定的准则。

二、（一）双方根据本协议进行的所有活动，均应符合各自国家的有关法律、条令和规定；

（二）双方根据本协议进行的任何活动，均不应违反双方各自所加入的有关国际公约或者呈交给国际海事组织的国际搜救计划。

三、根据本协议，由双方共同进行的联合搜救活动，仅限于在中华人民共和国领海之外进行。

四、如果适当，并经双方同意第三方可以参加双方所进行的海上搜寻救助合作活动。

第二条　合作的范围和方法

本协议中的合作范围和方法包括：

一、交换情报

双方应交换有助于提高海上搜救活动有效性的情报，包括：

（一）国际搜救机构的组织情况；

（二）救助协调中心的位置、责任区域、电传号码、电话号码和其他通信方法；

（三）搜救程序和现有的应急计划；

（四）救助单位和搜救设备的识别和能力。

二、搜救活动

为促进海上搜救工作的合作，双方将致力于：

（一）建立并在实际可行时机使用共同的搜救程序，包括要求和提供搜救援助的程序在内；

（二）在必要时，为了对海上遇险事件做出有效反应，协调双方有关的力量进行联合搜救行动，建立联合搜救行动的工作程序；

（三）如果可能，各方将事关相互利益的搜救活动通知另一方；

（四）在双方之间建立用于联合搜救活动和可靠的通信线路，并通过双方约定对通信线路进行通信试验；

（五）举行或支持为保持有效的海上搜救国际协调所必须召开的地区性搜救讨论会。

三、搜救设备和人员

为提高海上搜救能力，如果适当，双方应在下列技术领域进行合作：

（一）海上搜救设备；

（二）用于搜救工作的通信设备和通信方法；

（三）搜救人员的培训。

四、合作的组织工作

为有助于达到本协议的目的，双方将保持不断的合作关系，可定期或根据需要进行会晤，内容应包括：

（一）指定本协议有关事项的联络人；

（二）双方搜救人员之间的互访；

（三）就涉及共同利益的国际搜救计划进行适当合作，如国际海事组织所倡议的计划等；

五、双方商定的其他合作方法。

第三条 执行

有关本协议执行方面的具体情报和程序以及合作的内容和方法，将由双方搜救管理人员共同提供和制定，并作为本协议的附件。联合行动的资金，根据双方的协议提供。此外，本协议的条款是根据搜救人员、设备和资金而制定的。

在此种行动可能对保证海上人命或财产安全需要或适当时，本协议的任何规定不得妨碍任何一方进行搜寻与救助行动，或者负责某一特定的搜寻与救助行动的协调，但此种行动或协调应符合任何一方适用的国内法律、法令、规章和有关的国际公约规定以及国际法原则。

第四条 生效、期限和修改

一、本协议自双方签字之日起生效。双方可通过书面协议对其进行修改。

二、本协议可在任何时候，根据任何一方的意见终止，但要求终止的一方必须在6个月前书面通知另一方。

三、除另有协议外，本协议的终止不得影响正在按照本协议进行的尚未完成的具体活动的有效性或期限。

本协议于1987年1月20日在华盛顿签订，一式两份，每份都用中文和英文写成，两种文本具有同等效力。

中华人民共和国港务监督局代表：沈志成（签字）

美利坚合众国海岸警卫队代表：Paul A. Yost（签字）

《中朝关于海难救助合作协定》

中华人民共和国政府和朝鲜民主主义人民共和国政府，根据无产阶级国际主义精神和平等互利原则，为加强和发展中朝两国之间的友谊，在两国沿岸各海，对双方遇难船舶（飞机）及其所载人员、货物，建立相互救助的合作关系，并达成如下协议：

第一条

中华人民共和国政府和朝鲜民主主义人民共和国政府的海难救助机构，负责执行本协定所规定的各项任务。

第二条

缔约双方的海难救助机构在收到对方的船舶（飞机）海上遇难的求救信号或有关通知后，应以最快的方法采取救助对策，并迅速与对方的海难救助机构取得联系。

如果船舶（飞机）遇难情况威胁着其所载人员的生命时，则首先应该救人。

第三条

缔约双方的海难救助机构，如果需要在对方领海内进行救助工作时，应事先通知对方的海难救助机构，并应遵守该国的有关法令。

第四条

缔约双方的海难救助机构，均在500千周频率上收听遇难信号。

执行本协定的有关电台呼号，中华人民共和国海难救助机构为XST，朝鲜民主主义人民共和国海难救助机构为HML。

XST电台与HML电台之间的电讯联系所使用的频率规定为：

XST昼间8546千周，夜间6369千周；

HML昼间8622千周，夜间4310千周。

第五条

在执行救助工作过程中，双方救助工作的船舶之间，以及救助工作船舶与遇难船舶之间可以通过 XST 电台和 HML 电台保持电讯联系。如有可能，均可在 500 千周频率上直接进行联系。双方电台的通讯联系均使用国际电码符号。电报文字可使用英文明码。

第六条

缔约一方施救船舶抵达遇难现场对缔约对方遇难船舶（飞机）进行救助时，如果遇难情况紧急，则应先行施救，除此之外，双方现场负责人事先应对施救工作达成协议，并签订救助合同。

在救助合同中可注明有关救助费用事项和处理有关问题的机构的名称和地点。

救助工作结束时，被救船应对施救船的救助工作及其效果出具书面证明。

救助费用应由被救船舶（飞机）方支付。

第七条

在缔约双方共同进行救助工作时，其指挥权应属于遇难船舶（飞机）一方。

第八条

缔约双方对于在救助过程中或救助后有关的问题，应按照本协定规定办理，本协定中未规定的，则应本着无产阶级国际主义的原则，由双方海难救助机构协商解决。

第九条

本协定自 1971 年 10 月 1 日起生效，有效期为 5 年。但是，在本协定期满 6 个月前，如果任何一方未以书面提出废除，则本协定即自动延长 5 年，以后依此顺延。

本协定于 1971 年 7 月 3 日在北京签订，共两份，每份都用中文和朝鲜文写成，两种文本具有同等效力。

中华人民共和国政府全权代表：郭鲁（签字）

朝鲜民主主义人民共和国政府全权代表：张一万（签字）

《中韩海上搜寻救助合作协定》

中华人民共和国政府与大韩民国政府（以下简称“缔约双方”），渴望保障海上人命安全和进一步提高海上搜寻救助行动的效率，考虑到《1982年联合国海洋法公约》，经修正的《1979年国际海上搜寻救助公约》和经修正的《1974年国际海上人命安全公约》，达成协议如下：

第一条

本协定适用于在两国之间领海以外的水域（以下简称“搜救区域”）里开展的海上搜寻救助行动。

第二条

一、本协定应由缔约双方海上搜救主管机关负责实施。

二、本条第一款所述的主管机关分别为中华人民共和国海事局（中国海上搜救中心）和大韩民国海洋警察厅（以下简称“执行机关”）。

第三条

缔约一方在收到搜救区域内任何人员、船舶或航空器的遇险报警时，无论其国籍、地位和发现时的状况如何，都应采取紧急措施尽可能给予最适合的帮助。

第四条

一、收到第三条所述报警的缔约一方如需对方援助，应由其执行机关向对方执行机关发出请求。

二、缔约一方执行机关在收到本条第一款所述的请求时，应立即与对方执行机关进行协调，以确定最有力和有效的搜救方式。

三、对于由缔约双方联合开展的搜救行动，还应视具体情况协商确定由哪一方负责协调该搜救行动。

第五条

一、缔约一方任何公民或船舶在遇到恶劣天气和其他紧急情况需要帮助时，在通知对方执行机关后，可在对方港口等安全水域进行避险，但出现船舶通信系统故障等异常情况时可免行通知。

二、避险缔约一方任何公民或船舶应遵守对方的相关法律和法规。

第六条

一、为有效履行本协定，缔约双方执行机关应加强在信息交流等方面的合作。

二、缔约双方执行机关可以协商制定海上搜救合作的具体事宜。

第七条

一、缔约一方只为搜寻救助遇险人员、船舶或航空器之目的，执行搜救任务的人员、船舶或航空器需要进入对方领土、领海或领空时，应寻求对方许可。

二、缔约一方在收到本条第一款所述的请求后，在遵守其适用的国内法律和法规的条件下，应迅速给予对方必要的许可。

第八条

一、本协定中的所有条款均不得影响缔约一方对其已参加的国际公约应承担的权利和义务。

二、本协定中的所有条款均不得解释为妨碍缔约一方在国际法，特别是海洋法诸问题上的立场。

第九条

一、本协定在缔约双方履行完各自国内法律程序后，自换文通知之日起生效。

二、本协定有效期 3 年，之后有效至根据本条第三款规定的终止为止。

三、缔约一方在最初 3 年期满之时或在其后，可提前 6 个月以书面形式通知对方，随时终止本协定。

四、除另有协议外，本协定的终止不影响根据本协定正在进行的搜救行动。

以下经各自政府授权的代表在本协定上签字，以昭信守。

本协定于2007年4月10日在首尔签订，一式两份，每份均用中文、韩文和英文写成，三种文本同等作准。

中华人民共和国政府代表：李盛霖（签字）

大韩民国政府代表：宋旻淳（签字）

参考文献

一、中文参考文献

（一）著作

1. 陈先德：《〈国家海上搜救应急预案〉贯彻实施指南及相关法律法规汇编》，人民交通出版社2006年版。

2. 付玉慧：《水上安全监督管理》，大连海事大学出版社2001年版。

3. 弓永军：《打捞工程》，大连海事大学出版社2012年版。

4. 交通部救助打捞局：《海上救助实用指导手册》，人民交通出版社2007年版。

5. 交通运输部救助打捞局：《水上救助打捞精选案例评析》，法律出版社2011年版。

6. 刘汉明：《沉船打捞技术设计与分析》，中国海洋大学出版社2011年版。

7. 马文琦：《救捞及海洋工程项目管理》，大连海事大学出版社2012年版。

8. 王宁：《海上搜救与溢油应急处置技术》，大连海事大学出版社2009年版。

9. 王欣：《救捞国际标准合同》，大连海事大学出版社2011年版。

10. 危敬添：《国际海事条约的历史和现状概览》，人民交通出版社2010年版。

11. 吴煦：《救捞政策与法规》，大连海事大学出版社2012年版。

12. 熊伟：《救助工程》，大连海事大学出版社2012年版。

13. 徐华：《救捞文化》，人民交通出版社2009年版。

14. 阎铁毅：《救捞应急管理》，大连海事大学出版社2013年版。

15. 张吉平：《航海实操评估——航次计划、海上搜救与海事案例分析》，大连海事大学出版社2004年版。

16. 张炜：《国家海上安全》，海潮出版社2008年版。

17. 中国国际救捞论坛组委会：《第五届中国国际救捞论坛论文集》，海洋出版社2008年版。

18. 中国海上搜救中心：《国家海上搜救手册》，大连海事大学出版社2011年版。

19. 中国海上搜救中心：《海上险情预防、避险、自救、互救知识手册》，人民交通出版社2008年版。

20.《中国救捞志》编纂委员会：《中国救捞志》，人民交通出版社2012年版。

21. 中华人民共和国海事局：《事故与应急》，人民交通出版社2006年版。

22. 朱玉柱：《海上搜寻与救助》，大连海事大学出版社2017年版。

（二）期刊

1. 陈小虎：《世界各国搜救组织架构的共同趋势探析》，《中国水运》2010年第5期。

2. 程远明：《中外海上救助的比较与借鉴》，《世界海运》2011年第12期。

3. 崔燕：《中国救捞：凸现海洋强国之势》，《中国船检》2006年第10期。

4. 戴小杰：《应建立中越海上合作搜救机制》，《中国水运》2003年第5期。

5. 范厚明：《北极海上救助应急响应复杂网络》，《中国航海》2016年第2期。

6. 范立君：《法国海上搜救体制》，《中华灾害救援医学》2014年第3期。

7. 范烨民：《从马航MH370事件看国际联合救援的问题与对策》，《新西部》2014年第9期。

8. 耿相魁：《以国际交流提升我国海上搜救水平》，《海洋开发与管理》2008年第10期。

9. 寒星：《中韩海上溢油应急联合演习在青岛举行》，《中国船检》2008年第9期。

10. 贾世娜：《中美海上搜救公共服务能力对比探析》，《中国水运》2017年第8期。

11. 江慧楷：《中越海域船舶安全的“保护神”——广西防城港市海上搜救中心抢险纪实》，《城市与减灾》2005年第2期。

12. 李大光：《空难海上搜救，海军成为急先锋》，《生命与灾害》

2009年第7期。

13. 李敏：《加强中国与东盟的搜救协作》，《中国水运》2009年第6期。

14. 李志文：《争议海域搜救中责任区域划定的相关法律问题》，《法学研究》2015年第12期。

15. 梁小成：《英国海上搜救志愿者管理及对我国的启示》，《中国海事》2013年第10期。

16. 梁宗盛：《共同守护：中国—东盟国家海上联合搜救命运共同体》，《珠江水运》2016年第S2期。

17. 林友凤：《“中河”轮参与国际海上救助体会》，《航海》2012年第4期。

18. 凌黎华：《赴澳大利亚海事局交流的几点体会》，《中国海事》2012年第3期。

19. 卢芳华：《马航370失联与国际联合大搜救》，《思想政治课教学》2014年第4期。

20. 刘乐：《中国海事外交：现状与未来》，《教学与研究》2017年第3期。

21. 刘萧：《MH370海上搜救启示》，《中国船检》2014年第4期。

22. 罗发菊：《日本海上搜救应急体系》，《中华灾害救援医学》2014年第3期。

23. 吕航：《在国际舞台亮相——“海巡21”轮和中国海事局代表团出访日本》，《中国船检》2004年第6期。

24. 吕雪：《世界救捞的“广场”上飘扬的中国旗帜》，《珠江水运》2011年第19期。

25. 马桂山：《第17届中日韩俄四国海上搜救操作级别会议在济南成功召开》，《中国海事》2012年第11期。

26. 马清波：《试论发达国家海上救助水平的几个要素及对策》，《中国海事》2009年第5期。

27. 马晓雪：《日本海上搜救应急体系研究》，《中国水运》2016年第3期。

28. 蒙仁君：《海上联合搜救机制研究》，《广州航海学院学报》2015年第2期。

29. 潘永德：《南海，国际人道大救援》，《珠江水运》2006年第6期。

30. 浦士达：《狂风巨浪无所惧，国际救援情撼世——2006 年海上紧急救援越南遇险渔民追记》，《航海》2006 年第 5 期。

31. 秦琦：《全球深海救援力量聚集》，《中国船检》2014 年第 7 期。

32. 曲波：《南海区域搜救合作机制的构建》，《中国海商法研究》2015 年第 3 期。

33. 沈卉：《履行国际公约义务，完善我国搜救机制》，《黑龙江科技信息》2010 年第 5 期。

34. 沈木珠：《海上救助公约的重大发展及其影响》，《现代法学》2004 年第 5 期。

35. 史春林：《中国参与南海搜救区域合作问题研究》，《新东方》2013 年第 1 期。

36. 史春林：《中日加强海上搜救合作研究》，《日本研究》2015 年第 2 期。

37. 史春林：《中韩加强海上搜救合作研究》，《东北亚论坛》2015 年第 4 期。

38. 史春林：《中国参与东北亚海上搜救国际合作研究》，《大连海事大学学报》2016 年第 1 期。

39. 史春林：《中国与俄罗斯在东北亚海域加强搜救合作探析》，《西伯利亚研究》2017 年第 6 期。

40. 史春林：《中国在南海岛礁建设搜救基地问题研究》，《太平洋学报》2017 年第 6 期。

41. 宋寅：《国内外海上救助分级体系分析》，《科技风》2014 年第 22 期。

42. 谭理：《从马航事件看阻碍东亚一体化的因素》，《湘潮》2014 年第 4 期。

43. 汤旭东：《“2008 中日海上搜救联合通信演习”在青岛举行》，《中国海事》2008 年第 4 期。

44. 汤忠法：《南海救助工作如何适应人命救助的思考》，《珠江水运》2006 年第 7 期。

45. 童翠龙：《救助无国界，危急显丹心——“燕京”轮成功救助韩国遇险渔民》，《中国海事》2007 年第 9 期。

46. 王杰：《东亚视野下的我国海上搜救责任区问题研究》，《东北亚论坛》2014 年第 4 期。

47. 王秀卫:《南海低敏感领域合作机制初探》,《河南财经政法大学学报》2013 年第 3 期。

48. 汪芳洲:《外军参与国际救援行动的实证分析及启示》,《法制博览》2015 年第 9 期。

49. 汪翔:《发达国家及地区海上交通突发公共事件的搜救》,《安全生产与监督》2006 年第 2 期。

50. 汪翔:《北部湾渔业船舶海上搜救现状分析及对策研究》,《安全生产与监督》2008 年第 5 期。

51. 危敬添:《〈1979 年国际海上搜寻救助公约〉与〈1989 年国际救助打捞公约〉的关系》,《中国远洋航务》2010 年第 3 期。

52. 吴凡:《美国海岸警卫队突发事件应急处置及其启示》,《中国应急救援》2017 年第 1 期。

53. 吴磊明:《西北非分区海上搜救协调中心多边协定签订》,《水运管理》2011 年第 4 期。

54. 夏子潮:《我国参与的海上防险救生国际合作现状和发展》,《科技展望》2015 年第 33 期。

55. 向力:《南海搜救机制的现实抉择》,《海南大学学报(人文社会科学版)》2014 年第 6 期。

56. 肖洋:《北极海空搜救合作:成就、问题与前景》,《中国海洋大学学报》2014 年第 3 期。

57. 谢虞南:《多国联合参与国际救援的优势、困境与出路》,《决策咨询》2014 年第 4 期。

58. 邢丹:《南海搜救码头选址何处》,《中国船检》2014 年第 4 期。

59. 许艳:《中国与东盟加强海事合作》,《中国海事》2007 年第 9 期。

60. 阎铁毅:《由“岁月”号纵览韩国海洋水产部与海洋警察厅的发展历程》,《世界海运》2014 年第 5 期。

61. 杨凯:《东南亚地区海上人道搜救联合行动机制建设展望》,《东南亚纵横》2014 年第 12 期。

62. 杨晓东:《英国海上搜寻与救助及其带来的思考》,《航海技术》2007 年第 6 期。

63. 游志斌:《“马航事件”中的国际应急救援合作剖析》,《行政管理改革》2014 年第 7 期。

64. 钟魁润:《搜索太平洋》,《国际展望》2006 年第 10 期。

65. 于卫红：《海上搜救中搜救区域确定方法研究》，《中国航海》2006 年第 2 期。

66. 查长松：《马航失联航班救援行动凸显海军海上救援作用》，《中国军转民》2014 年第 4 期。

67. 翟仲：《国际海上搜救合作的国际条约法述评》，《法制博览》2017 年第 6 期。

68. 张德江：《加强国际应急救助合作，保障海上人命安全》，《中国应急管理》2011 年第 9 期。

69. 张捷：《南海渔船遇险与海上搜救》，《航海技术》2001 年第 6 期。

70. 张明亮：《南海海难合作救助：经验与启示》，《新东方》2011 年第 1 期。

71. 张暮辉：《马航失联后国际合作新亮点》，《中国报道》2014 年第 4 期。

72. 张起淮：《我国应对特大突发事件存在的不足及制度建设建议——马航事件引发的几点思考》，《行政管理改革》2014 年第 7 期。

73. 张晓雷：《专业救助力量参与海上国际联合搜救的问题研究》，《航海》2017 年第 2 期。

74. 张哲：《美国海上搜救体系解析》，《中国应急救援》2011 年第 4 期。

75. 张志颖：《关于参加日本海上保安厅检阅式综合演练活动的思考》，《珠江水运》2005 年第 8 期。

76. 章荣军：《第 11 届中日韩俄四国搜救合作操作级别会议概况》，《中国海事》2007 年第 1 期。

77. 章荣军：《澳大利亚海上搜救体系介绍》，《中国海事》2009 年第 11 期。

78. 赵晨：《2016 年中韩联合溢油应急演习》，《中国海事》2016 年第 8 期。

79. 赵远哲：《山东省海上搜救中心与韩国西海地方海洋警察厅签署海上搜救合作备忘录》，《中国海事》2011 年第 4 期。

80. 郑怀宇：《2007 中日海上搜救联合通信演习在上海举行》，《中国海事》2007 年第 4 期。

81. 郑怀宇：《中日韩俄四国加强海上搜救合作》，《中国海事》2008 年第 11 期。

82. 郑怀宇:《“一带一路”战略背景下的海上搜救国际合作》,《中国海事》2017 年第 3 期。

83. 周明耀:《中国—东盟国家海上联合搜救沙盘推演在广州举行》,《中国海事》2016 年第 10 期。

84. 周玉渊:《东南亚地区海事安全合作的国际化:东盟海事论坛的角色》,《外交评论》2014 年第 6 期。

85. 朱坚真:《中国参与南海海上搜救合作机制问题探讨》,《中国渔业经济》2015 年第 5 期。

86. 朱建鹏:《亚太地区海上联合搜救行动中情报支援机制研究》,《海军工程大学学报(综合版)》2016 年第 4 期。

87. 朱玉柱:《各国对海上搜救的奖励机制》,《中国海事》2010 年第 12 期。

88. 朱子勤:《航空器失联后的搜寻与事故调查法律责任研究——兼谈马航客机失联后的搜寻与事故调查》,《政法论坛》2014 年第 5 期。

(三)报纸

1. 陈国全:《目击中美海上联合搜救演习》,《解放军报》2013 年 9 月 11 日。

2. 常立伟:《亚太海事合作再添新平台》,《中国交通报》2015 年 4 月 28 日。

3. 丁建庭:《马航事件对南海合作提出更高要求》,《南方日报》2014 年 3 月 13 日。

4. 方颖:《中韩签署海上搜救合作协定》,《中国交通报》2007 年 4 月 12 日。

5.《国际海上人命救助联盟亚太交流合作中心正式启动,将进一步提高亚太地区整体海上搜救水平》,《中国水运报》2012 年 9 月 21 日。

6. 孔德靖:《马来西亚会失去搜救调查主导权吗》,《北京青年报》2014 年 3 月 29 日。

7. 黎友陶:《中国军舰参加 17 国海上救援演习》,《中国国防报》2014 年 4 月 8 日。

8. 李红茹:《中美进一步加强海事搜救合作》,《中国交通报》2006 年 2 月 27 日。

9. 李伟:《领土争端曾致南海地区缺少联合搜寻救助机制》,《中国青年报》2014 年 3 月 12 日。

10. 李宣良：《中美海上搜救演习今日在南海举行》，《新华每日电讯》2006 年 11 月 19 日。

11. 李拯宇：《韩国海警搜救失踪的中国渔船船员》，《人民日报》2008 年 4 月 7 日。

12. 刘布阳：《全力搜寻韩籍船舶 16 名失踪船员》，《中国交通报》2007 年 5 月 15 日。

13. 刘兴增：《中韩签署协议履行海上搜救合作协定》，《中国交通报》2008 年 8 月 26 日。

14. 浦士达：《追赶海上救助国际先进水准》，《中国交通报》2006 年 5 月 15 日。

15. 施磊：《东海联合搜救演习凸现中日海上救援合作》，《南方周末》2005 年 7 月 7 日。

16. 孙妍：《中韩联合演练海上搜救及溢油应急反应》，《中国交通报》2008 年 9 月 3 日。

17. 孙妍：《中韩将进一步加强海上搜救合作》，《中国交通报》2008 年 11 月 17 日。

18. 王迪：《中方成水面搜寻主力》，《人民日报》2014 年 3 月 28 日。

19. 王冠：《中国更多介入搜寻调查工作》，《21 世纪经济报道》2014 年 3 月 19 日。

20. 王明峰：《中国积极参与海上国际搜救》，《人民日报》（海外版）2008 年 1 月 4 日。

21. 王潇：《5 国联手南极大救援，中国雪龙号救人自救赢赞誉》，《世界新闻报》2014 年 1 月 9 日。

22. 吴斌：《应建国际海上搜救合作法律机制》，《北京日报》2014 年 3 月 19 日。

23. 徐冰：《中日海上搜救中心举行海上搜救通信演习》，《中国社会报》2009 年 3 月 23 日。

24. 张涵：《外交部牵头中方联席会议，马方主导现场搜救体系》，《21 世纪经济报道》2014 年 3 月 11 日。

25. 张涵：《MH370 搜救启示录：亚太建永久协调中心消除联合搜索短板》，《21 世纪经济报道》2014 年 4 月 2 日。

26. 张小钢：《中日韩俄将互邀参加海上搜救演习》，《中国交通报》2004 年 11 月 23 日。

27. 赵虎：《中国有能力成为亚太海上人命救助事业“领头雁”》，《中国水运报》2006 年 9 月 8 日。

28. 郑怀宇：《中日联合海上搜救通信演习成功举行》，《中国交通报》2010 年 3 月 16 日。

29. 郑怀宇：《中韩加强海上搜救合作》，《中国交通报》2010 年 10 月 22 日。

30. 周正宝：《中美海事执法船开展业务交流》，《中国交通报》2009 年 11 月 5 日。

（四）学位论文

1. 岑选任：《南海海上搜救合作机制研究》，海南大学硕士学位论文，2015 年。

2. 杜飞：《海上搜救合作程度的评价研究》，大连海事大学硕士学位论文，2017 年。

3. 何章银：《中国救灾外交研究》，华中师范大学博士学位论文，2014 年。

4. 李毅龙：《南海搜救合作法律机制研究》，海南大学硕士学位论文，2012 年。

5. 零建广：《北部湾海上交通突发公共事件搜寻救助问题的研究》，广西大学硕士学位论文，2008 年。

6. 刘益迎：《北极航线经济性及海上突发事件应急响应复杂网络研究》，大连海事大学博士学位论文，2016 年。

7. 文亚军：《论闭海半闭海国家海上搜救合作的法律机制》，华南理工大学硕士学位论文，2015 年。

8. 衷腓：《专属经济区搜寻救助法律问题研究》，大连海事大学硕士学位论文，2015 年。

（五）法规制度

1. 《国家海上搜救应急预案》

2. 《国家突发公共事件总体应急预案》

3. 《交通运输突发事件应急管理规定》

4. 《中国海上搜救中心水上险情应急反应程序》

5. 《中华人民共和国海洋环境保护法》

6. 《中华人民共和国海商法》

7. 《中华人民共和国海上交通安全法》

8.《中华人民共和国突发事件应对法》

二、外文参考文献

（一）著作

1. Brice. G. , *Maritime Law Salvage*, London: Sweet and Mxawell, 1999.

2. Gerald Darling, *LOF90 and the New Salvage Convention*, London: Lloyd' s of London Press Ltd. , 1991.

3. Haas P. , *Saving the Mediterranean: The Politics of International Environmental Cooperation*, New York: Columbia University Press, 1990.

4. John Reeder, *Brice on Maritime Law of Salvage*, London: Sweet and Maxwell, 2003.

5. Kennedy, *Law of Salvage*, London: Stevens & Sons, 1985.

6. Svein Vigeland Rottem, *The Arctic Council and the Search and Rescue Agreement: the Case of Norway*, Cambridge: Cambridge University Press, 2013.

7. National Search and Rescue Committee, *National Search and Rescue Supplement to the International Aeronautical and Maritime Search and Rescue Manual*, Washington: National Search and Rescue Committee, 2000.

（二）报刊

1. Ankit Panda, *Malaysia Airlines Flight 370 Search and Rescue: Cooperation in the South China Sea*, The Diplomat, March 11, 2014.

2. Ashley. J. Roach, *Initiatives to Enhance Maritime Security at Sea*, Marine Policy, Vol. 28, 2004.

3. Andrey Vokuev, *Russia Opens First Arctic Search and Rescue Center*, Barents Observer, 2013.

4. Anthony Bergin, *Law and Order at Sea in the South Pacific: the Contribution of the Pacific Patrol Boat Project*, Ocean and Coastal Management, Vol. 42, 1999.

5. Carl Thayer, *Flight MH370 Shows Limits of ASEAN' s Maritime Cooperation*, The Diplomat, March 18, 2014.

6. Christian Burger, *What is Maritime Security*? Marine Policy, Vol. 53, 2015.

7. Chung S. , *Strengthening Regional Governance to Protect the Marine Environment in Northeast Asia: From a Fragmented to an Integrated Approach*, Marine Policy, Vol. 34, 2010.

8. Haas P. , *Prospects for Effective Marine Governance in the NW Pacific Region*, *Marine Policy*, *Vol.* 24, 2000.

9. Hussein Soliman, *The Sinking of the Al – Salam Boccaccio* 98 *Ferry in the Red Sea: The Integration of Disaster Support System Models and Emergency Management Experience*, International Journal of Disaster Risk Reduction, Vol. 4, 2013.

10. Ilan Kelman, *Acting on Disaster Diplomacy*, Journal of International Affairs, Vol. 59, No. 2, 2006.

11. Lyle J. Goldstein, *China A New Maritime Partner?* Naval History Magazine, Vol. 14, No. 2, 2000.

12. K. H. Pegler, *The Potential for Using Very High Spatial Resolution Imagery for Marine Search and Rescue Surveillance*, Geocarto International, Vol. 18, 2003.

13. K. Joseph Spears, *Arctic Cruise Ships: the Pressing need for Search and Rescue*, Canadian Sailings, October 15, 2012.

14. Goegebeur B. , *Canadian Arctic Search and Rescue: An Assessment*, UO Research, Vol. 12, 2014.

15. Mark Cardwell, *Arctic Search and Rescue*, Canadian Sailings, May 12, 2014.

16. Mark J. Valencia, *A Maritime Security Regime for Northeast Asia*, Asian Perspective, Vol. 32, No. 4, 2008.

17. Nasuh Razi, *A Multi – objective Model for Locating Search and Rescue Boats*, European Journal of Operational Research, Vol. 254, No. 1, 2016.

18. Oyvind Breivik, *An Operational Search and Rescue Model for the Norwegian Sea and the North Sea*, Journal of Marine Systems, Vol. 69, 2008.

19. Seline Trevisanut, *Search and Rescue Operations in the Mediterranean: Factor of Cooperation or Conflict?* The International Journal of Marine and Coastal Law, Vol. 25, 2010.

20. Shannon Tiezzi, *China to Malaysia: Speed Up Search for Missing Plane*, Diplomat, March 12, 2014.

21. Shannon Tiezzi, *Japan Joining the Search Provides a Rare Opportunity for Positive Interactions with China*, Diplomat, March 13, 2014.

22. Shih – Ming Kao, *Adoption of the Arctic Search and Rescue Agreement: A*

shift of the Arctic Regime Toward a Hard Law Basis, Marine Policy, Vol. 36, 2012.

23. Suk Kyoon Kim, *Maritime Security Initiatives in East Asia: Assessment and the Way Forward*, Ocean Development & International Law, Vol. 42, 2011.

24. Udo Helge Fox, *Maritime Search and Rescue: Benefit or Burden for Society: German Maritime Search and Rescue Service*, WMU Journal of Maritime Affairs, Vol. 6, No. 1, 2007.

25. Yvind Breivik, *Advances in Search and Rescue at Sea*, Ocean Dynamics, Vol. 63, 2013.

26. Yoshinobu Takei, *Agreement on Cooperation on Aeronautical and Maritime Search and Rescue in the Arctic: An Assessment*, Aegean Review of the Law of the Sea and Maritime, Vol. 2, 2013.

（三）会议

1. Alexander Alexandrov, *The EU Strategy for the Black Sea: Some Aspects of Maritime Search and Rescue and Safety of Life at Sea*, Proceedings of Conference of Peripheral Maritime Regions of Europe（CPMR）, Black Sea Regional Cooperation, Varna, Bulgaria, 8 July, 2011.

2. Asia Pacific' s First and Premier Maritime Search and Rescue Conference, *Enhancing Incident Response Coordination, Cooperation and Capabilities to Save Lives at Sea*, Singapore, 11 November, 2013.

3. International Civil Aviation Organization, *The Second Meeting of the ICAO Asia/Pacific Search and Rescue Task Force（APSAR/TF/2）*, Singapore, 27 – 30 January, 2014.

4. Paul Sinclair, *Strengthening Search and Rescue Cooperation*, Expanded ASEAN Maritime Forum, Da Nang, Vietnam, 28 August, 2014.

5. Presented by Australia, *Africa – Indian Ocean（AFI）Region Search and Rescue Services Integration Task Force（ASSI/TF）*, International Civil Aviation Organization, The Second Meeting of the ICAO Asia/Pacific Search and Rescue Task Force（APSAR/TF/2）, Bangkok, Thailand, 27 – 30 January, 2014.

6. Presented by the Secretariat of the Pacific Community, *Pacific Maritime SAR Cooperation*, International Civil Aviation Organization, The Second Meeting of the ICAO Asia/Pacific Search and Rescue Task Force（APSAR/TF/2）, Singapore, 27 – 30 January, 2014.

7. Presented by the United States of America, *Search and Rescue Cooperation and Coordination*, International Civil Aviation Organization , The Second Meeting of the APANPIRG ATM Sub - Group (ATM/SG/2), Hong Kong, China, 4 - 8 August, 2014.

8. Submitted by Romania, *Agenda Item* 3, Black Sea SAR Conference Eighth Session, Romania, 31 October - 1 November, 2011.

(四) 网络文章

1. *AMSA Strengthens its Search and Rescue Cooperation with Our Neighbouring Regions*, https: //www. amsa. gov. au/about - amsa/recent - events/2014/may - sar/index. asp.

2. *Australia*, *Indonesia Enhance Maritime*, *Defense Cooperation*, https: //my. news. yahoo. com/australia - indonesia - enhance - maritime - defence - cooperation - 092001010. html.

3. *Baltic Sea Maritime Incident Response Survey* (*BSMIR*), http: //www. raja. fi/facts/bsmir.

4. *Cooperation on Flight Search Could Help Boost US - China Ties*, http: //www. sino - us. com/34/11074980806. htm.

5. Defence News and Media, *Maritime Search and Rescue an Asia Pacific priority*, https: //news. defence. gov. au/media/media - releases/maritime - search - and - rescue - asia - pacific - priority.

6. Efthimios E Mitropoulos, *Signing of Multilateral Agreement on Coordination of Maritime Search and Rescue Services and opening of regional MRCC*, http: //www. imo. org/blast/mainframe. asp? topic_ id = 1698&doc_ id = 9196.

7. *Enhanced Search and Rescue Cooperation in East Sea*, http: //www. talkvietnam. com/2013/07/enhanced - search - and - rescue - cooperation - in - east - sea/.

8. Foreign Affairs and International Trade Canada, *Arctic Council Search and Rescue Table Top Exercise*, http: //www. international. gc. ca/arctic - arctique/index. aspx? lang = eng.

9. Icelandic Coast Guard, *Search and Rescue in the Icelandic Search and Rescue Region*, http: //www. lhg. is/english/search_ and_ rescue/jrcc/.

10. *International Submarine Rescue Exercise Underway in Baltic Sea*, http: //www. romania - insider. com/international - submarine - rescue - exercise - under-

way - in - baltic - sea/121636/.

11. *Military Exercise in Search and Rescue of People Was Held in the Baltic Sea*, http: //www. geopolitika. lt/? artc =5563.

12. Nancy Friedrich, *Cold - War Cooperation Birthed Search And Rescue System*, http: //www. mwrf. com/markets/cold - war - cooperation - birthed - search - and - rescue - system.

13. NOWPAP, *Database on Oil Spill Accidents in the Northwest Pacific Region*, http: //dinrac. nowpap. org/NowpapOilSpill. php.

14. Paul Korin, *Arctic Treaty Leaves much Undecided*, https: // www. theglobeandmail. com/news/politics/arctic - treaty - leaves - much - undecided/article579628/.

15. *Russian Rescuers to Drill Tsunami Response at Barents Rescue Exercise*, http: //en. itar - tass. com/world.

16. *SAR Progress in North and West Africa*, https: //www. international - maritime - rescue. org/index. php/22 - north - west - africa/789 - sar - progress - in - north - and - west - africa.

17. Secretariat of the Pacific Community, *Pacific Maritime Search and Rescue Workshop Begins In Suva*, http: //www. scoop. co. nz/stories/WO1306/S00059/ pacific - maritime - search - and - rescue - workshop - begins - in - suva.

18. Sukjoon Yoon, *MH370 and Maritime Security: A Fresh Start for Cooperation?*, https: //www. fairobserver. com/region/asia_ pacific/mh370 - maritime - security - fresh - start - cooperation - 63461/.

19. *The Automated Mutual Assistance Vessel Rescue System, Saving Lives at Sea Since 1958*, http: //www. amver. com/facts/FactSheet. pdf.

20. *Ukrainian Navy and Russian Black Sea Fleet Hold Exercises of Search and Rescue Units*, http: //www. kyivpost. com/content/ukraine/ukrainian - navy - and - russian - black - sea - fleet - hold - ex - 105312. html.

21. United States Department of State, *Secretary Clinton Signs the Arctic Search and Rescue Agreement with Other Arctic Nations*, http: //www. state. gov/ r/pa/prs/ps/2011/05/163285. htm.

22. Vijay Sakhuja, *Search And Rescue At Sea: Maritime Challenges And Chinese Capabilities Analysis*, http: //www. ipcs. org/article/china/search - and - rescue - at - sea - challenges - and - chinese - capabilities - 4374. html.

23. *Who Will Pay for the SAR of MH*370, http：//www. kekenet. com/read/201403/281819. shtml.

（五）法规制度

1. Agreement Between the Government of the Kingdom of Sweden and the Government of the Kingdom of Norway Concerning Co – operation in the Respect of Aeronautical and Maritime Search and Rescue.

2. Agreement Between the Government of the Republic of Cyprus and the Government of the Syrian Arab Republic on Coordinating Search & Rescue Services.

3. Agreement Between Government of the Republic of Latvia and the Government of the Republic of Estonia on Co – operation in Maritime and Aeronautical Search and Rescue.

4. Agreement Between the Government of the Republic of Turkey and the Government of the Russian Federation on Co – operation in Respect of Maritime Search and Rescue on the Black Sea.

5. Agreement Between the Government of the United States of America and the Government of the United Mexican States on Maritime Search and Rescue.

6. Agreement on Co – operation Regarding Maritime Search and Rescue Services Among Black Sea Coastal States.

7. Arctic Council, Agreement on Cooperation on Aeronautical and Maritime Search and Rescue in the Arctic.

8. Convention for the Unification of Certain Rules of Law Relation to Assistance and Salvage at Sea, 1910.

9. Convention on International Civil Aviation （Chicago Convention）.

10. Convention on the International Maritime Satellite Organization, 1976 (INMARSAT 1976).

11. Convention on the International Regulations for Preventing Collisions at Sea, 1972 （COLREG 1972）.

12. Convention on the International Mobile Satellite Organization （IMSO）.

13. Geneva Convention on the High Seas, 1958.

14. United Nations Convention on the Law of the Sea （UNCLOS）.

15. IMO/ICAO, International Aeronautical and Maritime Search and Rescue Manual （IAMSAR Manual）, Vol. I, Organization and Management, London/

Montreal, 1998.

16. IMO/ICAO, International Aeronautical and Maritime Search and Rescue Manual (IAMSAR Manual), Vol. II, Mission Co – ordination, London/Montreal, 1998.

17. IMO/ICAO, International Aeronautical and Maritime Search and Rescue Manual (IAMSAR Manual), Vol. III, Mobile Facilities, London/Montreal, 1998.

18. International Convention for the Safety of Life at Sea, 1974 (SOLAS 1974).

19. International Convention on Maritime Search and Rescue, 1979 (SAR 1979).

20. International Convention on Salvage, 1989 (SALVAGE 1989).

21. International Life – Saving Appliances Code (LSA Code).

22. Nairobi International Convention on the Removal of Wrecks, 2007 (WRC 2007).

23. Operating Agreement on the International Maritime Satellite Organization (INMARSAT OA).

24. The ASEAN Regional Forum Statement on Strengthening Coordination and Cooperation on Maritime and Aeronautical Search and Rescue.

25. The International Cospas – Sarsat Programme Agreement, 1988 (COS – SAR 1988).

后　记

海上搜救是保障海上生命财产安全与保护海洋生态环境的最后一道防线，也是海上非传统安全的一个重要内容，历来受到中国政府的高度重视。特别是近年来随着海洋强国与“21 世纪海上丝绸之路”建设的进展，中国参与海上搜救国际合作取得了长足进步，具有非常重要的现实意义。

本书是教育部人文社会科学研究规划基金项目“中国参与海上搜救国际合作研究”（项目批准号 15YJAGJW003）的最终成果。近年来笔者围绕该项目在《东北亚论坛》（CSSCI）、《太平洋学报》（CSSCI）、《西伯利亚研究》、《日本研究》、《中国海事》、《大连海事大学学报》、《新东方》等重要刊物上发表了一系列文章。在此基础上，经过近三年的潜心研究和艰苦努力，几易其稿，终于完成了整个著作的撰写工作。

本书写作与出版得到了大连海事大学科技处和图书馆及马克思主义学院、中国特色社会主义理论体系研究中心和英国巴斯大学图书馆以及时事出版社的大力支持。本书参考、借鉴、吸收了学术界的相关研究成果。对于以上有关单位与个人的热心帮助，在此一并表示衷心感谢。

中国参与海上搜救国际合作问题属于跨学科研究，涉及到海洋国际政治、海洋外交、海洋经济、海洋环保、海洋法律、海事管理、海洋军事、海上救助打捞工程、航海学等学科知识，研究难度较大，需要全方位、多角度进行综合分析，具有鲜明的特色性、专门性、行业性、技术性与实践性。由于作者学识有限，再加上有关资料的限制，难免有疏漏与不妥之处，敬请有关专家与广大读者批评指正，以便在今后的研究中能够进一步充实与完善。

中国参与海上搜救国际合作问题涉及面较广，影响因素复杂，并随着时代发展而不断变化，但目前学术界关于这个问题的研究仍处于刚起步阶段，还有许多问题需要进一步深入探讨。因此笔者在以后的工作中还将对这一问题继续思考，同时也希望越来越多的有识之士也来关注这个问题，提出切实可行的建议，促使中国在海上搜救国际合作方面更上一层楼，取得更大成绩！

史春林　史凯册

2018 年秋